石家庄工程技术学校校本教材

语文技能与素质训练

（上册）

石家庄工程技术学校　组织编写

主　编　梁　伟

中国矿业大学出版社

内 容 提 要

本套教材分为上、下两册,上册主要是常见文体的阅读理解方法训练、最基本的语文技能训练等,下册主要是应用文写作训练和人文常识及附录等。内容和体例上有以下特点:

内容上根据学生的实际情况,以简单和实用为原则,降低了文学创作的写作训练内容,重点培养学生阅读理解能力和常用应用文写作能力,各个知识点不再进行系统的知识讲授,注重了对学生人文素质的培养和提高。教材各单元都设计有分析、讨论题,在提高学生分析认识能力、口语表达能力、写作能力的同时,有针对性地提高学生的人文素质。

本书是中职生语文课的教材,也可供有关人员参考学习。

图书在版编目(CIP)数据

语文技能与素质训练. 全 2 册 / 梁伟主编. --徐
州:中国矿业大学出版社,2017.8
ISBN 978-7-5646-3618-0

Ⅰ.①语… Ⅱ.①梁… Ⅲ.①语文课-专业学校-教
学参考资料 Ⅳ.①G634.303

中国版本图书馆 CIP 数据核字(2017)第 169853 号

书　　名	语文技能与素质训练(上、下册)
主　　编	梁　伟
责任编辑	侯　明　陈振斌　周　丽
出版发行	中国矿业大学出版社有限责任公司
	(江苏省徐州市解放南路　邮编 221008)
营销热销	(0516)83885307　83884995
出版服务	(0516)83885767　83884920
网　　址	http://www.cumtp.com　E-mail:cumtpvip@cumtp.com
印　　刷	北京京科印刷有限公司
开　　本	787×1092　1/16　**印张** 24.25　**字数** 606 千字
版次印次	2017 年 8 月第 1 版　2017 年 8 月第 1 次印刷
总 定 价	56.00 元(上、下册)

(图书出现印装质量问题,本社负责调换)

石家庄工程技术学校校本教材
编 委 会

主　任　赵　霞

副主任　贾楞货　王晓彤　李冀平

委　员　苏汉明　姜　磊　贾军艳　张海昂

　　　　赵　欣　李凤丽　韩　璐　李　珊

《语文技能与素质训练》
编 写 名 单

主　　编　梁　伟

副 主 编　马淑霞　安蕴梅

编写人员　（以姓氏笔画为序）

　　　　　石璟瑶　罗　萍　周　娜　郝郁邸

　　　　　穆月娥

前　言

本教材是为职业教育课程改革要求，根据学生实际情况编写的校本教材。

本套教材分为上下两册，上册是常见文体的阅读理解训练、语文技能训练、人文知识介绍等，下册主要是应用文写作训练和语文常识附录等。内容和体例上有以下特点：

1. 内容简单实用。根据现在职业学校学生的实际情况，本着简单适用原则，重点培养阅读理解能力和常用的应用文写作能力，各个知识点都不再进行系统的知识讲授。

2. 注重对学生人文素质的培养。教材中增加了部分人文常识，各单元都设计有行为分析、讨论题，在提高学生分析认识能力、口语表达能力、写作能力的同时，有针对性地提高学生的人文素质。

3. 注重教学内容与学生实际的结合，加强了分析认识能力训练，让学生更多地参与教学。

4. 教材内容分为五个部分：

第一部分，阅读理解训练。本部分重点训练学生对一般文章的整体理解能力，突出不同类型文章的理解方法。文章的结构、写作特点等不再作为训练重点。本部分按文章特点分单元排列。讲法上重点突出本单元文章类型的理解方法。重点讲授1～2篇例文，其余例文采取导读式教学法，引导学生自己理解、归纳。

第二部分，应用文写作训练。本部分以最简单的应用文写作能力训练为主，不进行系统的知识讲授，重点训练几种简单常用的文种。

第三部分，最基本的语文技能训练。本部分是训练学生最起码的语文技能，可根据学生实际情况有针对性地选择训练重点。本部分内容散编排在单元练习前，讲授时只重视"知其然"会用即可，不进行系统的知识传授，不要求学生"知其所以然"。

第四部分，人文知识拓展。本部分涉及一般的文史常识，内容简单扼要，不面面俱到。本部分内容散编在文学作品各单元中。

第五部分，常识附录。本部分内容简单明了，供学生自读理解，集中编排于教材最后。

本教材由梁伟主编，马淑霞、安蕴梅为副主编。参加编写的人员（以姓氏笔画为序）有石璟瑶、罗萍、周娜、郝郁邸、穆月娥。教材在编写过程中得到石家庄工程技术学校教研室和多位领导、老师的热情帮助和大力支持，在此一并致谢！

由于水平所限，加上时间仓促，错漏不周之处实在难免，敬请各位同仁惠正。

编者

2017 年 5 月

前　言

目　录

第一单元　人类历史上最古老最神奇的汉字

　　汉字是至今仍"活"着的最古老的一种文字,也是世界上使用人数最多的一种文字。汉字的数量有数万之多,如收在《康熙字典》里的汉字就有 47 000 多个。汉字作为中华文明起源的重要标志,书写了灿烂的文明,承载了华夏文化的悠久历史。今天,古老的汉字又以它独特而智慧的方式解决了现代化信息处理的问题,正踏着青春的步伐活跃在现代生活中。

　　歌曲《中国娃》中唱到:"最爱说的话永远是中国话,字正腔圆落地有声说话最算话;最爱写的字是先生教的方块字,横平竖直堂堂正正做人要像它。"字正腔圆、落地有声,这是汉字的声音美;汉字的方方正正、横平竖直是它的字形美。鲁迅先生曾说过汉字有"三美":音美以感耳,形美以感目,意美以感心。

　　今天让我们一起走近汉字,感受它的神奇美丽。

一、汉字的起源

　　中国文字——汉字的产生,有据可查的,是在约公元前 14 世纪的殷商后期,这时形成了初步的定型文字,即甲骨文。甲骨文既是象形字又是表音字,至今汉字中仍有一些和图画一样的象形文字,十分生动。

　　关于我国汉字的历史,基于现存的古代文献记载和现已得到确认的考古发现,至少已有 5 000 年的历史,而汉字起源的历史就是中国古代文明的开端历史,所以通常我们说汉民族有 5 000 年文明史。

　　考古和文献记载说明,汉字起源于新石器时代仰韶文化时期,大约公元前 4000 年,公元前 2000 年开始进入字符积累阶段,商代时期已形成相当系统的文字体系。

　　关于汉字的起源有种种传说,中国古书里都常说文字是仓颉创造的。传说仓颉有四目,是黄帝的史官。他发现结绳记事的不便,便通过观察了鸟兽印在泥土上的脚印,产生了发明文字的灵感。其实这种传说都是靠不住的。古人往往将某些成就归结于一人。文字是广大劳动人民根据实际生活的需要,经过长期的社会实践才慢慢地丰富和发展起来的。

　　文字,是文明时代的标志,它既是一个民族智慧的结晶,又是传承文化的重要工具,而文化则是一个民族赖以存在和发展的基础。

　　文字也是最独特的。世界上所有的国家里,只有我们中国的文化始终没有间断过地传承下来,也只有我们的"汉字"是世界上唯一的古代一直演变过来没有间断过的文字形式。从约公元前 14 世纪,殷商后期的"甲骨文"被认为是"汉字"的第一种形式起,直到今天,各种字体纷纷诞生,例如综艺体、整块体、浮云体、变体等等,这是祖国文化繁荣的具体表现,也是汉字发展的必然的结果。

　　中华文化是世界文化宝库中一颗璀璨夺目的明珠,对世界的文明、人类的进步、社会的发展影响巨大,这已是一个得到世界各国广泛认同的观点。汉字是中华文化的载体,是中华智慧的浓缩,是中华文明的精华,其形状之丰润、结构之精美、意境之深邃、韵律之悠扬,是其他文字无法比拟的。

汉字是我们汉民族的祖先在长期的社会实践中,因生活和交流的需要而创造出来的。一般认为最古老的汉字是商代的"甲骨文"。但是在甲骨文之前,我们根据文献资料了解到关于汉字起源的一些历史旧说,有的还带有神话色彩,这些旧说并不都是无稽之谈。

有关文字起源的六种传说,我们大体可分成两类:一类是关于前文字时期的传说,另一类是关于创造文字本身的传说。从这些传说中,我们可以窥见原始汉字产生的因由,以及由原始汉字向成熟的文字体系过渡时的一些历史状况。

1. 结绳造字说

结绳记事的说法首见《易经·系辞》:"上古结绳而治,后世圣人易之以书契。百官以治,万民以察,盖取诸。"《庄子·箧篇》也说:"昔者容成氏、大庭氏、伯皇氏、中央氏、栗陆氏、骊留氏、轩辕氏、赫胥氏、尊卢氏、祝融氏、伏牺氏、神农氏,当是时也,民结绳而用之。"根据这两个说法,上古有很长一段时间都用结绳记事,神农氏是用结绳的最后时代。至于结绳这种记事方法如何施行,《周易正义》引《虞郑九家易》说:"古者无文字,其有约誓之事,事大大结其绳,事小小结其绳,结之多少,随物众寡;各执以相考,亦足以相治也。"人们结绳的可区别性很低,只能用结大结小来标记大事小事。尽管结绳的记录功能很弱,但结绳说既有后代民俗作为确证,又可从历史发展的逻辑上分析出它存在的合理性,因此,可信度较大。

2. 契刻传说

这是与结绳说相提并论的传说。在竹、木等材料上刻上各种痕迹、记号来记事,即是契刻。这也是古代广泛地使用过的方法。《尚书》:"古者伏羲氏之王天下也,始画八卦,造书契,以代结绳之政,由是文籍生焉。伏羲、神农、黄帝之书。谓之'三坟'。言大道也。"其中"书"又当别论,"契"是指刻画和经刻画物。(如马家窑新石器时代遗址中发现的陶制刻符、山东大汶口文化遗址中及丁公新石器时代遗址中发现的陶制刻符。)

3. 八卦造字说

八卦是上古巫人用作吉凶占卜的一种特殊符号。宋代郑樵在其《通志·六书略·论便从(纵)》中认为,由于八卦符号的纵横变化,便形成了各种各样的汉字。这种看法很难令人相信。有限的卦爻符号,不管是八卦,还是八八六十四卦,是难以演化出众多的原始汉字的。不过,我们不能排除汉字构形与八卦爻象在文化方面的某些联系。

八卦,《易经》中的八种基本图形,由整线"—"(代表阳)和中断线"--"(代表阴)组成。每两卦相互对立,其中,阴阳的对立是根本。阴阳两种气体结合交感产生万物。阴阳变化中包含了正反、变化、发展、矛盾的辩证法因素。科学和迷信,本来是水火不相容的,但有的时候,二者会奇妙地纠缠在一起,彼此的距离只有一步之遥。

4. 仓颉造字说

相传上古黄帝时期,史官仓颉根据日月星辰、鸟兽足迹等自然现象创造了汉字。仓颉造字,这种说法影响很大,古代典籍多有记载。《吕氏春秋·审分览·君守》:"奚仲作车,仓颉作书,后稷作稼,昆吾作陶,夏鲧作城,此六人者,所作当矣,然而非主道者。"《韩非子·五蠹》:"古者仓颉之作书也,自环者谓之厶,背厶谓之公,公厶之相背也,乃仓颉固以知之矣。"汉代,仓颉被神话。《淮南子·本经训》:"昔者仓颉作书,而天雨粟,鬼夜哭。"《论衡·骨相》:"仓颉四目,为黄帝史。"

其实,文字并不是一人所独创。正如《荀子·解蔽》所说:"好书者众矣,而仓颉独传者,壹也。"作为记录语言符号系统的文字,是先民们在长期的生产劳动中不断创造,逐渐积累而形成的。各朝代都有新字,后一朝代的字数比前一朝代的字数逐渐有所增多,就足可以证明这一点。比如"氢、氧、氟、氮、钨、硅"等字,就是近代才产生的。

5. "河图洛书"传说

文字是上帝的恩赐,这可能是独立发展的文字所共有的说法。汉字的传说中也保留着一点神赐的影子。河出图、洛出书,只是初民的神话,它可能反映文字或先于文字的某种符号最先发生在河洛一带,并不反映文字的真实起源。后世宣扬的文字神赐说,则是为了增加文字的神秘性。

6. 关于汉字的"起一成文"说

创造这种说法的人是宋代的郑樵,他认为所有的汉字都是由"一"字演变来的,他的唯一根据是许慎的《说文解字》中五百四十个部首"始一终亥"的排列顺序,即第一个部首是"一"字,第五百四十个部首是"亥"字。因此,郑樵在《通志·六书略》中提出"一"字可做五种变化,用以概括汉字形体的各种结构。

二、汉字的发展演变

第一阶段是图画文字阶段。商代以前的文字应该属于这个阶段。第二阶段是以表形文字为基础、以表音文字为主体的表音文字阶段。从甲骨文到秦代的文字都属于这个阶段。第三阶段是以形声字为主体,还保留了一些表形字和表音字的形音文字阶段,从秦汉到现代汉字都属于这个阶段。

汉字演变过程是:甲骨文、金文、小篆、隶书、楷书、行书、草书(甲金篆隶楷行草)七种字体,又称为"汉字七体"。

汉字形体演变过程:

1. 古汉字阶段:甲骨文—金文—大篆(籀)、六国古文—小篆

形体	使用器物	使用朝代	形体特点
甲骨文	刻在龟甲、兽骨上	商代后期	象形、字形方向不固定
金文	铸在青铜器上	商代后期和西周时期	线条化、平直化趋势
大篆	刻在石鼓上	西周晚期	更加线条化,文字逐渐走向定型
小篆	可以书写在竹简等器物上	春秋战国晚期、秦国使用	字体规整匀称,字形有所简化,象形程度进一步降低

2. 隶书楷书阶段:隶书—草书—行书—楷书(正楷、真书)

形体	使用朝代	形体特点
隶书	产生于战国晚期,汉代通用	形体扁方,较长横画呈微波起伏,右下斜笔带捺脚
草书	形成于汉代	使用连笔,书写快捷,难以辨认
行书	出现在东汉晚期	比草书容易辨认,介于草楷之间
楷书	形成于汉魏之际,南北朝至今	形体方正严整,有撇、捺、硬钩,笔画平易圆转

汉字的演变示例

	魚	鳥	羊
甲骨文			
金文			
小篆			
隶书			
楷书			
草书			

三、汉字的特点

1. 汉字是表意文字

世界上的文字基本上可以分为两大类。一类是以英、俄、西班牙等文字为代表的表音文字,一类是以汉字为代表的表意文字。

汉字同汉语的语音不发生直接的联系,用汉语写出来的书面材料,汉语的不同方言区的人可以按照自己的方言读出音来,但不管读什么音,字义是相同的。汉语中发音相同意义不同的语素常用不同的汉字来表示,如:"化、划、华、画、话、桦"等。因此汉字的数量比表音文字要多得多。

2. 汉字是平面型文字

表音文字是线型排列的,汉字基本笔画的排列是平面型的,即常讲的方块字。这种排列方式复杂多样,因此汉字的基本笔画不多,但汉字的量却很大。

3. 汉字代表音节

汉字的音节界限清楚,一般地讲一个汉字代表一个音节。如"叫"代表"jiao"这个音节。只有儿化音中的"儿"不代表一个完整的音节,但不是儿化时"儿"仍代表一个完整的音节。

中国自古就有"书画同源"一说,这是因为最早的文字来源就是图画,书与画好比是兄弟,同根生,有很多内在的联系。汉字的起源就是原始的图画,原始人在生活中用来表达自己的"图画"形式,慢慢地变成了一种"表意符号"。

汉字是形、音、义的统一体,围绕字形所形成的字形、字义、字音之间的关系,决定了汉字造字的基本方法。汉字是表意系统的文字,字义从字形上直接显示出来,只有把握了字的构造,才有可能对字义做较深入的了解,才能深入了解了汉字的基本特点。

四、汉字的构造

1. 汉字的构造单位:笔画、偏旁

笔画是书写楷体字时不停顿不提笔一次写完的连续不断的线段。

偏旁是合体字中常见的组成部分,也称部件、部首。汉字的上边、下边、左边、右边、周围、中间都可以称偏旁。

2. 汉字的构造方式:六书

东汉许慎在他的《说文解字》里总结了前人的造字经验,提出了"六书"的说法。

所谓"六书"就是象形、指事、会意、形声、转注、假借六种造字方法。这六种造字法是古人在研究汉字的基础上归纳整理出来的,是先有实践然后才有理论的,而不是先立下了六种造字法,然后才按照这些方法造字。

根据一般的解释,"六书"当中,象形、指事、会意、形声确实是汉字的四种造字的方法,转注、假借只是汉字的两种用字的方法。

(1) 象形

象形就是描摹事物形状的一种造字法。用这种造字法造出的字,叫象形字。这里所说的象形,是就古汉字来说的。现代汉字已完全失去了象形特点。象形这种造字方法最古老。例如:

日　月　人　刀　山　水　木

日:像太阳的轮廓。

月:像一弯新月。

人:像人的形状。

刀:像带柄的刀的形状。

山:像层峦叠嶂的山。

木:像有树根、树枝的树木。

水:像流动的河水。

象形字同图画有相似之处,但又有本质的区别。

象形字只是记录语言的一种形象符号,不同于图画,不可能也不需要画得很细致,它只需要把某一种事物的特征表现出来就行了。

象形字都是独体字,常常是构成其他非象形字的基础。象形是最原始的造字法。这种造字法的局限性很大,复杂的事物难以象形,抽象的概念又无形可象,而客观事物纷繁,要一律造出象形字,是根本不可能的。在数以万计的汉字中,象形字一共只有300多个。

(2) 指事

指事一般是指在象形字的基础上加上指示性符号或用纯符号组合来创造新字的方法。用指事方法造的字就是指事字。如

上　下　刃　廿　本　末　亦

指事字有两种情况:

一种是用纯粹的符号来指明或象征某种事物、某种意义。例如:"上"和"下"都是以一条长横线表示位置的界限,线上加一短横表示"上",线下加一短横表示"下"。其他如表示

抽象的数目的"一""二""三"等字都属于纯粹符号性质的指事字。

另一种是在象形字的基础上增加一个简单的符号,用来指示所要说明的事物。例如:

刃:在刀锋利部位加上一点,表示刀刃。

甘:在口字中加一短横,表示口中含着甜美的东西。

本:在木下面加一短横,指出这儿是树根。

末:在木上加一短横,表示树木的末端。

亦:"亦"是"腋"的本字,像正面的人形,加两点指示两腋的所在。

这类指事字都是指示事物的具体部位的,是在象形字上附加指示符号来表示词义的。这类指事字是指事字的主体,在所有指事字中占绝大多数。

指事字虽然可以表示某些概念,但是也有很大的局限性。因为只有极少数的意义才能用指事的方法表示出来,而且绝大部分指事字的基础是造字有许多局限的象形字,所以,虽然用指事方法造了一些新字,却因为基础薄弱,数目很少。

汉字中用指事方法造出的字最少,在《说文》中指事字共只有 125 个。

指事字同象形字一样,一般都是单一的形体,不能再分为两个字,所以也是独体字。

(3) 会意

会意是用两个或两个以上的偏旁组合起来另造新字、以表示一个意义的方法。用会意方法造的字,就是会意字。

会意字是合体字。会意字有用两个或两个以上相同偏旁组合起来的,也有用两个或两个以上不同偏旁组合起来的。前一类叫同体会意字,后一类叫异体会意字。

同体会意这是用相同的偏旁组合成新字。例如:

从:两人前后相随,表示跟从。

比:两人后向并立,表示比较。

北:本即"背"字。两人相背而立,表示方向相反。

众:三人重叠,表示众多。

林:双木重叠,表示树林。

森:三木重叠,表示树木很多。

炎:二火相重,表示烈火旺盛。

友:两手相助,引申为朋友。

晶:三日重叠,表示光亮。

异体会意这是用不同的偏旁组合成新字。例如:

休:人靠着树,表示休息。

采:上爪下木,表示手在树上采摘东西。

匠:木匠,"匚"是装工具之器,"斤"是斧子。

炙:把肉放在火上烤,引申为烤熟的肉食。

益:本即"溢"字。上面从水,表示水漫出器皿。

牧:手持木棍赶牛,表示放牧。

看:手搭在眼上,表示观看。

见:人抬头睁目,表示看见。

烦:"页"是人头形,从"火",表示发热头痛。

解：用刀把牛角砍向一方，表示分解。

初：从刀从衣，本义是用刀裁衣为制衣之初，后泛指行动的开始。

这类会意字较多，又如人言为"信"，小土为"尘"，日月为"明"，大力为"夯"，少力为"劣"，不正为"歪"，不好为"孬"，不用为"甭"，山石为"岩"，合手为"拿"，两手中分为"掰"，等等。

语言中有许多抽象的概念无法用象形、指事方法造出字来表示，会意造字法正好弥补了它们的不足。会意法造出的新字，是用已有的象形字或指事字做构成材料的，提高象形字和指事字的使用率，充分发挥旧有文字的作用。

会意字的结构方式是两个或两个以上的偏旁的组合，其组合方式灵活多样。例如"看"字，"初"字，"晶"字。组合形式的多种多样，使会意字的数目比起象形、指事字要多得多。在《说文解字》里，会意字有 1 167 个。

会意造字法比象形、指事造字法前进了一步，我们今天简化汉字，有时也还在使用会意方法，例如"笔、体、泪、阳、阴"等。

但会意字也有严重缺点：会意字的表意是造字人主观规定的，缺少客观标准。比如"休"字，表示人在树旁休息的意思。更主要的是，会意同象形、指事一样，还是只能纯粹地表意，造字的局限性仍然很大。

因此，现行汉字中象形、指事、会意这三类字加起来只占 10% 左右。

为了记录汉语的需要，后来又产生了一种半意半音的造字方法，大大发展了汉字，这就是形声。

（4）形声

形声是一种半意半音的造字法，这类字由形旁和声旁两部分组成。

表示意义的部分叫"形旁"或"意符"，其作用是指出字的意义类属；表示声音的部分叫"声旁"或"声符"，其作用是标明字的读音。利用形旁和声旁组成的字就是形声字。例如：

"柑"便是一个形声字，"木"是形旁，表示"柑"字字义所属的类别；"甘"是声旁，表示"柑"字读"甘"的音。

形声字同会意字一样，都是合体字。但形声和会意的组合方式大不一样，组合部分的作用也不相同。

会意字里每一个偏旁都是表意成分，它是会合两个意思来形成一个新的意思；形声字里一般只有一个偏旁是表意成分，另一个偏旁是表音成分。

会意字里表意成分的意义同该字字义关系直接，是新字字义的有机组成部分；形声字里的形旁跟字的意义有一定的联系，起提示新字字义范围和类属的作用，而声旁与字义无关。

形声字中形旁和声旁的组合方式常见的有以下几种：

左形右声：如校、哼、蝗、城、爬、胸、河、犷。

右形左声：如功、期、剃、顶、欣、鸠、领、切。

上形下声：如草、笆、景、骂、宇、窥、崇、零。

下形上声：如盒、盲、煎、恩、梨、毙、裂、堡。

外形内声：如固、近、府、厦、衷、裹、阁、病。

内形外声：如闻、闷、问、闽、辨、辩、辫、哀。

就各个具体的字来说,形旁和声旁的位置是固定的。例如"口"和"今"两个偏旁,左右组合成为"吟",上下组合成为"含"。随着汉字的演变,有些形声字的形旁和声旁已经产生了变异,必须仔细识别。

形声造字法,利用原来的象形字、指事字或会意字,采取上述多种结构方式,可以创造大量的形声字。同一形旁,加上不同的声旁,或同一声旁,加上不同的形旁,都可以构成许多新字。

这种很高的能产性,解决了象形、指事、会意造字法难于解决的需要创造无数图形符号的问题,大大提高了汉字记录汉语的功能。《说文解字》里的形声字有近 7 700 个,占 82% 强,而现行汉字中,形声字已占 90% 以上。形声字大量增加,成为汉字发展的主流。

形声造字法照顾了语言的音和义两个要素,所造的字半表意半表音,能帮助了解这类字的义类和字音。形声造字法是一种比象形、指事、会意三种纯粹表意的造字法更优越的造字方法。

形声字的形旁首先是表示所属类别。一般形声字的意义都与形旁所提示的事物有关,如"江、河、湖、海、潮、沟、溪、泊"这组字,都有"三点水"这一形旁,意义上每个字都与水有关。形旁的这种提示作用,不仅可以帮助初学汉字者掌握字义,而且有助于辨别形近、形似的偏旁。

如:"示字旁"和"衣字旁"外形相似,容易相混。但如果联系其表示的意义:示字旁是"示"的左偏旁变形,其意义与鬼神、祭祀、祸福等有关;"衣字旁"是"衣"的左偏旁变形,其意义与衣物有关,那么以这两个形旁构成的字就不易混淆了。所以,形旁提示意义的功能,对于识字、正字都有很重要的作用。

其次,很多形旁除表意外还可以用来区别同音字。现代汉字中同音字很多,而形声字读音相同时,往往具有相同的声旁,此时,区别它们的主要手段就是利用不同的形旁。如"楗、踺、键、键、健、腱"这一组同音字,读音均为 jiàn,声旁均是"建",要区分不同的意义则通过不同的形旁,了解该字的意义类别。

但形旁表意的只能表示一种笼统之义,形旁只可标示出某一类事物的共性,难以显示个性,不能提供具体的意义信息。

如上面提到的"三点水旁"表示该字意义与水有关,但这种关系又可以是多种多样的:可表示水本身(湘、淮)、与水形态相似的其他类液体(汁、汗)、水的外形(池、河)、液体作用及结果(溶、淹)、跟液体有关的动作(泣、汲)等等,仅根据形旁提供的信息,难以准确理解其义。

另外,由于词义的演变和假借的广泛使用等原因,现代汉字中的形声字的形旁有的已难准确提示该字的意义类别了。如"镜"的形旁是"金"字,因古代以铜这种金属制镜,所以从"金"旁,而今天的镜子多用玻璃制成,以"金"作形旁已不能提示意义类别。

形声字的声旁表示的字音,提示该形声字读音与声旁读音相同或相近。如由"代"字的读音,可推知下边这组字的读音:"袋、玳、黛、贷、贷"。

有些声旁还可以用来区别形近字。如"狼"与"狠"形近,但"狼"的声旁为"良"(liáng),"狠"的声旁为"艮"(gèn),据此可把二字区分开。

利用声旁类推字音,对于学习普通话很有帮助,可以取得事半功倍的效果。如许多方言区"in"与"ing"不分,学普通话时要记住所有发"ing"音的汉字很困难,可先记住常用作声旁的字如"青"（qīng），然后可推知以该字作声旁的字都应带后鼻音，如"清、晴、鲭、情、睛、请、箐"等。

这里要注意，形声字的声旁表音不是都准确，我们在阅读中读半边字，往往会读错。如"贡—扛、格—客、箱—霜、固—估、伦—轮"这五组字中，"工、各、相、古、仑"分别作为声旁，提示这些字的读音，但其现代读音中只有"伦—轮"一组是声韵调完全相同的，其他各组的声韵调都有一项或一项以上不相同。

声旁不能准确表音的原因，一是语音演变，致使古今读音不尽相同。语音变了，表示原声旁的符号却未改变，因此声旁失去了表音作用。如"诗、待、特"原来是同音字，具有相同的声旁，可现在并不同音，但它们的声旁却没有随读音变化而变化。又如"基、积、机、鸡"这一组字在《广韵》中读音并不相同，到了现代却是同音字，而造字之初使用的声旁并未因此而改用同一符号。二是由于汉字字形的演变，有些在造字之初可表读音的声旁已面目全非。如"鸡（鷄）、戏（戲）"中的"又"在古汉字中原是声旁，分别写作"奚、虚"，可是简化以后变成了同一偏旁，并且不能提示读音，这种形声字有名而无实，当然难以表示读音了。三是造字之初，有些形声字选择声符时不是十分严格。在没有同音字的情况下，选择了近似音做声旁，这也是造成声旁表音不准的重要原因。

虽然现代汉字中形声字的形旁和声旁都有各自的局限性，但又都有各自的重要作用，而且当二者组合起来时，它们所提供的信息就大大丰富了，这使汉字在表音兼表义的文字系统内找到了一种合适的、能产性高的造字方法，所以形声字占现代汉字的绝大多数。

以上所说的是汉字的四种造字方法。可以看出，不论哪一种结构方式，都带有表意成分，这也进一步证明汉字是表意文字。

"转注"和"假借"都是利用已有的字，而没有产生新字，所以，严格地说来，它们只是用字法，而不是造字法。

五、怎样识记和纠正错别字

识记和纠正错别字的主要办法是熟悉汉字的结构，善于识别错别字。错字指字的笔画没有写对，别字指写"白字"。

1. 造成错字的主要原因

多写笔画而错，如"步"误写为"歩"、"染"误写为"染"；

少写笔画而错，如"初"误写为"初"、"速"误写为"速"；

误用偏旁而错，如"延"把"廴"误写为"辶"；"抓"把"扌"误写为"犭"。

2. 造成别字的主要原因

因音近而错，如"刻苦"误写为"克苦"、"书籍"误写为"书藉"；

因形似而错，如"针灸"误写为"针炙"、"仓库"误写为"仑库"。

3. 防止和纠正错别字的方法

抓字音，记字形。例如"令"和"今"两类字容易相混，可以抓住它们的声母来区分。凡是声母是"L"的都写"令"，如"苓""岭""龄""铃""冷""领""邻""怜""玲""伶"等；其他声母的都写"今"，如"岑""含""贪""念""吟""矜"等。同样的道理，有些字可以抓"韵母"来记忆，如"舀"（yǎo）和"臽"（xiàn）两类字，凡韵母是 ao 的，都写"舀"，如"稻""蹈""滔""韬"等；凡韵母是 ian 的，都写"臽"，如"陷""馅""焰""掐"等。

抓形旁，记字形。例如"礻"旁和"衤"旁的字很容易相混，抓形旁就可以把它们区分开来。"礻"是"示"的变形,古时候"示"旁的字一般同祭祀或祈祷有关系,所以都从"礻",如"神、祥、祷、礼、祖、祀、社、祈、祸、福、祝、禄"等;"衤"是"衣"的变形,所以凡同衣物有关系的字都从"衤",如"衫、袄、袖、裙、被、袜、衬、袱、裤、褐、补"等。

抓类推,记字形。一大批简化字和一部分简化偏旁是可以类推的。例如汉字偏旁"倉"简化作"仓","侖"简化为"仑"。依此类推,凡是用"仓"作声旁的,一律从"仓"如"抢、苍、沧、疮、创"等,凡是用"仑"作声旁的,一律从"仑"如"伦、沦、轮、抡、纶、论"等。掌握这种类推的规律,就不会把"创伤"写成"创伤",把"议论"写成"议谂"了。

单元综合练习

一、按要求完成下列各题。

1. 辨析形似字,下面词语全对的一组是(　　　)

　　A. 精神涣发,精神焕散,换然一新　　　B. 寒喧客套,宣宾夺主,吵杂喧闹

　　C. 劳动锻练,军事训练,百炼成钢　　　D. 变本加厉,再接再厉,金就砺则利

2. 下列词语中字形、解释全都正确的一组是(　　　)

　　A. 赔偿(归还)　　延宕(拖延)　　消(除去)声匿迹　　舐(舔)犊情深

　　B. 睿(有远见)智　　濒(接近)临　　桀骜(倔强)不驯　　否(贬斥)极泰来

　　C. 勘(校订)误　　缀(停止)学　　匪(不是)夷所思　　蛊惑(迷惑)人心

　　D. 退(远)想　　瞩(注视)目　　戮力(合力)同心　　进退维谷(比喻困境)

3. 下列四组词语都有错别字,其中有两个错别字的一组是(　　　)

　　A. 漱口　国籍　雄赳赳　源远流长　　　B. 斑斓　沉湎　金刚钻　插科打浑

　　C. 诠释　惦量　荧光屏　鸠占雀巢　　　D. 宣泄　竣工　家具店　委屈求全

4. 下面四组词语中都有错别字,其中只有一个错别字的一组是(　　　)

　　A. 浑浑噩噩　针贬时弊　狗苟蝇营　贪脏枉法

　　B. 脱颖而出　繁文缛节　回肠荡气　不径而走

　　C. 风声鹤唳　纷至踏来　积毁消骨　穿凿附会

　　D. 人才汇萃　草菅人命　风靡一时　步履维艰

5. 构造方法相同的一组字是(　　　)

　　A. 箱　雾　案　材　围　　　　　　　　B. 禾　扬　郊　惜　问

　　C. 晨　休　林　飘　铜　　　　　　　　D. 忠　干　沐　娶　刃

6. 下面不属于形声字的一组是(　　　)

　　A. 材　银　脑　　　B. 闷　闻　栽　　　C. 管　露　草　　　D. 武　休　树

7. 从造字法角度看,下列说法完全正确的一项是(　　　)

　　A. "人、目、采、衣"是独体字　　　　　B. "休、晶、江、火"是合体字

　　C. "材、攻、芳、旗"是形声字　　　　　D. "炙、射、步、月"是会意字

8. 将下列汉字按造字法分类,分类错误的一项是(　　　)

　　(1)炙　(2)灸　(3)起　(4)见　(5)躬　(6)几　(7)星　(8)磊

　　(9)鱼　(10)井　(11)仄　(12)田　(13)池　(14)目　(15)级　(16)益

  A.（1）（4）（8）（16）　　　　　　B.（2）（3）（5）（7）（13）

  C.（6）（9）（10）（12）（14）　　　　D.（1）（6）（11）

9. 对形声字"问、阔、衷、哀"的结构分析完全正确的一项是（　　　）

  A. 全部是外形内声　　　　　　　B. 问、哀是内形外声,阔、衷是外形内声

  C. 全部是内形外声　　　　　　　D. 问、衷是外形内声,阔、哀是内形外声

10. 下面四组字中,笔画数相同的一组是（　　　）

  A. 生,印,斥,冬　　B. 札,托,节,厉　　C. 寿,玛,戒,夷　　D. 皇,泉,禹,乖

11. 对下列汉字笔画和笔顺做正确判断的是（　　　）

  A."戍"字共六画,最后一笔是撇　　　B."层"字共七画,第三笔是横

  C."臣"字共六画,起笔是横　　　　　D."鼎"字共十三画,起笔是竖

二、根据句意在括号里填上成语。

胆子最大（　　　　　　）　　　看得最远（　　　　　　）

力气最大（　　　　　　）　　　行走最快（　　　　　　）

胸怀最广（　　　　　　）　　　学识最多（　　　　　　）

根据最足（　　　　　　）　　　分量最重（　　　　　　）

胆子最小（　　　　　　）　　　看得最近（　　　　　　）

三、用动物名称填成语。

____争____斗　　　　____歌____舞　　　杯弓____影

声名____起　　　　____死____悲　　　____为奸

____丝____迹　　　____不宁

四、根据例子填成语。例：奏—春（偷天换日）

杭—航（　　　）　　　湍—而（　　　）

迁—迈（　　　）　　　疮—抢（　　　）

杞—松（　　　）　　　钾—铀（　　　）

五、中国是历史悠久的礼仪之邦,中华民族是有着高度精神文明的民族,在漫长的历史中,汉语里形成了为数众多的敬辞与谦辞。这些敬辞与谦辞至今仍被广泛地应用着。在同别人打交道时使用这些词可以体现一个人的修养和文明程度。请你填出下列句子中的敬辞与谦辞。

初次见面说（　　　）　　好久不见说（　　　）　　请人批评说（　　　）

求人原谅说（　　　）　　求人帮忙说（　　　）　　求给方便说（　　　）

麻烦别人说（　　　）　　向人祝贺说（　　　）　　求人看稿说（　　　）

求人解答说（　　　）　　求人指点说（　　　）　　托人办事说（　　　）

六、分析下列同声旁异形旁的形声字,看看它们的字义同形旁有什么关系。

赌—睹　　瞠—膛　　赂—辂　　沾—站

七、分析下列同形旁异声旁的形声字,看看它们的读音有什么差别。

锁—销　　狼—狠　　钓—钩　　货—贷

第二单元　记人类文章的阅读与理解

单元训练重点

本单元选的是记人类记叙文,训练重点是如何阅读理解这类文章。学习时应注意下面几个方面:

一、从整体上感知文章

在阅读各类文章时都应注意对文章的整体感知(不仅仅是记叙文)。阅读时先不去仔细分析语句字段,而是快速阅读全文,从整体上感知文章的内容和主旨,具体方法很多,因文章不同而各有所异,常用的方法有:

1. 分析目的

阅读完成后要分析作者的写作目的。每篇文章都有写作目的,不同的文章写作目的不同。一般来讲,记叙类文章的写作目的常以表现作者的思想感情为主,因此语言形象生动,饱含情感,感染力强,即常说的"以情感人"。说明性文章的写作目的是介绍知识、阐述道理等,一般不表现作者的思想情感和观点看法,因此语言的感情色彩不明显,语言通俗准确,常用科技术语。议论性文章的写作目的是证明自己的观点或反驳他人的观点,因此要讲事实摆道理,以理服人,语言周密、逻辑性强。

2. 辨析文题

即首先分析文章的标题,标题是文章的眼睛,有的标题点明或暗示文章主旨,有的点明文章的写作对象、范围等。通过分析标题,带着问题去阅读全文。

3. 概括内容

完成阅读后,要先思考概括一下,文章写了什么人什么事,描写了什么景物,介绍了什么知识技能,证明了什么观点等。

4. 思考问题

思考作者写这些东西想告诉读者什么。

5. 归纳主旨

文章抒发了作者什么样的情感;歌颂或揭露了什么;让读者明白了什么知识、技能、道理;证明或批驳了什么观点等。

二、记人类文章的特点

1. 写作目的

这类文章的写作目的,不是要告诉读者人物做过什么事,而是通过这些事来反映人物的性格特征、思想品质等,同时在叙述中表现作者的观点或情感。

2. 选材特点

常选用最能反映人物思想性格的典型事件来写,这些事件往往是生活中的小事,事件可以是完整的,也可以是片断式的。

3. 结构特点

常以时间或空间变换为顺序,也有的以材料的性质分类为顺序来安排材料,展开叙述。一般以人物活动为线索,也有的以某物或某种情感为线索,把材料贯穿起来。

三、记人类文章的阅读与理解

(1) 了解文章写了人物的什么典型事件。

(2) 分析这些事件反映了人物什么样的性格特征、思想品德等。

(3) 体味作者的情感,注意找出并分析文中表现主旨和文章感情基调的语句。

(4) 归纳主旨。通常的格式和思路为:通过什么事件的叙述,歌颂赞扬或揭露批驳了人物什么品格或行为,表现了作者什么样的情感。

一　列车上的偶然相遇①

[美国]阿历克斯·哈利

我们兄弟姐妹无论何时相聚在一起,总是免不了谈论起我们的父亲,以及父亲那个晚上在火车里遇到的神秘的先生。

我们是黑人。父亲西蒙·阿历克斯·哈利,1892年出生在美国田纳西州的一个小农场里。作为刚被解放了的黑奴的儿子,可以想见他的地位之卑微。当他吵着要去上大学时,祖父总共只给了他50美元:"就这么些,一个子儿也不会加了。"凭着克勤克俭,父亲艰辛地读完了预科班,接着又考取了北卡罗来纳州格林斯堡大学,勉强读到二年级。一个烈日炎炎的下午,父亲被召进教师办公室。他被告知,因为无钱买课本的那一门功课的考试不及格。失败的沉重负担,使他抬不起头来:"也许该回农场去了吧?"……

几天以后,父亲收到客车公司的一封信,"从几百名应聘者中,你被选上作为夏季旅客列车的临时服务员。"父亲匆匆忙忙地去报到,上了布法罗开往匹兹堡的火车。显然,不积累点路费,又怎么回农场呢?

清晨两点钟,车厢内拥挤闷热,忠于职守的父亲穿着白色的工作服,仍在颠簸的车厢里缓缓巡回。一位穿着讲究的男子叫住了他,他说他与妻子都无法入睡,想要一杯热牛奶。父亲不一会儿就在银色的托盘里放了两杯热牛奶与餐巾,穿过拥挤的车厢,极为规范地端到这位男子面前。这人递给他妻子一杯,又递给父亲5美元小费,随后,慢慢地从杯中一口一口地呷着牛奶,并开始了交谈。

"你从哪来?""田纳西州的大草原,先生。""这么晚了,你还工作?""这是车上的规矩,先生。""太好了。你这工作之前你干什么?""我是格林斯堡大学的学生,先生。但我如今正准备回家种田。"这样交谈了半小时。

整个夏季,父亲一直在火车上干活,他积攒了不少钱,远远超出了回家的路费。父亲想,这点积蓄已够整整一学期的学费,何不再试一学期,看看究竟能取得什么样的成绩?他又回到了格林斯堡大学。

---

① 选自上海市中学《语文》教材(H版),上海教育出版社1997年第2版。

翌日他就被人叫进校长室。父亲怀着忐忑不安的心情在这位威严的人面前坐定。

"我刚收到一封信,西蒙。"校长说,"整个夏季,你都在客车上当服务员?""是的,先生。""有一天夜里,你为一位先生端过牛奶?""是的,先生。""是这样的,他的名字叫 M.博西先生,他是那家发行《星期六晚报》的出版公司的退休了的总经理。他已为你整个一学年的伙食、学费以及书费捐赠了 500 美元。"

父亲惊讶得目瞪口呆。这出人意外的恩惠使父亲不用再每天奔波于学校、打工餐馆之间,使他以全班第一的成绩毕业。最后父亲又以优异的成绩获得纽约埃塔卡大学的全额奖学金。

30 年后的一天,巧了,我也来到了《星期六晚报》社。那是这家著名的报社为我写的《马尔科姆自传》的修改问题而请我去的。坐在豪华的大办公室里,我突然想起了博西先生,正是他的帮助,改变了我们一家的发展轨迹。

当然,这位神秘的博西先生之所以给我父亲一次机会,是因为父亲首先显示出了一个人的真正价值:执著、认真。后来,他抓住这个机会,克服了许许多多的困苦,成为一个很有学问、受人尊敬的人,也为我们兄弟姐妹创造了一个良好的教育环境。我的哥哥乔治是美国邮政定价委员会主席,妹妹朱丽叶是一位建筑师,露伊丝是位音乐教师。我本人呢,是曾获得普利策奖的著名小说《根》的作者。

思考与练习

一、本文写了什么人什么事?为什么"我们兄弟姐妹几人无论何时相聚在一起,总是免不了谈论起我们的父亲",以及那个"神秘的先生"?

二、如果没有那段"列车上的偶然相遇",如果没有遇上那个"神秘的先生","父亲"的人生道路将会是怎样的呢?M.博西先生为什么资助父亲?

三、父亲和 M.博西先生有什么样的性格特点?你怎么认识和评价这些特点?

四、拓展讨论:

1. 自身素质与机遇之间有联系吗?为什么?

2. 你是否认为这次求学也是一次机遇,说说看怎么渡过你的求学生涯。

五、结合课文内容,收集材料,分甲乙两组,辩论性讨论。

甲组的观点是"一个人的成功主要靠自己的奋斗",乙组的观点是"一个人的成功主要靠机遇",每一组的组员可根据本组的观点申述理由。

二　我的母亲①

老　舍

母亲的娘家是北平②德胜门外,土城儿外边,通大钟寺的大路上的一个小村里。村里一

---

① 选自《中国现代文学珍藏大系·老舍卷(上)》(蓝天出版社 2003 年版),有改动。老舍(1899～1966),原名舒庆春,字舍予,现代著名作家。

② [北平]北京的旧称。

共有四五家人家,都姓马。大家都种点不十分肥美的地,但是与我同辈的兄弟们,也有当兵的,作木匠的,作泥水匠的,和当巡警的。他们虽然是农家,却养不起牛马,人手不够的时候,妇女便也须下地做活。

对于姥姥家,我只知道上述的一点。外公外婆是什么样子,我就不知道了,因为他们早已去世。至于更远的族系与家史,就更不晓得了。穷人只能顾眼前的衣食,没有功夫谈论什么过去的光荣。"家谱①"这字眼,我在幼年就根本没有听说过。

母亲生在农家,所以勤俭诚实,身体也好。这一点事实却极重要,因为假若我没有这样的一位母亲,我以为我恐怕也就要大大的打个折扣了。

母亲出嫁大概是很早,因为我的大姐现在已是六十多岁的老太婆,而我的大外甥女还长我一岁啊。我有三个哥哥,四个姐姐,但能长大成人的,只有大姐、二姐、三哥与我。我是"老"儿子。生我的时候,母亲已有四十一岁,大姐二姐已都出了阁。

由大姐与二姐所嫁人的家庭来推断,在我生下之前,我的家里,大概还马马虎虎的过得去。那时候订婚讲究门当户对②,而大姐丈是作小官的,二姐丈也开过一间酒馆,他们都是相当体面的人。

可是,我,我给家庭带来了不幸:我生下来,母亲晕过去半夜,才睁眼看见她的老儿子——感谢大姐,把我揣在怀里,致未冻死。

一岁半,父亲死了。

兄不到十岁,三姐十二三岁,我才一岁半,全仗母亲独力抚养了。父亲的寡姐跟我们一块儿住,她吸鸦片,她喜摸纸牌,她的脾气极坏。为我们的衣食,母亲要给人家洗衣服,缝补或裁缝衣裳。在我的记忆中,她的手终年是嫩红微肿的。白天,她洗衣服,洗一两大绿瓦盆。她做事永远丝毫也不敷衍,就是屠户们送来的黑如铁的布袜,她也给洗得雪白。晚间,她与三姐抱着一盏油灯,还要缝补衣服,一直到半夜。她终年没有休息,可是在忙碌中她还把院子屋中收拾得清清爽爽。桌椅都是旧的,柜门的铜活③久已残缺不全,可是她的手老使破桌面上没有尘土,残破的铜活发着光。院中,父亲遗留下的几盆石榴与夹竹桃,永远会得到应有的浇灌与爱护,年年夏天开许多花。

哥哥似乎没有同我玩耍过。有时候,他去读书;有时候,他去学徒;有时候,他也去卖花生或樱桃之类的小东西。母亲含着泪把他送走,不到两天,又含着泪接他回来。我不明白这都是什么事,而只觉得与他很生疏。与母亲相依如命的是我与三姐。因此,她们做事,我老在后面跟着。她们浇花,我也张罗着取水;她们扫地,我就撮土……从这里,我学得了爱花、爱清洁、守秩序。这些习惯至今还被我保存着。

有客人来,无论手中怎么窘,母亲也要设法弄一点东西去款待。舅父与表哥们往往是自己掏钱买酒肉食,这使她脸上羞得飞红,可是殷勤的给他们温酒作面,又给她一些喜悦。遇上亲友家中有喜丧事,母亲必把大褂洗得干干净净,亲自去贺吊——份礼④也许只是两吊小钱。到如今我的好客的习性,还未全改,尽管生活是这么清苦,因为自幼儿看惯了的事情

---

① ［家谱］家族记载本族世系和重要人物事迹的书。

② ［门当户对］旧时指结亲双方家庭的社会地位和经济状况相当。

③ ［铜活］此处指器物上各种铜制的物件。

④ ［份礼］指对办喜事或丧事的人表示祝贺或慰问时所送的钱或物。

是不易改掉的。

姑母常闹脾气。她单在鸡蛋里找骨头。她是我家中的阎王。直到我入了中学,她才死去,我可是没有看见母亲反抗过。"没受过婆婆的气,还不受大姑子的吗?命当如此!"母亲在非解释一下不足以平服别人的时候,才这样说。是的,命当如此。母亲活到老,穷到老,辛苦到老,全是命当如此。她最会吃亏。给亲友邻居帮忙,她总跑在前面:她会给婴儿洗三①——穷朋友们可以因此少花一笔"请姥姥②"钱——她会刮痧③,她会给孩子们剃头,她会给少妇们绞脸④……凡是她能作的,都有求必应。但是吵嘴打架,永远没有她。她宁吃亏,不逗气。当姑母死去的时候,母亲似乎把一世的委屈都哭了出来,一直哭到坟地。不知道哪里来的一位侄子,声称有继承权,母亲便一声不响,教他搬走那些破桌子烂板凳,而且把姑母养的一只肥母鸡也送给他。

可是,母亲并不软弱。父亲死在庚子闹"拳"⑤的那一年。联军⑥入城,挨家搜索财物鸡鸭,我们被搜过两次。母亲拉着哥哥与三姐坐在墙根,等着"鬼子"进门,街门是开着的。"鬼子"进门,一刺刀先把老黄狗刺死,而后入室搜索。他们走后,母亲把破衣箱搬起,才发现了我。假若箱子不空,我早就被压死了。皇上跑了,丈夫死了,鬼子来了,满城是血光火焰,可是母亲不怕,她要在刺刀下,饥荒中,保护着儿女。北平有多少变乱啊,有时候兵变了,街市整条地烧起,火团落在我们的院中。有时候内战了,城门紧闭,铺店关门,昼夜响着枪炮。这惊恐,这紧张,再加上一家饮食的筹划,儿女安全的顾虑,岂是一个软弱的老寡妇所能受得起的?可是,在这种时候,母亲的心横起来,她不慌不哭,要从无办法中想出办法来。她的泪会往心中落!这点软而硬的个性,也传给了我。我对一切人与事,都取和平的态度,把吃亏看作当然的。但是,在做人上,我有一定的宗旨与基本的法则,什么事都可以将就,而不能超过自己划好的界限。我怕见生人,怕办杂事,怕出头露面,但是到了非我去不可的时候,我便不得不去,正像我的母亲。从私塾到小学,到中学,我经历过起码有廿位教师吧,其中有给我很大影响的,也有毫无影响的,但是我的真正的教师,把性格传给我的,是我的母亲。母亲并不识字,她给我的是生命的教育。

当我在小学毕了业的时候,亲友一致的愿意我去学手艺,好帮助母亲。我晓得我应当去找饭吃,以减轻母亲的勤劳困苦。可是,我也愿意升学。我偷偷地考入了师范学校——制服,饭食,书籍,宿处,都由学校供给。只有这样,我才敢对母亲说升学的话。入学,要交十元的保证金。这是一笔巨款!母亲作了半个月的难,把这巨款筹到,而后含泪把我送出门去。她不辞劳苦,只要儿子有出息。当我由师范毕业,而被派为小学校校长,母亲与我都一夜不曾合眼。我只说了句:"以后,您可以歇一歇了!"她的回答只有一串串的眼泪。我入学之后,三姐结了婚。母亲对儿女是都一样疼爱的,但是假若她也有点偏爱的话,她应当偏爱三姐,因为自父亲死后,家中一切的事情都是母亲和三姐共同撑持的。三姐是母亲的右

---

① [洗三]旧时小孩出生后第三天洗澡的俗称。

② [姥姥]这里指接生婆,与上文"姥姥"的含义不同。

③ [刮痧]民间治疗某些疾患的一种方法,用铜钱等物蘸水或油刮患者的胸、背等处,使局部皮肤充血,减轻内部炎症。

④ [绞脸]把一条线两股相交,用手扯住两头,通过有规律的抖动,绞去妇女脸上的细毛。

⑤ [庚子闹"拳"]中国旧时以天干地支纪年,庚子,即公历1900年。"拳",指义和团运动。

⑥ [联军]指1900年英、美、德、法、俄、日、意、奥八国为侵略我国组成的多国军队。

手。但是母亲知道这右手必须割去，她不能为自己的便利而耽误了女儿的青春。当花轿来到我们的破门外的时候，母亲的手就和冰一样的凉，脸上没有血色——那是阴历四月，天气很暖。大家都怕她晕过去。可是，她挣扎着，咬着嘴唇，手扶着门框，看花轿徐徐的走去。不久，姑母死了。三姐已出嫁，哥哥不在家，我又住学校，家中只剩母亲自己。她还须自晓至晚的操作，可是终日没人和她说一句话。新年到了，正赶上政府倡用阳历，不许过旧年。除夕，我请了两小时的假。由拥挤不堪的街市回到清炉冷灶的家中。母亲笑了。及至听说我还须回校，她愣住了。半天，她才叹出一口气来。到我该走的时候，她递给我一些花生，"去吧，小子！"街上是那么热闹，我却什么也没看见，泪遮迷了我的眼。今天，泪又遮住了我的眼，又想起当日孤独的过那凄惨的除夕的慈母。可是慈母不会再候盼着我了，她已入了土！

儿女的生命是不依顺着父母所设下的轨道一直前进的，所以老人总免不了伤心。我廿岁，母亲要我结了婚，我不要。我请来三姐给我说情，老母含泪点了头。我爱母亲，但是我给了她最大的打击。时代使我成为逆子。廿七岁，我上了英国。为了自己，我给六十多岁的老母以第二次打击。在她七十大寿的那一天，我还远在异域。那天，据姐姐们后来告诉我，老太太只喝了两口酒，很早的便睡下。她想念她的幼子，而不便说出来。

七七抗战后，我由济南逃出来。北平又像庚子那年似的被鬼子占据了。可是母亲日夜惦念的幼子却跑西南来。母亲怎样想念我，我可以想象得到，可是我不能回去。每逢接到家信，我总不敢马上拆看，我怕，怕，怕，怕有那不祥的消息。人，即使活到八九十岁，有母亲便可以多少还有点孩子气。失了慈母便像花插在瓶子里，虽然还有色有香，却失去了根。有母亲的人，心里是安定的。我怕，怕，怕家信中带来不好的消息，告诉我已是失了根的花草。

去年一年，我在家信中找不到关于母亲的起居情况。我疑虑，害怕。我想象得到，如有不幸，家中念我流亡孤苦，或不忍相告。母亲的生日是在九月，我在八月半写去祝寿的信，算计着会在寿日之前到达。信中嘱咐千万把寿日的详情写来，使我不再疑虑。十二月二十六日，由文化劳军的大会上回来，我接到家信。我不敢拆读。就寝前，我拆开信，母亲已去世一年了！

生命是母亲给我的。我之能长大成人，是母亲的血汗灌养。我之能成为一个不十分坏的人，是母亲感化的。我的性格、习惯，是母亲传给的。她一世未曾享过一天福，临死还吃的是粗粮。唉！还说什么呢？心痛！心痛！

思考与练习

一、联系上下文，品读下列句子中加点的词语。

1.（1）在我的记忆中，她的手终年是鲜红微肿的。

（2）她终年没有休息，可是在忙碌中她还是把院子屋中收拾得清清爽爽。

（作者为什么在文中反复强调"终年"？）

2. 从这里，我学得了爱花，爱清洁，守秩序。这些习惯至今还被我保存着。

（"这里"具体是指哪里？"这些习惯"指的是哪些习惯？）

3. 我怕，怕，怕家信中带来不好的信息，告诉我已是失了根的花草。

（为什么连用三个"怕"？"失了根的花草"用了哪一种修辞方法？"失了根的花草"在文

中的意思是什么?)

二、课文围绕母亲主要写了哪几件事情?从这些事情中可以看出母亲的哪些性格?结合课文中作者即事抒情的语句,说一说作者从母亲的身上获得了哪些为人处世的启示。

三、文章最后一段写道:"生命是母亲给我的。我之能长大成人,是母亲的血汗灌养的。我之能成为一个不十分坏的人,是母亲感化的。我的性格、习惯,是母亲传给的。"联系全文,结合自己的成长过程,说说你对这几句话的理解。

三　合欢树①

史铁生

十岁那年,我在一次作文比赛中得了第一。母亲那时候还年轻,急着跟我说她自己,说她小时候的作文作得还要好,老师甚至不相信那么好的文章会是她写的。"老师找到家来问,是不是家里的大人帮了忙。我那时可能还不到十岁呢。"我听得扫兴,故意笑:"可能?什么叫可能还不到?"她就解释。我装作根本不再注意她的话,对着墙打乒乓球,把她气得够呛。不过我承认她聪明,承认她是世界上长得最好看的女的。她正给自己做一条蓝底白花的裙子。

二十岁,我的两条腿残废了。除去给人家画彩蛋,我想我还应该再干点别的事,先后改变了几次主意,最后想学写作。母亲那时已不年轻,为了我的腿,她头上开始有了白发。医院已经明确表示,我的病情目前没办法治。母亲的全副心思却还放在给我治病上,到处找大夫,打听偏方,花很多钱。她倒总能找来些稀奇古怪的药,让我吃,让我喝,或者是洗、敷、熏、灸。"别浪费时间啦!根本没用!"我说,我一心只想着写小说,仿佛那东西能把残废人救出困境。"再试一回,不试你怎么知道会没用?"她说,每一回都虔诚地抱着希望。然而对我的腿,有多少回希望就有多少回失望,最后一回,我的胯上被熏成烫伤。医院的大夫说,这实在太悬了,对于瘫痪病人。这差不多是要命的事。我倒没太害怕,心想死了也好,死了倒痛快。母亲惊惶了几个月,昼夜守着我,一换药就说:"怎么会烫了呢?我还直留神呀!"幸亏伤口好起来,不然她非疯了不可。

后来她发现我在写小说。她跟我说:"那就好好写吧。"我听出来,她对治好我的腿也终于绝望。"我年轻的时候也最喜欢文学,"她说。"跟你现在差不多大的时候,我也想过搞写作,"她说。"你小时候的作文不是得过第一?"她提醒我说。我们俩都尽力把我的腿忘掉。她到处去给我借书,顶着雨或冒了雪推我去看电影,像过去给我找大夫、打听偏方那样,抱了希望。

三十岁时,我的第一篇小说发表了,母亲却已不在人世。过了几年,我的另一篇小说又侥幸获奖,母亲已经离开我整整七年。

获奖之后,登门采访的记者就多,大家都好心好意,认为我不容易。但是我只准备了一

---

① 选自《以前的事》(东方出版中心 2006 年版)。史铁生(1951~2010),北京人,当代著名作家,曾先后获得全国优秀短篇小说奖、鲁迅文学奖、老舍散文奖等多种奖项,主要作品有中短篇小说集《我的遥远的清平湾》,散文随笔集《我与地坛》,长篇小说《务虚笔记》等。

套话,说来说去就觉得心烦。我摇着车躲出去,坐在小公园安静的树林里,想:上帝为什么早早地召母亲回去呢?迷迷糊糊的,我听见回答:"她心里太苦了。上帝看她受不住了,就召她回去。"我的心得到一点安慰,睁开眼睛,看见风在树林里吹过。

我摇车离开那儿,在街上瞎逛,不想回家。

母亲去世后,我们搬了家。我很少再到母亲住过的那个小院儿去。小院儿在一个大院儿的尽里头,我偶尔摇车到大院儿去坐坐,但不愿意去那儿小院儿,推说手摇车进去不方便。院儿里的老太太们还都把我当儿孙看,尤其想到我又没了母亲,但都不说,光扯些闲话,怪我不常去。我坐在院子当中,喝东家的茶,吃西家的瓜。有一年,人们终于又提到母亲:"到小院儿去看看吧,你妈种的那棵合欢树今年开花了!"我心里一阵抖,还是推说手摇车进出太不易。大伙就不再说,忙扯些别的,说起我们原来住的房子里现在住了小两口,女的刚生了个儿子,孩子不哭不闹,光是瞪着眼睛看窗户上的树影儿。

我没料到那棵树还活着。那年,母亲到劳动局去给我找工作,回来时在路边挖了一棵刚出土的"含羞草",以为是含羞草,种在花盆里长,竟是一棵合欢树。母亲从来喜欢那些东西,但当时心思全在别处。第二年合欢树没有发芽,母亲叹息了一回,还不舍得扔掉,依然让它长在瓦盆里。第三年,合欢树却又长出叶子,而且茂盛了。母亲高兴了很多天,以为那是个好兆头,常去侍弄它,不敢再大意。又过一年,她把合欢树移出盆,栽在窗前的地上,有时念叨,不知道这种树几年才开花。再过一年,我们搬了家。悲痛弄得我们都把那棵小树忘记了。

与其在街上瞎逛,我想,不如就去看看那棵树吧。我也想再看着母亲住过的那间房。我老记着,那儿还有个刚来到世上的孩子,不哭不闹,瞪着眼睛看树影儿。是那棵合欢树的影子吗?小院儿里只有那棵树。

院儿里的老太太们还是那么欢迎我,东屋倒茶,西屋点烟,送到我跟前。大伙都不知道我获奖的事,也许知道,但不觉得那很重要;还是都问我的腿,问我是否有了正式工作。这回,想摇车进小院儿真是不能了,家家门前的小厨房都扩大,过道窄到一个人推自行车进出也要侧身。我问起那棵合欢树。大伙说,年年都开花,长到房高了。这么说,我再看不见它了。我要是求人背我去看,倒也不是不行。我挺后悔前两年没有自己摇车进去看看。

我摇着车在街上慢慢走,不急着回家。人有时候只想独自静静地待一会。悲伤也成享受。

有一天那个孩子长大了,会想到童年的事,会想起那些晃动的树影儿,会想起他自己的妈妈,他会跑去看看那棵树。但他不会知道那棵树是谁种的,是怎么种的。

思考与练习

一、揣摩下列句子所包含的感情。

1. 母亲惊慌了几个月,昼夜守着我,一换药就说:"怎么会烫了呢?我还直留神呀!"

2. 她到处去给我借书,顶着雨或冒了雪推我去看电影,像过去给我找大夫、打听偏方那样,抱了希望。

3. 过了几年,我的另一篇小说又侥幸获奖,母亲已经离开我整整七年。

二、文中多次提到合欢树,找出相关内容,品读并思考各自的寓意和内涵。

三、作者在文章中三次提到自己的年龄。你认为他在二十岁以后和三十岁以后对母爱各有怎样的体会？

四、作者说："我摇着车在街上慢慢走，不急着回家。人有时候只想独自静静地待一会儿。悲伤也成享受。"作者为什么说"悲伤也成享受"？把你的理解和感悟写下来，并与同学进行交流。

四　怀李叔同先生①

丰子恺

距今二十九年前，我十七岁的时候，最初在杭州的浙江省立第一师范学校里见到李叔同先生，即后来的弘一法师。那时我是预科生，他是我们的音乐教师。我们上他的音乐课时，有一种特殊的感觉：严肃。摇过预备铃，我们走向音乐教室，推进门去，先吃一惊：李先生早已端坐在讲台上；以为先生总要迟到而嘴里随便唱着、喊着、或笑着、骂着而推进门去的同学，吃惊更是不小。他们的唱声、喊声、笑声、骂声以门槛为界限而忽然消灭。接着是低着头，红着脸，去端坐在自己的位子里；端坐在自己的位子里偷偷地仰起头来看看，看见李先生的高高的瘦削的上半身穿着整洁的黑布马褂，露出在讲桌上，宽广得可以走马的前额，细长的凤眼，隆正的鼻梁，形成威严的表情。扁平而阔的嘴唇两端常有深涡。这副相貌，用"温而厉"三个字来描写，大概差不多了。讲桌上放着点名簿、讲义，以及他的教课笔记簿、粉笔。钢琴衣解开着，琴盖开着，谱表摆着，琴头上又放着一只时表，闪闪的金光直射到我们的眼中。黑板（是上下两块可以推动的）上早已清楚地写好本课内所应写的东西（两块都写好，上块盖着下块，用下块时把上块推开）。在这样布置的讲台上，李先生端坐着。坐到上课铃响出（后来我们知道他这脾气，上音乐课必早到。故上课铃响时，同学早已到齐），他站起身来，深深地一鞠躬，课就开始了。这样地上课，空气严肃得很。

有一个人上音乐课时不唱歌而看别的书，有一个人上音乐时吐痰在地板上，以为李先生不看见的，其实他都知道。但他不立刻责备，等到下课后，他用很轻而严肃的声音郑重地说："某某等一等出去。"于是这位某某同学只得站着。等到别的同学都出去了，他又用轻而严肃的声音向这某某同学和气地说："下次上课时不要看别的书。"或者："下次痰不要吐在地板上。"说过之后他微微一鞠躬，表示"你出去罢"。出来的人大都脸上发红。又有一次下音乐课，最后出去的人无心把门一拉，碰得太重，发出很大的声音。他走了数十步之后，李先生走出门来，满面和气地叫他转来。等他到了，李先生又叫他进教室来。进了教室，李先生用很轻而严肃的声音向他和气地说："下次走出教室，轻轻地关门。"就对他一鞠躬，送他出门，自己轻轻地把门关了。最不易忘却的，是有一次上弹琴课的时候。我们是师范生，每人都要学弹琴，全校有五六十架风琴及两架钢琴。风琴每室两架，给学生练习用；钢琴一架

---

① 选自《缘缘堂随笔》（人民文学出版社 1957 年版）。丰子恺（1898～1975），浙江崇德人，画家、翻译家、散文家，著有散文集《缘缘堂随笔》《车箱社会》等。李叔同（1880～1942），名文涛，戏剧家、艺术教育家、文学家、书画家。原籍浙江，出生于天津。早年留学日本，归国后重视教育工作。1918 年出家后专研戒律，造诣很深。

放在唱歌教室里，一架放在弹琴教室里。上弹琴课时，十数人为一组，环立在琴旁，看李先生范奏。有一次正在范奏的时候，有一个同学放一个屁，没有声音，却是很臭。李先生及十数同学全部沉浸在亚莫尼亚气体中。同学大都掩鼻或发出讨厌的声音。李先生眉头一皱，管自弹琴(我想他一定屏息着)。弹到后来，亚莫尼亚气散光了，他的眉头方才舒展。教完以后，下课铃响了。李先生立起来一鞠躬，表示散课。散课以后，同学还未出门，李先生又郑重地宣告："大家等一等去，还有一句话。"大家又肃立了。李先生又用很轻而严肃的声音和气地说："以后放屁，到门外去，不要放在室内。"接着又一鞠躬，表示叫我们出去。同学都忍着笑，一出门来，大家快跑，跑到远处去大笑一顿。

李先生用这样的态度来教我们音乐，因此我们上音乐课时，觉得比上其他一切课更严肃。同时对于音乐教师李叔同先生，比对其他教师更敬仰。那时的学校，首重的是所谓"英、国、算"即英文、国文和算学。在别的学校里，这三门功课的教师最有权威，而在我们这师范学校里，音乐教师最有权威，因为他是李叔同先生的缘故。

李叔同先生为甚么能有这种权威呢？不仅为了他学问好，不仅为了他音乐好，主要的还是为了他态度认真。李先生一生的最大特点是"认真"。他对于一件事，不做则已，要做就非做得彻底不可。

他出身于富裕之家，他的父亲是天津有名的银行家。他是第五位姨太太所生。他父亲生他时，年已七十二岁。他堕地后就遭父丧，又逢家庭之变，青年时就陪了他的生母南迁上海。在上海南洋公学读书奉母时，他是一个翩翩公子。当时上海文坛有著名的沪学会，李先生应沪学会征文，名字屡列第一。从此他就为沪上名人所器重，而交游日广，终以"才子"驰名于当时的上海。后来他母亲死了，他赴日本留学的时候，作一首《金缕曲》，词曰："披发佯狂走。莽中原暮鸦啼彻，几株衰柳。破碎河山谁收拾，零落西风依旧。便惹得离人消瘦。行矣临流重太息，说相思刻骨双红豆。悉黯黯，浓于酒。漾情不断淞波溜。恨年年絮飘萍泊，遮难回首。二十文章惊海内，毕竟空谈何有！听匣底苍龙狂吼。长夜西风眠不得，度群生那惜心肝剖。是祖国，忍孤负？"读这首词，可想见他当时豪气满胸，爱国热情炽盛。他出家时把过去的照片统统送我，我曾在照片中看见过当时在上海的他：丝绒碗帽，正中缀一方白玉，曲襟背心，花缎袍子，后面挂着胖辫子，底下缎带扎脚管，双梁厚底鞋子，头抬得很高，英俊之气，流露于眉目间。真是当时上海一等的翩翩公子。这是最初表示他的特性，凡事认真。他立意要做翩翩公子，就彻底的做一个翩翩公子。

后来他到日本，看见明治维新的文化，就渴慕西洋文明。他立刻放弃了翩翩公子的态度，改做一个留学生。他入东京美术学校，同时又入音乐学校。这些学校都是模仿西洋的，所教的都是西洋画和西洋音乐。李先生在南洋公学时英文学得很好，到了日本，就买了许多西洋文学书。他出家时曾送我一部残缺的原本《莎士比亚全集》，他对我说："这书我从前细读过，有许多笔记在上面，虽然不全，也是纪念物。"由此可想见他在日本时，对于西洋艺术全面进攻，绘画、音乐、文学、戏剧都研究。后来他在日本创办春柳剧社，纠集留学同志，共演当时西洋著名的悲剧《茶花女》(小仲马著)。他自己把腰束小，扮作茶花女，粉墨登场。这照片，他出家时也送给我，一向归我保藏；直到抗战时为兵火所毁。现在我还记得这照片：卷发，白的上衣；白的长裙拖着地面，腰身小到一把，两手举起托着后头，头向右歪侧，眉峰紧蹙，眼波斜睇，正是茶花女自伤命薄的神情。另外还有许多演剧的照片，不可胜记。这春柳剧社后来迁回中国,李先生就脱出,由另一班人去办,便是中国最初的"话剧"社。由此可以想见,李先生在日本时,是彻头彻尾的一个留学生。我见过他当时的照片:高帽子、硬领、硬袖、燕尾服、史的克、尖头皮鞋,加之长身、高鼻、没有脚的眼镜夹在鼻梁上,竟活像一个西洋人。这是第二次表示他的特性:凡事认真。学一样,像一样。要做留学生,就彻底的做一个留学生。

他回国后,在上海太平洋报社当编辑。不久,就被南京高等师范请去教图画、音乐。后来又应杭州师范之聘,同时兼任两个学校的课,每月中半个月住南京,半个月住杭州。两校都请助教,他不在时由助教代课,我就是杭州师范的学生。这时候,李先生已由留学生变为"教师",这一变,变得真彻底:漂亮的洋装不穿了,却换上灰色粗布袍子、黑布马褂、布底鞋子。金丝边眼镜也换了黑的钢丝边眼镜。他是一个修养很深的美术家,所以对于仪表很讲究。虽然布衣,却很称身,常常整洁。他穿布衣,全无穷相,而另具一种朴素的美。你可想见,他是扮过茶花女的,身材非常窈窕。穿了布衣,仍是一个美男子。"淡妆浓抹总相宜",这诗句原是描写西子的,但拿来形容我们的李先生的仪表,也很适用。今人侈谈"生活艺术化",大都好奇立异。李先生的服装,才真可称为生活的艺术化。他的服装及时反映着时代的思想与生活。各时代的思想与生活判然不同,各时代的服装也判然不同。布衣布鞋的李先生,与洋装时代的李先生、曲襟背心时代的李先生,判若三人。这是第三次表示他的特性:认真。

我二年级时,图画归李先生教。他教我们木炭石膏模型写生。同学一向习惯临画,起初无从着手。四十余人中,竟没有一个人描得像样的。后来他范画给我们看。画毕把范画揭在黑板上。同学们大都看着黑板临摹。只有我和少数同学,依他的方法从石膏模型写生。我对于写生,从这时候开始发生兴味。我到此时,恍然大悟:那些粉本原是别人看了实物而写生出来的。我们也应该直接从实物写生入手,何必临摹他人依样画葫芦呢?于是我的画进步起来。此后李先生与我接近的机会更多。因为我常去请他教画,又教日本文。以后的李先生的生活,我所知道的较为详细。他本来常读性理的书,后来忽然信了道教,案头常常放着道藏。那时我还是一个毛头青年,谈不到宗教。李先生除绘事外,并不对我谈道。但我发见他的生活日渐收敛起来,仿佛一个人就要动身赴远方时的模样。他常把自己不用的东西送给我。他的朋友日本画家大野隆德、河合新藏、三宅克已等到西湖来写生时,他带了我去请他们吃一次饭,以后就把这些日本人交给我,叫我引导他们(我当时已能讲普通应酬的日本话)。他自己就关起房门来研究道学。有一天,他决定入大慈山去断食,我有课事,不能陪去,由校工闻玉陪去。数月之后,我去望他。见他躺在床上,面容消瘦,但精神很好,对我讲话,同平时差不多。他断食共十七日,由闻玉扶起来,摄一个影,影片上端由闻玉题字:"李息翁先生断食后之像,侍子闻玉题"。这照片后来制成明信片分送朋友。像的下面用铅字排印着:"某年月日,入大慈山断食十七日,身心灵化,欢乐康强——欣欣道人记。"李先生这时候已由"教师"一变而为"道人"了。学道就断食十七日,也是他凡事"认真"的表示。

但他学道的时候很短。断食以后,不久他就学佛。他自己对我说,他的学佛是受马一浮先生指示的。出家前数日,他同我到西湖玉泉去看一位程中和先生。这程先生原来是当军人的,现在退伍,住在玉泉,正想出家为僧。李先生同他谈得很久。此后不久,我陪大野隆德到玉泉去投宿，看见一个和尚坐着，正是这位程先生。我想称他"程先生"，觉得不合。想称他法师又不知道他的法名（后来知道是弘伞）。一时周章①得很。我回去对李先生讲了，李先生告诉我，他不久也要出家为僧，就做弘伞的师弟。我愕然不知所对。过了几天，他果然辞职，要去出家。出家的前晚，他叫我和同学叶天瑞、李增庸三人到他的房间里，把房间里所有的东西送给我们三人。第二天，我们三人送他到虎跑，我们回来分得了他的"遗产"，再去望他时，他已光着头皮，穿着僧衣，俨然一位清癯②的法师了。我从此改口，称他为"法师"。法师的僧腊③二十四年。这二十四年中，我颠沛流离，他一贯到底，而且修行功夫愈进愈深。当初修净土宗④，后来又修律宗⑤。律宗是讲究戒律的。一举一动，都有规律，严肃认真之极。这是佛门中最难修的一宗。数百年来，传统断绝，直到弘一法师方才复兴，所以佛门中称他为"重兴南山律宗第十一代祖师"。他的生活非常认真。举一例说：有一次我寄一卷宣纸去，请弘一法师写佛号。宣纸多了些，他就来信问我，余多的宣纸如何处置？又有一次，我寄回件邮票去，多了几分。他把多的几分寄还我。以后我寄纸或邮票，就预先声明：余多的送与法师。有一次他到我家。我请他藤椅子里坐。他把藤椅子轻轻摇动，然后慢慢地坐下去。起先我不敢问。后来看他每次都如此，我就启问。法师回答我说："这椅子里头，两根藤之间，也许有小虫伏着。突然坐下去，要把它们压死，所以先摇动一下，慢慢地坐下去，好让它们走避。"读者听到这话，也许要笑。但这正是做人极度认真的表示。

如上所述，弘一法师由翩翩公子一变而为留学生，又变而为教师，三变而为道人，四变而为和尚。每做一种人，都做得十分像样。好比全能的优伶：起青衣像个青衣，起老生像个老生，起大面又像个大面……都是"认真"的缘故。

现在弘一法师在福建泉州圆寂了。噩耗传到贵州遵义的时候，我正在束装，将迁居重庆。我发愿到重庆后替法师画像一百帧，分送各地信善，刻石供养。现在画像已经如愿了。我和李先生在世间的师弟尘缘已经结束，然而他的遗训——认真——永远铭刻在我心头。

一九四三年四月，弘一法师圆寂后一百六十七日，作于四川五通桥客寓

思考与练习

　　一、归纳李叔同的经历。

　　二、李叔同的性格有什么特点？

　　三、李叔同的性格特点对你有什么启示？写一篇读后感。

---

　　① 周章：周折。

　　② 清癯（qú）：清瘦。

　　③ 僧腊：亦称僧夏，指和尚受戒后的年岁。

　　④ 净土宗：中国佛教教派之一，又称"莲宗"。依据《无量寿经》《阿弥陀经》和《往生论》专念"阿弥陀佛"名号，以期"往生"西方"净土"（"极乐世界"）。由于修行方法简便易行，中唐以后，曾广泛流行，后与禅宗融合。

　　⑤ 律宗：中国佛教教派之一，又称"南山宗"或"南山律宗"。因以研习和传持戒律为主而得名。

语文技能训练（一）　正确使用汉字

一、利用形声字的形旁巧识汉字

汉字是表意文字,它的表意功能主要来自象形字,如"日""月""水""火""人""木""手"等。用两个以上的象形字或在象形字的基础上加上特殊的笔画或用抽象的符号就构成会意字或指事字,如"森""休""明""烦""末""本""刃""一""上""旦"等。象形字、会意字、指事字都是纯粹的表意文字,没有表音成分。但汉字中这类字很少,更多的是形声字,即由两个以上的汉字构成一个字。形声字由形旁和声旁构成,声旁和形旁由独立的字或变形而成,形旁表示字的意义范围和类属,声旁表示字的读音(由于读音变化很大,有些形声字凭声旁已不能准确读出字音了),如"河""抓""淋""霖""闻""阁""病"等。

在汉字中,形声字占 80% 以上。形声字形旁的表意作用,对于正确使用汉字发挥着很大的作用。

找错字:

1. 敬爱的王老师,为了党和人民的教育事业,沤心沥血,把自己的一生都献给了孩子们。

"沤"的含义是长时间地浸泡,如沤肥、沤麻等;而"呕"的含义是:东西在胃喉中上涌,从口中出来。两个字的区别从形旁可以分辨出来。呕心沥血的含义是:穷思苦索,费尽心血。呕,吐;沥,滴。

2. 老奶奶拄着拐仗,站在门前,笑眯眯地看着我。

"仗"的含义是战争或战斗的意思,如打仗,而"杖"的含义是走路时扶着的棍子。

3. 我们要努力学习,争取成为建设国家的栋粱之材。

"粱"是指谷子的优良品种,下面是"米"字底,而"梁"是指架在墙上或柱子上支撑屋顶的横木,下面是"木"字底。

4. 学习要踏踏实实,一步一个脚印,不要好高鹜远。

"鹜"指的是鸭子,下面是"鸟"字底,有成语"趋之若鹜"(像鸭子一样成群地跑过去。比喻很多人争着赶去,多有贬义);而在"好高骛远"中,"骛"指的是追求、谋求的意思,下面是"马"字底。

5. 在旧社会,由于官府腐败,草管人命的事时有发生。

"管"形旁是竹字头,表示与竹子有关,"管"是古代一种像笛的乐器,而"菅"是草字头,表示与草有关,指的是一种多年生草本植物,草菅人命就是把人命视作野草,指统治者滥施淫威,随意残害百姓。

二、弄清成语的含义,避免写错字

成语是固定短语,一般都有出处,有确定的含义,构成成语的字是确定的,不能随意更改。

大家都知道"滥竽充数"不能写作"烂鱼充数",原因是"滥竽充数"出自历史故事,知道这个成语的故事,我们就知道了成语的含义,就能尽可能地避免写错。

1. 歹徒见好言好语得不到对方的回应,于是就原形必露,恶狠狠地说:"不给钱就不放人。"

此处的"原形毕露"不能写成"原形必露",因为这个成语中"毕"的含义是:全部。词义为:本来的面目全部暴露出来。

2. 最近他总是一愁莫展。

此处的"一筹莫展"不能写成"一愁莫展",因为这个成语的含义是:筹,计策;展,施展;一点计策也施展不出。

3. 做生意要会开发新的客源,不能守株逮兔。

此处的"守株逮兔"应是"守株待兔",因为成语守株待兔的意思是,农夫在那等待来撞死的兔子,而不是去逮兔子。

4. 能熟练地掌握玉雕技术的人,如今是凤毛鳞角了。

此处"凤毛鳞角"应为"凤毛麟角",因为凤毛麟角的含义是:凤毛,凤凰的毛;麟角,麒麟的角;比喻稀少。

5. 有了成绩不要骄傲,要再接再历。

此处的"再接再厉",不可写作"再接再历",因为"厉"是由"砺"简化而来,原意是在磨刀石上磨快,引申为奋勉。这里有个故事,古代用公鸡相斗,每次斗前都要把嘴磨快,后来用以比喻一次又一次地努力。

三、要特别注意同音字的不同用法及形近字的细微区别

同音字如:练与炼,授与受,躁与燥等,它们的用法是不同的。练,有练习、熟练等,指的是经验多;炼,有锻炼、提炼等,意思是使之纯净、精美。授是给予、交给的意思;而受是接受之意。躁是性急,不冷静;燥是没有水分,很干。形近字如,拈与掂,味与昧等都要注意。

四、当代汉语出版物中最常见的100个容易写错的词的正确写法

1. 安装	2. 甘拜下风	3. 自暴自弃	4. 针砭	5. 舶来品
6. 脉搏	7. 松弛	8. 一筹莫展	9. 川流不息	10. 精粹
11. 重叠	12. 度假村	13. 妨碍	14. 辐射	15. 一副对联
16. 天翻地覆	17. 言简意赅	18. 气概	19. 一鼓作气	20. 悬梁刺股
21. 粗犷	22. 食不果腹	23. 震撼	24. 凑合	25. 候车室
26. 迫不及待	27. 即使	28. 一如既往	29. 草菅人命	30. 矫揉造作
31. 挖墙脚	32. 一诺千金	33. 不胫而走	34. 竣工	35. 不落窠臼
36. 脍炙人口	37. 打蜡	38. 死皮赖脸	39. 蓝天白云	40. 鼎力相助
41. 再接再厉	42. 老两口	43. 黄粱美梦	44. 瞭望	45. 水龙头
46. 杀戮	47. 痉挛	48. 美轮美奂	49. 啰唆	50. 蛛丝马迹
51. 萎靡不振	52. 沉湎	53. 明信片	54. 墨守成规	55. 大拇指
56. 呕心沥血	57. 平添	58. 出其不意	59. 修葺	60. 青睐
61. 罄竹难书	62. 入场券	63. 声名鹊起	64. 发轫	65. 瘙痒病
66. 欣赏	67. 谈笑风生	68. 人情世故	69. 有恃无恐	70. 额手称庆
71. 追溯	72. 鬼鬼祟祟	73. 金榜题名	74. 走投无路	75. 趋之若鹜
76. 迁徙	77. 洁白无瑕	78. 九霄	79. 宣泄	80. 寒暄
81. 旋律	82. 赝品	83. 不能自已	84. 犹如猛虎下山	85. 竭泽而渔
86. 滥竽充数	87. 世外桃源	88. 赃款	89. 蘸水	90. 蛰伏
91. 装帧	92. 饮鸩止渴	93. 坐镇	94. 旁征博引	95. 炙手可热
96. 九州	97. 床笫之私	98. 恣意妄为	99. 编纂	100. 坐月子

单元综合练习

一、阅读下面短文,回答问题。

夜　遇

　　夜,静悄悄的。月光柔和,河水清澈,一轮皎洁的满月端端正正地印在水面上,周边的景致如诗如画。然而,这丝毫不能改变我烦乱的心境。

　　忽想到,近日这个地方特别凶,已接连三人投河自尽,且死者都挺年轻。我不禁打了个寒颤,再看河里,总仿佛有个白色的影子在飘游,水面上泛着清冷的蓝光。我突然有种预感,今晚肯定要发生什么事。这种感觉越来越强烈!

　　不知何时,有几丝云彩飘过,将月光分割得支离破碎,空旷沉寂的大地阴暗下来,四周的风景也变得惨惨淡淡。起风了,天气渐凉,我看看表,已是夜间 11 点多了。正思量着回去,一转身,蓦然发现一双眼睛正死死盯着我——

　　我镇静了一下,才发现是位年轻的姑娘。

　　她身穿白色的衣裙,一动不动地站在离我四五米远的地方,面容模糊,披肩发湿漉漉的,单薄细瘦的身影在风中轻轻摇曳,被月光拉得又细又长。

　　这么晚了,姑娘只身一人来河边干什么呢?联想起近日发生的事,我不觉起了一身鸡皮疙瘩。

　　过了一会儿,她开始在离我不远不近的地方来回踱步。时而仰起脸,望望灰蒙蒙的天空;时而低下头,看看粼粼的河水,似在与这美好的世界作最后的告别。

　　我双手插进裤袋里,将头扭向河水,耐心等待着事态的变化。我是学校里的游泳健将,自信能毫不费力地救起她。

　　时间一分一秒地过去了,我意料中的事还未发生。她为什么迟迟不行动呢?我想有两种可能,一是她想等我离开后再投河,以免我救起她;再就是她临死前有话要留给世人,而对我的可信度尚有怀疑。

　　我觉得后者的可能性比较大。因为,我发现她几次向我这边走走停停,欲言又止,还偷眼看我。当我的目光与她的目光相碰时,她又迅速将目光移开,显得很慌张。我愈发觉得她有点可怜!

　　终于,我决定不再跟她僵持下去了,话是开心的钥匙,只有劝她回心转意打消轻生的念头,才是上策。

　　经过一番深思熟虑之后,我在心中默默打好腹稿,想起这么几句话:人生道路上的挫折是难免的,而自寻短见是一种最无能的表现。它只能让你的亲人悲痛欲绝,让你的仇人幸灾乐祸。常言道:车到山前必有路,没有过不去的独木桥。所以说,凡事你都应该想开点!

　　话虽不尽理想,但现在也顾不得那么多了,救人要紧。

　　在我自以为将"台词"背熟之后,便回身转向了她:

　　"请问,你,你有话要跟我说吗?"

　　"是的!"姑娘回答得很干脆。

"那么——你说吧，请相信我。"我定定地望着她，鼓励她说下去。

"噢，是这么回事，"姑娘迟疑了一下，迎着我的目光平静地说，"我是市游泳队的运动员，回家路过这里，老远就看见你心事重重地在这儿徘徊，神色很不正常，怕你想不开，便一直守在这里。在此，我只想劝你几句：人生道路上的挫折是难免的，而自寻短见是一种最无能的表现。它只能让你的亲人悲痛欲绝，让你的仇人幸灾乐祸。常言道：车到山前必有路，没有过不去的独木桥。所以说，凡事你都应该想开点！"

我望着她，禁不住笑出声来，笑得她莫名其妙。她眨眨眼睛，认真地说："你这人怎么啦？"

1. 这篇文章中的人物有几位？他们之间发生怎样的事？

2. 文中的人物有什么的性格特征？

3. 文中有多次环境描写，请找出两处烘托不同气氛的环境描写，并分析其作用。

4. 文中的"我"的心情有一个发展变化过程，从中可以看出"我"是怎样的一个人？小说的主题是什么？

二、找出并修改下列各组词语的错别字。

1. A. 另售　　过尤不及　　天网回回　　举一返三
   B. 怠慢　　励精图制　　以德抱怨　　语无轮次
   C. 枢纽　　夜朗自大　　路路无为　　五色斑蓝
   D. 敲诈　　变本加力　　分餐路宿　　挑废捡瘦

2. A. 临摹　　安然伤神　　反天覆地　　荣会贯通
   B. 竣工　　仗义执言　　姆指　　　　藏沟纳污
   C. 影牒　　傍征博引　　辞书　　　　杳无音迅
   D. 裨益　　孰能生巧　　坐落　　　　喜皮笑脸

3. A. 寒喧　　干涸　　　　兴高采烈　　轰堂大笑
   B. 睿智　　池塘　　　　少见多孤　　凝神凝鬼
   C. 暴躁　　楹联　　　　愿天尤人　　便本加厉
   D. 矫正　　证券　　　　走头无路　　穿流不息

4. A. 彗星　　白炽灯　　　毫言壮语　　言者误罪，闻者足贼
   B. 艺苑　　入场券　　　如雷惯耳　　完事具备，只久东风
   C. 跻身　　杀手铜　　　响遏行云　　月满则乞，水满则逸
   C. 精堪　　电动机　　　十年寒床　　瓜熟缔落，水到区成

三、小游戏：成语（或俗语）接龙，看看谁接得最好。

四、 有同学认为自己在初中没有打好基础，前途渺茫，上中专是不得已的选择，学习没有动力，没有目的。你怎么看？你认为上中专有出路吗？你对自己有信心吗？以"我为什么要上中专"为题，谈谈自己的想法。

第三单元 叙事类文章的阅读与理解

单元训练重点

本单元的训练重点是怎么阅读和理解叙事类记叙文,这类文章除具有记叙文的一般特征,如叙事完整、线索清楚、语言生动、饱含情感等之外,还有它自身的一些特点。阅读时除从整体上感知文章外,还应注意文章自身的特征和理解方法。

一、叙事类文章的特点

1. 写作目的

叙事性文章的写作目的,常常是通过对事件的叙述揭示事件蕴含的意义或反映出的问题或道理等。叙述事件本身不是写作目的,而是表现主旨的手段。阅读时应透过事件本身,去分析蕴含在事件背后的道理、问题等,并通过饱含情感的语言来体会和理解作者的情感、观点。

2. 选材特点

通常选用具有典型意义的事件作为文章的材料,可以是重大事件,但更多是选择日常工作、生活中的小事,用"以小见大"的手法,以达到"窥一斑以见全豹"的表达效果。

3. 结构特点

这类文章一般叙事完整,详略得当。常以时间先后或空间位置的变换为顺序来叙述,以中心事件为线索,把事件、人物连贯起来成为一个整体。

二、叙事性记叙文的理解方法

(1) 掌握内容,了解事件的来龙去脉(即六要素)。

(2) 分析材料的详略安排及原因,分析思考事件揭示出的意义或蕴含的道理、反映出的问题等。

(3) 品味饱含情感的语言,体会作者的情感、观点等。

(4) 归纳文章主旨,常用格式为:通过什么事件的叙述,歌颂(揭示、赞扬、批驳、揭露)了什么。

一 卖白菜[①]

莫 言

1967年冬天,我12岁那年,临近春节的一个早晨,母亲苦着脸,心事重重地在屋子里走

[①] 选自《莫言文集·小说的气味》(当代世界出版社2004年版),有删节。莫言(1955～),原名管谟业,当代作家,2012年获诺贝尔文学奖。

来走去,时而揭开炕席的一角,掀动几下铺炕的麦草,时而拉开那张老桌子的抽屉,扒拉几下破布头烂线团。母亲叹息着,并不时把目光抬高,瞥一眼那三棵吊在墙上的白菜。最后,母亲的目光锁定在白菜上,端详着,终于下了决心似的,叫着我的乳名,说:

"社斗,去找个篓子来吧……"

"娘,"我悲伤地问,"您要把它们……"

"今天是大集。"母亲沉重地说。

"可是,您答应过的,这是我们留着过年的……"话没说完,我的眼泪就涌了出来。

母亲的眼睛湿漉漉的,但她没有哭,她有些恼怒地说:"这么大的汉子了,动不动就抹眼泪,像什么样子!"

"我们种了一百零四棵白菜,卖了一百零一棵,只剩下这三棵了……说好了留着过年的,说好了留着过年包饺子的……"我哽咽着说。

母亲靠近我,掀起衣襟,擦去了我脸上的泪水。我把脸伏在母亲的胸前,委屈地抽噎①着。我感到母亲用粗糙的大手抚摸着我的头,我嗅到了她衣襟上那股揉烂了的白菜叶子的气味。从夏到秋、从秋到冬,在一年的三个季节里,我和母亲把这一百零四棵白菜从娇嫩的芽苗,侍弄成饱满的大白菜,我们撒种、间苗、除草、捉虫、施肥、浇水、收获、晾晒……每一片叶子上都留下了我们的手印……但母亲却把它们一棵棵地卖掉了……我不由地大哭起来。

透过朦胧的泪眼,我看到母亲把那棵最大的白菜从墙上钉着的木橛子②上摘了下来。母亲又把那棵第二大的摘下来。最后,那棵最小的、形状圆圆像个和尚头的也脱离了木橛子,挤进了篓子里。我熟悉这棵白菜,就像熟悉自己的一根手指。因为它生长在最靠近路边那一行的拐角的位置上,小时被牛犊或是被孩子踩了一脚,所以它一直长得不旺,当别的白菜长到脸盆大时,它才有碗口大。发现了它的小和可怜,我们在浇水施肥时就对它格外照顾。我曾经背着母亲将一大把化肥撒在它的周围,但第二天它就打了蔫③。母亲知道了真相后,赶紧地将它周围的土换了,才使它死里逃生。后来,它尽管还是小,但卷得十分饱满,收获时母亲拍打着它感慨地对我说:"你看看它,你看看它……"在那一瞬间,母亲的脸上洋溢着珍贵的欣喜表情,仿佛拍打着一个历经磨难终于长大成人的孩子。

集市在邻村,距离我们家有三里远。母亲让我帮她把白菜送去。我心中不快,嘟哝④着,说:"我还要去上学呢。"母亲抬头看看太阳,说:"晚不了。"我还想啰唆,看到母亲脸色不好,便闭了嘴,不情愿地背起那只盛了三棵白菜、上边盖了一张破羊皮的篓子,沿着河堤南边那条小路,向着集市,踽踽⑤而行。寒风凛冽,有太阳,很弱,仿佛随时都要熄灭的样子。不时有赶集的人从我们身边超过去。我的手很快就冻麻了,以至于当篓子跌落在地时我竟然不知道。篓子落地时发出了清脆的响声,篓底有几根蜡条跌断了,那棵最小的白菜从篓子里跳出来,滚到路边结着白冰的水沟里。母亲在我头上打了一巴掌,骂道:"穷种啊!"然后她就颠着小脚,乍⑥着两只胳膊,小心翼翼但又十分匆忙地下到沟底,将那棵白菜抱了上

---

①　[抽噎(yē)]抽咽;抽泣,一吸一顿地哭泣。

②　[木橛(juē)子]短木桩。

③　[蔫(niān)]花木、水果等因失去所含的水分而萎缩。

④　[嘟哝(dūnong)]连续不断地自言自语。

⑤　[踽踽]形容一个人走路孤零零的样子。

⑥　[乍(zhà)]伸开、张开。

来。我看到那棵白菜的根折断了，但还没有断利索，有几绺①筋皮联络着。我知道闯了大祸，站在篓边，哭着说："我不是故意的，我真的不是故意的……"母亲将那棵白菜放进篓子，原本是十分生气的样子，但也许是看到我哭得真诚，也许是看到了我黑黢黢②的手背上那些已经溃烂的冻疮，母亲的脸色缓和了，没有打我也没有再骂我，只是用一种让我感到温暖的腔调说："不中用，把饭吃到哪里去了？"然后母亲就蹲下身，将背篓的木棍搭上肩头，我在后边帮扶着，让她站直了身体。

终于挨到了集上。母亲让我走，去上学，我也想走，但我看到一个老太太朝着我们的白菜走了过来。风迎着她吹，使她的身体摇摆，仿佛那风略微大一些就会把她刮起来。她走到我们的篓子前，看起来是想站住，但风使她动摇不定。她将棉袄袖子从嘴巴上移开，显出了那张瘪瘪的嘴巴。我认识这个老太太，知道她是个孤寡老人，经常能在集市上看到她。她用细而沙哑的嗓音问白菜的价钱。母亲回答了她。她摇摇头，看样子是嫌贵。但是她没有走，而是蹲下，揭开那张破羊皮，翻动着我们的三棵白菜。她把那棵最小的白菜上那半截欲断未断的根拽了下来。然后她又逐棵地戳着我们的白菜，用弯曲的、枯柴一样的手指。她撇着嘴，说我们的白菜卷得不紧。母亲用忧伤的声音说："大婶子啊，这样的白菜您还嫌卷得不紧，那您就到市上去看看吧，看看哪里还能找到卷得更紧的吧。"

我对这个老太太充满了恶感，你拽断了我们的白菜根也就罢了，可你不该昧着良心说我们的白菜卷得不紧。我忍不住冒出了一句话："再紧就成了石头蛋子了！"

老太太抬起头，惊讶地看着我，问母亲："这是谁？是你的儿子吗？"

"是老小，"母亲回答了老太太的问话，转回头批评我："小小孩儿，说话没大没小的！"

老太太将她胳膊上挎着的柳条篰篰③放在地上，腾出手，撕扯着那棵最小的白菜上那层已经干枯的菜帮子。我十分恼火，便刺她："别撕了，你撕了让我们怎么卖？"

"你这个小孩子，说话怎么就像吃了枪药一样呢！"老太太嘟哝着，但撕扯菜帮子的手却并不停止。

"大婶子，别撕了，放到这时候的白菜，老帮子脱了五六层，成了核了。"母亲劝说着她。

她终于还是将那层干菜帮子全部撕光，露出了鲜嫩的、洁白的菜帮。在清冽的寒风中，我们的白菜散发出甜丝丝的气味。这样的白菜，包成饺子，味道该有多么鲜美啊！老太太搬着白菜站起来，让母亲给她过秤。母亲用秤钩子挂住白菜根，将白菜提起来。老太太把她的脸几乎贴到秤杆上，仔细地打量着上面的秤星。我看着那棵被剥成了核的白菜，眼前出现了它在生长的各个阶段的模样，心中感到阵阵忧伤。

终于核准了重量，老太太说："俺可是不会算账。"

母亲因为偏头痛，算了一会也没算清，对我说："社斗，你算。"

我找了一根草棒，用我刚刚学过的乘法，在地上划算着。

我报出了一个数字，母亲重复了我报出的数字。

"没算错吧？"老太太用不信任的目光盯着我说。

"你自己算就是了。"我说。

---

① [绺(liǔ)]量词，线、麻、头发、胡须等许多根顺着聚在一起叫一绺。

② [黑黢黢(qū)]很黑或很暗。

③ [篰篰(yuāndōu)]竹篾等编成的盛东西的器具。

"这孩子,说话真是暴躁。"老太太低声嘟哝着,从腰里摸出一个肮脏的手绢,层层地揭开,露出一叠纸票,然后将手指伸进嘴里,沾了唾沫,一张张地数着。她终于将数好的钱交到母亲的手里。母亲也一张张地点数着。

等我放了学回家后,一进屋就看到母亲正坐在灶前发呆。那个蜡条篓子摆在她的身边,三棵白菜都在篓子里,那棵最小的因为被老太太剥去了干帮子,已经受了严重的冻伤。我的心猛地往下一沉,知道最坏的事情已经发生了。母亲抬起头,眼睛红红地看着我,过了许久,用一种让我终生难忘的声音说:

"孩子,你怎么能这样呢? 你怎么能多算人家一毛钱呢?"

"娘,"我哭着说,"我……"

"你今天让娘丢了脸……"母亲说着,两行眼泪就挂在了腮上。

这是我看到坚强的母亲第一次流泪,至今想起,心中依然沉痛。

思考与练习

一、通读全文,说一说主要写了哪些事情? 从这些事情中,作者想表现母亲什么样的思想性格?

二、当"我"因母亲要卖掉那三棵白菜而哭闹时,母亲不仅没有哭,还有些恼怒地说:"这么大的男子汉了,动不动就抹眼泪,像什么样子!"但当"我"多算了老太太一毛钱时,母亲却为此哭红了眼睛。结合课文中的内容,谈一谈自己的看法。

三、人穷不能志气短,再穷也需真诚实在。读了课文后,你能感知这一点吗? 请谈一谈你的认识。

二　感悟珍珠港①

张抗抗

从博物馆的沙盘上看,珍珠港蜗居于火奴鲁鲁岛一端曲折的山岙②里,山如屏障,海为通衢③,是一处进退自如的天然军港,因而成为美国控制南太平洋地区的重要军事基地。

坐渡船出海,到水上去祭奠丧生于珍珠港事变的美国将士。那座洁白的亚利山那纪念堂,漂浮在碧蓝的海中央,像一艘刚刚升上水面的白色潜艇。

60 年过去,海风早已吹散了炸弹的硝烟,来而复去的波浪扑灭了熊熊战火,燃烧的海水早已恢复了平静。唯有沉默的凭吊者,能听见自己怦怦的心跳。

架设在海面上的纪念堂,整座扁长形的建筑呈中间凹下,而两端朝上延伸直至耸立的结构,肃穆中传递出再生的力量,庄重里透出吉祥和希望,象征着太平洋战争初遭惨败但终告大胜的过程。中央会堂两侧墙体有开敞的窗栏和通透的屋顶,任视线落在何处,都可望见蓝色的大海和天空,亚利山那号沉没前的最后一分钟,将士们在浓烈的火焰中,曾用最后

---

① 选自《随笔》2001 年第 2 期。张抗抗(1950~),当代女作家。著有《张抗抗自选集》5 卷等。

② [山岙(ào)]山间平地。

③ [通衢]常用来指四通八达的道路。

的目光与它们匆匆诀别。如今阳光和海风从这里穿过,深情地抚慰着海底的亡灵。祠堂设立在最里端的尾部,在鲜花和国旗环绕中,满满一面大理石墙上,刻写着珍珠港事变中所有殉难者的名字。

——其中有 1 177 名海军战士,长眠于亚利山那号战舰,1941 年 12 月 7 日清晨。

他们静静地躺在海底,列队成行,作了永生永世的战友。有的人甚至还未睁开眼就永远地闭上了,有的人也许至今还保持着战斗的姿态。当日军的第一批轰炸机穿云破雾临近珍珠港上空时,美军雷达站报告的讯息,竟被错误地判断为那是从美国本土飞来的侦察机群而未予理会。当日军战机从航母上起飞时,岛上的战士还在椰树下度假,姑娘们在沙滩上跳呼啦舞,那短暂的浪漫即将付出最惨重的代价。几分钟后,大规模的空袭开始,此时,美军太平洋舰队的 130 艘舰艇,仍若无其事地停泊在珍珠港内;美国海军的飞机一群群仍无动于衷地排列在福特岛上;那个星期天各报还刊登了马特森公司开往夏威夷旅游客船的广告。12 月 7 日那一天曙光初露,风平浪静,只有海上的鲨鱼嗅到了血腥的气息。

阴谋和罪恶就在明媚的阳光下、在有恃无恐的骄傲与轻敌中、在华盛顿的赫尔接见日本使者的时刻,猝不及防地发生了。美丽的欧胡岛在瞬间陷入火海而后迅速沉入黑暗;美军停泊在港湾内的舰队,以及大大咧咧"摆在地上"的那些毫无遮掩的战机,在一个小时内被日军准确的投弹炸得落花流水;日军飞机随即击毁美军 8 艘战列舰、9 艘巡洋舰和若干驱逐舰,珍珠港美军基地几乎坐以待毙。美军地对空高射炮在 5 分钟之后才开始还击,引信不良的炮弹落在檀香山市区,欧胡岛一片混乱。当晚,罗斯福总统在华盛顿城直到深夜 12 点半才勉强用过晚饭,他仍然不相信,如此强大的美军基地怎么竟然会如此不堪一击。

2 403 名美国人,在那个恐怖的清晨,灵魂随同硝烟融入蓝天。

亚利山那号战舰的甲板被 1 760 磅的炸弹击中,引爆舰首的弹药库,9 分钟之内,战舰与 1 177 名船员一并迅疾沉没。

从白色纪念堂开敞的窗口望去,犹如置身于罗马竞技场的看台,俯瞰着一场遥远的水上战争——眼前灰蓝色的海水中,隐隐地浮现出当年亚利山那号战舰的全部轮廓。它庞大的身躯,静卧于纪念堂底部的海水中,像一头巨兽残留的骨骸。从一侧海面的船尾部,露出战舰锈迹斑斑的圆形炮塔,如一口深井,扎入海底的礁石;当年战舰的旗杆基座依旧矗立,紧靠着纪念堂白色的墙体,在折毁后重又修复的旗杆上,飘扬着美国国旗。另一侧海面便是船头的方向,巨大的平台陷于水下一米左右深处,朽蚀的甲板、舱盖在海水中清晰可辨,延伸至前方百余米,只是它们从此永远地停泊在这片海域了。60 年前的威风与耻辱,在锈铁残骸的缝隙中一波一波地荡漾开去。

若是从空中看,横卧的纪念堂与竖卧的亚利山那号战舰,一白一黄、一隐一现,水上水下交叉叠架,像一座漂浮于海上的十字架。那是我迄今为止见过的最奇特最富创意的水上墓园——就在牺牲者的牺牲之地,追念者与牺牲者同在。

清澈的海水中,五色斑斓的热带游鱼,成群结队悠悠然掠过。它们是亚利山那号沉舰最忠实的陪伴者。但它们会对亚利山那号说出并不悦耳的话么——在这个从未获得真正和平的世界上,亚利山那号如果健在,在后来的朝鲜战争越南战争的烽烟里,会遭遇什么样的命运?它若是不被炸沉,在另一次海战中,定会奉命去攻击别的战舰,那么,将是哪一艘无辜的船只,成为大西洋印度洋或是地中海上,另一座水上废墟兼纪念堂呢?

悄然地,从灰蓝色的海面上,升起一滴琥珀色的气泡,一圈宝蓝一圈紫红再一圈橙黄,像是从海底冒出的一朵硕大的热带花卉。那色彩继续变幻扩展着,在波浪中飘荡,最外围的一圈已渐渐泛白,如一只巨大的伞状水母,令人惊绝。

朋友告诉我,那是油星。从沉在海底的亚利山那号油库里渗漏出来的汽油。1941年那个清晨亚利山那号战舰被击沉之前,刚刚加满了油,几十年中,在强大的海水压力下,船内的油星从锈蚀的钢板中一滴一滴挤出来,如今已渗漏了整整60年。按照油库储存的油量计算,还将渗漏100年之久。由于沉舰每日冒出的油星并未对周围海域构成污染的威胁,战事纪念委员会不打算对海底的油库进行封闭处理,任由那油星隔三岔五源源不断地浮到海面上,营造出逼真的环境气氛,成为美国"爱国主义"教育最生动无言的活教材。

凝神注目,只见周边的海域,竟然无声无息地连续冒出了一串气泡。继而,红黄赤紫交织翻滚,将海水染得一片缤纷,像是一幅动态的现代绘画,变换着时而悲壮时而荒诞,时而诡秘时而调侃的面孔。

有人低声耳语说,那是殉难者的鲜血,至今还在流淌。

忽然就冷冷地战栗。那油珠子在海水中一圈圈化开去,作着狰狞的鬼脸,一张一弛的,分明是海底的舱中有人尚在呼吸,那是呼吸形成的气泡。除了呼吸还会有什么,能如此持续不断地传递出生命的信息呢?那一刻亚利山那号猛然就活了过来,或许从来就没有死过。不死是因为不甘,不甘是由于许多未解的疑问,在后来的几十年间,吐出了一个一个叩问的气泡。

在那次席卷全球的大战中,究竟谁是最后真正的赢家呢?

世上的许多事情,都带有自杀性质,所谓弄巧成拙,结果当然事与愿违。日本军方偷袭珍珠港的如意算盘,原是为了摧毁美军的太平洋舰队,使美军再无足够的军事力量干涉日本的侵略计划,可让日本得以喘息并获得战争决定性的胜利。但利令智昏的战争狂人却没有想到,正是由于偷袭珍珠港给美军带来的重创与耻辱,激起了美国人民的愤怒,使得本来对参战举棋不定的美国人,迅速达成了对法西斯宣战的共识,闪电般出手还击,形成了反战的世界联盟。日军在珍珠港偷袭的得逞和成功,恰恰成为日本国最后惨败的关键性转折。

在某种情况下,偶尔侥幸的成功,也许是失败之母。

所以恼羞成怒的美国人,竟也身不由己地循着这一反定律,在广岛扔下原子弹,以最疯狂的复仇愿望,制造了人类历史上最惨烈的悲剧,而遭到全世界的谴责。正如曾深受德国纳粹残害的犹太人建立了以色列国以后,转而迫害巴勒斯坦人那样,正义和非正义在一定条件下会互相转化,自卫的武器也会变成侵犯的屠刀,以暴易暴是一条危机四伏的钢索,暴力一旦过度,立即走向除暴初衷的反面。在人类历史上,无论正义或是非正义的战争,都是以流血和灾难为代价的。

美丽活泼的小鱼们又游过来,钻入了水上弥漫的油污,被那顶巨伞覆盖了。忽而觉得那来自舰舱底部的呼吸,其实多一半是在窒息中挣扎的。

那洇漫的油彩渐渐散开去,圆圈愈来愈大,也愈来愈淡。远海上涌来的浪,掀拱着它,如抖动一匹残旧的绸布。猝然一击,撕裂成无数碎片,无声无形地消融在蓝色的海水中……

人类啊,若是继续滥用战争,你终将坠入万劫不复的深渊。

作为一艘注满了油而后沉入黑暗的战舰,满舱能源已成为另一种动力,那是留给后人的警示——珍珠港。

思考与练习

一、关于"珍珠港事件"爆发的原因,史学界说法不一。除了作者的观点外,你还了解哪种说法?除了"珍珠港事件"、"诺曼底登陆",你还了解两次世界大战中的哪些有名的事件呢?请收集有关资料,在课堂上口头发言介绍,并适当点评。

二、作者是从什么角度来看待"珍珠港事件"的?请你试着从军事学、日本、美国、中国的角度来分析一下"珍珠港事件"。

三　小狗包弟①

巴　金

一个多月前,我还在北京,听人讲起一位艺术家的事情,我记得其中一个故事是讲艺术家和狗的。据说艺术家住在一个不太大的城市里,隔壁人家养了小狗,它和艺术家相处很好,艺术家常常用吃的东西款待它。"文革"期间,城里发生了从未见过的武斗,艺术家害怕起来,就逃到别处躲了一段时期。后来他回来了,大概是给人揪回来的,说他"里通外国",是个反革命,批他,斗他,他不承认,就痛打,拳打脚踢,棍棒齐下,不但头破血流,一条腿也给打断了。批斗结束,他走不动,让专政队②拖着他游街示众,衣服撕破了,满身是血和泥土,口里发出呻唤。认识的人看见半死不活的他都掉开头去。忽然一只小狗从人丛中跑出来,非常高兴地朝着他奔去。它亲热地叫着,扑到他跟前,到处闻闻,用舌头舔舔,用脚爪在他的身上抚摸。别人赶它走,用脚踢,拿棒打,都没有用,它一定要留在它的朋友的身边。最后专政队用大棒打断了小狗的后腿,它发出几声哀叫,痛苦地拖着伤残的身子走开了。地上添了血迹,艺术家的破衣上留下几处狗爪印。艺术家给关了几年才放出来,他的第一件事就是买几斤肉去看望那只小狗。邻居告诉他,那天狗给打坏以后,回到家里什么也不吃,哀叫了三天就死了。

听了这个故事,我又想起我曾经养过的那条小狗。是的,我也养过狗,那是1959年的事情,当时一位熟人给调到北京工作,要将全家迁去,想把他养的小狗送给我,因为我家里有一块草地,适合养狗的条件。我答应了,我的儿子也很高兴。狗来了,是一条日本种的黄毛小狗,干干净净,而且有一种本领:它有什么要求时就立起身子,把两只前脚并在一起不停地作揖。这本领不是我那位朋友训练出来的。它还有一位瑞典旧主人,关于他我毫无所知。他离开上海回国,把小狗送给接受房屋租赁权的人,小狗就归了我的朋友。小狗来的时候有一个外国名字,它的译音是"斯包弟"。我们简化了这个名字,就叫它做"包弟"。

包弟在我们家待了七年,同我们一家人处得很好。它不咬人,见到陌生人,在大门口吠一阵,我们一声叫唤,它就跑开了。夜晚篱笆外面人行道上常常有人走过,它听见某种声音就会朝着篱笆又跑又叫,叫声的确有点刺耳,但它也只是叫几声就安静了。它在院子里和

---

①　选自巴金《随想录》(生活·读书·新知三联书店1987年版)。原载《芳草》1982年第3期。有删节。

②　[专政队]"文化大革命"中管制被无理迫害的人的组织。

草地上的时候多些,有时我们在客厅里接待客人或者同老朋友聊天,它会进来作几个揖,讨糖果吃,引起客人发笑。日本朋友对它更感兴趣,有一次大概在1963年或以后的夏天,一家日本通讯社到我家来拍电视片,就拍摄了包弟的镜头。又有一次日本作家由起女士访问上海,来我家做客,对日本产的包弟非常喜欢,她说她在东京家中也养了狗。两年以后,她再到北京参加亚非作家紧急会议,看见我她就问:"您的小狗怎样?"听我说包弟很好,她笑了。

我的爱人萧珊也喜欢包弟。在三年困难时期,我们每次到文化俱乐部吃饭,她总要向服务员讨一点骨头回去喂包弟。

1962年我们夫妇带着孩子在广州过了春节,回到上海,听妹妹们说,我们在广州的时候,睡房门紧闭,包弟每天清早守在房门口等候我们出来。它天天这样,从不厌倦。它看见我们回来,特别是看到萧珊,不住地摇头摆尾,那种高兴、亲热的样子,现在想起来我还很感动,我仿佛又听见由起女士的问话:"您的小狗怎样?"

"您的小狗怎样?"倘使我能够再见到那位日本女作家,她一定会拿同样的一句话问我。她的关心是不会减少的。然而我已经没有小狗了。

1966年8月下旬红卫兵开始上街抄四旧①的时候,包弟变成了我们家的一个大包袱,晚上附近的小孩时常打门大喊大嚷,说是要杀小狗。听见包弟尖声吠叫,我就胆战心惊,害怕这种叫声会把抄四旧的红卫兵引到我家里来。

当时我已经处于半靠边②的状态,傍晚我们在院子里乘凉,孩子们都劝我把包弟送走,我请我的大妹妹设法。可是在这时节谁愿意接受这样的礼物呢?据说只好送给医院由科研人员拿来做实验用,我们不愿意。以前看见包弟作揖,我就想笑,这些天我在机关学习后回家,包弟向我作揖讨东西吃,我却暗暗地流泪。

形势越来越紧。我们隔壁住着一位年老的工商业者,原先是某工厂的老板,住屋是他自己修建的,同我的院子只隔了一道竹篱。有人到他家去抄四旧了。隔壁人家的一动一静,我们听得清清楚楚,从篱笆缝里也看得见一些情况。这个晚上附近小孩几次打门捉小狗,幸而包弟不曾出来乱叫,也没有给捉了去。这是我六十多年来第一次看见抄家,人们拿着东西进进出出,一些人在大声叱骂,有人摔破坛坛罐罐。这情景实在可怕。十多天来我就睡不好觉,这一夜我想得更多,同萧珊谈起包弟的事情,我们最后决定把包弟送到医院去,交给我的大妹妹去办。

包弟送走后,我下班回家,听不见狗叫声,看不见包弟向我作揖、跟着我进屋,我反而感到轻松,真是一种摔掉包袱的感觉。但是在我吞了两片眠尔通、上床许久还不能入睡的时候,我不由自主地想到了包弟,想来想去,我又觉得我不但不曾甩掉什么,反而背上了更加沉重的包袱。在我眼前出现的不是摇头摆尾、连连作揖的小狗,而是躺在解剖桌上给割开肚皮的包弟。我再往下想,不仅是小狗包弟,连我自己也在受解剖。不能保护一条小狗,我感到羞耻;为了想保全自己,我把包弟送到解剖桌上,我瞧不起自己,我不能原谅自己!我就这样可耻地开始了十年浩劫中逆来顺受的苦难生活。一方面责备自己,另一方面又想保全自己,不要让一家人跟自己一起堕入地狱。我自己终于也变成了包弟,没有死在解剖桌上,倒是我的幸运……

---

① [四旧]"文化大革命"时对所谓旧文化、旧思想、旧风俗和旧习惯的简称。

② [靠边]指在"文化大革命"中被剥夺了工作的权利。

整整十三年零五个月过去了。我仍然住在这所楼房里,每天清早我在院子里散步,脚下是一片衰草,竹篱笆换成了无缝的砖墙。隔壁房屋里增加了几户新主人,高高墙壁上多开了两扇窗,有时倒下一点垃圾。当初刚搭起的葡萄架给虫蛀后早已塌下来扫掉,连葡萄藤也被挖走了。右面角上却添了一个大化粪池,是从紧靠着的五层楼公寓里迁过来的。少掉了好几株花,多了几棵不开花的树。我想念过去同我一起散步的人①,在绿草如茵的时节,她常常弯着身子,或者坐在地上拔除杂草,在午饭前后她有时逗着包弟玩。……我好像做了一场大梦。满身的创伤使我的心仿佛又给放在油锅里熬煎。

这样的熬煎是不会有终结的,除非我给自己过去十年的苦难生活作了总结,还清了心灵上的欠债。这绝不是容易的事。那么我今后的日子不会是好过的吧。但是那十年我也活过来了。

即使在"说谎成风"的时期,人对自己也不会讲假话,何况在今天,我不怕大家嘲笑,我要说:我怀念包弟,我想向它表示歉意。

1980 年 1 月 4 日

思考与练习

作者对小狗包弟的感情态度前后有什么变化?你觉得作者是怎样的人?作者经历磨难之后仍摆脱不了"熬煎",对此你有何评论?

四　离太阳最近的树②

毕淑敏

30 年前,我在西藏阿里当兵。

这世界的第三极,平均海拔 5 000 米,冰峰林立,雪原寥寂。不知是神灵的佑护还是大自然的疏忽,在荒漠的皱褶③里,有时会不可思议地生存着一片红柳丛。它们有着铁一样锈红的枝干,凤羽般纷披的碎叶,偶尔会开出谷穗样细密的花,对着高原的酷寒和缺氧微笑。这高原的精灵,是离太阳最近的绿树,百年才能长成小小的一蓬。到藏区巡回医疗,我骑马穿行于略带苍蓝色调的红柳丛中,曾以为它必与雪域永在。

一天,司务长布置任务——全体打柴去!

我以为自己听错了,高原之上,哪里有柴?

原来是驱车上百公里,把红柳挖出来,当柴火烧。

我大惊,说,红柳挖了,高原上仅有的树不就绝了吗?

司务长回答,你要吃饭,对不对?饭要烧熟,对不对?烧熟要用柴火,对不对?柴火就

---

① 〔同我一起散步的人〕指作者的妻子萧珊。

② 选自 1999 年 10 月 15 日《新华日报》。毕淑敏,当代女作家。"离太阳最近的树"指的是红柳,因为它生长在海拔 5 000 米的高原,所以从这个意义上来说,红柳"离太阳最近"。

③ 〔皱褶(zhě)〕由于地壳运动,岩层受到压力而形成的连续弯曲的构造形式。

是红柳,对不对?

我说,红柳不是柴火。它是活的,它有生命。做饭可以用汽油,可以用焦炭,为什么要用高原上唯一的绿色!

司务长说,拉一车汽油上山,路上就要耗掉两车汽油。焦炭运上来,一斤的价钱等于六斤白面。红柳是不要钱的,你算算这个账吧!

挖红柳的队伍,带着铁锹、镐头和斧,浩浩荡荡地出发了。

红柳通常都是长在沙丘上。一座结实的沙丘顶上,昂然立着一株红柳。它的根像一只巨大章鱼的无数脚爪,缠附至沙丘逶迤①的边缘。

我很奇怪,红柳为什么不找个背风的地方猫着呢?生存中也好少些艰辛。老兵说,你本末倒置了。不是红柳长在沙丘上,是因为有了这棵红柳,固住了流沙。随着红柳的渐渐长大,流沙被固住得越来越多,最后便聚成了一座沙山。红柳的根有多广,那沙山就有多大。

啊,红柳如同冰山。露在沙上的部分只有十分之一,伟大的力量埋在地下。

红柳的枝叶算不得好柴薪。它们在灶膛里闪电一样,转眼就释放完了,炊事员说它们一点后劲也没有。真正顽强的是红柳强大的根系。它们如盘卷的金属,坚挺而硬韧,与沙砾②黏结得如同钢筋混凝土。一旦燃烧起来,能持续而稳定地吐出熊熊的热量,好像把千万年来,从太阳那里索得的光芒,压缩后爆裂出来。金红的火焰中,每一块红柳根,都弥久地维持着盘根错节的形状,好像一颗傲然不屈的英魂。

把红柳根从沙丘中掘出,蕴含着很可怕的工作量。红柳与土地生死相依,人们要先费几天的时间,将大半个沙山掏净。这样,红柳就枝桠遒劲③地腾越在旷野之上,好似一副镂空的恐龙骨架。这时需请来最有气力的男子汉,用利斧,将这活着的巨型根雕与大地最后的联系一一斩断,整个红柳丛就訇然④倒下了。

连年砍伐,人们先找那些比较幼细的红柳下手,因为所费气力较少。但一年年过去,易挖的红柳绝迹,只剩那些最古老的树精了。

掏挖沙山的工期越来越漫长,最健硕有力的小伙子,也折不断红柳苍老的手臂了。于是人们想出了高科技的法子——用炸药!

只需在红柳根部,挖一条深深的巷子,用架子把火药探进去,人伏得远远的,将长长的药捻点燃。深远的寂静之后,只听轰的一声,再幽深的树怪,也尸骸⑤散地了。

我们餐风宿露。今年可以看到去年被掘走红柳的沙丘,好像做了眼球摘除术的伤员,依旧大睁着空洞的眼眶,怒向苍穹。但这触目惊心的景象不会持续太久,待到第三年,那沙丘已烟消云散,好像此地从来不曾生存过什么千年古木,不曾堆聚过亿万颗沙砾。

听最近到过阿里的人讲,红柳林早已掘净烧光,连根须都烟消灰灭了。

---

①　[逶迤(wēiyí)]形容道路、山脉、河流等弯弯曲曲、延续不绝的样子,这里指沙丘边缘曲折、绵延的样子。

②　[沙砾(shālì)]沙和碎石块。

③　[遒劲(qiújìng)]雄健有力。

④　[訇然]形容声音很大。

⑤　[尸骸]尸骨。

有时深夜,我会突然想起那些高原上的原住民①,它们的魂魄,如今栖息在何处云端?会想到那些曾经被固住的黄沙,是否已飘洒到世界各地?从屋顶上扬起的尘雾,通常会飞得十分遥远。

思考与练习

一、当司务长布置打柴的任务时,"我"产生了疑惑。面对"我"的质疑,司务长连用了四个"对不起",作者详写这一对话的情景有什么表达效果?

二、阅读课文,圈画出描写红柳的语句,梳理出以红柳为线索的行文思路。

三、有感情地朗读文章的最后一段,完成下列题目。

1. 什么是"原住民"?作者为什么要把红柳称作"原住民"?这里使用了什么修辞手法?有什么表达效果?

2. 这一段中表现出作者怎样的情感?

3. 说说你读了这段后的感想。

语文技能训练(二)　避免表达错误

常见的表达错误一是语法错误,二是逻辑错误,二者常常同时出现。

一、语法错误

语法错误是遣词造句不符合语法规则(或语言习惯)而造成的语言运用方面的错误。有语法错误的句子通常称为病句。常见的病句有以下几种:

1. 成分残缺

例如:为了实现四个现代化,愿献出自己的一切。

应改为:为了实现四个现代化,我愿献出自己的一切。

2. 词语搭配不当

例如:我们要坚持革命的光荣传统。

应改为:我们要继承革命的光荣传统。

3. 语意重复啰唆

例如:我不禁忍不住笑出声来。

应改为:我不禁笑出声来。或:我忍不住笑出声来。

4. 词序不对

例如:我们必须认真改正、仔细检查作业中的错误。

应改为:我们必须仔细检查、认真改正作业中的错误。

5. 前后矛盾

例如:我断定他大概是王小明的弟弟。

应改为:我断定他是王小明的弟弟。或:他大概是王小明的弟弟。

---

① [原住民]指某地方较早定居的族群,课文中指红柳。

6．句意含混或错误

例如：谁也不会否认，地球不是绕着太阳转的。

应改为：谁也不会否认，地球是绕着太阳转的。

二、逻辑错误

逻辑错误是违背思维规律或考虑不周密造成的，如：

商店的货架上摆满了葡萄、苹果、水果和梨。

葡萄、苹果、梨都是水果。应改为：商店的货架上摆满了葡萄、苹果和梨。又如：

除夕之夜，我一个人在月光下孤独地徘徊着。

除夕之夜是没有月亮的，应将"在月光下"删掉。

逻辑错误涉及思维形式和思维规律，这里不再展开介绍。我们首先要把话说通顺，避免语法错误。

三、避免语法错误的方法

1．抓主干

即找主谓宾，看它们是否齐全，或者搭配是否得当。如：

各校都掀起了"学雷锋、树新风"。

主语是"各校"，谓语是"掀起"缺少宾语。又如：

晚会上表演的节目精致极了。

主语"节目"与谓语"精致"不一致。

2．理枝叶

即看定语、状语、补语内部以及它们同骨干成分之间在词义搭配、结构关系等方面有无不妥。如：

据科学家统计，蜜蜂每酿造一斤蜜，大约要采集 50 万朵的花粉。

此例主干无问题，而"花粉"前的定语不能是"50 万朵"，应改为"50 万朵花"。

单元综合练习

一、阅读下面短文，回答问题。

雨的随想[①]

汪国真

有时，外面下着雨心却晴着；又有时，外面晴着心却下着雨。世界上许多东西在对比中让你品味。心晴的时候，雨也是晴；心雨的时候，晴也是雨。

不过，无论什么样的故事，一逢上下雨便难忘。雨有一种神奇：它能弥漫成一种情调，浸润成一种氛围，镌刻成一种记忆。当然，有时也能飘泼成一种灾难。

春天的风沙，夏天的溽闷，秋天的干燥，都使人们祈盼着下雨。一场雨还能使空气清新

---

① 选自《汪国真诗文集》（内蒙古人民出版社 1999 年版）。题目是编者加的。

许多,街道明亮许多,"春雨贵如油",对雨的渴盼不独农人有。

有雨的时候既没有太阳也没有月亮,人们却多不以为忤。或许因为有雨的季节气候不冷,让太阳一边凉快会儿也好。有雨的夜晚则另有一番月夜所没有的韵味。有时不由让人想起李商隐"何当共剪西窗烛,却话巴山夜雨时"的名句。

在小雨中漫步,更有一番难得的惬意。听着雨水轻轻叩击大叶杨或梧桐树那阔大的叶片时沙沙的声响,那种滋润到心底的美妙,即便是理查德·克莱德曼钢琴下流淌出的《秋日私语》般雅致的旋律也难以比较。大自然鬼斧神工般的造化,真是无与伦比。

一对恋人走在小巷里,那情景再寻常不过。但下雨天手中魔术般又多了一把淡蓝色的小伞,身上多了件米黄色的风衣,那效果便又截然不同。一眼望去,雨中的年轻是一幅耐读的图画。

在北方,一年365天中,有雨的日子并不很多。于是若逢上一天.有雨如诗或者有诗如雨,便觉得好奇。

(一)借助工具书,解释下列词义,并为加点字注音。

1. 镌( )刻:_____

2. 潺( )阆:_____

3. 不以为忤( ):_____

4. 惬( )意:_____

5. 无与伦( )比:_____

(二)第一自然段"心晴的时候,雨也是晴;心雨的时候,晴也是雨",具体的含义是什么?

(三)作者是带着怎样的情感看雨中的景色的?

(四)古人说:"春雨如酥,农夫喜其润泽而行人恶其泥泞;秋月如镜,佳人悦其赏玩而盗贼恶其光明",你怎样理解短文写的雨中美景?

二、找出下列各组词语中的错别字并改正。

1. A. 抱负   威摄   流放百世   原远流长
   B. 寒暄   署名   取意逢迎   各行其事
   C. 偏担   蒙昧   重蹈覆着   运铸帷幄
   D. 学藉   暴躁   赋想联翩   山晴水秀

2. A. 陪偿   骄揉造作   寥廓   闲情逸志
   B. 熙暖   棉里藏针   靓丽   侍价而沽
   C. 寒怆   得龙望蜀   俾益   正襟威坐
   D. 馋言   死心踏地   深邃   黄粱美梦

三、修改病句。

1. 我到商店买了鱼、虾、盐、海带等水产品。

2. 奶奶的病经过医生精确的治疗,很快恢复了健康。

3. 我参观了明代新出土的古船。

4. 在老师的帮助下,我有了明显地发展。

5. 经过老师耐心的教育,认识到了自己的错误。

6. 我们经常可以看到一个长着大大的眼睛。

7. 白求恩同志毫不利己专门利人的精神。

8. 大学生是青年学生学习的重要阶段。

9. 听了李利的话,使他心里感到很不舒服,就坐在一边不言不语了。

10. 由于教育周期长、回报慢等因素,一些教师产生了"当教师倒霉、没出息。"

四、你上学的目的是什么？谈谈你如何实现你的目标？

第四单元 状物写景类文章的阅读与理解

单元训练重点

本单元的训练重点是如何阅读和理解状物写景类的文章,这类文章除具有记叙文的一般特征,如语言生动、饱含情感等之外,还有很多它自身的特点。阅读时先从整体上感知文章,应注意文章自身的特征和理解方法。

一、状物写景类文章的特点

1. 写作目的

状物为主的文章,其目的不仅仅是把某物告诉读者,更主要的是通过对物的具体描写,寄托作者的某种情感、观点等,即常说的"托物言志";写景为主的文章,其目的也不仅仅是描绘某种景色,更主要的是借对景物的描写来抒发作者的某种情感,即常说的"借景抒情"。

2. 选材特点

这类文章选材灵活多样,常常是片断式截取。状物类文章常选取某一物体的不同侧面或片断作为具体描写的对象;写景类文章常常抓住景物的某种特征来描绘。

3. 结构特点

状物的文章常以物为线索,以空间位置的变化为顺序来描写;写景的文章常常以作者的行踪为线索,按空间位置的变换来安排材料展开描写。

二、状物写景类文章的理解方法

(1) 状物为主的文章,阅读时着重体会寓于具体描写中的"理",透过对物的描写捕捉作者所寄托的思想和情感。

(2) 以写景为主的文章,阅读时要抓住景物的特征,体味景物描写中蕴含的意境,注意作者观察点的变化,透过形象生动的景物描写和饱含情意的语言,体会作者的思想感情。

(3) 归纳文章主旨。通常格式为:通过对什么的描写,表现了什么。

一 荷塘月色①

朱自清

这几天心里颇不宁静。今晚在院子里坐着乘凉,忽然想起日日走过的荷塘,在这满月②

---

① 选自《朱自清文集》第 1 卷(江苏教育出版社 1988 年版)。略有删节。
② [满月]圆月。

的光里,总该另有一番样子吧。月亮渐渐地升高了,墙外马路上孩子们的欢笑,已经听不见了;妻在屋里拍着闰儿①,迷迷糊糊地哼着眠歌。我悄悄地披了大衫,带上门出去。

沿着荷塘,是一条曲折的小煤屑路。这是一条幽僻的路;白天也少人走,夜晚更加寂寞。荷塘四面,长着许多树,蓊蓊郁郁②的。路的一旁,是些杨柳,和一些不知道名字的树。没有月光的晚上,这路上阴森森的,有些怕人。今晚却很好,虽然月光也还是淡淡的。

路上只我一个人,背着手踱着。这一片天地好像是我的;我也像超出了平常的自己,到了另一世界里。我爱热闹,也爱冷静;爱群居,也爱独处。像今晚上,一个人在这苍茫的月下,什么都可以想,什么都可以不想,便觉是个自由的人。白天里一定要做的事,一定要说的话,现在都可不理。这是独处的妙处,我且受用这无边的荷香月色好了。

曲曲折折的荷塘上面,弥望③的是田田④的叶子。叶子出水很高,像亭亭的舞女的裙。层层的叶子中间,零星地点缀着些白花,有袅娜⑤地开着的,有羞涩地打着朵儿的;正如一粒粒的明珠,又如碧天里的星星。微风过处,送来缕缕清香,仿佛远处高楼上渺茫的歌声似的。这时候叶子与花也有一丝的颤动,像闪电般,霎时传过荷塘的那边去了。叶子本是肩并肩密密地挨着,这便宛然有了一道凝碧的波痕。叶子底下是脉脉⑥的流水,遮住了,不能见一些颜色;而叶子却更见风致⑦了。

月光如流水一般,静静地泻在这一片叶子和花上。薄薄的青雾浮起在荷塘里。叶子和花仿佛在牛乳中洗过一样;又像笼着轻纱的梦。虽然是满月,天上却有一层淡淡的云,所以不能朗照;但我以为这恰是到了好处——酣眠固不可少,小睡也别有风味的。月光是隔了树照过来的,高处丛生的灌木,落下参差的斑驳⑧的黑影;弯弯的杨柳的稀疏的倩影⑨,却又像是画在荷叶上。塘中的月色并不均匀,但光与影有着和谐的旋律⑩,如梵婀玲⑪上奏着的名曲。

荷塘的四面,远远近近,高高低低都是树,而杨柳最多。这些树将一片荷塘重重围住;只在小路一旁,漏着几段空隙,像是特为月光留下的。树色一例⑫是阴阴的,乍看像一团烟雾;但杨柳的丰姿⑬,便在烟雾里也辨得出。树梢上隐隐约约的是一带远山,只有些大意罢了。树缝里也漏着一两点路灯光,没精打采的,是渴睡人的眼。这时候最热闹的,要数树上的蝉声与水里的蛙声;但热闹是他们的,我什么也没有。

忽然想起采莲的事情来了。采莲是江南的旧俗,似乎很早就有,而六朝时为盛;从诗歌

---

① ［闰儿］作者的次子朱闰生。
② ［蓊蓊(wěngwěng)郁郁］树木茂盛的样子。
③ ［弥望］满眼。弥,满。
④ ［田田］形容荷叶相连的样子,古乐府《江南曲》中有"莲叶何田田"的句子。
⑤ ［袅娜(niǎonuó)］柔美的样子。
⑥ ［脉脉(mòmò)］这里形容水没有声音、好像深含感情的样子。
⑦ ［风致］美的姿态。
⑧ ［斑驳］一种颜色中杂有别种颜色,花花搭搭的。
⑨ ［倩(qiàn)影］美丽的影子。倩,美丽。
⑩ ［旋律］也称曲调,指若干高低、强弱、长短不同的乐音的有节奏的、和谐的运动。
⑪ ［梵婀(ē)玲］英语"violin"的译音,即小提琴。
⑫ ［一例］一概,一律。
⑬ ［丰姿］也作"风姿",风度姿态。

里可以约略知道……

于是又记起《西洲曲》①里的句子：

采莲南塘秋，莲花过人头；低头弄莲子，莲子青如水。

今晚若有采莲人，这儿的莲花也算得"过人头"了；只不见一些流水的影子，是不行的。这令我到底惦着江南了。——这样想着，猛一抬头，不觉已是自己的门前；轻轻地推门进去，什么声息也没有，妻已睡熟好久了。

1927 年 7 月，北京清华园

思考与练习

一、作者是按什么顺序来描写荷塘景色的？描写的景色有什么特征？

二、全文表现了作者什么样的思想情感？

三、文章开头的第一句话对理解作者在文中思想感情非常重要。结合文章的写作时间和时代背景分析作者为什么"这几天心里颇不宁静"？

二　我的空中楼阁②

李乐薇

山如眉黛③，小屋恰似眉梢的痣一点。

十分清新，十分自然，我的小屋玲珑地立于山脊一个柔和的角度上。

世界上有很多已经很美的东西，还需要一些点缀，山也是。小屋的出现，点破了山的寂寞，增加了风景的内容。山上有了小屋，好比一望无际的水面飘过一片风帆，辽阔无边的天空掠过一只飞雁，是单纯的底色上一点灵动的色彩，是山川美景中的一点生气，一点情调。

小屋点缀了山，什么来点缀小屋呢？那是树！

山上有一片纯绿色的无花树，花是美丽的，树的美丽也不逊于花。花好比人的面庞，树好比人的姿态。树的美在于姿势的清健④或挺拔、苗条或婀娜⑤，在于活力，在于精神⑥！

有了这许多树，小屋就有了许多特点。树总是轻轻摇动着。树的动，显出小屋的静；树的高大，显出小屋的小巧；而小屋的别致出色，乃是由于满山皆树，为小屋布置了一个美妙的绿的背景。

小屋后面有一棵高过屋顶的大树，细而密的枝叶伸展在小屋的上面，美而浓的树荫把小屋笼罩起来。这棵树使小屋予人另一种印象，使小屋显得含蓄而有风度。

换个角度，近看改为远观，小屋却又变换位置，出现在另一些树的上面。这个角度是远远地站在山下看。首先看到的是小屋前面的树，那些树把小屋遮掩了，只在树与树之间露

---

①　[西洲曲]南朝乐府中的诗。

②　选自《中国现代文学大系》散文第 1 集（台湾巨人出版社 1972 年版）。李乐薇（1930～），台湾作家。

③　[眉黛]古代女子用黛画眉，所以称眉为眉黛。黛，青黑色的颜料。

④　[清健]清秀、矫健。

⑤　[婀娜（ēnuó）]姿态柔软而美好。

⑥　[精神]此处用作形容词。

出一些建筑的线条，一角活泼翘起的屋檐，一排整齐的图案式的屋瓦。一片蓝，那是墙；一片白，那是窗。我的小屋在树与树之间若隐若现，凌空而起，姿态翩然。本质上，它是一幢房屋；形式上，却像鸟一样，蝶一样，憩于枝头，轻灵而自由！

小屋之小，是受了土地的限制。论"领土"，只有有限的一点。在有限的土地上，房屋比土地小，花园比房屋小，花园中的路又比花园小，这条小路是我袖珍型的花园的大道。和领土相对的是"领空"，论"领空"却又是无限的，足以举目千里，足以俯仰天地，左顾有山外青山，右盼有绿野阡陌。适于心灵散步，眼睛旅行，也就是古人说的游目骋怀。这个无限大的"领空"，是我开放性的院子。

有形的围墙围住一些花，有紫藤、月季、喇叭花、圣诞红之类。天地相连的那一道弧线，是另一重无形的围墙，也围住一些花，那些花有朵状有片状，有红，有白，有绚烂^①，也有飘落。也许那是上帝玩赏的牡丹或芍药，我们叫它云或霞。

空气在山上特别清新，清新的空气使我觉得呼吸的是香！

光线以明亮为好，小屋的光线是明亮的，因为屋虽小，窗很多。例外的只有破晓或入暮，那时山上只有一片微光，一片柔静，一片宁谧^②。小屋在山的环抱中，犹如在花蕊中一般，慢慢地花蕊绽开了一些，好像层山后退了一些。山是不动的，那是光线加强了，是早晨来到了山中。当花瓣微微收拢，那就是夜晚来临了。小屋的光线既富于科学的时间性，也富于浪漫的文学性。

山上的环境是独立的，安静的。身在小屋享受着人间清福，享受着充足的睡眠，以及一天一个美梦。

出入的交通要道，是一条类似苏花公路^③的山路，一边傍山，一边面临稻浪起伏的绿海和那高高的山坡。山路和山坡不便于行车，然而便于我行走。我出外，小屋是我快乐的起点；我归来，小屋是我幸福的终点。往返于快乐与幸福之间，哪儿还有不好走的路呢？我只觉得出外时身轻如飞，山路自动地后退；归来时带几分雀跃的心情，一跳一跳就跳过了那些山坡。我替山坡起了个名字，叫幸福的阶梯，山路被我唤做空中走廊！

我把一切应用的东西当做艺术，我在生活中的第一件艺术品——就是小屋。白天它是清晰的，夜晚它是朦胧的。每个夜幕深垂的晚上，山下亮起灿烂的万家灯火，山上闪出疏落的灯光。山下的灯把黑暗照亮了，山上的灯把黑暗照淡了，淡如烟，淡如雾，山也虚无，树也缥缈。小屋迷于雾失楼台的情景中，它不再是清晰的小屋，而是烟雾之中、星点之下、月影之侧的空中楼阁！

这座空中楼阁占了地利之便，可以省去许多室内设计和其他的装饰。

虽不养鸟，每天早晨有鸟语盈耳。

无需挂画，门外有幅巨画——名叫自然。

思考与练习

一、"立于山脊"的小屋为什么是"空中楼阁"？文章标题的含义是什么？

---

① ［绚（xuàn）烂］绚丽、灿烂。

② ［宁谧（mì）］安宁、平静。

③ ［苏花公路］台湾东部苏澳至花莲的公路，沿途多悬崖陡壁，下临太平洋。

二、文章的题目与成语"空中楼阁"的意思一样吗？说说看。

三、文章的结构特点是围绕一个中心来写景，不断变换写作角度。文章是如何围绕中心变换写作角度的？这些描写表现了作者怎样的思想情感？

三 洛阳诗韵①

叶文玲

中原忆，最忆是洛阳。情思悠悠中写下这句话，连笔尖都带了几分醉意。

水自天上来的黄河，浩荡东去，沿途凝结了一颗颗明珠似的城市，洛阳是璀璨的一颗。

洛阳一似黄河激扬雄浑的音符，洛阳又像春之神明媚动人的笑靥。不不，洛阳就是洛阳，洛阳是历史厚重的馈赠和沉积，从洛阳发掘的文化遗产，足可代表中华民族灿烂的精神财富。

在河南的 24 载中，洛阳是我去得最勤的地方，特殊的机遇和亲缘，使我对洛阳十分偏爱。我总觉得这个九朝古都，有着特殊的况味，不然的话，历代文人墨客，也不会把对洛阳的赞誉，写进千首万阕诗词里了。

"陆机入洛，噪起才名。"②——30 年前，我曾抄录这一古句，慰勉当时发落邙山③的兄长。我对这个东汉、魏晋、隋唐时代的全国乃至亚洲的经济文化中心，有着笃诚的崇拜。洛阳，光名字就是古色古香，充满文情和诗意的；洛阳，历代才俊辈出，在东汉时就有过 3 万多太学生呐！

24 年前，我初访洛阳，就觉得她名不虚传。24 年中多次去洛阳，一次比一次深地感受到她的古美和奇绝。

洛阳古，她有"天下第一寺"的白马寺④。许多城市的风景点，常见冠以"天下第一"的美称，但都没有白马寺这个"第一"教我感到真切实在。

据史书记载：东汉永平八年，明帝遣使去天竺国⑤求佛经，得贝叶经四十二章和佛像，用白马驮回。天竺沙门⑥摄摩腾、竺法兰护送至京师，遂建成了中国佛教之源的白马寺。白马寺门口那匹粗拙的石塑白马，便是文化使者的象征；寺后墓园中，摄摩腾和竺法兰的大圆坟，年年芳草青青，更使历史和现实贴近。

洛阳美，她有群芳之冠的牡丹。聪明的洛阳人，古戏今做，把传说中不肯献媚而被武则

---

① 选自《叶文玲文集》，作家出版社出版。叶文玲，1942 年生，是位女作家，长期在河南工作，曾任浙江省作协主席。

② [陆机入洛，噪起才名]陆机，西晋文学家。字士衡，吴郡华亭（今上海松江区）人。东吴丞相陆逊之孙，大司马陆抗之子。吴亡，家居勤学十年。晋太康末，与弟陆云同至洛阳，文才倾动一时。他的《文赋》是我国古代重要的文学论文。

③ [邙（máng）山]在河南省西部、陇海铁路北，西起三门峡市，东止伊洛河岸。

④ [白马寺]在河南洛阳市东郊。为中国最早的寺院之一，是全国重点文物保护单位。

⑤ [天竺国]古印度别称。

⑥ [沙门]佛教中指依照戒律出家修道的僧侣。

天①贬谪的牡丹奉为市花,在花事烂漫的 5 月,年年举行规模空前的牡丹花会。这一来,王城公园的牡丹,越发明媚娇妍;市区的十里长街,更有三步一座姹紫嫣红的牡丹园。而今,洛水之畔看牡丹,已成了域外海内的文明盛事。花会期间,洛阳城日日车水马龙,游人如织。人笑传:光捡看花人挤落的鞋子,都能捡上几大车呢!

洛阳绝,她有 1 300 年历史的唐三彩。这种运用赭、白、绿色铅釉烧制的三彩陶名扬天下。其中造型最优美的马和骆驼,已成了人们馈赠亲友的佳品。不久前,在洛阳还发掘了隋代的三彩骆驼,它釉色苍晦素净、姿态生动逼真,无愧是隋代工匠的杰作,也是举世罕见的艺术瑰宝。而今,唐三彩驼、马,已带着它特有的明光丽色,"走"向世界各地;我在不止一个外国朋友的柜橱中,看到了它们的丰姿。去年,当我告别中原时,谙熟我心思的哥哥,一下为我"牵"来了五匹大小不同的唐三彩马,真是"愿借明驼千里足"送我还故乡呢!

洛阳奇,更因她有无比雄伟的龙门石窟。这个在洛阳市南 12 公里的去处,有与洛阳同样古香古色的名字:伊阙。

龙门山(西山)和香山(东山)夹峙伊水,岚气氤氲②,翠峰如簇,北流入洛的伊河,烟柳重,春雾薄,鱼浪起,千片雪。看惯了黄河的浊黄,你定要惊异这伊水怎会如此澄碧;见多了黄土地的苍凉,你更会讶然这龙门两山竟夺得千峰翠色,春意乱生;而教你真正称奇的,当然还是那浩大辉煌的石窟。

据记载,开凿于北魏太和十八年的龙门石窟,延续至唐代,历时 400 余年。令人心痛的是,十之八九的小佛像,头部已遭损毁,最著名的《帝后礼佛图》浮雕③也被盗凿。但是,残留的佛像形态乃至每块衣袂,都刀法圆熟,极其传神。现存的 1 352 个石窟,785 个龛,9.7 万余尊造像,3 680 种题记,凝结着我们民族文化的精华。

龙门石窟最雄奇的是奉先寺。卢舍那的塑像是我所见各地佛像中最美的一尊。那婉约端丽的姿态,那摄人心魂的慧眼美目,那浅笑盈盈的秀美双唇,真是集美之大成。

到洛阳,游龙门,不拘四季,无论晨昏,一棹碧涛春水路,龙门石窟永远向你展示着壮美的大观。而当你沿着香山寺、白居易墓、宾阳洞、药方洞、万佛洞、奉先寺——游赏时,你将会如品诗韵、如临仙境,一轴六代九朝的画卷,一部中华民族的文化史,正徐徐向你展开⋯⋯

思考与练习

一、朗读课文,细细品味洛阳的诗韵。"这个九朝古都,有着特殊的况味",其含义是什么?

二、作者为什么偏爱洛阳?文章描写了洛阳的什么景物?这些景物表现了洛阳的什么特点?

三、阅读课文回答下列问题:

---

①　[武则天]唐高宗后、武周皇帝,公元 690～705 年在位。死后谥"大圣则天皇后",后遂称武则天。

②　[氤氲(yīnyūn)]气或光色混合动荡的样子。

③　[帝后礼佛图]北魏时所刻的两块大浮雕,是中国美术史上著名杰作之一。原凿于龙门石窟宾阳中洞前壁的左右两旁,描绘北魏孝文帝与皇后在礼佛时的情景。于 1933 年、1934 年被盗运到美国。

1. "水自天上来的黄河,浩荡东去……"一语出自＿＿＿＿代诗人＿＿＿＿的名诗《＿＿＿＿＿＿》,原句为＿＿＿＿。

2. 作者在写到唐三彩时有这么一句话:"而今,唐三彩驼、马,已带着它特有的明光丽色,'走'向世界各地"。"走"字上面为什么要加上引号?

3. 在描写龙门石窟时,作者用了一系列具体的数字:"现存在 1 352 个石窟,785 个龛,9.7 万余尊造像,3 680 种题记",这些数字在文中起到什么作用?

四、解释下列词语,并给加点字注音。

璀璨(　　　)词义:＿＿＿＿＿＿＿＿＿＿＿＿＿＿

笑靥(　　　)词义:＿＿＿＿＿＿＿＿＿＿＿＿＿＿

贬谪(　　　)词义:＿＿＿＿＿＿＿＿＿＿＿＿＿＿

谙熟(　　　)词义:＿＿＿＿＿＿＿＿＿＿＿＿＿＿

龛(　　　)词义:＿＿＿＿＿＿＿＿＿＿＿＿＿＿

棹(　　　)词义:＿＿＿＿＿＿＿＿＿＿＿＿＿＿

五、拓展讨论:给同学们介绍一下你的故乡的特点。

四　故都的秋①

郁达夫

秋天,无论在什么地方的秋天,总是好的;可是啊,北国的秋,却特别地来得清,来得静,来得悲凉。我的不远千里,要从杭州赶上青岛,更要从青岛赶上北平来的理由,也不过想饱尝一尝这"秋",这故都的秋味。

江南,秋当然也是有的;但草木凋得慢,空气来得润,天的颜色显得淡,并且又时常多雨而少风;一个人夹在苏州上海杭州,或厦门香港广州的市民中间,浑浑沌沌地过去,只能感到一点点清凉,秋的味,秋的色,秋的意境与姿态,总看不饱,尝不透,赏玩不到十足。秋并不是名花,也并不是美酒,那一种半开,半醉的状态,在领略秋的过程上,是不合适的。

不逢北国之秋,已将近十余年了。在南方每年到了秋天,总要想起陶然亭②的芦花,钓鱼台③的柳影,西山④的虫唱,玉泉⑤的夜月,潭柘寺⑥的钟声。在北平即使不出门去罢,就是

---

① 选自《郁达夫文集》第三卷(花城出版社、生活·读书·新知三联书店 1982 年版)。略有改动。郁达夫(1896～1945),原名郁文,浙江富阳人,现代小说家、散文家。因在南洋从事抗日活动,1945 年 9 月 17 日被日本宪兵秘密杀害于印度尼西亚的苏门答腊。1952 年,中央人民政府追认他为革命烈士。

② [陶然亭]位于北京城南,亭名出自白居易诗句"更待菊黄家酿熟,共君一醉一陶然"。

③ [钓鱼台]在北京阜成门外三里河,玉渊潭公园北面,环境清幽,"台下有泉涌出,汇成池,其水至东不竭"(《明一统志》)。

④ [西山]北京西郊群山的总称,是京郊名胜。

⑤ [玉泉]指玉泉山,西山东麓支脉。

⑥ [潭柘(zhè)寺]在北京西山,相传寺址本在青龙潭,上有柘树,寺以此得名。

在皇城人海之中,租人家一椽①破屋来住着,早晨起来,泡一碗浓茶,向院子一坐,你也能看得到很高很高的碧绿的天色,听得到青天下驯鸽的飞声。从槐树叶底,朝东细数着一丝一丝漏下来的日光,或在破壁腰中,静对着像喇叭似的牵牛花(朝荣)的蓝朵,自然而然地也能够感觉到十分的秋意。说到了牵牛花,我以为以蓝色或白色者为佳,紫黑色次之,淡红色最下。最好,还要在牵牛花底,教长着几根疏疏落落的尖细且长的秋草,使作陪衬。

北国的槐树,也是一种能使人联想起秋来的点缀。像花而又不是花的那一种落蕊,早晨起来,会铺得满地。脚踏上去,声音也没有,气味也没有,只能感出一点点极微细极柔软的触觉。扫街的在树影下一阵扫后,灰土上留下来的一条条扫帚的丝纹,看起来既觉得细腻,又觉得清闲,潜意识下并且还觉得有点儿落寞②,古人所说的梧桐一叶而天下知秋③的遥想,大约也就在这些深沉的地方。

秋蝉的衰弱的残声,更是北国的特产。因为北平处处全长着树,屋子又低,所以无论在什么地方,都听得见它们的啼唱。在南方是非要上郊外或山上去才听得到的。这秋蝉的嘶叫,在北平可和蟋蟀耗子一样,简直像是家家户户都养在家里的家虫。

还有秋雨哩,北方的秋雨,也似乎比南方的下得奇,下得有味,下得更像样。

在灰沉沉的天底下,忽而来一阵凉风,便息列索落地下起雨来了。一层雨过,云渐渐地卷向了西去,天又青了,太阳又露出脸来了;着④着很厚的青布单衣或夹袄的都市闲人,咬着烟管,在雨后的斜桥影里,上桥头树底下去一立,遇见熟人,便会用了缓慢悠闲的声调,微叹着互答着的说:

"唉,天可真凉了——"(这了字念得很高,拖得很长)

"可不是么?一层秋雨一层凉了!"

北方人念阵字,总老像是层字,平平仄仄起来⑤,这念错的歧韵,倒来得正好。

北方的果树,到秋来,也是一种奇景。第一是枣子树,屋角,墙头,茅房边上,灶房门口,它都会一株株地长大起来。像橄榄又像鸽蛋似的这枣子颗儿,在小椭圆形的细叶中间,显出淡绿微黄的颜色的时候,正是秋的全盛时期。等枣树叶落,枣子红完,西北风就要起来了,北方便是尘沙灰土的世界,只有这枣子、柿子、葡萄,成熟到八九分的七八月之交,是北国的清秋的佳日,是一年之中最好也没有的 Golden Days⑥。

有些批评家说,中国的文人学士,尤其是诗人,都带着很浓厚的颓废色彩,所以中国的诗文里,颂赞秋的文字特别的多。但外国的诗人,又何尝不然?我虽则外国诗文念得不多,也不想开出账来,做一篇秋的诗歌散文钞⑦,但你若去一翻英德法意等诗人的集子,或各国的诗文的 Anthology⑧ 来,总能够看到许多关于秋的歌颂与悲啼。各著名的大诗人的长篇

---

① [一椽(chuán)]一间屋。椽,放在房檩(lín)上架着面板或瓦的木条。这里作量词,指房屋的间数。

② [落寞]冷落,寂寞。

③ [梧桐一叶而天下知秋]《淮南子·说山》:"以小明大,见叶落而知岁之江暮。"《太平御览》卷二十四引作"一叶落而知天下秋"。

④ [着(zhuó)]穿(衣)。

⑤ [平平仄仄起来]意即推敲起字的韵律来。

⑥ [Golden Days]英语中指"黄金般的日子"。

⑦ [钞]同"抄"。

⑧ [Anthology]英语中指"选集"。

田园诗或四季诗里,也总以关于秋的部分,写得最出色而最有味。足见有感觉的动物,有情趣的人类,对于秋,总是一样的能特别引起深沉、幽远、严厉、萧索的感触来的。不单是诗人,就是被关闭在牢狱里的囚犯,到了秋天,我想也一定会感到一种不能自已的深情。秋之于人,何尝有国别,更何尝有人种阶级的区别呢? 不过在中国,文字里有一个"秋士①"的成语,读本里又有着很普遍的欧阳子的《秋声》②与苏东坡的《赤壁赋》等,就觉得中国的文人,与秋的关系特别深了。可是这秋的深味,尤其是中国的秋的深味,非要在北方,才感受得到底。

南国之秋,当然是也有它的特异的地方的,比如廿四桥的明月③,钱塘江的秋潮④,普陀山⑤的凉雾,荔枝湾⑥的残荷等等,可是色彩不浓,回味不永。比起北国的秋来,正像是黄酒之与白干,稀饭之与馍馍,鲈鱼之与大蟹,黄犬之与骆驼。

秋天,这北国的秋天,若留得住的话,我愿把寿命的三分之二折去,换得一个三分之一的零头。

一九三四年八月,在北平

思考与练习

一、朗读课文,说说作者选取了哪些景物,写出了故都的秋怎样的特点。另外,从哪些句段中,你感觉、体察到了作者所谓的"悲凉"? 你如何看待这种"悲凉"?

二、在下面的两段文字里,作者调动了听觉、视觉和触觉来感受故都的秋,使写景状物有声有色、有动有静,并融入了深沉而细腻的感受、情思。细细品味,做一些勾画圈点,评议赏析。

1. 在北平即使不出门去罢,就是在皇城人海之中,租人家一椽破屋来住着,早晨起来,泡一碗浓茶,向院子一坐,你也能看得到很高很高的碧绿的天色,听得到青天下驯鸽的飞声。从槐树叶底,朝东细数着一丝一丝漏下来的日光,或在破壁腰中,静对着像喇叭似的牵牛花(朝荣)的蓝朵,自然而然地也能够感觉到十分的秋意。

2. 像花而又不是花的那一种落蕊,早晨起来,会铺得满地。脚踏上去,声音也没有,气味也没有,只能感出一点点极微细极柔软的触觉。

三、你读过哪些描写秋天的诗文? 你最喜欢其中的哪一篇? 向同学介绍这些诗文,并就你最喜欢的诗文做简要的赏析。

---

① [秋士]古时指到了暮年仍不得志的知识分子。

② [欧阳子的《秋声》]指欧阳修的《秋声赋》。

③ [廿四桥的明月]杜牧《寄扬州韩绰判官》中有"二十四桥明月夜,玉人何处教吹箫"的诗句。廿四桥,即二十四桥,位于江苏扬州瘦西湖。传说隋炀帝曾月夜令宫女24人吹箫于此,故名。

④ [钱塘江的秋潮]钱塘江位于浙江,出杭州湾,入东海,江口为喇叭状。每年中秋节前后涨潮时,受江口地形收缩水深骤减影响,江面波涛汹涌,潮水以排山倒海之势奔腾向前,形成"钱塘怒潮"景观。

⑤ [普陀山]位于浙江舟山群岛中的一座小岛上,相传是观音菩萨显灵说法的道场。佛经有观音住南印度普陀洛伽之说,故该有名普陀山。

⑥ [荔枝湾]位于广州城西。

语文技能训练(三)　词语的运用

词语是语言表达的最基本的材料,语言表达中我们要注意词语的选择和配合。

一、词语的选择

1. 掌握和理解词语

汉语词汇极为丰富,平时要认真学习积累词语,这是提高语言表达能力的最基本的条件。

确切理解词语的意义和用法,是恰当选择和使用词语的前提。尤其是对近义词的理解,很多时候使用词语就是在近义词或同义词中进行选择。同义词或近义词都有细微的差别,或语意及语意的轻重不同,如:"截止"和"截至","爱惜"和"珍惜"等;或词语范围大小和适用对象不同,如:"战争"和"战役","爱护"和"拥护"等;或词语的具体和概括不同,如:"书籍"和"书","树木"和"树"等;或词语的感情色彩和语体色彩不同,如:"团结"和"勾结","生日"和"诞辰"等。我们在使用时要根据词语的这些差别来准确地选择词语。

2. 选择词语的方法

选择词语的要求是准确贴切,也就是要同表达的目的、对象、环境等协调一致。常用的方法有:

(1)选择适合听众和读者的词语。也就是常说的见什么人说什么话。

(2)选择适合语言环境的词语。也就是在什么场合说什么话。

(3)选择能充分表现自己真情实感的词语。

(4)选择生动新颖的词语。

二、词语的配合

1. 词语意义和功能的配合

词语的配合首先是意义和功能上的搭配,这方面搭配不当,表意就不准确,就会造成语法错误。

2. 感情色彩的配合

很多词语除了表意以外,本身还带有感情色彩,不仅表意,还表现说话人的态度和情感。如:

"他得到了老师的表扬"和"他遭到了老师的表扬"。

这两句话说的事情基本相同,但说话人的态度不一样。

3. 语体色彩的配合。

例如:星期日是外公的80诞辰,我爹带我们哥俩去给外公祝寿。

这句话中的"诞辰"是书面语,"爹"是方言,"哥俩"是口语,语体搭配不好,听起来很别扭。

4. 词语声音的配合

(1)音节要整齐匀称。如:

熙熙攘攘的人群,此起彼伏的吆喝,琳琅满目的商品,构成我们家乡的大集。

此句中三个成语的使用,使句子长短适度,音节匀称,读起来和谐。

（2）声韵的和谐。如：

请给出一个微笑，虽仅有几秒，却终生美好，它使劳累者疲劳顿消，它为失意者重燃希望的火苗。

这几句是都押的 ao 韵，读起来和谐美妙。

（3）叠音词的使用。恰当地使用叠音词，能使句子表意细腻委婉，使读者有美的享受。如：

弯弯的月儿小小的船，小小的船儿两头尖，我在小小的船上坐，只看见闪闪的星星蓝蓝的天。

叠音词的使用，不仅使月亮的形态逼真形象，而且还表达出了一片喜悦之情，其中的童真童趣与遐想透着健康向上的情趣。

单元综合练习

一、阅读下面短文，回答问题。

黎明的眼睛

端木蕻良

三月清晨，把窗子推开，第一片阳光便飞到人们的全身。对着阳光带进来的新鲜空气，任谁都要深吸一口，说：春天来了！

就这样，春天从窗口走近了我们。

但是，可不要忘记，不是从有房子那天起，我们就有窗子的呢！

我们的兄弟，爱斯基摩人用冰块建筑的房子，像个白玉的钟罩一般，是没有什么窗子的。过去的鄂伦春兄弟们住的"神仙柱"，因为没有屋顶，在屋里，到晚上可以看到头上的月亮和星光，也就无须开窗子了。

最早的人类山顶洞人走下山来，不知住过多少代，才懂得造个窝儿的时候，他们也只会模仿岩洞，把地挖个半截坑，上面再搭上个顶篷。至于窗子，就谈不上了。

房墙上开窗子是后来的事。随着窗子的开凿和扩大，人类文明的曙光也随着扩大。

窗子，自从它出现的那天起，它就成为阳光的眼睛，空气的港口，成了自然和社会的纽带。

随着时间流逝，层楼的加多，窗子也越来越多了。看到高层的建筑，就会惊叹窗子是房屋最鲜明的象征。没有窗子的房子，几乎也就没法把它唤作屋子了。

有谁未曾享受过开窗的喜悦呢？打开窗子，突然见到青山闯了进来，打开窗子，看到柳色的清新，小燕的飞来……

窗子开了，用不着打招呼，新的空气就会猛扑进来。

当然，随之而来的，也有风沙飞入屋中。还有，眼睛看不到的微尘，还有很难发觉的细菌，有的是出面拜访，有的是偷偷地混了进来……

从古到今多少诗人赞美过窗子，多少歌手歌唱过窗子，多少情人的眼睛凝望过窗子……

　　窗子的变化,是值得人们考察一番的。小小的窗子,几乎可以说,是文明的眼睛。在今后的日子里,窗子的变化会更加多种多样了。

　　窗子的玻璃会随着时钟,自动调和射进室内的光线,窗子会随着明暗变换颜色,窗框上装有循环水,它可以为居室的主人带走很多他发觉不到的天敌,又可以送进来他需要而又不易得到的芳香和养分……

　　有的窗子不需开合,便能做到通风透光,它还可以把你不愿听到的声音关到外边,但是悦耳的琴声,它是不会阻拦的……

　　打开窗子吧! 现在开窗子就不光是为了迎进阳光、空气,或者远眺青山的青、新柳的绿、燕子飞来的掠影,……而是迎接一个新的世纪!

1980 年 2 月 25 日晨北京

　　(一) 本文寄托了作者什么情感观点? 认真分析概括文章的主旨。

　　(二) "打开窗子吧! 现在开窗子就不光是为了迎进阳光、空气,或者远眺青山的青、新柳的绿、燕子飞来的掠影,……而是迎接一个新的世纪!"的含义是什么?

　　(三) 按要求分析下列语段。

　　A. 当然,随之而来的,也有风沙飞入屋中。还有,眼睛看不到的微尘,还有很难发觉的细菌,有的是出面拜访,有的是偷偷地混了进来……

　　B. 从古到今多少诗人赞美过窗子,多少歌手歌唱过窗子,多少情人的眼睛凝望过窗子……

　　C. 打开窗子吧! 现在开窗子就不光是为了迎进阳光、空气,或者远眺青山的青、新柳的绿、燕子飞来的掠影,……而是迎接一个新的世纪!

　　1. 结合全文思考,A 段中的"飞沙"、"微尘"、"细菌",仅仅是实指,还是含有比喻意义?

　　2. B 段运用排比手法表达了对窗子怎样的感情?

　　3. C 段运用"……不光是……而是……"的句式,表达的思想感情与 B 段既有共同点,又有不同点,请说说它们的异同。"迎接一个新的世纪",它的具体含义指什么?

二、下列各组句子中,哪一句在音节上配合得更好? 说说理由。

1. A. 奴隶们屏着气、睁着眼、叹息着他们的命运。

　　B. 奴隶们屏着气、睁着眼睛、叹息着他们的命运。

2. A. 哪里有压迫,哪里就有反抗;压迫愈深,反抗愈烈。

　　B. 哪里有压迫,哪里就有反抗;压迫愈深,反抗愈强烈。

3. A. 鲜血和惨叫使整个工房的人都怔住了。

　　B. 血和惨叫使整个工房的人都怔住了。

三、选词填空。

1. 严厉　严峻　严肃　严格　简朴　简单

　　A. 老师(　　)地说:"时光不等人啊,你们一定要(　　)要求自己,做时间的小主人。"

　　B. 王奶奶在平房居住时家里的陈设很(　　),搬进了单元楼,生活条件也好了,但她仍然保持着(　　)的生活作风。

2. 夸奖　夸耀　果断　武断　陈列　排列　激烈　强烈

　　A. 大家都（　　　）李华小提琴拉得好。

　　B. 商场里（　　　）着许多新产品。

　　C. 他办事很（　　　），从不犹豫。

　　D. 大家争论得很（　　　）。

3. 拘谨　矗立　激烈　谨慎　肃立　热烈

　　A. 妈妈是个外科医生，为病人做手术时，她一向很（　　　）。

　　B. 清明节那天，我们中队来到了烈士陵园，全体（　　　），少先队员代表向烈士墓敬献花圈。

　　C. 我们班这学期来了一个新同学，大家（　　　）欢迎他。

4. 亲密　亲切　亲热

　　A. 妈妈给我讲清道理以后，（　　　）地对我说："改了就是个好孩子。"

　　B. 老师像个大朋友，和我们相处得十分（　　　）。

5. 周密　严密　精密

　　A. 要想把事情想得（　　　），说话说得（　　　），必须自觉地掌握思维的形式和逻辑。

　　B. 工程的设计，必须经过（　　　）的计算。

四、有的同学经常缺课，上课不认真听讲，你认为这是什么原因造成的？你自己怎么做？

第五单元　议论说理类文章的阅读与理解

单元训练重点

本单元选的是议论性的文章,训练重点是如何阅读和理解这类文章。

一、议论性文章的特点

1. 写作目的

议论性文章的写作目的经常是要证明自己的观点或反驳别人的观点,也就是证明"我"的观点或主张是对的,别人的观点或做法是错的。这同记叙性文章和说明性文章的写作目的是不同的,记叙类文章的写作目的主要是表现自己的观点和情感等,重在"表达",是以情感来感染人;说明性文章的写作目的主要是传播知识、介绍技能、解释事理等,重在"说明",作者一般不表达自己的思想感情;而议论性文章不仅仅是表达自己的观点,而更重要的是"证明"自己的观点,用以理服人的方法让人不得不接受作者的观点。

2. 结构特征

这类文章在整体结构上和说明文相似,常采用总分式、分总式或总分总式结构,分论部分常采用总分、并列、递进或对照式结构。

3. 议论文的论证方法

论证方法多种多样,一篇文章中往往使用多种方法。常用的论证方法有:例证法、引证法、喻证法、对比法、类比法、引申法等。

二、议论性文章的阅读与理解

(1)把握观点,观点也就是论点,即文章要证明或批驳的观点或主张。阅读议论性文章时要首先把握论点,把握论点的方法,一是抓住文题,许多议论性的文章文题即点明了议论的中心,有的题目就是全文的中心论点;二是把握点明中心论点的语句,这样的句子经常在文章的首段,有时在文章的末尾,很少在文章的中间。

(2)分析文章的材料,材料就是论据,是用来证明论点的事实或道理。阅读时要分析作者是用什么事实或道理来证明自己的观点的,并分析事实或道理是否真实客观。常见的论据有两种:事实论据和理论论据。作为论据的事实,可以是完整的事件,也可以是片断式的;理论论据应是经过实践检验过的客观真理,如经典性著作和权威性言论、名言警句等。

(3)了解论证方法和论证方式。议论文的论证方法有很多,但论证的基本方式是立论和驳论两种。立论,是指从正面提出观点或主张并用各种方法加以证明,重点是"立"。驳论,批驳错误的观点或主张,可批驳论点,也可批驳论据和论证过程,用各种论证方法来反驳错误观点或主张,重在"破"。常见的议论性文章经常采用"破"、"立"结合的方式,在批驳错误观点的同时证明正确的观点。

（4）分析论证过程，即分析论据和论点之间是否有必然的联系，论据能否充分有力地证明论点。

一　拿来主义①

鲁　迅

中国一向是所谓"闭关主义"②，自己不去，别人也不许来。自从给枪炮打破了大门之后，又碰了一串钉子③，到现在，成了什么都是"送去主义"了。别的且不说罢，单是学艺④上的东西，近来就先送一批古董到巴黎去展览⑤，但终"不知后事如何"；还有几位"大师"们捧着几张古画和新画，在欧洲各国一路的挂过去，叫作"发扬国光"⑥。听说不远还要送梅兰芳博士到苏联去，以催进"象征主义"⑦，此后是顺便到欧洲传道。我在这里不想讨论梅博士演艺和象征主义的关系，总之，活人替代了古董，我敢说，也可以算得显出一点进步了。

但我们没有人根据了"礼尚往来"⑧的仪节⑨说道：拿来！

当然，能够只是送出去，也不算坏事情，一者见得丰富，二者见得大度⑩。尼采⑪就自诩⑫过他是太阳，光热无穷，只是给与，不想取得。然而尼采究竟不是太阳，他发了疯。中国也不是，虽然有人说，掘起地下的煤来，就足够全世界几百年之用，但是，几百年之后呢？几百年之后，我们当然是化为魂灵，或上天堂，或落了地狱，但我们的子孙是在的，所以还应该给他们留下一点礼品。要不然，则当佳节大典之际，他们拿不出东西来，只好磕头贺喜，讨一点残羹冷炙⑬做奖赏。

这种奖赏，不要误解为"抛来"的东西，这是"抛给"的，说得冠冕⑭些，可以称之为"送

---

①　选自《鲁迅全集》第六卷之《且介亭杂文》（人民文学出版社1981年版）。鲁迅（1881～1936），浙江绍兴人，文学家、思想家和革命家。

②　[闭关主义]指清政府奉行的闭关自守政策。

③　[碰了一串钉子]指鸦片战争以后，清政府与英、法、俄、日、美、德、意等帝国主义国家相继签订的一系列丧权辱国的不平等条约。

④　[学艺]泛指学术文艺。

⑤　[送一批古董到巴黎去展览]指当时国民政府在巴黎举办的中国古典艺术展览。

⑥　[还有几位……叫作"发扬国光"]指当时国民政府在西欧各国举办的中国绘画展览。

⑦　[听说不远……以催进"象征主义"]1934年5月28日《大晚报》刊载了一条文艺新闻，说著名美术家徐悲鸿等在莫斯科举办中国书画展览会，"切合苏俄正在盛行之象征主义作品"，还说"因拟……邀中国戏曲名家梅兰芳等前往奏艺"。鲁迅针对这一则新闻，在同年5月30日写了《谁在没落？》一文，指出象征主义已在苏联没落，驳斥那种认为中国画和戏剧切合象征主义的说法。象征主义是19世纪末在法国兴起的文艺流派。

⑧　[礼尚往来]礼节上重在有来有往。尚，崇尚、重视。

⑨　[仪节]礼节。

⑩　[大度]大方，气量宽宏。

⑪　[尼采]德国资产阶级唯心主义哲学家，主张唯意志论，提倡超人哲学。

⑫　[自诩（xǔ）]自夸。诩，夸耀。

⑬　[残羹冷炙（zhì）]吃剩的饭菜，借指权贵的施舍。炙，烤肉。

⑭　[冠冕（miǎn）]"冠冕堂皇"的省语，意思是很体面、有气派。冕，古代帝王的礼帽。

来"，我在这里不想举出实例①。

我在这里也并不想对于"送去"再说什么，否则太不"摩登"②了。我只想鼓吹我们再吝啬一点，"送去"之外，还得"拿来"，是为"拿来主义"。

但我们被"送来"的东西吓怕了。先有英国的鸦片，德国的废枪炮，后有法国的香粉，美国的电影，日本的印着"完全国货"的各种小东西。于是连清醒的青年们，也对于洋货发生了恐怖。其实，这正是因为那是"送来"的，而不是"拿来"的缘故。

所以我们要运用脑髓，放出眼光，自己来拿！

譬如罢，我们之中的一个穷青年，因为祖上的阴功③（姑且让我这么说说罢），得了一所大宅子，且不问他是骗来的，抢来的，或合法继承的，或是做了女婿换来的④。那么，怎么办呢？我想，首先是不管三七二十一，"拿来"！但是，如果反对这宅子的旧主人，怕给他的东西染污了，徘徊不敢走进门，是孱头⑤；勃然大怒，放一把火烧光，算是保存自己的清白，则是昏蛋。不过因为原是羡慕这宅子的旧主人的，而这回接受一切，欣欣然的蹩进卧室，大吸剩下的鸦片，那当然更是废物。"拿来主义"者是全不这样的。

他占有，挑选。看见鱼翅⑥，并不就抛在路上以显其"平民化"，只要有养料，也和朋友们像萝卜白菜一样的吃掉，只不用它来宴大宾；看见鸦片，也不当众摔在茅厕里，以见其彻底革命，只送到药房里去，以供治病之用，却不弄"出售存膏，售完即止"的玄虚⑦。只有烟枪和烟灯，虽然形式和印度，波斯⑧，阿刺伯⑨的烟具都不同，确可以算是一种国粹⑩，倘使背着周游世界，一定会有人看，但我想，除了送一点进博物馆之外，其余的是大可以毁掉的了。还有一群姨太太，也大以请她们各自走散为是，要不然，"拿来主义"怕未免有些危机。

总之，我们要拿来。我们要或使用，或存放，或毁灭。那么，主人是新主人，宅子也就会成为新宅子。然而首先要这人沉着，勇猛，有辨别，不自私。没有拿来的，人不能自成为新人，没有拿来的，文艺不能自成为新文艺。

思考与练习

一、仔细阅读课文，完成下列各题。

1. 请在课文中画出表明作者观点的句子，并解释其含义。

2. 请在课文中找出"孱头"、"昏蛋"、"废物"各自不同的表现，并说说他们各以怎样的态度对待文化遗产。

---

①　[我在这里不想举出实例]暗指按 1933 年国民政府与美国签订的"麦棉借款"协定运来的剩余的小麦、面粉和棉花。

②　[摩登]英语"modern"的音译，"现代的"、"时髦"的意思。

③　[阴功]迷信的说法，你做了好事，阴间就给记功，可以泽及后代子孙。

④　[做了女婿换来的]这里是嘲讽做了富家翁的女婿而炫耀于人的邵洵美之流。

⑤　[孱(càn)头]懦弱无能的人。

⑥　[鱼翅]一种名贵的海味，用鲨鱼的鳍(qí)干制而成。

⑦　[玄虚]这里指用来掩盖真相、使人迷惑的手段。

⑧　[波斯]伊朗的旧称。

⑨　[阿刺(lā)伯]现在一般译为"阿拉伯"。

⑩　[国粹]原指国家文化中的精华，这里是反语。

3. 联系上下文,说说"看见鱼翅","也和朋友们像萝卜白菜一样的吃掉,只不用它来宴大宾"的内涵。

4. 为了论述如何对待外国文化这一问题,课文中运用了大量生动形象的比喻,例如作者用"大宅子"来比喻外国文化。请结合课文的内容以及下列各词的本义,说一说它们在文中分别比喻什么。

(1)鱼翅:

(2)鸦片:

(3)烟枪和烟灯:

(4)姨太太:

二、鲁迅先生说:"没有拿来的,人不能自成为新人,没有拿来的,文艺不能自成为新文艺。"联系生活实际,谈谈我们今天应该如何对待传统文化和外来文化。

二　咬文嚼字①

朱光潜

郭沫若先生的剧本《屈原》里婵娟骂宋玉说:"你是没有骨气的文人!"上演时他自己在台下听,嫌这话不够味,想在"没有骨气的"下面加"无耻的"三个字。一位演员提醒他把"是"改为"这","你这没有骨气的文人!"就够味了。他觉得这字改得很恰当。他研究这两种语法的强弱不同,以为"你是什么"只是单纯的叙述语,没有更多的含义;"你这什么"便是坚决的判断,而且还把必须有的附带语省略去了。根据这种见解,他把另一文里"你有革命家的风度"一句话改为"你这革命家的风度"。

这是炼字的好例。我们不妨借此把炼字的道理研究一番。那位演员把"是"改为"这",确是改得好,不过郭先生如果记得《水浒》,就会明白一般民众骂人,都用"你这什么"式语法。石秀骂梁中书说:"你这与奴才做奴才的奴才!"杨雄醉骂潘巧云说:"你这贱人!你这淫妇!你这你这大虫口里倒涎!你这你这……"一口气就骂了六个"你这"②。看这些实例,"你这什么!"倒不仅是"坚决的判断",而且是带有极端憎恶的惊叹语,表现着强烈的情感。

"你是什么"便只是不带情感的判断,纵有情感也不能在文字本身上见出。不过它也不一定就是"单纯的叙述语,没有更多的含义"。《红楼梦》里茗烟骂金荣③说:"你是个好小子,出来动一动你茗大爷!"这里"你是"含有假定语气,也带"你不是"一点讥刺的意味,如果改成"你这好小子!"神情就完全不对了。从此可知"你这"式语法,并非在任何情形下都比"你是"式语法来得更有力。其次,郭先生援例把"你有革命家的风度"改为"你这革命家的风度"似乎改得并不很妥。一、"你这"式语法大半表示深恶痛疾,在赞美时便不适宜。二、

---

①　选自《谈美·谈文学》(人民文学出版社 1988 年版)。朱光潜(1897～1986),安徽桐城人。著名美学家。

②　[杨雄醉骂潘巧云]人民文学出版社 1985 年版《水浒传》第四十五回"杨雄醉骂潘巧云　石秀智杀裴如海"中,杨雄只骂了两个"你这",即"你这贱人……你这贱人……"。

③　[茗烟骂金荣]事见《红楼梦》第九回。茗烟是贾宝玉的书童,金荣是贾府的远亲,附在贾氏义学中读书。

"是"在逻辑上是联接词，相当于等号；"有"的性质全不同。在"你有革命家的风度"一句中，"风度"是动词的宾词；在"你这革命家的风度"中，"风度"便变成主词，和"你（的）"平行，根本不成一句话。

这番话不免啰唆，但是我们原在咬文嚼字，非这样锱铢必较①不可。咬文嚼字有时是一个坏习惯，所以这个成语的含义通常不很好，但是在文学，无论阅读或写作，我们必须有一字不肯放松的谨严。文学借文字表现思想情感，文字上面有含糊，就显得思想还没有透彻，情感还没有凝练。咬文嚼字，在表面上像只是斟酌文字的分量，在实际上就是调整思想和情感。从来没有一句话换一个说法而意味仍完全不变。例如《史记》李广射虎一段：

广出猎，见草中石，以为虎而射之，中石没镞，视之，石也。因复更射之，终不能复入石矣。

这本是一段好文章，王若虚在《史记辨惑》里说它"凡多三石字"，当改为：

以为虎而射之，没镞，既知其为石，因更复射，终不能入。

或改为：

尝见草中有虎，射之，没镞。视之，石也。

在表面上改得似乎简洁些，却实在远不如原文。"见草中石，以为虎"并非"见草中有虎"。原文"视之，石也"有发现错误而惊讶的意味，改为"既知其为石"便失去这意味。原文"终不能入石矣"有失望而放弃得很斩截的意味，改为"终不能入"便觉索然无味。这种分别稍有文字敏感的人细心玩索一番，自会明白。

有些人根本不了解文字和思想情感的密切关系，以为更改一两个字不过是要文字顺畅些或是漂亮些。其实更动了文字，就同时更动了思想情感，内容和形式是相随而变的。姑举一个人人皆知的实例。韩愈在月夜里听见贾岛吟诗，有"鸟宿池边树，僧推月下门"两句，劝他把"推"字改成"敲"字。这段文字因缘古今传为美谈，于今人要把咬文嚼字的意思说得好听一点，都说"推敲"。古今人也都赞赏"敲"字比"推"字下得好。其实这不仅是文字上的分别，同时也是意境上的分别。"推"固然显得鲁莽一点，但是它表示孤僧步月归寺，门原来是他自己掩的，于是他"推"。他须自掩自推，足见寺里只有他孤零零的一个和尚。在这冷寂的场合，他有兴致出来步月，兴尽而返，独往独来，自在无碍，他也自有一副胸襟气度。"敲"就显得他拘礼些，也就显得寺里有人应门。他仿佛是乘月夜访友，他自己不甘寂寞，那寺里假如不是热闹场合，至少也有一些温暖的人情。比较起来，"敲"的空气没有"推"的那么冷寂。就上句"鸟宿池边树"看来，"推"似乎比"敲"要调和些。"推"可以无声，"敲"就不免剥啄有声，惊起了宿鸟，打破了岑寂②，也似乎平添了搅扰。所以我很怀疑韩愈的修改是否真如古今所称赏的那么妥当。究竟哪一种意境是贾岛当时的心里玩索而要表现的，只有他自己知道。如果他想到"推"而下"敲"字，或是想到"敲"而下"推"字，我认为那是不可能的事。所以问题不在"推"字和"敲"字哪一个比较恰当，而在哪一种境界是他当时所要说的而且与全诗调和的。在文字上推敲，骨子里实在是在思想情感上"推敲"。

---

① ［锱铢（zīzhū）必较］对极微小的数量也要计较。锱，一两的四分之一；铢，一两的二十四分之一。

② ［岑（cén）寂］冷清，寂寞。

思考与练习

一、《咬文嚼字》一文中，"咬文嚼字"在现代汉语中是什么意思？文中列举了哪三个典型事例，作者借此要说明什么问题？

二、讨论：在我们日常学习中，什么时候要"不求甚解"，什么时候要"咬文嚼字"？

三　就任北京大学校长演说①

蔡元培

五年前，严几道②先生为本校校长时，余方服务教育部，开学日曾有所贡献于同校。诸君多自预科③毕业而来，想必闻知。士别三日，刮目相见，况时阅数载，诸君较昔当必为长足之进步矣。予今长斯校，请更以三事为诸君告。

一曰抱定宗旨。诸君来此求学，必有一定宗旨，欲求宗旨之正大与否，必先知大学之性质。今人肄业④专门学校，学成任事，此固势所必然。而在大学则不然，大学者，研究高深学问者也。外人每指摘本校之腐败，以求学于此者，皆有做官发财思想，故毕业预科者，多入法科，入文科者甚少，入理科者尤少，盖以法科为干禄⑤之终南捷径也。因做官心热，对于教员，则不问其学问之浅深，惟问其官阶之大小。官阶大者，特别欢迎，盖为将来毕业有人提携也，现在我国精于政法者，多入政界，专任教授者甚少，故聘请教员，不得不聘请兼职之人，亦属不得已之举。究之外人指摘之当否，姑不具论。然弭⑥谤莫如自修，人讥我腐败，而我不腐败，问心无愧，于我何损？果欲达其做官发财之目的，则北京不少专门学校，入法科者尽可肄业法律学堂，入商科者亦可投考商业学校，又何必来此大学？所以诸君须抱定宗旨，为求学而来。入法科者，非为做官；入商科者，非为致富。宗旨既定，自趋正轨。诸君肄业于此，或三年，或四年，时间不为不多，苟能爱惜分阴，孜孜求学，则其造诣，容有底止⑦。若徒志在做官发财，宗旨既乖，趋向自异。平时则放荡冶游⑧，考试则熟读讲义，不问学问之有无，惟争分数之多寡；试验既终，书籍束之高阁，毫不过问，敷衍三四年，潦草塞责，文凭到手，即可借此活动于社会，岂非与求学初衷大相背驰乎？光阴虚度，学问毫无，是自误也。且辛亥之役，吾人之所以革命，因清廷官吏之腐败。即在今日，吾人对于当轴⑨多不满意，亦以其道德沦丧。今诸君苟不于此时植其基，勤其学，则将来万一因生计所迫，出而任事，担

---

① 选自《蔡元培全集》第三卷(浙江教育出版社 1997 年版)。蔡元培(1868～1940)，浙江绍兴人，现代教育家，1917～1928 年任北京大学校长。任职期间，锐意改革，使北大面貌焕然一新。

② [严几道]即严复(1853～1921)，几道是他的字，近代启蒙思想家、翻译家，京师大学堂改名为北京大学后的第一任校长。

③ [预科]当本科。

④ [肄(yì)业]在这里是就学的意思。肄，学习。

⑤ [干禄]求功名利禄。禄，古代官吏的俸禄。

⑥ [弭(mǐ)]消除，平息。

⑦ [容有底止]或许能相当深，底止，深的意思。

⑧ [冶游]四处游玩。

⑨ [当轴]旧指当政大臣，比喻居于政要地位。语出《宋史·苏轼传》："积以论事，为当轴者恨。"

任讲席,则必贻误学生;置身政界,则必贻误国家。是误人也。误己误人,又岂本心所愿乎?故宗旨不可以不正大。此余所希望于诸君者一也。

二曰砥砺德行。方今风俗日偷①,道德沦丧,北京社会,尤为恶劣,败德毁行之事,触目皆是,非根基深固,鲜②不为流俗所染。诸君肄业大学,当能束身自爱。然国家之兴替,视风俗之厚薄。流俗如此,前途何堪设想。故必有卓绝之士,以身作则,力矫颓俗。诸君为大学学生,地位甚高,肩此重任,责无旁贷,故诸君不惟思所以感己,更必有以励人。苟德之不修,学之不讲,同乎流俗;合乎污世,己且为人轻侮,更何足以感人。然诸君终日伏首案前,营营攻苦,毫无娱乐之事,必感身体上之苦痛。为诸君计,莫如以正当之娱乐,易不正当之娱乐,庶于道德无亏,而于身体有益。诸君入分科时,曾填写愿书,遵守本校规则,苟中道而违之,岂非与原始之意相反乎?故品行不可以不谨严。此余所希望于诸君者二也。

三曰敬爱师友。教员之教授,职员之任务,皆以图诸君求学便利,诸君能无动于衷乎?自应以诚相待,敬礼有加。至于同学共处一堂,尤应互相亲爱,庶可收切磋之效。不惟开诚布公,更宜道义相勖③,盖同处此校,毁誉共之,同学中苟道德有亏,行有不正,为社会所訾詈④,已虽规行矩步,亦莫能辩,此所以必互相劝勉也。余在德国,每至店肆购买物品,店主殷勤款待,付价接物,互相称谢,此虽小节,然亦交际所必需,常人如此,况堂堂大学生乎?对于师友之敬爱,此余所希望于诸君者三也。

余到校视事仅数日,校事多未详悉,兹所计划者二事:一曰改良讲义。诸君既研究高深学问,自与中学、高等不同,不惟恃教员讲授,尤赖一己潜修。以后所印讲义,只列纲要,细微末节,以及精旨奥义,或讲师口授,或自行参考,以期学有心得,能裨实用。二曰添购书籍。本校图书馆书籍虽多,新出者甚少,苟不广为购办,必不足供学生之参考。刻拟筹集款项,多购新书,将来典籍满架,自可旁稽博采,无虞缺乏矣。今日所与诸君陈说者只此,以后会晤日长,随时再为商榷可也。

思考与练习

一、由这篇演讲词可以看出当时什么样的社会现实?身为北大校长的蔡元培由此对青年学子提出了哪些殷切希望?最触动你心灵的是哪一点?在文中画出来,谈谈你的感想。

二、作为一篇就职演说,本文在结构上有什么特点?

三、体会下列句子的含义和特点。

1. 诸君肄业于此,或三年,或四年,时间不为不多,苟能爱惜分阴,孜孜求学,则其造诣,容有底止。

2. 方今风俗日偷,道德沦丧,北京社会,尤为恶劣,败德毁行之事,触目皆是,非根基深固,鲜不为流俗所染。

3. 不惟开诚布公,更宜道义相勖,盖同处此校,毁誉共之,同学中苟道德有亏,行有不正,为社会所訾詈,已虽规行矩步,亦莫能辩,此所以必互相劝勉也。

---

① ［日偷］越来越苟且敷衍,只顾眼前。偷,苟且。
② ［鲜］少。
③ ［相勖(xù)］相互勉励。
④ ［訾詈(zǐlì)］指责,诋毁,谩骂。

四、北京大学是中国最早的现代意义上的大学。你了解它的历史以及蔡元培的办学方针吗？课外搜集有关资料，并与同学合作，以"我所了解的北大"为主题，办一期墙报。

四　我有一个梦想①

马丁·路德金

　　100 年前，一位伟大的美国人②签署了解放黑奴宣言，今天我们就是在他的雕像前集会。这一庄严宣言犹如灯塔的光芒，给千百万在那摧残生命的不义之火中饱受煎熬的黑奴带来了希望。它之到来犹如欢乐的黎明，结束了束缚黑人的漫漫长夜。

　　然而 100 年后的今天，我们必须正视黑人还没有得到自由这一悲惨的事实。100 年后的今天，在种族隔离的镣铐和种族歧视的枷锁下，黑人的生活备受压榨。100 年后的今天，黑人仍生活在物质充裕的海洋中一个穷困的孤岛上。100 年后的今天，黑人仍然萎缩在美国社会的角落里，并且意识到自己是故土家园中的流亡者。今天我们在这里集会，就是要把这种骇人听闻的情况公之于世。

　　就某种意义而言，今天我们是为了要求兑现诺言而汇集到我们国家的首都来的。我们共和国的缔造者草拟宪法和独立宣言的气壮山河的词句时，曾向每一个美国人许下了诺言，他们承诺给予所有的人以生存、自由和追求幸福的不可剥夺的权利。

　　就有色公民而论，美国显然没有实践她的诺言。美国没有履行这项神圣的义务，只是给黑人开了一张空头支票，支票上盖着"资金不足"的戳子后便退了回来。但是我们不相信正义的银行已经破产，我们不相信，在这个国家巨大的机会之库里已没有足够的储备。因此今天我们要求将支票兑现——这张支票将给予我们宝贵的自由和正义保障。

　　我们来到这个圣地也是为了提醒美国，现在是非常急迫的时刻。现在决非侈谈冷静下来或服用渐进主义③的镇静剂的时候。现在是实现民主的诺言时候。现在是从种族隔离的荒凉阴暗的深谷攀登种族平等的光明大道的时候，现在是向上帝所有的儿女开放机会之门的时候，现在是把我们的国家从种族不平等的流沙中拯救出来，置于兄弟情谊的磐石上的时候。

　　如果美国忽视时间的迫切性和低估黑人的决心，那么，这对美国来说，将是致命伤。自由和平等的爽朗秋天如不到来，黑人义愤填膺④的酷暑就不会过去。1963 年并不意味着斗争的结束，而是开始。有人希望，黑人只要撒撒气就会满足；如果国家安之若素⑤，毫无反

---

　　① 选自《我有一个梦想》（中央编译出版社 2001）。许立中译。有改动。马丁·路德·金（1929～1968），牧师，美国黑人民权运动领袖，1964 年获诺贝尔和平奖，1968 年 4 月 4 日被种族主义分子枪杀。从 1986 年起，美国政府将每年 1 月的第 3 个星期一定为马丁·路德·金全国纪念日。1963 年 8 月 28 日，为争取民权，25 万黑人在华盛顿林肯纪念堂前举行盛大集会，马丁·路德·金在会上发表了这篇著名的演说。

　　② ［一位伟大的美国人］指美国第 16 任总统林肯。

　　③ ［渐进主义］美国民权运动中的保守主张，号召人们按部就班行事，不要采取过激的行为。

　　④ ［义愤填膺］由不义的人和事所激起的愤怒感情充满胸膛。膺，胸。

　　⑤ ［安之若素］对于危困境地或异常情况，一如平时，泰然处之。

应,这些人必会大失所望的。黑人得不到公民的基本权利,美国就不可能有安宁或平静,正义的光明的一天不到来,叛乱的旋风就将继续动摇这个国家的基础。

但是对于等候在正义之宫门口的心急如焚的人们,有些话我是必须说的。在争取合法地位的过程中,我们不要采取错误的做法。我们不要为了满足对自由的渴望而抱着敌对和仇恨之杯痛饮。我们斗争时必须永远举止得体,纪律严明。我们不能容许我们的具有崭新内容的抗议蜕变为暴力行动。我们要不断地升华到以精神力量对付物质力量的崇高境界中去。

现在黑人社会充满着了不起的新的战斗精神,但是我们却不能因此而不信任所有的白人。因为我们的许多白人兄弟已经认识到,他们的命运与我们的命运是紧密相连的,他们今天参加游行集会就是明证。他们的自由与我们的自由是息息相关的。我们不能单独行动。

当我们行动时,我们必须保证向前进。我们不能倒退。现在有人问热心民权运动的人,"你们什么时候才能满足?"

只要黑人仍然遭受警察难以形容的野蛮迫害,我们就绝不会满足。

只要我们在外奔波而疲乏的身躯不能在公路旁的汽车旅馆和城里的旅馆找到住宿之所,我们就绝不会满足。

只要黑人的基本活动范围只是从少数民族聚居的小贫民区转移到大贫民区,我们就绝不会满足。

只要密西西比州仍然有一个黑人不能参加选举,只要纽约有一个黑人认为他投票无济于事,我们就绝不会满足。

不! 我们现在并不满足,我们将来也不满足,除非正义和公正犹如江海之波涛,汹涌澎湃,滚滚而来。

我并非没有注意到,参加今天集会的人中,有些受尽苦难和折磨,有些刚刚走出窄小的牢房,有些由于寻求自由,曾在居住地惨遭疯狂迫害的打击,并在警察暴行的旋风中摇摇欲坠。你们是人为痛苦的长期受难者。坚持下去吧,要坚决相信,忍受不应得的痛苦是一种赎罪。

让我们回到密西西比去,回到亚拉巴马去,回到南卡罗来纳去,回到佐治亚去,回到路易斯安那去,回到我们北方城市中的贫民区和少数民族居住区去,要心中有数,这种状况是能够也必将改变的。我们不要陷入绝望而不可自拔。

朋友们,今天我对你们说,在现在和未来,我们虽然遭受种种困难和挫折,我仍然有一个梦想,这个梦想深深扎根于美国的梦想①之中。

我梦想有一天,这个国家会奋起,真正实现其信条的真谛:"我们认为真理是不言而喻,人人生而平等。"

我梦想有一天,在佐治亚的红山上,昔日奴隶的儿子将能够和昔日奴隶主的儿子坐在一起,共叙兄弟情谊。

我梦想有一天,甚至连密西西比州这个正义匿迹,压迫成风的地方,也将变成自由和正义的绿洲。

---

① ［美国的梦想］一个通用的口号,即美国所宣传的赖以立国的民主、平等、自由的理想。

我梦想有一天,我的四个孩子将在一个不是以他们的肤色,而是以他们的品格优劣来评价他们的国度里生活。

今天,我有一个梦想。

我梦想有一天,亚拉巴马州能够有所转变,尽管该州州长现在仍然满口异议,反对联邦法令,但有朝一日,那里的黑人男孩和女孩将能与白人男孩和女孩情同骨肉,携手并进。

今天,我有一个梦想。

我梦想有一天,幽谷上升,高山下降;坎坷曲折之路成坦途,圣光披露,满照人间。

这就是我们的希望。我怀着这种信念回到南方。有了这个信念,我们将能从绝望之岭劈出一块希望之石。有了这个信念,我们将能把这个国家刺耳的争吵声,改变成为一支洋溢手足之情的优美交响曲。

有了这个信念,我们将能一起工作,一起祈祷,一起斗争,一起坐牢,一起维护自由;因为我们知道,终有一天,我们是会自由的。

在自由到来的那一天,上帝的所有儿女们将以新的含义高唱这支歌:"我的祖国,美丽的自由之乡,我为您歌唱。您是父辈逝去的地方,您是最初移民的骄傲,让自由之声响彻每个山岗。"

如果美国要成为一个伟大的国家,这个梦想必须实现!

让自由之声从新罕布什尔州的巍峨的崇山峻岭响起来!

让自由之声从纽约州的崇山峻岭响起来!

让自由之声从宾夕法尼亚州的阿勒格尼山响起来!

让自由之声从科罗拉多州冰雪覆盖的落基山响起来!

让自由之声从加利福尼亚州蜿蜒的群峰响起来!

不仅如此,还要让自由之声从佐治亚州的石岭响起来!

让自由之声从田纳西州的了望山响起来!

让自由之声从密西西比的每一座丘陵响起来!

让自由之声从每一片山坡响起来!

当我们让自由之声响起,让自由之声从每一个大小村庄、每一个州和每一个城市响起来时,我们将能够加速这一天的到来,那时,上帝的所有儿女,黑人和白人,犹太教徒和非犹太教徒,耶稣教徒和天主教徒,都将手携手,合唱一首古老的黑人灵歌:"自由啦!自由啦!感谢全能上帝,我们终于自由啦!"

思考与练习

一、"我有一个梦想"中的"梦想"包含哪些内容?试用自己的话加以概括。

二、朗读第 9 至第 14 段,体会排比句式在演讲中的独特效果。文中还有哪些地方运用了排比手法?找出来并试着自己演讲一下。

三、联系上下文,研读下列语句,回答括号中的问题。

1. 100 年后的今天,在种族隔离的镣铐和种族歧视的枷锁下,黑人的生活备受压榨。100 年后的今天,黑人仍生活在物质充裕的海洋中一个穷困的孤岛上。100 年后的今天,黑人仍然萎缩在美国社会的角落里,并且意识到自己是故土家园中的流亡者。

(这几句话从哪些方面揭示了美国黑人的生活处境?运用了什么修辞手法?)

2. 美国没有履行这项神圣的义务,只是给黑人开了一张空头支票,支票上盖着"资金不足"的戳子后便退了回来。但是我们不相信正义的银行已经破产,我们不相信,在这个国家巨大的机会之库里已没有足够的储备。

（这里的"空头支票"指什么？这样表达有什么效果？）

3. 有了这个信念,我们将能从绝望之岭劈出一块希望之石。有了这个信念,我们将能把这个国家刺耳的争吵声,改变成为一支洋溢手足之情的优美交响曲。

（"这个信念"具体指什么？"交响曲"有什么特点？用在这里有什么深刻含义？）

五　纳谏与止谤①

——重读《邹忌讽齐王纳谏》有感

臧克家

读好文章,如饮醇酒,其味无穷,久而弥笃。《邹忌讽齐王纳谏》,读初小时就成诵了,觉得它故事性强,有情趣,引人入胜。六十年后,再读一遍,如故人重逢,格外亲切。

古人说"人非圣贤,孰能无过？"即使君子,也难免有过,不同的是"过也,人皆见之,及其更也,人皆仰之"而已。古代帝王置谏官,自己有了错误,臣下可以进谏。帝王,自以为是"天之子",富有四海,臣服万民,行为百代师,言作万世法,坐在高高的宝座上,俯视一切,能倾听逆耳之言,采纳美芹之献②的,历史上并不多见。但是也不能一概而论。也有少数聪明一点的,为了坐稳江山,笼络人心,也能从谏如流。有圣君,有贤臣,使政治稳定,国泰民安,历史上称为太平盛世。像唐太宗与魏征,就是一例。而最突出,最典型,要数邹忌与齐威王了。

讽谏帝王,是冒险的事。批"龙鳞"③,逆"圣听",需要大勇与大智。多少忠臣义士,赤心耿耿,进忠进谏,结果呢,有的被挖心,有的被放逐。比干④、屈原悲惨的故事,千古流传。

因此,对这位勇于纳谏的齐王,既佩服他的大智,也赞赏他的风度。这篇《邹忌讽齐王纳谏》的文章,给我们树立了一个宽大明智、精神高尚的形象,事隔几千年,栩栩如在眼前。想当年,他听了邹忌的讽谏之后,立即下令群臣,遍及全国,面刺错误,指陈弊病,不仅言者无罪,反而重赏,这是何等气度！何等磊落胸怀！千载而下,犹令人感奋不已！

事因难能,所以可贵。在同一本《古文释义》里,小时候也读过《召公谏厉王止谤》这篇古文,至今还能背出其中的名句。拿这位厉王和齐威王一比,真可谓天渊之别了。齐威王下令求谏,周厉王却以"能弭谤"自喜,天下之人,满腹不平,他要塞住万民的口,自己也捂紧耳朵。"防民之口,甚于防川⑤","止谤"使得老百姓"道路以目⑥"。三年之后,土壅而川决,

---

①　选自 1986 年 6 月 8 日《光明日报》。臧克家,当代诗人,1905 年生于山东渚城。

②　[美芹之献]古人对自己的上书、建议自谦言不足取;或以物赠人,谦言礼品微薄,称"芹献"或"献芹"。这里的"美芹之献"指的就是地位低微的人提出的好意见。

③　[批"龙鳞"]传说龙喉下有逆鳞径尺,有触之者必怒而杀人,因以批逆鳞或批龙鳞喻触怒帝王。批,触。

④　[比干]商代贵族,纣王的叔父。相传因屡次劝谏纣王,被剖心而死。

⑤　[防民之口,甚于防川]意思是不可阻塞言路,如这样去做,将比堵塞河流带来的后果还严重。

⑥　[道路以目]在路上相遇,只是互相看看,心里有怨恨,可什么话也不敢说。

这个特大暴君——人民之敌,被"流于彘①"。

齐王与厉王,那种对待谏谤的态度,得到的结果也截然相反。

历史是一面镜子。《邹忌讽齐王纳谏》、《召公谏厉王止谤》这两篇古文,我们对照着读,大有可以借鉴之处。

追古思今。现在我们有些作负责工作的领导同志,在言行方面有明显的缺点和错误,文过饰非,怕听逆耳之言,一听到正中要害的话,立即火冒三尺,像阿Q听到别人说他头上的疮疤一样。有的甚至对批评自己的同志,打击报复,仗势凌人,以冰棍对付热情,什么批评与自我批评的原则,全成为过耳东风。这样作的结果如何呢?贻误工作,伤害同志,最后,自己也难免于垮台。

说到这里,我们自然会想到"四人帮"的所作所为。他们当道之时,得意忘形,凌驾一切。江青一句屁话,成为"圣旨",顺我者昌,逆我者亡。以棒止谤,冤狱累累。人力无穷,天网恢恢,他们的滔天大罪,终于被清算。

谏难,纳谏尤难。要得到成果,需要双方合力。有敢直谏或讽谏的良臣,还要有能纳谏的明君。邹忌的譬喻再妙,辞令再巧,没有齐威王善听的耳朵,也是白费唇舌,枉运心机。

《邹忌讽齐王纳谏》这篇文章之所以动人,不仅由于它的意义,也还因为它那委婉而讽的进谏方法。这样关系国家命运的大事,邹忌并没有板起面孔,摆出义正词严的态度,反之,却以与徐公比美、妻妾评议之闺房琐事出之,如果遇到一个暴君,责以亵渎②之罪,也是责无旁贷的。这种构思,这样笔法,与《触龙说赵太后》如出一辙,而同样奏效。这么写,生动亲切,娓娓动听,饶有情趣。这篇文章,用了大半篇幅作了譬喻的描绘,三个人物的情态和心理,真实透彻,入情入理,令人信服。譬喻止于"皆以美于徐公",接下去,"今齐地方千里"来个陡转,入了正题。由于妻妾、朋友的"私臣",联系全国上下"莫不私王",譬喻与正题扣得极紧。谏议的结果是"战胜于朝廷"。

读罢这篇绝妙佳作,掩卷沉思,忽发奇想。如果现在我们的某个部门或机关,也来个"悬赏纳谏",那该是"门庭若市",批评、建议,雪片飞来。最后的结果呢,也可以想知。准是改进了工作,提高了效率,像不干净的身子洗了个清水澡,受到广大群众的鼓励与表扬,对四化的进展也起到了推动作用。

如若不信,盍③试为之。

1980 年 5 月 17 日

思考与练习

一、本文语言表达生动形象,富于文采。文中多次使用了四字句和四字构成的成语、短语。例如:逆耳之言、一概而论、言者无罪、责无旁贷、久而弥笃、门庭若市、掩卷沉思、忽发奇想、娓娓动听、天渊之别等。请把这种词汇收集起来,并联系上下文,理解它们和学会

---

① 〔流于彘〕彘,晋地,在现在山西省霍县。周厉王后来被流放到彘。这三处引文均见《国语·召公谏厉王止谤》。

② 〔亵渎(xièdú)〕轻慢;不尊敬。

③ 〔盍(hé)〕何不。

运用。

二、本文在论证过程中,提到了许多古人的故事,你能把这些典故讲述给同学听吗?

三、"以史为鉴,可以知兴替。"历史上有许多忠臣义士,或能直言犯上,或能委婉讽谏;也有许多贤君圣主,或能宽大明智,或能从谏如流。你能举出例子,并仿照本文做出评价吗?

四、本文讲述了什么道理?你怎样对待别人对自己的批评意见?你认为怎样对别人提出批评意见对方更容易接受?

语文技能训练(四) 语气的运用

每个句子除表现特定的含义以外,都有特定的表述功能,或表示某种感情色彩,或表示某种气势,或表示某种态度等,句子的这些表述功能一般是用语气来实现的。表达中可根据自己的需要使语气加强或委婉。

一、加强语气的方法

在不改变句子基本意思的前提下,根据表达的需要使语气加强,或者突出句子的某一部分,以达到满意的表达效果。常用的方法有:

(一)变换句型

1. 倒装句

例如:(1) 听清了吗,你们?

(2) 我们一定要努力学习,为自己、为父母。

分析:(1) 与"你们听清了吗?"相比,强调了谓语。

(2) 与"我们一定要为自己为父母而努力学习"相比,突出了状语。

又如:(1) 他就是不听,不管谁说。

(2) 他没来上课,因为病了。

分析:(1) 与"不管谁说,他就是不听"相比,突出了偏句"不管谁说"。

(2) 与"因为病了,所以没来上课"相比,强调了原因。

2. 使用特殊句型

例如:(1) 他的心思被王宁看透了。

(2) 王宁把他的心思看透了。

分析:与"王宁看透了他的心思"相比,(1)是被动句,强调了"他的心思",(2)是主动句,突出了"看透了"。

又如:(1) 这个人心眼好。

(2) 这个人的心眼好。

分析:两句的主语不同,所以强调的重点也不同。

一般来讲,在一句话中,若想突出谓语,可将主语和谓语倒装;若想强调宾语,可使用"被"字句,把受事宾语提到主语位置;如果要突出状语,可将状语独立出来(前置或后置);如果想强调偏正复句中的偏句,可以调换正句和偏句的位置。

(二)变换语气

利用标点或增加一些词语来帮助句子改变语气表示强调。如:

（1）今天真热。——今天真热！

（2）我会这样做。——我不是不会这样做。——我难道不会这样做吗？

分析：例（1）中由陈述语气变成感叹语气后，语气加强了；例（2）中由肯定变成双重否定后，肯定的语气加重，再变成反问语气后，语气进一步加重。再如：

（1）我给他打的电话。——是我给他打的电话。——我是给他打的电话。

（2）这个孩子不丑。——这个孩子好看。

（3）我心里不好受。——我心里难受。

分析：例（1）中，加"是"后强调了"是"后边的词语（口语中可用重读来强调）。（2）和（3）把否定陈述变成肯定陈述后语气加重。

（三）利用修辞格

利用反语、反复、夸张等修辞格，不仅能表达得生动形象，而且还可以达到强调的修辞效果。如：

（1）他是个牛脾气，说出话来能冲倒墙。

（2）"发水了，发水了！"他一边跑一边喊。

（3）流氓欺乡下佬，八国联军打中国人，教育厅长冲小学生，这些都是善于克敌的豪杰。

这几个句子分别运用了夸张、反复与反语的修辞格，加强了语气。

（四）调整词语

（1）选择同义词中语意较重的词，如：请求—恳求，损坏—破坏等，可以加重语气。

（2）在肯定陈述中加上"很"、"非常"、"十分"等词语，能加强肯定语气。

（3）在否定陈述中加上"决不"、"从不"、"一点不"、"毫不"等可加重否定语气。

二、委婉语气的方法

在语言表达中遇到自己不愿说或不便直说，或是别人犯忌的事情，或是出于礼貌等，需要用婉转的语气来表达，以达到含蓄委婉的目的。常用的方法很多，如：

1. 利用避忌式借代

例如：（1）他这一去，留下孤儿寡母可怎么活呀。

　　　（2）你有朋友了没有？

例（1）"他这一去"代指"死"。习惯上正面人物的死一般忌讳说"死"字，委婉含蓄的词语很多。例（2）"朋友"指恋爱对象。在爱情婚姻方面人们往往不好意思直说。

2. 使用特殊含义的词语

例如：（1）等一下，我得先去排除一下障碍。

　　　（2）明天下午我们老地方见。

　　　（3）你怎么随便拿人家的钱呢？

　　　（4）你这样做有点太那个了吧。

例（1）"排除一下障碍"是上厕所，（2）"老地方"是双方都清楚的地方，（3）"拿"是偷的避忌，（4）"太那个了"是过头、过火、不像话等的委婉表达。

3. 变换语气

例如：（1）难道你没有听清楚吗？——你听清楚了。

　　　（2）这个人坏。——这个人不好。

　　　（3）我不在乎这件事。——我不怎么在乎这件事。

例(1)由反问语气变成陈述语气,(2)由肯定陈述变为否定陈述,都使语气委婉了。例(3)在否定陈述中增加了"不怎么"(不太、不大等),可使语气减弱。

4. 利用标点符号

例如:(1) 我是这样想的,你看……

(2) 我本来不愿这样做,可是……

例(1)用省略号表示征求对方意见,(2)中用省略号表示这样做有难言之隐。

单元综合练习

一、阅读下面文章,完成后面的题目。

为标新立异者辩①

金　马

实在想不出任何理由该贬斥"标新立异者"。因为迄今为止人类(包括自身的进化在内)所享受的或即将有幸继续享受的文明成果,有哪一样不是标新立异者创造的,或由此而派生、普及的成果呢?

要是没有总鳍鱼②标新立异率先登陆(要是这"登陆说"最终可被证实的话),哪来人类的远古祖先——高级哺乳动物的出现? 要是猴子都安分守己地在树上生活,又哪来人类呢?

岂止如此,人类第一个吃熟食的,第一个下海的,第一个穿裤子的,第一个上天的,第一个拿起手术刀的,无疑都是标新立异者。然而,没有诸如此类的"第一个",人类何以有今日的文明? 没有这"第一个"的继续涌现,人类的文明又何以能进步?

马克思标新立异,创造了理论上的无产阶级最美好的"天国";列宁标新立异,创造了历史上未曾有过的第一个社会主义国家;毛泽东标新立异,以农村包围城市的妙招拯救了半殖民地半封建的中国;当今的改革,也在标新立异,一个中国式的社会主义雏形正出现在东方的地平线上……

标新立异,固然是智慧的产物,但它决不是来无踪、去无影一般的神秘,而是历史发展的必然产物,就如没有资本主义的发生和发展,就不可能诞生共产主义学说;如果没有世界经济形势的巨大影响和面临世界新技术革命的挑战,我国也不可能出现在如此波澜壮阔的改革热潮一样。标新立异者是探索新时代信息的"雷达";标新立异,乃推动人类文明进步的大道德、大智慧。

中华民族在人类文明史上曾不愧为拥戴标新立异者的光辉典范。如今,我们这一代

①　选自《中国青年》1985 年第 2 期。文字略有改动。

②　[总鳍鱼]鱼的一类,有肺,可以在水里呼吸,鳍强壮有力。生活在古生代,是陆生脊椎动物的祖先,为鱼类进化成两栖类的过渡类型,现仍有残存。

青年,不正赶上了一个标新立异者为俊杰的时代!人类的远古祖先,正是借助于标新立异结束了爬行状态;今天,我们要从心理上彻底驱除自甘爬行的状态,勇敢地昂起头来,立志为中华民族留下标新立异大功勋。唯有如此,我们的事业才能发展,民族才能振兴,人类才有希望。

(一)"标新立异"在文中是什么意思?"实在想不出任何理由该贬斥'标新立异'者"这句话是什么意思?请用自己的语言把这句话的意思写出来。

(二)请完整概括本文的中心论点。

(三)先概括各段的意思,然后列出本文的论证结构提纲,说说本文的论证结构有何特点。

(四)谈谈你对创新问题的认识,或以"读《为标新立异者辩》有感"为题,写一篇议论文。

二、比较下列句子在表达上有什么不同。

1.(1)俺爹是干建筑的。

　　(2)家父是在建筑队工作。

2.(1)我不喜欢这孩子。

　　(2)我讨厌这孩子。

3.(1)一下子掌握这么多内容不是件容易的事。

　　(2)一下子掌握这么多内容是件困难的事。

三、根据括号里的要求变换语气,说说变换前后在表达上有什么不同。

1. 长城难道不是我国人民智慧的结晶吗?(变为陈述句)

2. 他们懂得这个道理。(变成反问句)

3. 生活在新社会的人是幸福的。(变为感叹句)

4. 以美国为首的北约轰炸中国驻南使领馆,激起了全世界华人的无比愤怒。(变成双重否定句)

四、找出并改正下列各组词语中的错别字。

1. A. 葱茏　　办脚石　　怨天尤人　　一如即往

　　B. 迄今　　名信片　　题纲挈领　　老成特重

　　C. 幅射　　照相机　　有誓无恐　　揭泽而渔

　　D. 气概　　座右铭　　愤发图强　　世外桃园

2. A. 坐镇　　辩证法　　入不付出　　寻私舞敝

　　B. 帐篷　　金刚钻　　计日程功　　穷途未路

　　C. 翱翔　　烟幕弹　　寸枪舌箭　　情至已尽

　　D. 沉缅　　暴发户　　敢拜下风　　举起不定

3. A. 禅让　　震撼　　针砭　　称前毖后

　　B. 荟萃　　勾接　　屠戮　　天花乱堕

　　C. 糟塌　　疲惫　　喊喧　　表新立异

　　D. 呕气　　伫立　　痉挛　　远见拙识

4. A. 努嘴　　白内瘴　　满天过海　　怵目惊心

　　B. 保镖　　入场券　　味同嚼醋　　日极月累

  C. 寒暄 无明火 歉虚谨慎 戒娇戒躁

  D. 缘份 胡萝卜 百折不恼 伏拾即是

5. A. 飘摇 妨碍 沧海一栗 接尽全力

  B. 贸然 蔓延 水泻不通 备尝坚辛

  C. 震撼 幅射 按步就班 乔装打拌

  D. 涵概 慰籍 咽气息鼓 遗笑大方

五、请你列举生活和学习中的五种不当行为,说说这些行为为什么不好。

第六单元　说明性文章的阅读与理解

单元训练重点

本单元选的是说明性的文章,训练重点是阅读和理解这类文章的方法。

一、说明性文章的特点

1. 写作目的

这类文章一般以传授知识技能、解释阐述事理、介绍说明事物等为写作目的。内容客观,一般不表现作者个人的思想感情。语言准确通俗,倾向性、情意性不明显。

2. 结构特征

这类文章整体上常采用总分总式结构,内容较简单时也采用总分式或分总式结构。分说部分一般是并列或递进关系,按人们观察认识事物的规律或事物的逻辑联系来安排材料。人们认识事物的过程有一定的规律,或由表及里、由简到繁,或由前到后、由此及彼。一般来看,介绍具体事物形状时常以空间位置变化为序;介绍产品制作、工作程序、事物的发展变化时常按时间先后为序;解释抽象事理时常按由表及里、由具体到抽象、由简单到复杂的顺序展开。事物内部和事物之间有着各种各样的联系,解释说明这些联系时,常按由现象到本质、从原因到结果、由整体到局部、从性质到功能、由具体到抽象、由主到次等顺序来说明。

3. 说明的方法

说明方法很多,常用的有下定义或做诠释、分类、举例、比喻、比较、引用、列数字、做图表等方法。

二、说明性文章的阅读与理解方法

(1) 从表达方式上辨析文体特征,把握写作目的。各种文体的写作目的不同,语言和表达方式等也不同。尽管一篇文章中要使用各种表达方式,但一般来讲,记叙类的文章以叙述和描写为主,说明性的文章以说明为主,议论性文章以议论为主要的表达方式。阅读时要根据表达方式和语言特点(各种文体的语言特点在第一单元导读中已介绍)来辨析文体特征,从整体上把握文章的写作目的(各种文体的写作目的已在第一单元导读中介绍过)。

(2) 分析文题。说明文的文题常常点明全文的说明重点或说明的对象、范围等。

(3) 把握说明中心。了解说明对象的特征和本质,把握作者的写作意图。阅读说明事理的文章要注意分析文章介绍的观点和材料及二者是如何统一的;阅读解说事物发展、变化和成因等的文章要注意分清外部现象和内在本质间的关系;阅读科学小品类文章要重视其知识性。

(4) 分析文章的说明顺序,了解说明的方法,分析说明的角度。

一 南州六月荔枝丹①

贾祖璋

幼年时只知道荔枝干的壳和肉都是棕褐色②的。上了小学，老师讲授白居易的《荔枝图序》，读到"壳如红缯③，膜如紫绡④，瓤肉莹白如冰雪，浆液甘酸如醴酪⑤"，实在无法理解，荔枝哪里会是红色的！荔枝肉像冰雪那样洁白，不是更可怪吗？向老师提出疑问，老师也没有见过鲜荔枝，无法说明白，只好不了了之。假如是现在，老师纵然没有见过鲜荔枝，也可以找出科学的资料，给有点钻牛角尖的小学生解释明白吧。

白居易用比喻的笔法来描写荔枝的形态，的确也还有不足之处。缯是丝织物，丝织物滑润，荔枝壳却是粗糙的。用果树学的术语来说，荔枝壳表面有细小的块状裂片，好像龟甲，特称龟裂⑥片。裂片中央有突起部分，有的尖锐如刺，这叫做片峰。裂片大小疏密，片峰尖平，都因品种的不同而各异。

成熟的荔枝，大多数是深红色或紫色。生在树头，从远处当然看不清它壳面的构造，只有红色映入眼帘，因而把它比做"绛囊"、"红星"、"珊瑚珠"，都很逼真。至于整株树以至成片的树林，那就成为"飞焰欲横天"⑦，"红云几万重"⑧的绚丽景色了。荔枝的成熟期，广东是四月下旬到七月，福建是六月下旬到八月，都以七月为盛期，"南州六月荔枝丹"指的是阴历六月，正当阳历七月。荔枝也有淡红色的，如广东产的"三月红"和"挂绿"等。又有黄荔，淡黄色而略带淡红。

荔枝呈心脏形、卵圆形或圆形，通常蒂部大，顶端稍小。蒂部周围微微突起，称为果肩；有的一边高，一边低。顶端叫果顶，浑圆或尖圆。两侧从果顶到蒂部有一条沟，叫做缝合线，显隐随品种而不同。旧记载中还有一些稀奇的品种，如细长如指形的"龙牙"、圆小如珠的"珍珠"，因为缺少经济价值，现在已经绝种了。

荔枝大小，通常是直径三四厘米，重十多克到二十多克。60年代，广东调查得知，有鹅蛋荔和丁香大荔，重达四五十克。还有四川合江产的"楠木叶"，《四川果树良种图谱》说它重19克左右，《中国果树栽培学》则说大的重60克。

所谓"膜如紫绡"，是指壳内紧贴壳的内壁的白色薄膜。说它"如紫绡"，是把壳内壁的花纹误作膜的花纹了。明代徐勃⑨有一首《咏荔枝膜》诗，描写吃荔枝时把壳和膜扔在地上，

---

① 选自《生物学碎锦》，略有改动。"南州六月荔枝丹"是明朝陈辉《荔枝》诗中的句子。南州，泛指我国南部地区。丹，红色。贾祖璋，我国著名的科普作家，浙江海宁人。
② ［棕褐色］红黑色。
③ ［缯（zēng）］古代丝织品的统称。
④ ［绡（xiāo）］生丝织的绸子。
⑤ ［醴酪（lǐlào）］甜酒和奶酪。酪，用乳汁制的半凝固状食品。
⑥ ［龟（jūn）裂］同"皲裂"。此处指呈现出许多裂纹。
⑦ ［飞焰欲横天］出自郭明章《荔枝》诗。飞焰，形容远看荔枝如一片红色的火焰。横天，横布于天。
⑧ ［红云几万重］出自北宋邓肃《看荔枝》诗。
⑨ ［徐勃（bó）］明代闽县（现福建省福州市）人。

好似"盈盈荷瓣风前落,片片桃花雨后娇"①,是夸张的说法。

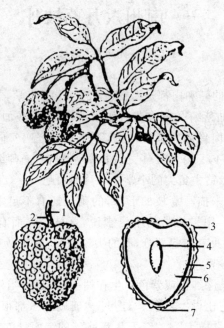

1. 果梗;2. 果蒂;3. 果皮(壳);4. 种子(核);5. 膜;6. 假种皮(果肉);7. 果顶

　　荔枝的肉大多数白色半透明,说它"莹白如冰雪",完全正确。有的则微带黄色。从植物学的观点看,它不是果肉,而是种子外面的一层膜发育而成的,应称做假种皮。真正的果肉倒是前面说的连同果壳扔掉的那一层膜。荔枝肉的细胞壁特别薄,所以入口一般都不留渣滓。味甜微酸,适宜于生食。有的纯甜。早熟品种则酸味较强。荔枝晒干或烘干,肉就变成红褐色,完全失去洁白的面貌。

　　荔枝不耐贮藏,正如白居易说的:"一日而色变,二日而香变,三日而味变,四五日外,色香味尽去矣。"现经研究证实,温度保持在 1 ℃到 5 ℃,可贮藏 30 天左右。还应进一步设法延长贮藏期,以利于长途运输。因为荔枝不耐贮藏,古代宫廷想吃荔枝,就要派人兼程飞骑从南方远送长安或洛阳,给人民造成许多痛苦。唐明皇为了宠幸杨贵妃,就干过这样的事。唐代杜牧②诗云:"长安回望绣成堆,山顶千门次第开。一骑红尘妃子笑,无人知是荔枝来。"③就是对这件事的嘲讽。

　　荔枝的核就是种子,长圆形,表面光滑,棕褐色,少数品种为绿色。优良的荔枝,种

----

　　① 　[盈盈荷瓣风前落,片片桃花雨后娇]形容吃荔枝后扔下的壳和膜,像轻盈的荷花瓣随风飘落,像雨后凋零的片片娇嫩的桃花。

　　② 　[杜牧(803～约 852)]唐代著名诗人,京兆万年(现在陕西省西安市)人。

　　③ 　[长安回望绣成堆,山顶千门次第开。一骑(jì)红尘妃子笑,无人知是荔枝来]这首诗是《过华清宫绝句》(三首)中的第一首。华清宫故址在陕西临潼的骊山上,当年唐玄宗李隆基和妃子杨玉环常来游乐。史载杨贵妃爱吃鲜荔枝,李隆基每年都令人从南方飞马运送到长安。这首诗的意思是,在长安回头望见骊山一片锦绣,想到了盛时的骊山华清宫,在清晨一道道宫门陆续打开了。杨贵妃在骊山上见一骑飞来,知道荔枝送到,满心欢喜,而别人不知道如此奔忙的驿马原来是送荔枝的。一骑红尘,形容运送荔枝快马如飞,尘土飞扬。骑,指骑着马的驿使。

子发育不全，形状很小，有似丁香，也叫焦核。现在海南岛有无核荔枝，核就更加退化了。

荔枝花期是二月初到四月初，早晚随品种而不同。广东有双季荔枝，一年开花两次。又有四季荔枝，一年开花四次之多。花形小，绿白色或淡黄色，不耀眼。花分雌雄，仅极少数品种有完全花①。雌雄花往往不同时开放，宜选择适当的品种混栽在一起，以增加授粉的机会。一个荔枝花序，生花可有一二千朵，但结实总在一百以下，所以有"荔枝十花一子"的谚语。荔枝花多，花期又长，是一种重要的蜜源植物②。

荔枝原产于我国，是我国的特产。海南岛和廉江有野生的荔枝林，可为我国是原产地的明证。据记载，南越王尉佗③曾向汉高祖进贡荔枝，足见当时广东已有荔枝。它的栽培历史，就从那个时候算起，也已在二千年以上了。唐代对四川荔枝多有记述。自从蔡襄的《荔枝谱》(1059)成书以后，福建荔枝也为人所重视。广西和云南也产荔枝，却很少有人说起。

古代讲荔枝的书，包括蔡襄的在内，现在知道的共有 13 种，以记福建所产的为多，尚存 8 种；记载广东所产的仅存一种。清初陈鼎④一谱，则对川、粤、闽三省所产都有记载。蔡谱不仅是我国，也是世界的果树志中，著作年代最早的一部。内容包括荔枝的产地、生态、功用、加工、运销以及有关荔枝的史事，并记载了荔枝的 32 个品种。其中"陈紫"一种现在仍然广为栽培。"宋公荔枝"现名"宋家香"，有老树一株，尚生长在莆田宋氏祠堂里，依然每年开花结实。这株千年古树更足珍惜。

荔枝是亚热带果树，性喜温暖，成都、福州是它生长的北限。汉武帝曾筑扶荔宫⑤，把荔枝移植到长安，没有栽活，迁怒于养护的人，竟然对他们施以极刑。宋徽宗⑥时，福建"以小株结实者置瓦器中，航海至阙下，移植宣和殿⑦"。徽宗写诗吹嘘说："密移造化出闽山，禁御新栽荔枝丹。"⑧实际上不过当年成熟一次而已。明代文徵明⑨有《新荔篇》诗，说常熟顾氏种活了几株，"仙人本是海山姿，从此江乡亦萌蘖"。但究竟活了多少年，并无下文。现在科学发达，使荔枝北移，将来也许不是完全不可能的事。

我国幅员广阔，不同地区有不同的特产。因地制宜，努力发展本地区的特产，是切合实际的做法。盛产荔枝的地区，应该大力发展荔枝的生产。苏轼有诗云："罗浮山下四时春，卢橘⑩杨梅次第新。日啖荔枝三百颗，不妨长作岭南人。"但日啖三百颗，究竟能有几人呢？社会主义现代化的荔枝生产，应该能够逐步满足广大人民的生活需要。

---

　　①　[完全花]花的四部分——花萼、花冠、雄蕊群和雌蕊群俱全的花。

　　②　[蜜源植物]能供给蜜蜂采集以酿成蜂蜜的植物。

　　③　[尉佗]即赵佗，真定（现河北省正定县）人，秦时任南海尉，所以又称尉佗。秦亡后，汉高祖封他为南越王。

　　④　[陈鼎]清初江阴（现江苏省江阴市）人。

　　⑤　[扶荔宫]汉武帝元鼎六年（公元前 111）建，在上林苑中。上林苑遗址在现在西安市西面。

　　⑥　[宋徽宗(1082～1135)]即赵佶，北宋皇帝，擅长书画。

　　⑦　[以小株结实者……移植宣和殿]出自《三山志》。三山即福建省福州市。《三山志》是福州地方志。下，即都下，指宋王朝的首都开封。阙，本来是宫门前两边供隙望用的楼，又泛指帝王的宫殿。

　　⑧　["密移造化出闽山，禁御新栽荔枝丹"]出自《宣和殿荔枝》诗。造化：自然，天然。禁御：皇宫。

　　⑨　[文徵明(1470～1559)]明代著名画家。

　　⑩　[卢橘]枇杷。

思考与练习

一、阅读时也许会遇到一些生字词,请把它们划出来,并会读会写。

二、课文介绍了荔枝哪些方面的知识?运用了哪些说明方法,你能找出来吗?

三、文中引用了古代名家的一些诗文,请列举出来,简单说说他们的生平,并朗诵他们的代表作品各一首。

二　动物游戏之谜^①

周立明

在缅甸的热带丛林里,高达十几米的树顶上,两只叶猴跳荡着、嬉闹着。它们依仗长尾巴出色的平衡功能,在树枝上玩着"走钢丝"和"倒立"的把戏;它俩相互推挤,好像竭力要把对方推下树去,可被推的一方总是抓住树枝,巧妙地跳开去,绝不会失足坠地……它们是在打架吗?

在北极地区的冰雪陡坡上,一群北极渡鸦发出欢快的聒噪声。它们飞上坡顶,像小孩坐滑梯一样一只挨着一只滑雪而下,滑到坡底后,又飞上去……它们是在表演吗?

在美洲巴塔哥尼亚^②附近的大海里,每当刮起大风时,成群的露脊鲸把尾鳍高高举出水面,正对着大风,以便像船帆似的,让大风推着它们,得意洋洋地"驶"向海岸。靠近海岸后,这些巨大的海兽又会潜回去,重复刚才的举动……露脊鲸又是在干什么呢?

动物学家对此做出的解释也许会使我们吃惊:这些动物是在游戏!并不是童话故事中拟人化的"游戏",而是实实在在的游戏,是与人类儿童的游戏行为有着相似特征的游戏行为。动物的游戏行为,被认为是动物行为中最复杂、最难以捉摸、引起争论最多的行为。

研究动物行为的科学家,按照动物游戏的形式,把它们分成三种最基本的类型:单独游戏、战斗游戏、操纵事物的游戏。

单独游戏的特征是无需伙伴,动物个体可以独自进行。单独游戏时,动物常常兴高采烈地独自奔跑、跳跃,在原地打圈子。例如,马驹常常欢快地连续扬起前蹄,轻盈地蹦跳;猴类喜欢在地上翻滚,拉着树枝荡秋千……单独游戏时动物显得自由自在,这是最基本的游戏行为。

战斗游戏得由两个以上的个体参加,是一种社会行为。战斗游戏时,动物互相亲密地厮打,看似战斗激烈,其实极有分寸,它们配合默契,绝不会引起伤害。研究者认为,战斗游戏可能要比真的战斗更为困难,因为这种游戏要求双方的攻击有分寸,对伙伴十分信赖,动物严格地自我控制,使游戏不会发展成真的战斗。

操纵周围事物的游戏,在一定程度上表现出动物支配环境的能力。北极熊常常玩这样的游戏:把一根棍子或石块衔上山坡,从坡上扔下来,自己跟在后面追,追上石块或棍子后,再把它们衔上去。野象喜欢把杂草老藤滚成草球,然后用象牙"踢"草球。

近二十年来,动物的游戏行为引起了研究者的极大兴趣,成为行为研究中最有争议的

---

① 选自《自然与人》1985 年第 5 期。

② [巴塔哥尼亚]在南美洲东南部阿根廷境内。

领域。争议的焦点,是动物为什么要进行游戏。

生物世界有一条普遍规律,就是尽可能节省能量。在动物身上,无论从形态结构、生理过程,还是行为方面去分析,尽可能节省能量的例子比比皆是。那么,动物为什么要消耗大量能量来进行这种没有明确目的的游戏呢? 对此,研究者有着不同的看法。

著名的黑猩猩研究者珍妮·古多尔①发现,幼小的黑猩猩常常玩这样的游戏:用手掌舀一点水,用牙齿嚼烂树叶,来汲取手掌中的水。而成年黑猩猩在干旱的季节,就是用嚼烂的树叶汲取树洞中的水解渴的。根据这样的发现,一些科学家认为,游戏行为是未来生活的排演或演习,游戏行为使得动物从小就能熟悉未来生活中要掌握的各种"技能",例如追逐、躲藏、搏斗等等,熟悉未来动物社会中将要结成的各种关系。这对于动物将来的生存适应是非常重要的。这种假说可以称为"演习说",基本观点是"游戏是生活的演习"。

有一些科学家不同意"演习说"。他们指出,游戏行为并不限于幼小动物,成年动物也同样需要。他们举出不少成年动物游戏的例子。对于成年动物来说,不存在用游戏来演习生活的需要。他们还指出,有些动物的游戏与生存适应毫无关系,例如河马喜欢玩从水下吹起浮在水面上的树叶的游戏,渡鸦喜欢玩从雪坡上滑梯的游戏等。这些科学家认为,动物游戏是为了"自我娱乐",而"自我娱乐"是动物天性的表现,正像捕食、逃避敌害、繁殖行为等是动物的天性一样。越是进化程度高、智力发达的动物,这种"自我娱乐"的天性越强。游戏正是这种自我娱乐的集中表现。通过自得其乐的游戏,使动物紧张的自然竞争生活得到某种调剂和补偿,使它们在生理上、心理上容易保持平衡,从而得到一定的自我安抚和自我保护。因而,不仅幼小动物,成年动物也需要游戏。以上假说可以称为"自娱说"。

不久前,美国加州大学神经生理学家汉斯·特贝、哈佛大学社会生物学家斯塔·阿特曼等提出一种引人注目的新假说——"学习说"。他们认为,游戏是一种实践性很强的学习行为。特贝曾经在卡那里群岛②上研究黑猩猩的学习行为。他发现,如果给黑猩猩一根棍子,它们就会用棍子做出各种游戏行为:会用棍子互相赶来赶去,像人们赶鸭子似的;也会用棍子去取挂着的食物。经历过这种游戏的黑猩猩,在今后生活中容易学会使用棍子。同样,"捉迷藏"和追逐游戏,也使动物学会利用有利地形保护自己的本领。游戏的实践性强,能产生直接的效果反馈,对锻炼动物的速度、敏捷、隐蔽、争斗、利用环境等能力很有效。游戏向动物提供了大量机会,使它们能把自身的各种天赋技能和复杂的自然环境、社会环境巧妙地结合起来,因而无论对幼小动物还是成年动物,游戏都是一种十分重要的学习行为。

美国爱达荷大学的约翰·贝叶和加拿大动物学家保尔·赖特认为,游戏不仅是学习,而且是"锻炼"。贝叶注意到,西伯利亚羱羊③的游戏带有明显的锻炼倾向:它们选择游戏场地时,似乎总是从"实战"出发,选择在坎坷的斜坡上奔跑追逐,在陡峭的悬崖上跳跃,好像是在锻炼它们逃避敌害的能力。赖特发现,哈得逊湾④的北极熊冬季生活艰难,要花很大力气去捕捉海豹、鱼类,过着紧张的流浪生活。到了夏季,冰雪消融了,北极熊转移到陆上生活,这时,食物来源丰富了,北极熊不必为猎食而整天奔波。它们吃饱喝足了,就进行各种

---

① [珍妮·古多尔]英国当代动物学家,曾长期在非洲丛林对黑猩猩进行野外考察,著有《黑猩猩在召唤》《我的朋友——野生黑猩猩》等。

② [卡那里群岛]位于大西洋中,属西班牙。

③ [羱羊]即北山羊,形貌似山羊,形体比山羊大,雌雄都有角,生活在高山地带。

④ [哈得逊湾]位于加拿大东北部的一个大型海湾,其东面和北面出口分别与大西洋和北冰洋相通。

游戏,如摔跤、奔跑、追逐、滑坡等。夏季游戏好像体育运动,使北极熊在食物丰富的季节保持了身体的灵活和力量,这对于它们冬季捕食显然大有好处。因此,这两位学者提出"锻炼说"来补充"学习说"。

这几种假说,哪一种更有道理?动物的游戏,究竟是为了"演习",为了"自娱",为了"学习",还是为了"锻炼"?研究者们各执己见,众说纷纭。而且,目前这些假说都难以圆满解释的问题是,动物在游戏行为中表现出来的智能潜力、自我克制能力、创造性、想象力、狡猾、计谋、丰富多彩的通信方式等,都远远超出人们对它们的估计。英国动物生态学家罗伯特·亨德指出:动物的游戏行为是如此复杂的行为,甚至要给这种游戏行为下一个确切的定义也很不容易。游戏行为有点儿像体育运动,有点儿像演戏,它既无目的,又无结果,在动物行为中即兴发生,没有一定模式,没有不变的规则,内容复杂多变,实在令人捉摸不透。亨德和所有研究动物游戏行为的专家都相信,要解开动物游戏的所有秘密,还需要做更加深入的研究。

思考与练习

一、动物为什么游戏,着实让人迷惑。课文里提供了几种假说,请你总结一下,填写下表。你对每种假说的认同度如何?请用"★"号数量表示(最高为五星),并说明理由。

假说	根据	结论	你的认同度
演习说			
自娱说			
学习说			
锻炼说			

二、阅读科普文章,不能只是被动地接受相关的知识,还应该自己去探索、补充。归纳课文中列举的动物游戏的种类、特征以及事例,并补充有关资料或自己观察发现的事例。

三、关于人类从事体育活动、艺术活动的最初目的,现在有种种理论,大家也莫衷一是。请搜集资料,写一段文字,介绍一下专家们的看法。

三 餐桌上的污染①

夏 林

农药残留量偏高,已使我国传统出口商品茶叶的前景日趋严峻。根据国家计委的预测,目前欧盟对进口茶叶的农残检验项目已达103项,按此卫生检疫标准,将影响我国二分之一的出口量,闽、江、浙等省茶农减少收入10亿到20亿元。

何止茶叶。来自口岸城市出入境检验检疫局的资料显示,90年代以来,我国对西欧、东欧、日本、美国等国家和地区出口的大批鸡肉、猪肉、兔肉、鳗鱼、蜂蜜和蔬菜等农畜产品,由于农药、兽药残留,重金属含量经常超过国际通行的食品安全标准,被拒收、扣留、退货、销

---

① 选自《三月风》2001年第3期。有改动。

毁和索赔、终止合同的现象屡屡发生，一种又一种传统大宗出口创汇商品被迫退出国际市场，给我国对外贸易造成了极大损失。

一

欧盟和北美国家是最早意识到食品中的化学污染对人体有损害，最早研究并颁布进口食品检验农药、禽药、抗生素等残留控制标准的国度。而中国农畜产品污染问题大都是在出口时被动地由对方检验出来的，因而我国广大消费者还处于不知情的状况。事实上国内市场上出售的各类食品，污染已相当普遍，并引发多起中毒事件，形成严重的社会问题。据卫生部提供的信息，近两年来，由农药残留引起的食物中毒事件在食物中毒总数中占有很大的比例，且死亡率极高。1998 年共收到食物中毒报告 55 起，造成 5 836 人中毒，88 人死亡。其中农药引起的 14 起，中毒 1 317 人，接近总中毒人数的 1/4。1999 年 1～9 月共收到食物中毒报告 78 起，造成 4 394 人中毒，79 人死亡。其中农药引起的 31 起，中毒 1 108 人，死亡 59 人，超过死亡人数的 70%。1999 年 1 月 1 日发生在广西贺州市一中 332 人中毒事件，就是食用了残留甲胺磷农药的青菜引起的。

去年 4 月 6 日《市场报》报道，湖北省农药检定管理所对武昌水果湖、大东门、广埠屯、马房山、汉口红桥等 5 个菜市场的两次残检，在 22 个品种、48 个菜样中，竟有 44 个菜样不合格，仅有机磷剧毒、高毒农药残留检出率就高达 30%。据农业植保部门调查，32.8% 的蔬菜种植户在时令菜上使用过有机磷类高毒农药甲胺磷、对硫磷（即“1605”）等。有些种植户只管保住菜、杀死虫，在收获前 4 天仍用药。个别人竟头天下午打药，次日拿菜去卖，当地百姓因食用含高毒农药残留菜中毒的事件时有发生。1998 年 9 月及 11 月，武汉市曾发生因食用农药污染造成 44 人急性中毒事件。1999 年 7 月，河南郑州市再次发生 50 人吃菜中毒事件。9 月、10 月，湖北省麻城、孝感等地又发生同样事件。

不久前浙江省农药检定管理所在农贸市场抽样检测了 27 批次的各种小白菜，有 8 批测出带有甲胺磷残留，占 29.6%。其中有 2 批次的甲胺磷残留高达 40.12 毫克/公斤和 37.27 毫克/公斤，含量严重超标。还检出 5 批带有剧毒氰戊菊脂残留，其中有一批的残留量超出国家规定最大允许残留量好几倍。因食用“毒菜”导致中毒的事件近几年在浙江省屡有发生。

合肥市卫生监督人员去年春天对菜市上销售的鱿鱼等 6 种水产品进行随机抽样，并做了盐酸和甲醛定性检测，其鱿鱼、牛百叶、鱼肚、鸭爪等产品甲醛定性检测均呈阳性。而甲醛是一种已被我国明令禁止用于食品防腐的有毒物质。

广东目前全省农药的使用量全年达到 10 万吨的水平，平均每公顷耕地施药 30 多公斤。一些农业发达地区达到 60 公斤。化肥使用平均每公顷耕地已达到 740 公斤。过量不当使用化肥，造成蔬菜中硝酸盐残留量普遍超标。据天津市技术监督机构对市场销售的黄瓜、韭菜、西红柿、豆角、大白菜等蔬菜品种进行的随机抽样测定，除大白菜外，均不同程度地存在着农药残留超标的问题。其中，农业部、卫生部明文规定严禁使用的高毒农药占有相当的比例。

通过对北京部分市场检测，有 18% 的农产品有害物残留量超过了国家规定的标准。在对蔬菜有机磷残留检测中，京郊自产蔬菜中超标率占 17%，外埠进京蔬菜占 69%。今年 5 月，农业部组织北京、上海、重庆、山东和浙江等 5 省、市的农药检定所，对 50 多个蔬菜品种、1 293 个样品的农药残留进行抽样检测，发现 22% 样品不合格。蔬菜、水果中不同程度存在着农药超标,并有使用违禁农药的现象发生,部分地区农药超标现象还相当严重。

二

我国是一个农业大国,剧毒农药的问题已成为一个影响人民身体健康的具有普遍性的问题。值得引起注意的是,已经有食品卫生检疫专家指出了国内也存在"二噁英",这种看法已公开见诸报刊。他们说,1999 年以来,媒体频繁出现"二噁英"(Dioxin)这个古怪的名词,很多人都认为只要不吃欧洲那四国的某些东西就不会受"二噁英"的毒害,其实不然。广大消费者并不知道,二噁英就在我们身边!我们大多数人也都曾经对其有过感性认识,只是我们没有意识到而已。像买回来的鲜鱼很不错,然而经过一番烹调之后,吃到嘴里却有一股煤油臭味,这就是二噁英等物质污染所致。1998 年世界卫生组织召开专家咨询会,制定二噁英人体允许摄入量为 1~4 皮克/公斤体重(1 皮克为万亿分之一克),极微量的二噁英就足以引起肿瘤。1999 年 6 月 30 日出版的《大连日报》健康导刊曾以《远离身边的"二噁英"》为标题大声疾呼:"为了你的健康,请你少吃或不吃含农药高的受二噁英毒物污染的鱼、肉、奶制品,否则二噁英类瘟神就会降临到你家。"

据农业部蔬菜品质监督检验测试中心介绍,现在有机氯农药残留已成为环境污染的主要因素,其进入人体的途径,经大气和饮水的仅占 10%左右,有 90%是通过食物进入的。除蔬菜以外,许多农作物对残留在土壤中的农药都有逐渐吸收和浓集的作用,如稻田水中含有六六六时,经一定时间后,稻茎和叶梢部六六六的含量要高出水中好多倍。通过食物链,又会传播得更广泛。如以残留有机氯农药的植物作饲料,则动物的肉、乳、蛋内均可能有农药残留。一般动物性食品有机氯的残留量高于植物性食品,而植物性食品中粮食又高于蔬菜水果。

目前我国蔬菜中主要有三类农药残留:

一是有机磷农药。作为神经毒物,会引起神经功能紊乱、震颤、精神错乱。

二是拟除虫菊脂类农药。毒性一般较大,有蓄积性,中毒表现症状为神经系统症状和皮肤刺激症状。

三是六六六、滴滴涕等有机氯农药。有机氯农药随食物等途径进入人体后,主要蓄积于脂肪组织中,其次为肝、肾、脾、脑中,血液最低。有机氯农药还发现于人乳中。母体中的有机氯农药不仅可以从乳汁中排出,而且可以通过胎盘进入胎儿体内,引起下一代发生病变。

目前国际食品法典对 176 种农药在 375 种食品中规定了 2 439 条农药残留限量标准。我国的自定标准与此相比,差距悬殊。以有机氯农药残留标准为例,我国居民自膳食中摄入六六六、滴滴涕的 ADI 值日允许摄入量,虽符合我国食品卫生标准,但远远高于世界发达国家水平。六六六摄入量我国是美国的 84 倍,日本的 15 倍;滴滴涕摄入量我国是澳大利亚的 16 倍,美国、日本的 24 倍。

民以食为天。我国是一个 12 亿人口的大国,在温饱问题已经基本解决的当前,不能不从群众身体健康的角度着想,审慎解决这个直接关系到亿万大众切身利害的社会问题。

三

国家体育总局运动医学研究所兴奋剂检测中心主任吴侔天介绍,1999 年春天,国际泳联在药检中查出上海游泳队 2 名著名运动员药检呈阳性。上海游泳队申诉是因为食用了含有克伦特罗的猪肝引起的。为此,检测中心专门进行调查,随机购买猪肝,并将检出含有克伦特罗的猪肝让检测中心志愿者服用,结果,服前尿样正常呈阴,服用猪肝后的尿样被检出含有克伦特罗。

　　盐酸克伦特罗又称氨哮素、克喘素,化学名羟甲叔丁肾上腺素。该药物是一种强效激动剂,可引起交感神经兴奋,具有松弛气管平滑肌作用,用于治疗哮喘。80 年代后期,我国部分大专院校、科研院所将其作为开发项目,向饲料加工厂、养殖专业户推广这种新型饲料添加剂。经一些养猪场试用,证实果然挺灵验:猪生长速度加快,瘦肉相对增加。一般来说,饲料中添加适量盐酸克伦特罗后,可使猪等畜禽生长速率、饲料转化率、胴体瘦肉率提高 10％以上。虽然一直没有得到国家主管部门的认可,但受经济利益的驱使,在我国部分地区的饲料加工企业和养殖专业户中,这种饲料添加剂早已成为"秘密武器"。我国一些运动员在运动会上尿检时呈阳性,被怀疑是服用了兴奋剂,追根寻源,是长期吃含有盐酸克伦特罗的猪肉的缘故。后来发现,含有这种药物残留的猪肉,吃久了就像兴奋剂对运动员身体的危害一样,会引起人们心血管系统和神经系统的疾病。

　　这种猪肉食用过久,等于无病用药,可能出现肌肉震颤、心慌、心悸、战栗、头疼、恶心、呕吐等症状。特别是对于高血压、心脏病、甲亢青光眼、前列腺肥大等病症患者危险性更大,可能会加重病情,导致意外。1999 年 5 月 5 日香港《东方日报》消息,香港居民 17 人食用大陆供港猪内脏发生中毒,发现大陆猪饲料中含有禁用毒药盐酸克伦特罗。港府采取紧急措施,销毁市场上所有猪内脏,限制大陆供港活猪的进口,并已将肾上腺素兴奋剂残留作为生猪屠宰的必检项目。

　　我国很多口岸城市的有关部门,对喂猪、牛、鸡的饲料中滥用抗生素等药物一事深恶痛绝。因为,抗生素作为饲料添加剂和动物药物被广泛应用以来,其残留直接威胁人体健康:对人肾脏的损伤,严重时可引起急性肾小管坏死;使人体微生物环境平衡紊乱和失调,会引起核黄素缺乏症、紫斑性损伤和肝脂肪变性;对人产生致死效应,如再生不良性贫血、粒细胞下降等。现在的问题是,出口的肉被打回来了,可是国内照常在食用。同样,我国曾因此引起出口量急剧下降的白条鸡也是出口转内销,在国内市场的货架上大量出售。

　　大连市农业局 2000 年春季对外埠进市的饲料是否使用违禁兽药进行检查,发现多数企业添加了林可霉素、新霉素、地克珠利、抗敌素、阿散酸,个别企业添加睡美灵等镇静药。由于品种太多太杂,国内动物组织中掺混的干扰物质已影响了药残的检出,使得国外可行的检验方法在国内已变得不可行。现在连药检专家都难以说清,圈养的家畜到底被喂食了多少种药用添加剂!

四

　　几十年来跟踪研究这一课题的徐晓白院士,现为中国科学院生态环境研究中心研究员、全国环境监测委员会委员,主要从事典型污染物的环境化学分析及污染化学研究。徐院士指出,更令人忧心的是,有些化学品半衰期很长,而且不溶于水,却溶于脂肪,所以人吸收后存在体内,积少成多,积累到一定程度后,才暴露它的狰狞面目。"这类化学品积累的体内污染甚至能隔代遗传。"

　　现在,这种污染的"狰狞面目"已经开始初露端倪:

　　由于重金属汞、有机磷农药进入人体后主要损坏神经系统,医生发现,城市人群会莫名其妙地头痛、疲乏、健忘、烦躁、心悸、语言障碍、运动失调、神态异常,处于既非生病又非无病的"亚健康"状态;由于吃了用激素饲料喂养出的畜肉,妇女的更年期紊乱,孩子的性成熟加快,在部分城市,我国女孩月经初潮已由20年前的平均14岁左右提前为现在的10岁左右。2000年元月,一份来自我国医疗部门的最新统计数字表明:目前我国每8对夫妻就有一对不育,这比20年前提高了3%。徐晓白指出,国外研究表明,人类还正在受到体内已知的8类激素之外的新激素——环境激素的影响。导致生物生殖机能下降的元凶就是这一另类激素。

餐桌上的这种隐形污染,是远非一般城市居民所能了解的。在天津口岸,已从事40年出口食品药残检验工作的老专家、出入境检验检疫局技术中心食品实验室高级工程师穆乃强,对各种蔬菜、蛋类、鸡肉、猪肉、水产品亲手做过大量检测。根据手中掌握的第一手材料,他认为可食用的安全食品已为数不多。他介绍,越是大棚菜越是反季节菜越有问题。因为大自然里的早春菜,不必大量施用农药,但塑料大棚里温度高,虫害的规律是随气候变暖而加剧,加上封闭式的大棚内蔬菜密集栽培,一旦虫害发生便会迅速蔓延,造成经济上的很大损失,所以菜农往往超量喷洒农药,使绿色叶菜有机磷残留会更多。同时大棚作物为了错过季节,提早上市,往往施用高激素、高营养素,促使作物快速超常生长,这就是"果不甜、瓜不香、菜无味"的原因。这位专家提醒,甲鱼、鳗鱼、扇贝,经济价值高,人工养殖的过程中用药就更是花样繁多。以甲鱼为例,过去自然生长的甲鱼7年才能上餐桌,现在用性激素乙烯雌酚催长,7个月就速成送进厨房了。

食品污染这个社会问题已愈来愈引起媒体的关注。天津《今晚报》、北京《市场报》不断刊登"专家的告诫":在选购叶菜时,不是购买形色鲜嫩者,而要找有"虫眼"的;选购番茄时,专挑那些整体光滑、不带鼓凸的;细心的主妇,先要将蔬菜放在鼻子前闻一闻,看看有无刺鼻的农药味,以防误买被有机磷、有机氯等农药污染的菜;购买新鲜鱼类水产品时,不仅要看鱼头是否怪异、鱼鳞是否失常、鱼眼是否鼓凸浑浊、整体是否变形等,而且还要鱼贩当面剖开鱼肚,闻一闻有无"煤油"怪味,以免购回带有酚类污染的毒鱼。

辽宁省的医生在收治吃了炒茼蒿引起有机磷中毒的病人后,在当地报刊上建议:对一些不易洗净的蔬菜水果如草莓、葡萄、茼蒿、菠菜、白菜、生菜等应使用1/5 000高锰酸钾或2%碳酸氢钠溶液浸泡30分钟以上,让残存的农药充分溶解在水中,然后反复冲洗之后才可食用。

这些报端上日益增多的报道,无疑已引起消费者的恐慌。餐桌上的食品安全问题从没有像现在这样令中国人提心吊胆,满腹狐疑。人们不禁要问:吃什么才能让人放心?

五

迄今为止,许多大中城市尚未成立专门对蔬菜、水果及鸡、鱼、蛋、肉、奶等进行药检的机构。为了对市民的健康负责,除对"菜篮子"生产部门进行有关正确使用农药的知识教育外,还应由卫生监督和工商管理部门联合组建一个专门的"菜篮子"检测机构,在农贸市场像"公平秤"一样设置检验装置,对入市的各种蔬菜、瓜果及鸡、鱼、蛋、奶等作特殊的药检,从根本上杜绝"染毒案"入市,让居民早日吃上"放心菜"。

"能不能从生产源头堵住"更是许多消费者的呼吁。近些年来各级生产部门受利益驱使使农药、化肥、添加剂等农业投入品的使用急剧增长。为了追求利润,许多与农牧渔相关的企业,生产仍处于无序状况。例如,作为源头产业,我国目前饲料工业、浓缩饲料工业产量达到1 000万吨,添加剂预混合饲料达160万吨。全国仅生产畜禽预混料的企业就达数百家,产品质量良莠不齐,有的以配方保密为名,滥加药物,包装上不标明成分。近年来,国家各级政府部门多次下发文件,三令五申禁止在饲料中滥用促生长激素、抗生素和一些化学合成药物,但从 1999 年 9 月开始农业部组织的专项调查发现,在饲料中违法使用盐酸克伦特罗的现象并没有得到很好的控制。对广东、广西、浙江、福建、江苏、上海、河南等省(区、市)500 多家饲料生产、经营及养殖企业的调查结果表明,违禁药品检出率依然高达 19.8%。

据厦门市家畜检疫站 1999 年的报告,盐酸克伦特罗残留量超标的生猪占总屠宰量的 41%,主产区龙岩则高达 78.95%。这说明,有关法律法规在不少地方仍停留在纸面上。

令人深思的是,在经济利益的驱动下,遍布农村为数众多的农业科技工作者本来是以推广先进种植养殖技术被农民誉为新时期的"财神",现在有的人却助纣为虐,农村层层科技推广站,往往是违禁药物的技术推广网点,热衷于介绍形形色色的速成生长激素的使用方法和剂量。危害甚烈的盐酸克伦特罗,就是 80 年代后期,由我国部分大专院校、科研院所作为创收的开发项目,向饲料加工厂、各地养殖专业户推广的"新型饲料添加剂"。国家虽明令禁止,但多份文件仍被视为一纸空文。许多不法商贩和企业已将违禁饲料添加剂的交易转入地下。有的饲料生产企业或经销商将违禁药品制成无标签的小包装,私下卖给"可靠"的人,让检查人员在饲料中根本查不出毛病。有的养殖企业或专业户直接购买盐酸克伦特罗原药自行配制,这样更可能因剂量掌握不好或搅拌不匀,造成饲料中局部违禁药品浓度过高,甚至导致所饲养的动物中毒。据说,这些养殖户从不吃自己喂养的猪。

现在,很多地区的农民种的是两块田,养的是两圈猪,喂的是两笼鸡。撒化肥、喷农药、灌工业污水的粮食交给国家,施农家肥、浇井水的粮食留给自己。卖到农贸市场上的韭菜,是用剧毒农药 1605 泡根培植的。看上去新鲜的芦笋更是使用 10 多种农药。这些菜,都是"专供"城里人的,在养殖和种植过程中做了手脚的农民,已经有了"绿色"意识。

湖北鄂州市有个洋澜湖,那里的渔民从不吃自己捕获的鲢鱼。因为被严重污染的湖水含有超量的金属汞,经烹调后,吃在口里有一种药水怪味,因而被当地人称为"药水鱼",容易引起痴呆症、败血症、出血热。洋澜湖经环保部门监测为五级水体,根本不能用作水产养殖。然而 2 000 亩水面却年年"产销两旺",年产量 50 万公斤以上。在本地不好销售的情况下,渔民想方设法将"药水鱼"销往不知情的外地市场或食品生产企业。而一些单位和个人往往把"药水鱼"做成鱼丸、炸成鱼块、腌成干鱼,再卖给消费者。

显而易见,盲目生产这样的食品,出口要被退回、罚款;吃了会中毒、生病。不仅不能促进经济的发展,反而因浪费了巨大的资金、能源、人力又危害人体健康、损害国家声誉而影响了经济发展。

小康不小康,还要看健康。小康的发展水平除了经济指标、收入指标、蛋白质的日摄入量外,理应还有个内在生活质量问题。能不能拥有更多的无公害、无污染的"绿色食品",是中国小康家庭生活质量提高的一个重要标志,也是实现经济增长方式转变的一个重要内容。而绿色食品的生产原则,就是"从土地到餐桌"的全程控制。改革开放以来,我国第一轮"菜篮子"工程在各地的实施,使城市居民的"菜篮子"品种日渐增多,价格趋于合理,从根本上结束了蔬菜供应短缺的状况;新一轮"菜篮子"工程建设的重心,应是让"菜篮子里的隐性污染"远离我们的餐桌。

思考与练习

一、造成植物性食品污染的主要污染源是什么?

二、造成动物性食品污染的主要污染源是什么？

三、造成如此严重的食品污染的原因是什么？

四　中国古代建筑①

中华民族在长达 5 000 年的悠久历史上，曾经创造了极其灿烂辉煌的古代文化，为丰富人类的文化宝库做出了重大的贡献。在技术和艺术上都达到了很高水平的我国古代建筑就在其中占有一个重要的地位。

由于中华民族生衍繁殖在气候和煦、土壤肥沃、林木茂盛的地区，所以不同于世界其他很多民族用石料代替木材，而一直以木材为主要建筑材料，形成了世界古代建筑历史上的一个独树一帜的体系。这种风格和体系在历史上还曾对日本、朝鲜和东南亚的建筑产生过重大影响。

追溯到六七千年前的上古时期，就可看到木构架建筑的雏形。经过几千年的发展完善，从建筑单体直到宫廷、园林和城市等都有完整的做法和制度，产生了完全不同于其他体系的建筑风格和建筑形式。直到近百年前，一条长线贯穿始终，延续几千年，这在世界建筑史上是仅有的，也是我们祖先对世界文化的杰出贡献。

由于我国幅员辽阔，不同地区自然条件差别很大，各地区人民根据不同条件和各异的生活生产需要，又创造出各具特色的建筑样式。各少数民族地区由于生活习俗、宗教文化的不同，在建筑上又表现出不同的民族风格。

中国古代建筑的外形有着最为显著的特征，它们都具有屋顶、屋身和台基三个部分。各部分的外形与世界上其他体系的建筑迥然不同。而这完全是由于建筑物的功能要求、材料结构和艺术处理密切结合而产生的。

屋顶部分，特点最明显。有时比屋身更大、更突出。这在世界上是少有的。古代匠师充分运用木构特点，创造了屋顶举折和屋面起翘出翘，形成如鸟翼伸展的檐角和屋顶各部分的柔和优美的曲线。屋身部分为建筑主体，其特点是木构架由柱承重。柱间可以完全灵活处理。屋身正面很少做墙壁，多为花格木门窗。台基部分也是我国古代建筑不可缺少的部分。在重要建筑上多为雕饰丰富的白石须弥座②，配以栏杆、台阶，有的做到二三层，更显得建筑物雄伟壮观。

在大型木构架建筑的屋顶与屋身的过渡部分，有一种我国古代建筑所特有的构件，称为斗拱③。它由若干方木与横木垒叠而成，用以支挑深远的屋檐并把重量集中到柱子上。

中国古代建筑的重量都由木构架承受，而墙并不承重。"墙倒屋不塌"，正是这种特点

---

①　选自《青年审美手册》，王向峰主编，辽宁人民出版社 1988 年 7 月出版。略有改动。

②　[须弥座]又名金刚座，是佛像底座，又为我国传统建筑的一种台基。一般用砖或石砌成，上有凹凸线脚和纹饰。

③　[斗拱(gǒng)]又称抖拱，是我国传统木结构中的一种支承构件。处于柱顶、额枋(檐柱与檐柱之间的联系构件)与屋顶之间，主要由斗形木块和弓形肘木纵横交错层叠而成，逐渐向外挑出形式上大下小的托座。斗拱有逐层挑出支承荷载的作用，可使屋檐出挑较大，兼有装饰效果，为我国传统建筑造型的主要特征之一。

使之有着较好的抗震性能。

由于木构的限制，我国古代没有如同西方古代建筑那样高达一百多米的单体建筑，一般都是由建筑物组成的群体。除特殊地形和特殊功能要求外，一般都以院落为单位，由若干院落以中轴线相串联造成规模宏大的建筑群。

大胆运用强烈鲜艳的色彩也是中国古代建筑的最显著特点之一。如金黄色琉璃瓦顶，朱红柱身，檐下蓝绿色加金线，再衬以白色台基，如此完美的富丽堂皇是世界少有的。

我国长期的封建社会中出现过不少宏伟壮丽的城市。与西方封建社会自然发展形成的城市不同，我国古代城市，尤其是都城，大都经过严密的规划设计。一般都是用方正的平面，中轴线对称布局，方格网形的整齐道路系统，统治区、民居区、商业区、园林区的功能严格分区。明清北京就是古代城市优秀传统的集大成者。

宫殿是古代最宏大、最高级的建筑物，耗费了大量人力、物力、财力，代表着建筑文化的最高水平。北京明清故宫是我国现存最伟大、最完整的古建筑群。它强调中轴线和对称布局，把各组建筑串接于同一轴线，对称地纵深发展，形成统一而有主次的整体，各个院落空间尺度对比变换，不同的氛围序列造成强烈的节奏感。虽然建筑式样变化不大，但充分利用尺度对比，造成高低错落、起伏开阖的丰富艺术效果。富丽鲜艳的色彩使之在北京的灰调背景上分外鲜明。

园林艺术也是我国古代建筑艺术中极重要的一个组成部分。西汉时已开创了以山水配合花木房屋而成园林风景的造园风格。经过历代匠师的实践和理论总结，充分发挥自然湖山坡池的有利条件，因地制宜，巧于因借，组成富于变化的园景成为造园原则。因此，使我国自然式山水风景园林和欧洲大陆几何规则式园林并列为世界上两大古代园林体系。现存的北方皇家园林和江南的私家园林就是我国古代园林艺术保存至今的代表作。

中国古代的坛庙、寺塔、陵墓、民居都是我国古代建筑艺术的重要部分。它们如同颗颗繁星散落在大江南北、长城内外，以其高度的艺术成就，在全人类的文化宝库中放射出不朽的光芒。

思考与练习

一、阅读课文后，说说我国古代建筑的特点是怎样形成的，具体表现在哪些方面，有代表性的建筑有哪些，它们各有什么特点。

二、结合所学专业，说说你对中国古代建筑增长了哪些见识，有何体会。

三、解释下列词语：

生衍繁殖　独树一帜　迥然不同　富丽堂皇　高低错落　起伏开阖

五　白蚁王国①

赵立魁

由国王来统治一国的臣民，在人类历史上还是出现阶级分化以后的事，然而早在人类

① 选自《百科知识》1981 年第 10 期。

出现以前,地球上已经存在一种社会性的昆虫——白蚁了。它有自己的"国王"和"王后",在这个国度里生活着几十万到几百万"臣民",它有一支数量可观的军队,保卫地下王国的安全,甚至连生儿育女都是计划控制。

乍听起来真有点夸大其词,其实不然。不久前,我得到一次去西双版纳密林工作的机会,亲眼看到了黄土层下的"异国风情",才使我由开始的惊疑变为今日的叹服。

泼水节刚过,我们就钻进密林中寻找那个神奇的国度。没出多远就见林中有三五个一米多高、馒头状的土丘,专家告诉我们:这正是你们要找的蚂蚁包。好,让我们拜访一下这个地下王国吧。

几把银锄同时挥舞,不久就切开了一个"馒头包"。沿着左弯右拐的蚁路跟踪挖掘,终于找到了一个蚁巢。巢内有一块灰黄色的东西,很软、很轻,外表遍布孔洞,类似蜂窝又不是蜂窝,好像一个玲珑剔透的雕刻品。专家告诉我们:"这是白蚁的菌圃①。"它既是白蚁生息的场所,又可以当做食物,有人把它叫做面包沙发床。像这样的菌圃,一个地下白蚁王国往往有十几个,年代越久,数量越多。这个蚁巢仅仅是一个副巢,在地下王国里还只能算是一个边远的"别墅"。

忽然,一锄落下,好像是空腔振动的声音。专家喊了一声:"慢点!"我们怀着紧张而好奇的心情,小心翼翼地开了一个洞口,往里一瞧,果然非同一般,正中一个菌圃有水桶般大小,众多的白蚁出出进进,好不热闹。毫无疑问,这就是白蚁的主巢了。在阴暗中生活惯了的白蚁突然暴露在光天化日之下,它们感到发生了意外,但并没有仓皇逃命,而是纷纷奔向破口处的出事现场。头部大而光滑的兵蚁扬起一对上颚,仿佛举着一对钩连枪,时而"嗒、嗒、嗒"敲击地面,发出警报;时而头部高昂,剪动颚齿,作攻击状。兵蚁不断涌来,王国的军队大概全部出动了。平时这些兵蚁总把又笨又大的上颚(它的武器)举在头顶,无法取食,要靠工蚁来喂饭。"养兵千日,用在一时",一旦有了敌情,它们自然格外卖力。你若把手伸过去,其硬颚就会钳进你的皮肤,咬住不放。当兵蚁在前沿进行战斗的同时,数万只工蚁加紧抢修破损的洞口,一个个口衔土粒,络绎不绝,大有同仇敌忾、众志成城之势。若洞口不大,几小时便会修好。不过,我们求见国王心切,没等它补完,又把泥土扒开,然后轻轻地解剖开主巢。在巢的中心,我们发现了一个由白色透明的小颗粒组成的卵堆,它的下面有一个像钱包大小的扁平状的泥盒,这便是"国王"和"王后"的皇宫。尽管众多的兵蚁守护在周围,做出种种威吓的姿态,我们还是用小刀挖开了皇宫的墙壁。在皇宫里躺着一只巨大的白蚁,它有小拇指那样粗,比仅有米粒般大小的普通白蚁大几百倍,这就是王国的最高统治者——蚁后。它的丈夫蚁王趴在旁边,只有它的十分之一大小,看上去极不般配。一大群侍役(工蚁)在蚁后的周围忙忙碌碌,有的给蚁后喂食,有的把蚁后产的卵搬走,它们得到的御赐和奖赏就是舔食蚁后身上的分泌物。

专家向我们介绍说:"一只蚁后一生能产五亿粒卵。"一个社群的白蚁有时多达几十万只,甚至几百万只。数量多还不足为怪,令人惊奇的是蚁王和蚁后表面上看起来昏庸无能,每天除了交配就是产卵,然而它们属下的百万之众却秩序井然,各安职守。兵蚁专管打仗,保卫王国的安全;工蚁专管取食、建筑,王国的兴衰都包在它们身上。更妙的是兵蚁和工蚁

---

①　[菌圃]位于巢穴的空腔里。白蚁利用它把自己的排泄物培养成一种特殊的细胞群,有很高的营养价值。

的数量有一定的比例。工蚁在王国里占 80% 以上，兵蚁不能太多，太多了养不起。维持这个比例的方法更是绝妙。在卵孵化成幼蚁后，发育成工蚁还是兵蚁，是根据当时的情况随机应变的。如果当时兵蚁少，它就变成补缺的兵蚁，反之亦然。有人做过这样的实验，在蚁巢的周围不断进行干扰，这个巢兵蚁的数量就会增加，也就是说会本能地扩充兵源。无数次观察试验证明，在白蚁王国里存在着一种抑制因素——"社会性荷尔蒙①"，它默默地控制和维持整个王国成员之间的平衡。这种激素是由蚁王、蚁后和成虫制造的。

　　王国里还有一个奇特的现象，无论兵蚁还是工蚁都没有恋爱结婚的权利，因此无法生育。那么，传宗接代的任务由谁来完成呢？原来每年到了一定季节就会有专门负责繁殖的繁殖蚁产生。蚁王和蚁后严格限制它们，不许在自己的家里配偶，于是，赋予每只繁殖蚁一对翅膀，让它们远走高飞，另立门庭。在它们出发之前，工蚁在接近地表的地方修建若干个扁状空腔，临出飞时繁殖蚁都聚集在那里等候，故名候飞室。一般在阴雨的黄昏和夜晚能看到繁殖蚁出飞的情景。届时还会出现各种天敌大显身手的生动场面。

　　第二天黄昏，天要下雨了，我们跑到土丘前去观察。拨开遮挡视线的草叶，见地表处扁平状的出飞孔已经打开，首先爬出来的是一群兵蚁，它们为了防止敌人的攻击，在出飞口旁边站岗放哨。随后是繁殖蚁爬出，先是三三两两，继而成批地涌出孔外，乘着潮湿而闷热的空气振翅腾上了天空。这时，各种空中的鸟雀、蜻蜓，地面的青蛙、蜥蜴、黑蚂蚁……都跃跃欲试，伺机而动。这是它们开荤解馋的好时机。我们亲眼看到一只正在爬行的繁殖蚁被一只黑蚂蚁咬住了肚皮，笨拙的繁殖蚁挣扎翻滚，怎么也甩不掉黑蚂蚁的袭击。没多久，黑蚂蚁的同伙陆续赶来，这个咬头，那个咬尾，最后它们同心协力把奄奄一息的战利品拖进洞里去了。初见它们餐食繁殖蚁的情景，不禁想到，怎么繁殖蚁一点反抗的能力也没有呢？然而，大自然中的生物本来就是这样相互依存、相互制约的。在这个生物链中，白蚁早就做好了大量牺牲的准备。面对天敌的进攻，部分繁殖蚁照样飞上天空，以虫海战术迎接敌人的挑战。在成千上万的繁殖蚁当中总会有勇敢者冲出虎口，那些落在地上没被天敌伤害的繁殖蚁，抓紧时间寻求配偶。雌虫振动翅膀，腹部高翘，施放激素，发出求爱信息。雄虫闻讯赶来，爬到雌虫身后，开始一段有趣的恋爱追逐。它们一前一后，恋恋不舍，边跑边脱掉双翅，最后爬到一个自己觉得满意的地方，立即自力更生挖掘洞房，它们把衔出的土粒堆在洞口，直到封严为止。繁殖蚁的蜜月是极为隐蔽的，目前世界上还没有一个昆虫学家观察到白蚁交尾的情景，只知道它们一星期之后就开始生儿育女，它们自己也随着社群的不断扩大，而登上了"国王"和"王后"的宝座，一个新的白蚁帝国就这样诞生了。

　　西边的天空渐渐拉上了黑色的帷幕，在回来的路上，专家告诉我们："世界上已知的白蚁有两千多种，我国目前已发现的有一百多种。"这次我们观察的是云南土垄黑翅白蚁，还不能说是白蚁中最高明、最奇妙的种类。白蚁和人类的关系应当怎样看呢？我们一下子想到了这个人们共同关心的问题。专家尽量使问题的解答避免片面性："白蚁作为生物链中的一员总有它存在的价值和意义。"且不说今天我们看到的白蚁在分飞时给一些生物提供了美味佳肴，即使在平时，森林里的白蚁在采食的过程中，也能分解植物体，加速物质循环，肥沃土壤，这说明白蚁和祸害不能完全画等号。但有些白蚁能直接侵入人类的生活领域，"千里长堤，溃于蚁穴"，"高楼大厦，毁于蚁害"，一些铁路、桥梁、地下电缆、名胜古迹也常常

----

　　① ［荷尔蒙］激素的旧称。

遭到白蚁的破坏。对此,人们要进行防治。例如建筑物减少木结构;白蚁能啃食的材料,如枕木、地下电缆的塑料外皮等,用药水浸泡处理。防治的方法很多,如挖老巢,连窝端是其中一种,但这个办法费力。省力的办法有往蚁巢里灌浆、压烟以及药物诱杀等。目前有人研究利用螨类杀死白蚁,利用放射性同位素寻找大型建筑物内的巢,利用人工合成白蚁跟踪激素类似物等方法防治白蚁。有人说白蚁是世界上最难消灭的昆虫,但对于人类来讲,征服白蚁王国并不是可望而不可即的。在这方面,我国科学工作者已经取得了不小的胜利。

思考与练习

一、读读写写,并用下列词语造句:

玲珑剔透　络绎不绝　同仇敌忾　众志成城

光天化日　跃跃欲试　奄奄一息　可望而不可即

二、本文的说明准确清晰,读来生动有趣,请说说文章采用了哪些说明方法来写白蚁大家族的。

三、本文是一篇文艺性说明文,语言生动形象。它为什么不是记叙文?

四、本文重点介绍了白蚁的什么特点?

语文技能训练(五)　句子的运用

句子是语言表达的基本单位,只有提高句子的表达效果,才能充分发挥语言的交际效能。说话和写文章,最基本的要求是字通句顺,表意清晰,然后才是生动形象,脍炙人口。运用好句子要注意以下几个方面。

一、连贯

连贯是指句子与句子上下衔接紧密而不中断,条理层次清楚而不紊乱。

1. 围绕中心组织语言

例如:我总是不愿意学习,为什么呢? 昨天班主任找我谈话,我下决心一定好好学习,可一看书,我就头疼,怎么也看不下去,刚才接到同学的电话,下午我们去公园转转。

这段话的表达没有一个中心,上下句不衔接。可改成:

我总是不愿意学习,为什么呢? 我想是我对学习缺乏兴趣,总也不想听课看书,久而久之,就不愿学习了。这不,昨天班主任找我谈话,我下决心一定好好学习,可一看书,我就头疼,怎么也看不下去。

这样的修改就上下连贯,表达了关于"自己不爱学习的原因是什么"的问题。

2. 层次要清楚

例如:姐姐在院子里开了一小块地,我隔一天去浇一次水,种了些喇叭花籽儿。这一天我又去浇水,发现喇叭花出苗了。两片肾形的叶子,中间藏着叶芽,我高兴地连忙喊:"姐姐,快来看,花苗出来了!"姐姐从屋里飞快地跑出来,蹲下身子,仔细地看那出土的新苗。显得那么娇嫩。

这段话层次混乱,先后顺序不对。可改成:

姐姐在院子里开了一小块地,种了些喇叭花籽儿。我隔一天去浇一次水,这一天我又去浇水,发现喇叭花出苗了。我高兴地连忙喊:"姐姐,快来看,花苗出来了!"姐姐从屋里飞快地跑出来,蹲下身子,仔细地看那出土的新苗。两片肾形的叶子,中间藏着叶芽,显得那么娇嫩。

修改后动作连贯,层次清楚。开地、种籽儿、浇水、出苗、叫姐姐、姐姐仔细看、苗的形状等依次道来,清楚明白。

3. 总说和分述要一致

例如:当我接到录取通知书的时候,心中又喜又忧,喜的是自己终于又有了一个学习的机会。

这句话前边说又喜又忧,后边只说了喜的方面,显得语意未尽。可改为:

当我接到录取通知书的时候,心中又喜又忧,喜的是自己终于又有了一个学习的机会;忧的是家庭条件不好,父母从哪弄那么多学费啊。

二、周密

周密是指句子表意准确、具体、严密,没有漏洞。

1. 对句子进行必要的修饰

例如:我作为班主任,坚决支持同学们的要求,维护同学们的利益。

此例中同学们的要求有合理的,有不合理的,同学们的利益有合法的,有不合法的,不能一味地支持和维护,应对"要求"、"利益"进行必要的限制,分别加上"合理"、"合法"。

2. 防止过分强调造成片面

例如:网络的普及真是害人不浅,有多少青少年沉溺于网络之中不能自拔。

此句中表意有失偏狭,可改为:

网络的普及犹如双刃剑,既有好的一面,促进了社会的发展,又有不好的一面,使某些自制能力差的青少年沉溺其中,不能自拔。

这样修改就不片面了。

3. 先思考后表达,考虑要周到

对自己不很熟悉,没有把握的事物和观点,不要轻易下结论。有时候可使用"一般"、"基本上"、"大体上"等词语,以避免句意的绝对化,使句子更准确。如:

我们班的同学基本上是喜欢学习语文的。

三、简练

句子不仅要连贯、周密,还要简练,也就是言简意赅。不说废话,删去多余的词语和句子。例如:

(1) 这次实习是个了解社会、向工人师傅学习的一个好机会。

(2) 他干什么都不专心,总是手里干着这个,眼睛却朝四周东张西望。

(3) 起床后我穿好衣服和裤子,把帽子戴在头上,袜子穿在脚上,到食堂亲自用嘴吃了两根油条。

例(1)中"个"和"一个"重复,应删去一个。例(2)中"朝四周"和"东张西望"意思重复。"朝四周"应删去。例(3)中废话太多,请同学们自己动手删改。

单元综合练习

一、阅读下面短文,完成文后练习。

种瓜得豆

王一川

俗语说:"种瓜得瓜,种豆得豆。"但是,随着现代科学技术的发展,科学家却要打破生物界这种"习惯势力",偏叫它"种豆得瓜"、"种瓜得豆"。

这种"种瓜得豆"的技术,就是 DNA 重组技术。所谓 DNA 重组,就是将人所需要的生物生产的基因,移植到生物体的 DNA 上进行重新组合,使生物体按人的意愿生产,因此,这项技术也叫基因工程。

1973 年,美国生物化学家科恩和博耶首先创立 DNA 重组技术。80 年代后,这项技术进入实用阶段。它的基本过程是:首先,合成或用其他方法取得所需要的基因,再用内切割酶切取所需的基因片段;其次,选择合适的基因载体,与上述基因片段结合,借助 DNA 连接酶连接,重组 DNA;再次,选择安全而有效的受体细胞,将组装好的 DNA 装配到受体细胞内。一般是用大肠杆菌、酵母均等生命力强,表达基因性能好的细菌。这样,每个细菌就像一座小型工厂那样,源源不断地制造出人类所需的产品。

DNA 重组技术已经给人类带来福音。首先,应用在制药工业上,以往一些极难生产的药品,如胰岛素、生长激素、生长抑素、胸腺素、干扰素、尿激酶、肝炎疫苗等珍贵药物,都可以用 DNA 重组技术进行生产。

不久前,美国科学家还把 DNA 重组技术应用到工业上,用它培养出工业上有用的各种细菌。如培养分解原油、石蜡的细菌,降低油黏度,专门生产各种化工原料的细菌,甚至能生产帮助工人采矿的细菌。

DNA 重组技术的前景灿烂辉煌。目前,科学家正全力以赴制造一种不需要施肥的庄稼。大家知道,庄稼中只有豆科植物在自己根部开设小型"氮肥厂"——根瘤菌,它能直接把空气中的气态氮固定下来,变成自己所需要的肥料。生物学家正在研究,并准备把豆科植物根瘤菌的基因移植到水稻、小麦、玉米、山芋等农作物的细胞内,使这些农作物也各自办起"化肥厂"来。这样,庄稼也就不用人工施肥了。

此外,许多害虫,如蚊子、苍蝇等,繁殖力强。用农药喷射,久之会产生抗药性,使药物失效。科学家想用偷梁换柱的方法,将害虫身上有害的遗产密码,换上对人类有用的基因密码,使害虫改恶从善,为人类造福。这已不是遥远的将来,让蚊虫不吸血的试验已取得进展。

当然,我们也要警惕 DNA 重组技术的消极一面。某些国家已用它来进行生物战、细菌战,制造出危害人类的菌种为战争服务。这是必须反对的。

(本文选自《影响历史进程的 100 项科技成就》,文汇出版社 1992 年第 1 版。作者王一

川,科普作家,原华东师范大学教授,1998 年病逝)

1. 本文用浅显的语言、生动的比喻为我们介绍了一种什么尖端科学?

2. 文中哪个句子运用了下定义的说明方法?用横线在文中画出来。

3. 本文的题目有何特点?全文在语言的运用上有何特色?

二、指出下列句群有什么问题,并修改。

1. 来到这学校后跟我想的完全不同,在家里有吃有穿的,什么也不用愁,可来到这呢? 唉,没法说,可以说回到了坚苦的年代。现在的吃饭是个大问题,有些人令我很失望,总爱在别人吃饭时去你那吃两口,这还是轻的,令我最烦的是,总是去借钱,借饭卡等什么的,还不还不说,你总是去那借,你好意思呀你? 离开家就是不爽,现在生活可真苦呀!

2. 很多人对生活有很多理解。有的人认为,一家人在一起过日子这就是生活,每天工作,完了回家,就是生活,其实生活说简单也简单,说复杂也复杂。我们学生,可能每天上课,学习,这就是我们的生活。

3. 人在生活中都有自己的感想,生活就像一片湖水一样,每个人都有生死离别,当在生死离别之前,每个人都有自己的感想,每个人会有的。

三、指出下列各句中的错误并修改。

1. 不会微笑就不能很好地同人交际。

2. 八月十五前后,月亮圆的时候正涨大潮。

3. 他再三嘱咐我们:"一定要注意安全,防止不发生事故。"

4. 我们班报名参加运动会的同学有近 15 人左右。

5. 博物馆正在展出唐代新出土的文物。

6. 这个问题在全班同学中广泛引起了议论。

7. 班里的问题对我们非常了解。

8. 我们并不否认这部小说没有透露出对生活的愿望,而是说表现的不强烈。

9. 我们要限制罪犯的要求,不该满足的绝不满足。

10. 这课程这么难,没有人能听得懂学得会。

11. 对老师的意见,我们应认真分析。

12. 港台流行歌曲对中学生特别感兴趣。

13. 口腔科治愈率由 80% 增长了 93%。

14. 只要努力学习,才能取得好成绩。

15. 我的父亲对外国文学和影视文学的造诣,足以令专业人士侧目。

四、在空白处选一组短语,使语段顺畅、连贯。

实施素质教育有赖于或者说根本受制于教育工作者的责任。有人说,孩子们的心就像一块奇妙的土地,_____(1),就会获得行为的收获,_____(2),就会获得习惯的收获,_____(3),就会获得性格的收获,_____(4),就会获得命运的收获。从这个意义上来说,教育工作者确实是主宰每一个学生命运的人。

A.(1) 播下思想的种子　　　(2) 播下性格的种子

　　(3) 播下行为的种子　　　(4) 播下习惯的种子

B.(1) 播下行为的种子　　　(2) 播下习惯的种子

　　(3) 播下性格的种子　　　　(4) 播下思想的种子

C. (1) 播下思想的种子　　　　(2) 播下行为种子

　　(3) 播下习惯的种子　　　　(4) 播下性格的种子

D. (1) 播下性格的种子　　　　(2) 播下行为的种子

　　(3) 播下习惯的种子　　　　(4) 播下思想的种子

五、指出下列句子分别使用了什么修辞手法。

1. 有缺点的战士终究是战士,完美的苍蝇不过是苍蝇。

2. 是谁创造了人类世界? 是我们劳动群众。

3. 在清水田里时有一只两只站着钓鱼,整个的田便成了一幅嵌在玻璃框里的画面。

4. 还要将脖子扭上几扭,实在是"标致"极了。

5. 春天,五百里的苹果花开无人知;秋天,五百里的累累苹果无人采。

6. 理想是石,敲出星星之火;理想是火,点燃熄灭的灯;理想是灯,照亮前行的路。

7. 风,你咆哮吧! 咆哮吧! 尽力地咆哮吧!

8. 飞流直下三千尺,疑是银河落九天。

9. 千万个雷锋在成长。

10. 他骄傲自满,尾巴翘上天了。

六、你认为自己入学以来有收获吗? 谈谈自己有或没有收获的原因。

第七单元　小说的阅读与欣赏

单元训练重点

　　小说是以刻画人物为中心,通过完整的故事情节和具体的环境描写来反映社会生活的一种文学体裁。因而,典型的人物形象、完整的故事情节和具体的环境描写,是小说的三个要素。

一、典型的人物形象

　　小说反映社会生活的主要手段是塑造人物形象。小说中的人物,我们称为典型人物。这个人物是作者根据现实生活创作出来的,他不同于真人真事,如《荷花淀》中的水生嫂、《项链》中的玛蒂尔德都是"杂取种种,合成一个",把生活中的不同人物的某些特征抽取出来,综合在某个人的身上。因此小说的人物形象所反映的生活,就更集中、更鲜明、更有代表性。

　　小说塑造人物的手段是多种多样的,其中运用最多的是记叙和描写。作者可以对人物概括介绍,可以是具体的描写;可以根据需要插叙或补叙;也可细致描写人物外貌、行动、语言、神态;可以用其他人物的态度作陪衬,也可以直接描写人物的心理活动。

二、完整的故事情节

　　小说主要是通过故事情节来展现人物性格、表现中心的。故事来源于生活,但它通过整理、提炼,比现实生活中发生的真事更集中、更完整、更具有代表性。

　　故事情节的发展,一般分开端—发展—高潮—结局。有的故事还有序幕和尾声,有的故事高潮即结局,也有的小说在情节发展中这几个阶段并不明显。

三、具体的环境描写

　　环境描写包括自然环境描写和社会环境描写。

　　所谓社会环境,是指通过作品中的人际关系、生活方式、人物的思想意识等方面所反映的社会生活的特点。人物所处的社会环境是造成小说人物命运的社会原因。它揭示了种种复杂的社会关系,人物的性格特点是在特定的社会环境中形成的。

　　自然环境包括人物活动的地点、时间、季节、气候以及景物等。自然环境描写除了交代时间地点和季节以外,更重要的是渲染气氛,衬托人物,预示情节。例如《林教头风雪山神庙》第二次描写大风雪,仅用了短短几个字:"那雪下得正紧。"这个"紧"字且有越下越大,越下越急,越下越猛,一点也不放松的意味。而这雪"紧"也暗含了形势的发展十分严峻。一场阴谋正在逼近,且愈来愈近,林冲的处境愈来愈危险,命悬于千钧一发。因此,阅读小说自然环境的描写,重要的并不在于知道小说什么地方描写了自然环境,描写了怎样的自然环境,而要深入到这种描写中去,体会它的作用,探讨这样写究竟好在哪里。

　　小说的三要素总是有机地统一在一起的，阅读时，一般先从了解故事情节入手，了解写了什么故事，有哪些人物；然后分析作者是怎样来写人的，人物有什么样的性格特点，作者用了哪些描写方法，这些方法有什么作用；进而，再分析作者为什么要写这些事和人，为什么要用这些方法来写。总之，先从总体上把握全文，然后逐层深入地加以研读，就能较好地理解作品了。

一　玻璃门①

李永英

　　吕中是人人羡慕的大款之子，住富人区，读最好的私立学校，上学放学有车接送。但他不觉得幸福，学校一家庭，两点一线的生活让他感到单调、没有自由，像笼中的鸟儿。掌管着上千万资产的父亲对他管教极严，执行严格的作息时间，不允许考试分数低于90……

　　终于在18岁那天，吕中与父亲爆发了一场战争，男人之间的战争。身高一米八的吕中勇敢地站在父亲面前，四目对视，一向沉稳自信的父亲突然有些惊慌了，陌生地仰望着儿子，举起的拳头颓然落下，跌坐在沙发里。

　　吕中说我要出去闯一片属于自己的天下！父亲说你一个高中生靠什么立足？吕中说你不也是只有高中文化吗，你能成功，我为什么就不能！父亲一时被问得愣在那里，无话可对。

　　吕中坚定固执，在这一点儿上与父亲一脉相承。

　　还有两个多月就要高考，在一片惊愕的目光和叹息声里，吕中办了退学手续。他没有一丝后悔，相反，内心有只鸟儿在快乐地歌唱。当然他也知道最最痛苦的是对他寄予厚望的父亲，不过那一丝丝不安只在心头轻拂了一下就过去了。吕中实在太年轻了。

　　父子之间有过一次长谈，父亲第一次以平等的、朋友式的姿态与吕中对话。他建议吕中去他的分公司，并给出一片市场供其踢打，吕中拒绝了；父亲又提出给一笔钱作为他投资任何一项生意的启动金，吕中也拒绝了。他认为那样的话就始终冲不出父辈的羽翼，如果不是白手起家，成功之后如何回顾历史！

　　初夏，一个明亮的清晨，吕中背了背包，揣着自己的小金库——存有2万元钱的牡丹卡，揣着理想，走出了家门。父亲送他出来，鬓角的白发又增添了许多，吕中的心突然痛了一下。父亲32岁得子，现已知天命之年。吕中说，爸，我每周打电话回来，记住，周六晚上。

　　吕中就这样义无反顾地离开了舒适的家。走在宽阔的街上，心里充满了力量和希望，这个生机勃勃的城市一定潜伏着许多机会，吕中仿佛看到它们向自己绽开了笑脸，他在心里快乐地说我来了。

　　第一份工作很快就找到了，在一家纸业公司做推销员，月薪加提成。

　　交了300元押金，又经过两天简单的培训就走马上任了。吕中选定的第一目标是成人大学，它们多以函授形式授课，纸张用量肯定很大。拎着一包样品和满脸的自信与笑容，吕中走进了市电视大学的校办公室。里面坐着两个人，正低头看文件，吕中作了自我介绍，努力用平和的声音说我找办公室主任。年纪大的抬起头来，摘下老花镜，仔细打量他，估计这

---

　　① 选自2001年第1期《青年文摘》

就是主任了。主任目光慈祥,没有拒绝的意思,吕中受到了鼓舞,急忙上去介绍手中的各类产品。主任一直没有说话,仿佛很在意地听,吕中一激动语流就自动提速,哒哒哒放机关枪一般,直到无话可说。主任这才慢条斯理地说,小伙子,收起来吧,你已经影响了我们的工作。吕中灰溜溜地退出来。

第一天,吕中连着跑了7家单位,一无所获,整个人泡在汗水里,2元一瓶的矿泉水就喝了6瓶。同事们听了就说,你这样做下去还不倒贴?他们有的带着水壶,有的干脆用矿泉水瓶子接自来水喝。

晚上住公司临时宿舍,12个人挤在一间房,热得像只蒸锅,头上一把破电扇筋疲力尽地摇头,送来的是阵阵热浪。吕中爬上顶楼,在余温尚存的隔热板上铺开报纸,躺了上去。驱赶着嗡嗡叫的蚊子,他不可抑制地想起恒温的家,舒适的大床、宽大洁净的浴池。他对自己说,坚持。坚持本身就是胜利。他还想起了父亲最早做的生意就是卖大饼,盛夏里站在烤炉前,把一只只生饼贴进去,熟的取出来,卖了一年多,赚了在当时不算多的一笔钱,正是这笔钱帮助父亲走上了后来的成功之路。第二天醒来,浑身都是蚊子叮咬的红疙瘩,吕中一边涂着肥皂液,一边下决心无论如何要挺下去。

周六下午做市场总结,吕中一共推销出去了三箱复印纸,为公司赚了120元,自己提成24元,而他一个星期喝水就喝掉了60多元。做得最好的同事卖了47箱,他背着一个又圆又大的塑料水壶。

晚上,吕中给父亲打电话,咬牙说一切都好。

做到第二个月,吕中在一家单位做推销时碰到了父亲的一个朋友,他见到吕中大吃一惊,在他的极力促成下,那家单位买下了5箱复印纸。临走,那人还给吕中开了一个清单,上面写了若干单位和负责人的名字,吕中高兴之余还是没有忘记提醒人家替他保密,当然是对父亲保密。后来吕中的销售业绩直线上升,令同事刮目相看。

月底,提成结算,公司百般刁难、克扣,吕中一气之下辞职不干了。他不在乎钱,而是深恶痛绝那种小气、无能和刻薄。他想如果我是老板,一定要信守诺言,要大气。

没过多久,吕中和几个朋友租了一间30平方米的门面,做起了老板。这里紧邻一所师范学校,一所中学,吕中他们认为做小百货和副食生意一定不错。没想到相同的小店在这条不热闹的街上又陆续出现了三家。校园内早已有一两家,竞争加剧了,利润摊薄了。

他们决定转向,出租图书。忍痛把以前的存货廉价打出去,然后去购买书籍。当他们在书市,看见那书的海洋,几个只有高中文化水平的小老板一下子觉得自己很苍白,不知道现在的大学生都喜欢看哪类书,也就是不知道该进那些"货",还有比这更糟糕的吗?他们只得折回来,鼓起勇气到学校去做调查,很多学生都说喜欢武侠、侦探和情感类的小说,对这个信息,他们如获至宝,但不敢进得太多,大约700多册,摆了四个半书架。

终于有学生来租书了,可是生意好了一两个星期就变得冷清了,一打听,学院图书馆根据各班辅导员和学生反映的情况,专门拨款购进了一大批新书,估计有2 000多册,基本满足了学生的需求,而且不收费。学生在学院里就能借到,何苦跑到外面来花钱租呢?吕中他们咬牙守了两个多月,最终因为内部分歧太大而解体。

生意失败了两次,折腾进去不少钱,吕中总算认识到一点,自己还不太适合当老板,应该打工,多积累一些经验。

市里有一座电脑城,商家云集,人来人往,吕中决定到那里去寻找机会,也沾一点儿知识经济的光。让他想不到的是,就连最小的出售电脑硬件的老板一开口就问是大专吗,学计算机专业的吗。吕中无法开口,但心中不服。早在1992年,很多人还不知道电脑是啥玩意儿,他就拥有一台286,到现在已经更新换代了五次。吕中勇敢地自我推荐对电脑很熟,就像熟悉自己家一样。一个做二手电脑的郭老板收下他,但只用了一天就把他解雇了,因为吕中除了对各种版本的游戏熟悉外,其余的几乎是空白,甚至把CPU(中央处理器)和UPS(稳压电源)混为一谈,有两位顾客活生生被他的热情加无知吓跑了,吕中忘不了他们那种怀疑和不信任的眼光。那是含羞蒙辱、刻骨铭心的一天。

一次次受挫,吕中觉得很累,很想回家洗个痛痛快快的热水澡,然后在大床上好好睡一觉,但他还是一次次掐灭了这个念头,他还不死心,还没到弹尽粮绝、溃不成军的时候。

吕中去人才市场参加了一个招聘会,有80多家企业事业单位现场设点。那天,吕中特地穿了一件白色的纯棉套头衫、一条薄型牛仔裤,清清爽爽地像个挣外快的大学生。早早赶到那里,看见人流如织,那么多人在找工作,吕中真切感受到在这个城市里拥有一支多么庞大的待业大军。

他的热情很快被冷水浇透,因为就连酒店招聘门迎也要求大专学历。难道中学生就没有知识了吗?吕中简直有些愤怒了。就他转身走时,一个戴着胸牌的人叫住了他,问他愿不愿意去他们的酒楼做礼仪先生,吕中毫不犹豫就答应了。

说是礼仪先生,其实就是门迎,站在大玻璃门边为进出的客人开门。后来吕中才明白酒店为什么放弃了大专生的条件,因为他身材高大、长相端正,能给客人留下好印象。以前,吕中也随父亲去富人聚集的场所,走到哪里都有人为他这个少爷开门、递毛巾,现在换了个位置,心里很不是滋味,但想到韩信能受胯下之辱,方成为威震天下的大将军,吕中又站直了身子。

一天晚上,吕中照例站在那个位置,一个浑身上下珠光闪烁的胖女人朝他走来,后面跟着满脸谦卑的大堂经理,胖女人上上下下地打量有款有型的吕中,满眼喜悦。她走后,大堂经理悄声问吕中愿不愿跟那位好心的夫人走,她已经看了你好几个晚上,现在她的车就在外面。吕中一时懵了。经理以为他在犹豫,鼓励地说你放心,主管已经同意了,工资照付,并替你保密,只要你照顾好我们的客人,听从她的任何吩咐。吕中这才明白要让他干什么,任何语言都无法表述吕中当时的愤怒和受到的羞辱,他猛地撕开制服,纽扣滚了一地。他脱下制服砸在经理头上。

跑出酒店大门,站在流光溢彩的街上,泪水蒙上了眼睛,那一刻吕中懂了什么叫青春迷茫。在电话亭旁犹豫了好久,吕中拨通了家里的电话。父亲接的,吕中问可以回家吗,父亲说回来吧,好像吕中不过是离开了几个钟头。

是父亲开的门。吕中想,父亲肯定早就站在窗前张望,然后等在门边。父亲很平静,连过多的询问也没有,这给了吕中很大的安慰,父亲维护了他的自尊。这是男人之间解决问题的前提。

父亲其实很激动,他接过儿子的背包,吕中看见他的手微微发抖。吕中还看见父亲鬓角更多的白头发。

父亲和吕中都发生了很大的变化,包括他们之间的关系。这很重要,无论对吕中还是对父亲。

吕中很快回到学校,重新进入高三年级。明年就要高考,他想报考的专业是工商管理。

思考与练习

一、吕中性格有什么特点？

二、吕中为什么又回到学校上学？

三、你怎么认识吕中的性格特点？他的经历对你有什么启示？

四、你怎么理解"玻璃门"这个标题的含义？

二　林黛玉进贾府①

曹雪芹

　　且说黛玉自那日弃舟登岸时，便有荣国府打发了轿子并拉行李的车辆久候了。这林黛玉常听得母亲说过，他外祖母家与别家不同。他近日所见的这几个三等仆妇，吃穿用度，已是不凡了，何况今至其家。因此步步留心，时时在意，不肯轻易多说一句话，多行一步路，惟恐被人耻笑了他去。自上了轿，进入城中从纱窗向外瞧了一瞧，其街市之繁华，人烟之阜盛，自与别处不同。又行了半日，忽见街北蹲着两个大石狮子，三间兽头大门，门前列坐着十来个华冠丽服之人。正门却不开，只有东西两角门有人出入。正门之上有一匾，匾上大书"敕造②宁国府"五个大字。黛玉想道：这必是外祖之长房了。想着，又往西行，不多远，照样也是三间大门，方是荣国府了。却不进正门，只进了西边角门。那轿夫抬进去，走了一射之地③，将转弯时，便歇下退出去了。后面的婆子们已都下了轿，赶上前来。另换了三四个衣帽周全十七八岁的小厮上来，复抬起轿子。众婆子步下围随至一垂花门前落下。众小厮退出，众婆子上来打起轿帘，扶黛玉下轿。林黛玉扶着婆子的手，进了垂花门，两边是抄手游廊，当中是穿堂，当地放着一个紫檀架子大理石的大插屏。转过插屏，小小的三间厅，厅后就是后面的正房大院。正面五间上房，皆雕梁画栋，两边穿山游廊厢房，挂着各色鹦鹉、画眉等鸟雀。台矶之上，坐着几个穿红着绿的丫头，一见他们来了，便忙都笑迎上来，说："刚才老太太还念呢，可巧就来了。"于是三四人争着打起帘笼，一面听得人回话："林姑娘到了。"

　　黛玉方进入房时，只见两个人搀着一位鬓发如银的老母迎上来，黛玉便知是他外祖母。方欲拜见时，早被他外祖母一把搂入怀中，心肝儿肉叫着大哭起来。当下地下侍立之人，无不掩面涕泣，黛玉也哭个不住。一时众人慢慢解劝住了，黛玉方拜见了外祖母。——此即冷子兴所云之史氏太君，贾赦贾政之母也。当下贾母一一指与黛玉："这是你大舅母，这是你二舅母，这是你先珠大哥的媳妇珠大嫂子。"黛玉一一拜见过。贾母又说："请姑娘们来。今日远客才来，可以不必上学去了。"众人答应了一声，便去了两个。

　　不一时，只见三个奶嬷嬷并五六个丫鬟，簇拥着三个姊妹来了。第一个肌肤微丰，合中

---

① 选自《红楼梦》第三回"贾雨村夤缘复旧职　林黛玉抛父进京都"（人民文学出版社1982年第一版）。曹雪芹（约1715～1764），名霑，字梦阮，号雪芹。《红楼梦》全书共一百二十回，前八十回为曹雪芹所著，后四十回一般认为是高鹗补续。课文题目为编者所加。

② ［敕（chì）造］奉帝王之命建造。敕，本来是自上命下的用语，南北朝以前，通用于长官对下属，以后作为皇帝发布诏令的专称。

③ ［一射之地］就是一箭之地，大约一百五十步。

身材，腮凝新荔，鼻腻鹅脂，温柔沉默，观之可亲。第二个削肩细腰，长挑身材，鸭蛋脸面，俊眼修眉，顾盼神飞，文彩精华，见之忘俗。第三个身量未足，形容尚小。其钗环裙袄，三人皆是一样的妆饰。黛玉忙起身迎上来见礼，互相厮认过，大家归了坐。丫鬟们斟上茶来。不过说些黛玉之母如何得病，如何请医服药，如何送死发丧。不免贾母又伤感起来，因说："我这些儿女，所疼者独有你母，今日一旦先舍我而去，连面也不能一见，今见了你，我怎不伤心！"说着，搂了黛玉在怀，又呜咽起来。众人忙都宽慰解释，方略略止住。

众人见黛玉年貌虽小，其举止言谈不俗，身体面庞虽怯弱不胜，却有一段自然的风流态度①，便知他有不足之症②。因问："常服何药，如何不急为疗治？"黛玉道："我自来是如此，从会吃饮食时便吃药，到今日未断，请了多少名医修方配药，皆不见效。那一年我三岁时，听得说来了一个癞头和尚，说要化我去出家，我父母固是不从。他又说：'既舍不得他，只怕他的病一生也不能好的了。若要好时，除非从此以后总不许见哭声；除父母之外，凡有外姓亲友之人，一概不见，方可平安了此一世。'疯疯癫癫，说了这些不经③之谈，也没人理他。如今还是吃人参养荣丸。"贾母道："正好，我这里正配丸药呢。叫他们多配一料就是了。"

一语未了，只听后院中有人笑声，说："我来迟了，不曾迎接远客！"黛玉纳罕道："这些人个个皆敛声屏气，恭肃严整如此，这来者系谁，这样放诞无礼？"心下想时，只见一群媳妇丫鬟围拥着一个人从后房门进来。这个人打扮与众姑娘不同，彩绣辉煌，恍若神妃仙子：头上戴着金丝八宝攒珠髻，绾着朝阳五凤挂珠钗，项上戴着赤金盘螭璎珞圈，裙边系着豆绿宫绦，双衡比目玫瑰佩④，身上穿着缕金百蝶穿花大红洋缎窄裉袄，外罩五彩刻丝石青银鼠褂，下着翡翠撒花洋绉裙。一双丹凤三角眼，两弯柳叶吊梢眉，身量苗条，体格风骚，粉面含春威不露，丹唇未起笑先闻。黛玉连忙起身接见。贾母笑道："你不认得他，他是我们这里有名的一个泼皮破落户儿⑤，南省俗谓作'辣子'，你只叫他'凤辣子'就是了。"黛玉正不知以何称呼，只见众姊妹都忙告诉他道："这是琏嫂子。"黛玉虽不识，也曾听见母亲说过，大舅贾赦之子贾琏，娶的就是二舅母王氏之内侄女，自幼假充男儿教养的，学名王熙凤。黛玉忙陪笑见礼，以"嫂"呼之。这熙凤携着黛玉的手，上下细细打谅了一回，仍送至贾母身边坐下，因笑道："天下真有这样标致的人物，我今儿才算见了！况且这通身的气派，竟不像老祖宗的外孙女儿，竟是个嫡亲的孙女，怨不得老祖宗天天口头心头一时不忘。只可怜我这妹妹这样命苦，怎么姑妈偏就去世了！"说着，便用帕拭泪。贾母笑道："我才好了，你倒来招我。你妹妹远路才来，身子又弱，也才劝住了，快再休提前话。"这熙凤听了，忙转悲为喜道："是呢！我一见了妹妹，一心都在他身上了，又是喜欢，又是伤心，竟忘记了老祖宗。该打，该打！"又忙携黛玉之手，问："妹妹几岁了？可也上过学？现吃什么药？在这里不要想家，想要什么吃的，什么玩的，只管告诉我，丫头老婆们不好了，也只管告诉我。"一面又问婆子们："林姑娘的行李东西可搬进来了？带了几个人来？你们赶早打扫两间下房，让他们去歇歇。"

说话时，已摆了茶果上来。熙凤亲为捧茶捧果。又见二舅母问他："月钱放过了不曾？"熙

① [风流]风韵。[态度]言行举止所表现的神态。

② [不足之症]中医病症的名称。由身体虚弱引起，如脾胃虚弱，叫中气不足；气血虚弱，叫正气不足。

③ [不经]不合常理，近乎妄诞。

④ [双衡比目玫瑰佩]衡，佩玉上部的小横杠，用以系饰物。比目玫瑰佩，用玫瑰色的玉片雕刻成的双鱼形的玉佩。比目，鱼名，传说这种鱼成双而行。

⑤ [泼皮破落户儿]原指没有正当生活来源的无赖。这里形容凤姐泼辣，是戏谑的称谓。

凤道:"月钱已放完了。才刚带着人到后楼上找缎子,找了这半日,也并没有见昨日太太说的那样的,想是太太记错了?"王夫人道:"有没有,什么要紧。"因又说道:"该随手拿出两个来给你这妹妹去裁衣裳的,等晚上想着叫人再去拿罢,可别忘了。"熙凤道:"这倒是我先料着了,知道妹妹不过这两日到的,我已预备下了,等太太回去过了目好送来。"王夫人一笑,点头不语。

当下茶果已撤,贾母命两个老嬷嬷带了黛玉去见两个母舅。时贾赦之妻邢氏忙亦起身,笑回道:"我带了外甥女过去,倒也便宜①。"贾母笑道:"正是呢,你也去罢,不必过来了。"邢夫人答应了一声"是"字,遂带了黛玉与王夫人作辞,大家送至穿堂前。出了垂花门,早有众小厮们拉过一辆翠幄青绸车,邢夫人携了黛玉,坐在上面,众婆子们放下车帘,方命小厮们抬起,拉至宽处,方驾上驯骡,亦出了西角门,往东过荣府正门,便入一黑油大门中,至仪门②前方下来。众小厮退出,方打起车帘,邢夫人搀着黛玉的手,进入院中。黛玉度其房屋院宇,必是荣府中花园隔断过来的。进入三层仪门,果见正房厢庑门③游廊,悉皆小巧别致,不似方才那边轩峻壮丽,且院中随处之树木山石皆在。一时进入正室,早有许多盛妆丽服之姬妾丫鬟迎着,邢夫人让黛玉坐了,一面命人到外面书房去请贾赦。一时人来回话说:"老爷说了:'连日身上不好,见了姑娘彼此倒伤心,暂且不忍相见。劝姑娘不要伤心想家,跟着老太太和舅母,即同家里一样。姊妹们虽拙,大家一处伴着,亦可以解些烦闷。或有委屈之处,只管说得,不要外道才是。'"黛玉忙站起来,一一听了。再坐一刻,便告辞。邢夫人苦留吃过晚饭去,黛玉笑回道:"舅母爱惜赐饭,原不应辞,只是还要过去拜见二舅舅,恐领了赐去不恭,异日再领,未为不可。望舅母容谅。"邢夫人听说,笑道:"这倒是了。"遂令两三个嬷嬷用方才的车好生送了姑娘过去,于是黛玉告辞。邢夫人送至仪门前,又嘱咐了众人几句,眼看着车去了方回来。

一时黛玉进了荣府,下了车。众嬷嬷引着,便往东转弯,穿过一个东西的穿堂,向南大厅之后,仪门内大院落,上面五间大正房,两边厢房鹿顶耳房钻山④,四通八达,轩昂壮丽,比贾母处不同。黛玉便知这方是正经正内室,一条大甬路,直接出大门的。进入堂屋中,抬头迎面先看见一个赤金九龙青地大匾,匾上写着斗大的三个大字,是"荣禧堂",后有一行小字:"某年月日,书赐荣国公贾源",又有"万几宸翰之宝"⑤。大紫檀雕螭案上,设着三尺来高青绿古铜鼎,悬着待漏随朝墨龙大画⑥,一边是金蜼彝⑦,一边是玻璃醢⑧。地下两溜十六张

---

① [便(biàn)宜]这里是方便的意思。

② [仪门]旧时官衙、府第的大门之内的门。一说,旁门也可称为仪门。

③ [庑(wǔ)门]正房对面和两侧的小屋子。

④ [两边厢房鹿顶耳房钻山]两边的厢房用钻山的方式与鹿顶的耳房相连接。鹿顶,单独用时指平屋顶。耳房,连接正房两侧的小房子。钻山,指山墙上开门或开洞,与相邻的房子或游廊相接。

⑤ [万几宸(chén)翰之宝]这是皇帝印章上的文字。万几,万机,就是万事,形容皇帝事务繁多,日理万机的意思。几同机。宸翰,皇帝的笔迹。宸,北宸,即北极星。皇帝坐北朝南,所以以北宸代指皇帝。翰,墨迹,书法。宝,指皇帝的印玺。

⑥ [待漏随朝墨龙大画]待漏,封建时代大臣要在五更前到朝廷里等待上朝的时刻。漏,铜壶滴漏,古代计时器,代指时间。随朝,按照大臣的班列朝见皇帝。墨龙大画,巨龙在云雾海潮中隐现的大幅水墨画。旧时以龙象征帝王。画中之"潮"与朝见之"朝"谐音。隐喻上朝见君王的意思。

⑦ [金蜼(wěi)彝]原为有蜼形图案的青铜祭器,后作贵重陈设品。蜼,一种长尾猿。彝,古代青铜器中礼器的通称。

⑧ [醢(hǎi)]盛酒器。

楠木交椅，又有一副对联，乃乌木联牌，镶着錾银的字迹，道是：座上珠玑昭日月，堂前黼黻焕烟霞。^① 下面一行小字，道是："同乡世教弟勋袭东安郡王穆莳^②拜手书"。

原来王夫人时常居坐宴息，亦不在这正室，只在这正室东边的三间耳房内。于是老嬷嬷引黛玉进东房门来。临窗大炕上铺着猩红洋罽^③，正面设着大红金钱蟒靠背，石青金钱蟒引枕^④，秋香色金钱蟒大条褥。两边设一对梅花式洋漆小几。左边几上文王鼎匙箸香盒，右边几上汝窑美人觚^⑤——觚内插着时鲜花卉，并茗碗痰盒等物。地下面西一溜四张椅上，都搭着银红撒花椅搭，底下四副脚踏。椅之两边，也有一对高几，几上茗碗瓶花俱备。其余陈设，自不必细说。老嬷嬷们让黛玉炕上坐，炕沿上却有两个锦褥对设，黛玉度其位次，便不上炕，只向东边椅子上坐了。本房内的丫鬟忙捧上茶来。黛玉一面吃茶，一面打谅这些丫鬟们，妆饰衣裙，举止行动，果亦与别家不同。

茶未吃了，只见一个穿红绫袄青缎掐牙^⑥背心的丫鬟走来笑说道："太太说，请林姑娘到那边坐罢。"老嬷嬷听了，于是又引黛玉出来，到了东廊三间小正房内。正房炕上横设一张炕桌，桌上磊着书籍茶具，靠东壁面西设着半旧的青缎靠背引枕。王夫人却坐在西边下首，亦是半旧的青缎靠背坐褥。见黛玉来了，便往东让。黛玉心中料定这是贾政之位。因见挨炕一溜三张椅子上，也搭着半旧的弹墨椅袱^⑦，黛玉便向椅上坐了。王夫人再四携他上炕，他方挨王夫人坐了。王夫人因说："你舅舅今日斋戒去了，再见罢。只是有一句话嘱咐你：你三个姊妹倒都极好，以后一处念书认字学针线，或是偶一顽笑，都有尽让的。但我不放心的最是一件：我有一个孽根祸胎，是家里的'混世魔王'，今日因庙里还愿去了，尚未回来，晚间你看见便知了。你只以后不要睬他，你这些姊妹都不敢沾惹他的。"

黛玉亦常听得母亲说过，二舅母生的有个表兄，乃衔玉而诞，顽劣异常，极恶读书，最喜在内帏^⑧厮混，外祖母又极溺爱，无人敢管。今见王夫人如此说，便知说的是这表兄了。因陪笑道："舅母说的，可是衔玉所生的这位哥哥？在家时亦曾听见母亲常说，这位哥哥比我大一岁，小名就唤宝玉，虽极憨顽，说在姊妹情中极好的。况我来了，自然只和姊妹同处，兄弟们自是别院另室的，岂得去沾惹之理？"王夫人笑道："你不知道原故：他与别人不同。自幼因老太太疼爱，原系同姊妹们一处娇养惯了。若姊妹们有日不理他，他倒还安静些，纵然他没趣，不过出了二门，背地里拿着他两个小幺儿^⑨出气，咕唧一会子就完了。若这一日姊妹们和他多说一句话，他心里一乐，便生出多少事来。所以嘱咐你别睬他。他嘴里一时甜言蜜语，一时有天无日，一时又疯疯傻傻，只休信他。"

---

① [座上珠玑昭日月，堂前黼黻(fǔfú)焕烟霞]形容座中人和堂上客的衣饰华贵：佩带的珠玉如日月般光彩照人，衣服的图饰如烟霞般绚丽夺目。珠玑，珍珠。黼黻，古代礼服上青黑相间的花纹。黼，半黑半白的斧形图案。黻，半黑半青的"亚"形图案。

② [莳(shì)]原意移栽。这里用于人名。

③ [罽(jì)]毛织的毯子。

④ [引枕]坐时搭扶胳膊的一种圆墩形的倚枕。

⑤ [汝窑美人觚(gū)]宋朝河南汝州窑烧制的一种仿古瓷器。觚，古代盛酒器，长身细腰，形如美人。

⑥ [掐牙]锦缎双叠成细条，嵌在衣服或背心的夹边上，仅露少许，作为装饰，叫掐牙。

⑦ [弹墨椅袱]以纸剪镂空图案覆于织品上，用墨色或其他颜色弹或喷成各种图案花样，叫弹墨。椅袱，用棉、缎之类做成的椅套。

⑧ [内帏]内室，女子的居处。帏，幕帐。

⑨ [小幺(yāo)儿]身边使唤的小仆人。幺，幼小。

黛玉一一的都答应着。只见一个丫鬟来回:"老太太那里传晚饭了。"王夫人忙携黛玉从后房门由后廊往西,出了角门,是一条南北宽夹道。南边是倒座①三间小小的抱厦厅,北边立着一个粉油大影壁②,后有一半大门,小小一所房室。王夫人笑指向黛玉道:"这是你凤姐姐的屋子,回来你好往这里找他来,少什么东西,你只管和他说就是了。"这院门上也有四五个才总角③的小厮,都垂手侍立。王夫人遂携黛玉穿过一个东西穿堂,便是贾母的后院了。于是,进入后房门,已有多人在此伺候,见王夫人来了,方安设桌椅。贾珠之妻李氏捧饭,熙凤安箸,王夫人进羹。贾母正面榻上独坐,两边四张空椅,熙凤忙拉了黛玉在左边第一张椅上坐了,黛玉十分推让。贾母笑道:"你舅母你嫂子们不在这里吃饭。你是客,原应如此坐的。"黛玉方告了座,坐了。贾母命王夫人坐了。迎春姊妹三个告了座方上来。迎春便坐右手第一,探春左第二,惜春右第二。旁边丫鬟执着拂尘④,漱盂、巾帕。李、凤二人立于案旁布让⑤。外间伺候之媳妇丫鬟虽多,却连一声咳嗽不闻。寂然饭毕,各有丫鬟用小茶盘捧上茶来。当日林如海教女以惜福养身,云饭后务待饭粒咽尽,过一时再吃茶,方不伤脾胃。今黛玉见了这里许多事情不合家中之式,不得不随的,少不得一一改过来,因而接了茶。早见人又捧过漱盂来,黛玉也照样漱了口。盥手毕,又捧上茶来,这方是吃的茶。贾母便说:"你们去罢,让我们自在说话儿。"王夫人听了,忙起身,又说了两句闲话,方引凤,李二人去了。贾母因问黛玉念何书。黛玉道:"只刚念了《四书》。"黛玉又问姊妹们读何书。贾母道:"读的是什么书,不过是认得两个字,不是睁眼的瞎子罢了!"

一语未了,只听外面一阵脚步响,丫鬟进来笑道:"宝玉来了!"黛玉心中正疑惑着:"这个宝玉,不知是怎生个惫懒⑥人物,懵懂顽童?"——倒不见那蠢物也罢了。心中想着,忽见丫鬟话未报完,已进来了一位年轻的公子:头上戴着束发嵌宝紫金冠⑦,齐眉勒着二龙抢珠金抹额⑧,穿一件二色金百蝶穿花大红箭袖⑨,束着五彩丝攒花结长穗宫绦⑩,外罩石青起花八团倭缎排穗褂⑪,登着青缎粉底小朝靴⑫。面若中秋之月,色如春晓之花,鬓若刀裁,眉如墨画,面如桃瓣,目若秋波。虽怒时而若笑,即瞋视而有情。项上金螭璎珞,又有一根五色

---

①　[倒座]正房是坐北朝南。"倒座"是与正房相对坐南朝北的房子。

②　[影壁]俗称照墙,于门内或门外用作屏障或装饰。

③　[总角]儿童向上分开的两个发髻,代指儿童时代。

④　[拂尘]形如马尾,后有持柄,用以拂拭尘土,或驱赶蝇蚊,俗称"蝇甩子"。古时多用麈(zhǔ)兽之尾制成,所以又称麈尾。

⑤　[布让]宴席间向客人敬菜、劝餐。

⑥　[惫(bèi)懒]涎皮赖脸的意思。

⑦　[嵌宝紫金冠]把头发束扎在顶部的一种髻冠,上面插戴各种饰物或镶嵌珠玉。

⑧　[二龙抢珠金抹额]二龙抢珠,抹额上装饰的图案。抹额,围扎在额前,用以压发、束额。

⑨　[二色金百蝶穿花大红箭袖]用两色金线绣成的百蝶穿花图案的大红窄袖衣服。箭袖,原为便于射箭穿的窄袖衣服,这里指男子穿的一种服式。

⑩　[五彩丝攒花结长穗宫绦(tāo)]五彩丝攒花结,用五彩丝攒聚成花朵的结子,指绦带上的装饰花样。长穗宫绦,指系在腰间的绦带。长穗,是绦带端部下垂的穗子。

⑪　[石青起花八团倭缎排穗褂]团,圆形团花。倭缎,又称东洋缎。排穗,排缀在衣服下面边缘的彩穗。

⑫　[青缎粉底小朝靴]指黑色缎面、白色厚底、半高筒的靴子。青缎,黑色的缎子。朝靴,古代百官穿的"乌皮履"。

丝绦,系着一块美玉。黛玉一见,便吃一大惊,心下想道:"好生奇怪,倒像在那里见过一般,何等眼熟到如此!"只见这宝玉向贾母请了安①,贾母便命:"去见你娘来。"宝玉即转身去了。一时回来,再看,已换了冠带:头上周围一转的短发,都结成小辫,红丝结束,共攒至顶中胎发,总编一根大辫,黑亮如漆,从顶至梢,一串四颗大珠,用金八宝坠角②,身上穿着银红撒花半旧大袄,仍旧带着项圈、宝玉、寄名锁③、护身符④等物,下面半露松花撒花绫裤腿,锦边弹墨袜,厚底大红鞋。越显得面如敷粉,唇若施脂,转盼多情,语言常笑。天然一段风骚,全在眉梢,平生万种情思,悉堆眼角。看其外貌最是极好,却难知其底细。后人有《西江月》二词,批宝玉极恰,其词曰:

无故寻愁觅恨,有时似傻如狂。纵然生得好皮囊⑤,腹内原来草莽。潦倒不通世务,愚顽怕读文章。行为偏僻⑥性乖张,那管世人诽谤!

富贵不知乐业,贫穷难耐凄凉。可怜辜负好韶光⑦,于国于家无望。天下无能第一,古今不肖无双。寄言纨绔与膏粱:莫效此儿形状!⑧

贾母因笑道:"外客未见,就脱了衣裳,还不去见你妹妹!"宝玉早已看见多了一个姊妹,便料定是林姑妈之女,忙来作揖。厮见毕归坐,细看形容,与众各别:两弯似蹙非蹙罥烟眉⑨,一双似喜非喜含情目。态生两靥之愁,娇袭一身之病⑩。泪光点点,娇喘微微。闲静时如姣花照水,行动处似弱柳扶风。心较比干多一窍,病如西子胜三分⑪。宝玉看罢,因笑道:"这个妹妹我曾见过的。"贾母笑道:"可又是胡说,你又何曾见过他?"宝玉笑道:"虽然未曾见过他,然我看着面善,心里就算是旧相识,今日只作远别重逢,亦未为不可。"贾母笑道:"更好,更好,若如此,更相和睦了。"宝玉便走近黛玉身边坐下,又细细打量一番,因问:"妹妹可曾读书?"黛玉道:"不曾读,只上了一年学,些须⑫认得几个字。"宝玉又道:"妹妹尊名是那两个字?"黛玉便说了名。宝玉又问表字。黛玉道:"无字。"宝玉笑道:"我送妹妹一妙字,

---

① [请了安]请安,即问安。清代的请安礼节是,男子打千,女子双手扶左膝,右腿微屈,向下蹲身,口称"请某人安"。

② [坠角]用于朝珠、床帐下端起下垂作用的小装饰品,这里指辫子梢部所坠的饰物。

③ [寄名锁]旧时怕幼儿夭亡,给寺院或道观一定财物,让幼儿当"寄名"弟子,并在幼儿的项下系一小金锁,名"寄名锁"。这是迷信习俗。

④ [护身符]是从道观领来的一种符箓,带在身上,避祸免灾。这是迷信习俗。

⑤ [皮囊]一作"皮袋",指人的躯壳。佛教认为人的灵魂不死不灭,人的肉体只是为灵魂提供暂时住所,犹如皮口袋。

⑥ [偏僻]偏激,不端正。

⑦ [可怜辜负好韶光]可惜白白浪费了大好时光。可怜,这里是可惜的意思。辜负,也写作孤负,本意是背负、对不起,这里有浪费的意思。

⑧ [寄言纨绔与膏粱:莫效此儿形状]赠言公子哥儿一句话:可别学这孩子的坏样子。寄言,赠言。膏粱,肥肉精米,这里借指富贵子弟。

⑨ [罥(juàn)烟眉]形容眉毛像一抹轻烟。罥,缠绕。

⑩ [态生两靥(yè)之愁,娇袭一身之病]意思是妩媚的风韵生于含愁的容颜,娇怯的情态出于孱弱的病体。态,情态,风韵。靥,面颊上的酒涡。袭,承继,由……而来。

⑪ [心较比干多一窍,病如西子胜三分]意思说,林黛玉聪明颖悟,病弱娇美胜过西施。比干,商朝纣王的叔父。《史记·殷本纪》载:纣王淫乱,"比干曰:'为人臣者,不得不以死争。'迺(乃)强谏纣。纣怒曰:'吾闻圣人心有七窍。'剖比干,观其心。"古人认为心窍越多越有智慧。

⑫ [些须]一点儿。

莫若'颦颦'①二字极妙。"探春便问何出。宝玉道："《古今人物通考》②上说：'西方有石名黛，可代画眉之墨。'况这林妹妹眉尖若蹙，用取这两个字，岂不两妙！"探春笑道："只恐又是你的杜撰。"宝玉笑道："除《四书》外，杜撰的太多，偏只我是杜撰不成？"又问黛玉："可也有玉没有？"众人不解其语，黛玉便忖度着因他有玉，故问我有也无，因答道："我没有那个。想来那玉是一件罕物，岂能人人有的。"宝玉听了，登时发作起痴狂病来，摘下那玉，就狠命摔去，骂道："什么罕物，连人之高低不择，还说'通灵'不'通灵'呢！我也不要这劳什子了！"吓的众人一拥争去拾玉。贾母急的搂了宝玉道："孽障！你生气，要打骂人容易，何苦摔那命根子！"宝玉满面泪痕泣道："家里姐姐妹妹都没有，单我有，我说没趣，如今来了这们一个神仙似的妹妹也没有，可知这不是个好东西。"贾母忙哄他道："你这妹妹原有这个来的，因你姑妈去世时，舍不得你妹妹，无法处，遂将他的玉带了去了：一则全殉葬之礼，尽你妹妹之孝心，二则你姑妈之灵，亦可权作见了女儿之意。因此他只说没有这个，不便自己夸张之意。你如今怎比得他？还不好生慎重带上，仔细你娘知道了。"说着，便向丫鬟手中接来，亲与他带上。宝玉听如此说，想一想大有情理，也就不生别论了。

当下，奶娘来请问黛玉之房舍。贾母说："今将宝玉挪出来，同我在套间③暖阁儿④里，把你林姑娘暂安置碧纱橱⑤里。等过了残冬，春天再与他们收拾房屋，另作一番安置罢。"宝玉道："好祖宗，我就在碧纱橱外的床上很妥当，何必又出来闹的老祖宗不得安静。"贾母想了一想说："也罢了。"每人一个奶娘并一个丫头照管，余者在外间上夜听唤。一面早有熙风命人送了一顶藕合色花帐并几件锦被缎褥之类。

黛玉只带了两个人来：一个是自幼奶娘王嬷嬷，一个是十岁的小丫头，亦是自幼随身的，名唤作雪雁。贾母见雪雁甚小，一团孩气，王嬷嬷又极老，料黛玉皆不遂心省力的，便将自己身边的一个二等丫头，名唤鹦哥者与了黛玉。外亦如迎春等例，每人除自幼乳母外，另有四个教引嬷嬷⑥，除贴身掌管钗钏盥沐两个丫鬟外，另有五六个洒扫房屋来往使役的小丫鬟。当下，王嬷嬷与鹦哥陪侍黛玉在碧纱橱内。宝玉之乳母李嬷嬷，并大丫鬟名唤袭人者，陪侍在外面大床上。

思考与练习

一、略读课文，在下面各题的横线上填入有关内容。

1. 本篇课文选自清代作家_____的《_____》一书的第三回。本书以_____
_____

①　[颦(pín)]皱眉头。

②　[《古今人物通考》]从下文来看，可能是宝玉的杜撰。

③　[套间]与正房相连的两侧房间。

④　[暖阁儿]在套间内再隔断为小房间，内设炕褥，两边安有隔扇，上边有一横眉，形成床帐的样子，称"暖阁"。

⑤　[碧纱橱]是清代建筑内檐装修中隔断的一种，也换隔扇门、格门。清朝《装修作则例》中写作"隔扇碧纱橱"。用以隔断开间，中间两扇可以开关。格心多灯笼框式样，灯笼心上常糊以纸，纸上画花或题字；宫殿或富贵人家常在隔心处安装玻璃或糊各色纱，所以叫"碧纱橱"，俗称"格扇"。这里的"碧纱橱里"是指碧纱橱隔开的里间。

⑥　[教引嬷嬷]清朝皇子一落生，就有保姆、乳母各八人；断乳后，增"谙达"(满语，伙伴、朋友的意思，这里指陪伴并负有教导责任的人)，"凡饮食、言语、行步、礼节皆教之"(见《清稗类抄》)。贵族家庭的"教引嬷嬷"职务与皇宫的"谙达"相似。

为主线,真实而艺术地反映了我国封建社会由盛而衰的历史趋势。

2. 课文以_____为线索,展现了贾府的众多人物及独特的环境。

3. 小说中的人物有着鲜明的性格特征,给你印象最深的人物有_____。

4. 林黛玉是一个丧母投亲、寄人篱下、多愁善感的少女形象,在文中她的性格具体表现为_____。

二、再次略读课文,选择正确答案。

林黛玉进贾府这一天的行踪是:(　　　)→(　　　)→(　　　)→(　　　)→(　　　)→(　　　)。

A. 荣国府正门　　　　B. 贾母院　　　　C. 荣禧堂

D. 贾政院　　　　　　E. 贾赦院　　　　F. 碧纱橱

三、贾宝玉有怎样的性格? 林黛玉有怎样的性格? 他们生活在什么样的环境中? 你认为贾宝玉这形象有什么典型意义?

四、复述小说的故事情节。

三　项链①

莫泊桑

她也是一个美丽动人的姑娘,好像由于命运的差错,生在一个小职员的家里。她没有陪嫁的资产,也没有什么法子让一个有钱的体面人认识她、了解她、爱她、娶她;最后只得跟教育部的一个小书记②结了婚。

她不能够讲究打扮,只好穿得朴朴素素,但是她觉得很不幸,好像这降低了她的身份似的。因为在妇女,美丽、丰韵、娇媚,就是她们的出身;天生的聪明、优美的资质、温柔的性情,就是她们唯一的资格。

她觉得她生来就是为着过高雅和奢华的生活,因此她不断地感到痛苦。住宅的寒伧③,墙壁的黯淡,家具的破旧,衣料的粗陋,都使她苦恼。这些东西,在别的跟她一样地位的妇人,也许不会挂在心上,然而她却因此痛苦,因此伤心。她看着那个替她做琐碎家事的勃雷大涅省的小女仆,心里就引起悲哀的感慨和狂乱的梦想。她梦想那些幽静的厅堂,那里装饰着东方的帷幕,点着高脚的青铜灯,还有两个穿短裤的仆人,躺在宽大的椅子里,被暖炉的热气烘得打盹。她梦想那些宽敞的客厅,那里张挂着古式的壁衣,陈设着精巧的木器,珍奇的古玩。她梦想那些华美的香气扑鼻的小客室,在那里,下午五点钟的时候,她跟最亲密的男朋友闲谈,或者跟那些一般女人所最仰慕最乐于结识的男子闲谈。

---

① 选自《莫泊桑中短篇小说选》(人民文学出版社 1981 年出版)。莫泊桑,19 世纪法国批判现实主义作家,短篇小说巨匠。代表作有短篇小说集《羊脂球》等。

② [书记]旧时在机关里做抄写工作的人。

③ [寒伧(chen)]丢脸,不体面。

　　每当她在铺着一块三天没洗的桌布的圆桌来吃晚饭的时候,对面,她的丈夫揭开汤锅的盖子,带着惊喜的神气说:"啊! 好香的肉汤! 再没有比这更好的了! ……"这时候,她就梦想到那些精美的晚餐,亮晶晶的银器;梦想到那些挂在墙上的壁衣,上面绣着古装人物,仙境般的园林、奇异的禽鸟;梦想到盛在名贵的盘碟里的佳肴;梦想到一边吃着粉红色的鲈鱼①或者松鸡翅膀,一边带着迷人的微笑听客人密谈。

　　她没有漂亮服装,没有珠宝,什么也没有。然而她偏听偏偏只喜爱这些,她觉得自己生在世上就是为了这些。她一向就想望着得人欢心,被人艳羡,具有诱惑力而被人追求。

　　她有一个有钱的女朋友②,是教会女校的同学,可是她再也不想去看望她了,因为看望回来就会感到十分痛苦。由于伤心、悔恨、失望、困苦,她常常整日地哭好几天。

　　然而,有一天傍晚,她丈夫得意扬扬地回家来,手里拿着一个大信封。

　　"看呀,"他说,"这里有点东西给你。"

　　她高高兴兴地拆开信封,抽出一张请柬,上面印着这些字:

　　"教育部部长乔治·郎伯诺及夫人,恭请路瓦栽先生与夫人于 1 月 18 日(星期一)光临教育部礼堂,参加夜会。"

　　她不像她丈夫预料的那样高兴,她懊恼地把请柬丢在桌上,咕哝着:

　　"你叫我拿着这东西怎么办呢?"

　　"但是,亲爱的,我原以为你一定很喜欢的。你从来不出门,这是一个机会,这个,一个好机会! 我费了多大力气才弄到手。大家都希望得到,可是很难得到,一向很难得到,一向很少发给职员。你在那儿可以看见所有的官员。"

　　她用恼怒的眼睛瞧着他,不耐烦地大声说:

　　"你打算让我穿什么去呢?"

　　他没有料到这个,结结巴巴地说:

　　"你上戏园子穿的那件衣裳,我觉得就很好,依我……"

　　他住了口,惊慌失措,因为看见妻子哭起来了,两颗大大的泪珠慢慢地顺着眼角流到嘴角来了。他吃吃地说:

　　"你怎么了? 你怎么了?"

　　她费了很大力气才抑制住悲痛,擦干她那润湿的两腮,用平静的声音回答:

　　"没有什么。只是,没有件像样的衣服,我不能去参加这个夜会。你的同事,谁的妻子打扮得比我好,就把这请柬送给谁去吧。"

　　他难受了,接着说:

　　"好吧,玛蒂尔德③。做一身合适的衣服,你在别的场合也能穿,很朴素的,得多少钱呢?"

　　她想了几秒钟,合计出一个数目。考虑到这个数目可以提出来,不会招致这个俭省的书记立刻的拒绝和惊骇的叫声。

　　末了,她迟疑地答道:

———————————

　　①　[鲈鱼]一种嘴大鳞细的鱼,肉味鲜美。
　　②　[一个有钱的女朋友]指下文的佛来思节夫人。
　　③　[玛蒂尔德]路瓦栽夫人的名字。

"准数呢,我不知道,不过我想,有四百法郎就可以办到。"

他脸色有点发白了。他恰好存着这么一笔款子,预备买一杆猎枪,好在夏季的星期天,跟几个朋友到南代尔平原去打云雀。

然而他说:

"就这样吧,我给你四百法郎。不过你得把这件长衣裙做得好看些。"

夜会的日子近了,但是路瓦栽夫人显得郁闷、不安、忧愁。她的衣服却做好了。她丈夫有一天晚上对她说:

"你怎么了? 看看,这三天来你非常奇怪。"

她回答说:

"叫我发愁的是一粒珍珠、一块宝石都没有,没有什么戴的。我处处带着穷酸气,很不想去参加这个夜会。"

他说:

"戴上几朵鲜花吧。在这个季节里,这是很时新的,花十个法郎,就能买两三朵别致的玫瑰。"

她还是不依。

"不成,……在阔太太中间露穷酸相,再难堪也没有了。"

她丈夫大声说:

"你多么傻呀! 去找你的朋友佛来思节夫人,向她借几样珠宝。你跟她很有交情,这点事满可以办到。"

她发出惊喜的叫声。

"真的! 我倒没想到这个。"

第二天,她到她的朋友家里,说起自己的烦闷。

佛来思节夫人走近她那个镶着镜子的衣柜,取出一个大匣子,拿过来打开了,对路瓦栽夫人说:

"挑吧,亲爱的。"

她先看了几副镯子,又看了一挂珍珠项链,随后又看了一个威尼斯式的镶着宝石的金十字架,做工非常精巧。她在镜子前边试这些首饰,犹豫不决,不知道该拿起哪件,放下哪件。她不断地问着:

"再没有别的了吗?"

"还有呢。你自己找吧,我不知道哪样合你的意。"

忽然她在一个青缎子盒子里发现一挂精美的钻石项链,她高兴得心都快跳出来了。她双手拿着那项链发抖。她把项链绕着脖子挂在她那长长的高领上,站在镜前对着自己的影子出神好半天。

随后,她迟疑而焦急地问:

"你能借给我这件吗? 我只借这一件。"

"当然可以。"

她跳起来,搂住朋友的脖子,狂热地亲她,接着就带着这件宝物跑了。

夜会的日子到了,路瓦栽夫人得到成功。她比所有的女宾都漂亮、高雅、迷人,她满脸笑容,兴高采烈。所有的男宾都注视她,打听她的姓名,求人给介绍;部里机要处的人员都想跟她跳舞，部长也注意她了。

她狂热地兴奋地跳舞，沉迷在欢乐里，什么都不想了。她陶醉于自己的美貌胜过一切女宾，陶醉于成功的光荣，陶醉在人们对她的赞美和羡妒所形成的幸福的云雾里，陶醉在妇女们所认为最美满最甜蜜的胜利里。

她是早晨四点钟光景离开的。她丈夫从半夜起就跟三个男宾在一间冷落的小客室里睡着了。那时候，这三个男宾的妻子也正舞得快活。

她丈夫把那件从家里带来预备给她临走时候加穿的衣服，披在她的肩膀上。这是件朴素的家常衣服，这件衣服的寒伧味儿跟舞会上的衣服的豪华气派很不相称。她感觉到这一点，为了避免那些穿着珍贵皮衣的女人看见，想赶快逃走。

路瓦栽把她拉住，说：

"等一等，你到外边要着凉的。我去叫一辆马车来。"

但是她一点也不听，赶忙走下台阶。他们到了街上，一辆车也没看见，他们到处找，远远地看见车夫就喊。

他们在失望中顺着塞纳河走去，冷得发抖，终于在河岸上找着一辆拉晚儿的破马车。这种车，巴黎只有夜间才看得见；白天，它们好像自惭形秽①，不出来。

车把他们一直拉到马丁街寓所门口，他们惘怅地进了门。在她，一件大事算是完了。她丈夫呢，就想着十点钟得到部里去。

她脱下披在肩膀上的衣服，站在镜子前边，为的是趁这荣耀的打扮还在身上，再端详一下自己。但是，她猛然喊了一声。脖子上的钻石项链没有了。

她丈夫已经脱了一半衣服，就问：

"什么事情？"

她吓昏了，转身向着他说：

"我……我……我丢了佛来思节夫人的项链了。"

他惊惶失措地直起身子，说：

"什么！……怎么啦！……哪儿会有这样的事！"

他们在长衣裙褶里、大衣褶里寻找，在所有口袋里寻找，竟没有找到。

他问：

"你确实相信离开舞会的时候它还在吗？"

"是的。在教育部走廊上我还摸过它呢。"

"但是，如果是在街上丢的，我们总听得见声响。一定是丢在车里了。"

"是的，很可能。你记得车的号码吗？"

"不记得。你呢，你没注意吗？"

"没有。"

他们惊惶地面面相觑。末后，路瓦栽重新穿好衣服。

"我去，"他说，"把我们走过的路再走一遍，看看会不会找着。"

他出去了。她穿着那件参加舞会的衣服，连上床睡觉的力气也没有，只是倒在一把椅子里发呆，精神一点提不起来，什么也不想。

————————————

①　[自惭形秽]看到自己不如别人而感到羞愧。

七点钟光景,她丈夫回来了。什么也没找着。

后来,他到警察厅去,到各报馆去,悬赏招寻,也到所有车行去找。总之,凡有一线希望的地方,他都去过了。

她面对着这不幸的灾祸,整天等候着,整天在惊恐的状态里。

晚上,路瓦栽带着瘦削苍白的脸回来了,一无所得。

"应该给你的朋友写信,"他说,"说你把项链的搭钩弄坏了,正在修理。这样,我们才有周转的时间。"

她照他说的写了封信。

过了一个星期,他们所有的希望都断绝了。

路瓦栽,好像老了五年,他决然说:

"应该想法赔偿这件首饰了。"

第二天,他们拿了盛项链的盒子,照着盒子上的招牌字号找到那家珠宝店。老板查看了许多账簿,说:

"太太,这挂项链不是我卖出的;我只卖出这个盒子。"

于是他们就从这家珠宝店到那家珠宝店,凭着记忆去找一挂同样的项链。两个人都愁苦不堪,快病倒了。

在皇宫街一家铺子里,他们看见一挂钻石项链,正跟他们找的那一挂一样,标价四万法郎。老板让了价,只要三万六千。

他们恳求老板,三天以内不要卖出去。他们又订了约,如果原来那一挂在二月底以前找着,那么老板可以拿三万四千收回这一挂。

路瓦栽现有父亲遗留给他的一万八千法郎。其余的,他得去借。

他开始借钱了。向这个借一千法郎向那个借五百法郎,又从这儿借五个路易①,从那儿借三个路易。他签了好些债券,订了好些使他破产的契约。他跟许多放高利贷的人和各种不同国籍的放债人打交道。他顾不得后半世的生活了,冒险到处签着名,却不知道能保持信用不能。未来的苦恼,将要压在身上的残酷的贫困,肉体的苦楚,精神的折磨,在这一切的威胁之下,他把三万六千法郎放在商店的柜台上,取来那挂新的项链。

路瓦栽夫人送还项链的时候,佛来思节夫人带着一种不满意的神情对她说:

"你应当早一点还我,也许我早就要用它了。"

佛来思节夫人没有打开盒子。她的朋友正担心她打开盒子。如果她发觉是件代替品,她会怎样想呢?会怎样说呢?她不会把她的朋友当作一个贼吗?

路瓦栽夫人懂得穷人的艰难生活了。她一下子显出了英雄气概,毅然决然打定了主意。她要偿还这笔可怕的债务。她就设法偿还。她辞退了女仆,迁移了住所,租赁了一个小阁楼住下。

她懂得家里的一切粗笨活儿和厨房里的讨厌的杂事了。她刷洗杯盘碗碟,在那油腻的盆沿上和锅底上磨粗了她那粉嫩的手指。她用肥皂洗衬衣,洗抹布,晾在绳子上。每天早晨,她把垃圾从楼上提至街上,再把水从楼下提到楼上,走上一层楼,就站住喘气。她穿得像一个穷苦的女人,胳膊上挎着篮子,到水果店里,杂货店里,肉铺里,争价钱,受嘲骂,一个

————————————

① [路易]法国钱币名。一路易约值二十法郎。

铜子一个铜子地节省她那艰难的钱。

月月都得还一批旧债,借一些新债,这样来延缓清偿的时日。

她丈夫一到晚上就给一个商人誊写账目,常常到了深夜还在抄写五个铜子一页的书稿。

这样的生活继续了十年。

第十年年底,债都还清了,连那高额的利息和利上加利滚成的数目都还清了。

路瓦栽夫人现在显得老了。她成了一个穷苦人家粗壮耐劳的妇女了。她胡乱地挽着头发,歪斜地系着裙子,露着一双通红的手,高声大气地说着话,用大桶的水刷洗地板。但是有时候,她丈夫办公去了,她一个人坐在窗前,就回想起当年那个舞会来,那个晚上,她多么美丽,多么使人倾倒啊!

要是那时候没有丢掉那挂项链,她现在是怎样一个境况呢? 谁知道呢? 谁知道呢? 人生是多么奇怪,多么变幻无常啊,极细小的一件事可以败坏你,也可成全你!

有一个星期天,她到极乐公园去走走,舒散一星期来的疲劳。这时候,她忽然看见一个妇人领着一个孩子在散步。原来就是佛来思节夫人,她依旧年轻,依旧美丽动人。

路瓦栽夫人无限感慨。她要上前去跟佛来思节夫人说话吗? 当然,一定得去。而且现在她把债都还清,她可以完全告诉她了。为什么不呢?

她走上前去。

"你好,珍妮①。"

那一个竟一点也不认识她了。一个平民妇人这样亲昵地叫她,她非常惊讶。她磕磕巴巴地说:

"可是……太太……我不知道……你一定是认错了。"

"没有错。我是玛蒂尔德·路瓦栽。"

她的朋友叫了一声:

"啊! ……我可怜的玛蒂尔德,你怎么变成这样了! ……"

"是的,多年不见面了,这些年来我忍受着许多苦楚,……而且都是因为你! ……"

"因为我? ……这是怎么讲的?"

"你一定记得你借给我的那挂项链吧,我戴了去参加教育部夜会的那挂。"

"记得。怎么样呢?"

"怎么样? 我把它丢了。"

"哪儿的话! 你已经还给我了。"

"我还给你的是另一挂,跟你那挂完全相同。你瞧,我们花了十年工夫,才付清它的代价。你知道,对于我们这样什么也没有的人,这可不是容易的啊! ……不过事情到底了结了,我倒很高兴了。"

佛来思节夫人停下脚步,说:

"你是说你买了一挂钻石项链赔我吗?"

"对呀。你当时没有看出来? 简直是一模一样的啊。"

于是她带着天真的得意的神情笑了。

---

① ［珍妮］佛来思节夫人的名字。

佛来思节夫人感动极了，抓住她的双手，说：

"唉！我可怜的玛蒂尔德！可是我那一挂是假的，至多值五百法郎！……"

思考与练习

一、细读全文，复述情节。

二、小说到最后才写项链是假的，在此之前，是否有伏笔？

三、从下边两题中任选一题，根据题意自拟题目，写两三百字。

1. 得知项链是假的以后，玛蒂尔德会有什么表现？注意心理描写。

2. 假如项链没有丢掉，或者丢了以后立即得知项链是假的，玛蒂尔德的结局将会怎样？

四、玛蒂尔德有什么样的性格特点？她生活在什么样的环境中？

五、小说故事好象没有讲完，这正是作者的高明之处。你设想一下，佛来思节夫人和玛蒂尔德会怎么办？

四　林教头风雪山神庙①

施耐庵

话说当日林冲正闲走间，忽然背后人叫。回头看时，却认得是酒生儿②李小二。当初在东京时，多得林冲看顾；后来不合③偷了店主人家钱财，被捉住了，要送官司问罪，又得林冲主张陪话④，救了他免送官司，又与他陪了些钱财，方得脱免；京中安不得身，又亏林冲赍发⑤他盘缠，于路投奔人。不想今日却在这里撞见。林冲道："小二哥！你如何也在这里？"李小二便拜道："自从得恩人救济，赍发小人，一地里投奔人不着，迤逦⑥不想来到沧州，投托一个酒店主人，姓王，留小人在店中做过卖⑦。因见小人勤谨，安排的好菜蔬，调和的好汁水，来吃的人都喝采，以此买卖顺当，主人家有个女儿，就招了小人做女婿。如今丈人丈母都死了，只剩得小人夫妻两个，权在营前⑧开了个茶酒店。因讨钱过来，遇见恩人。恩人不知为何事在这里？"林冲指着脸上道："我因恶了高太尉，生事陷害，受了一场官司，刺配⑨到这里。如今叫我管天王堂，未知久后如何。不想今日在此见你。"李小二就请林冲到家里坐定，叫妻子出来拜了恩人。两口儿欢喜道："我夫妇二人正没个亲眷，今日得恩人到来，便是从天

---

①　节选自《水浒》（七十一回本）第十回。林教头，即林冲。林冲原是北宋京城的80万禁军（保卫京城的军队）枪棒教头（教官）。

②　[酒生儿]酒店的伙计。

③　[不合]不该。

④　[主张陪话]出头做主，为他说好话。

⑤　[赍(jī)发]资助。

⑥　[迤逦(yǐlǐ)]曲折连绵，这里是一路走去，绕来绕去的意思。

⑦　[过卖]堂倌，酒食店里招待顾客的伙计。

⑧　[营前]指牢城营前。牢城，收管被发配囚犯的地方。

⑨　[刺配]脸上刺上字，发配往远地充军。刺，古时的肉刑，在罪犯的额面或肌肤上刺上字，用墨染上颜色。配，发往远地充军。

降下。"林冲道："我是罪囚，恐怕玷辱你夫妻两个。"李小二道："谁不知恩人大名？休恁地说。但有衣服，便拿来家里浆洗缝补。"当时管待林冲酒食，至夜送回天王堂。次日又来相请。自此林冲得店小二家来往，不时间送汤送水来营里与林冲吃。林冲因见他两口儿恭敬孝顺，常把些银两与他做本钱。

且把闲话休题，只说正话。光阴迅速，却早冬来。林冲的绵衣裙袄都是李小二浑家整治缝补。忽一日，李小二正在门前安排菜蔬下饭，只见一个人闪将进来，酒店里坐下；随后又一人闪入来。看时，前面那个人是军官打扮，后面这个走卒模样，跟着也来坐下。李小二入来问道："可要吃酒？"只见那个人将出①一两银子与李小二道："且收放柜上，取三四瓶好酒来。客到时，果品酒馔②只顾将来，不必要问。"李小二道："官人请甚客？"那人道："烦你与我去营里请管营、差拨两个来说话。问时，你只说：'有个官人请说话，商议些事务，专等，专等。'"李小二应承了，来到牢城里，先请了差拨；同到管营家里，请了管营，都到酒店里。只见那个官人和管营、差拨两人讲了礼③。管营道："素不相识，动问官人高姓大名？"那人道："有书在此，少刻便知。且取酒来。"李小二连忙开了酒，一面铺下菜蔬果品酒馔。那人叫讨副劝盘④来，把了盏⑤，相让坐了。小二独自一个穿梭也似伏侍不暇。那跟来的人讨了汤桶⑥，自行烫酒。约计吃过十数杯，再讨了按酒铺放桌上。只见那人说道："我自有伴当烫酒，不叫，你休来。我等自要说话。"

李小二应了，自来门首叫老婆道："大姐！这两个人来得不尴尬⑦。"老婆道："怎么的不尴尬？"小二道："这两个人，语言声音是东京人，初时又不认得管营，向后我将按酒入去，只听得差拨口里呐⑧出一句'高太尉'三个字来。这人莫不与林教头身上有些干碍⑨？我自在门前理会，你且去阁子背后听说甚么。"老婆道："你去营中寻林教头来，认他一认。"李小二道："你不省得⑩。林教头是个性急的人，摸不着⑪便要杀人放火。倘或叫得他来看了，正是前日说的甚么陆虞候，他肯便罢？做出事来，须连累了我和你。你只去听一听，再理会。"老婆道："说得是。"便入去听了一个时辰，出来说道："他那三四个交头接耳说话，正不听得说甚么。只见那一个军官模样的人去伴当怀里取出一帕子物事⑫递与管营和差拨。帕子里面的莫不是金银？只听差拨口里说道：'都在我身上，好歹要结果他性命。'……"正说之时，阁子里叫："将汤来！"李小二急去里面换汤时，看见管营手里拿着一封书。小二换了汤，添些下饭。又吃了半个时辰，算还了酒钱。管营、差拨先去了，次后那两个低着头也去了。

----

① ［将出］拿出。将，拿。
② ［馔(zhuàn)］饭食。
③ ［讲了礼］见了礼。
④ ［劝盘］敬酒时放酒杯的托盘。
⑤ ［把了盏］敬了酒。
⑥ ［汤桶］热水桶。
⑦ ［不尴尬(gāngà)］鬼鬼祟祟，不正派。也作"尴尬"或者"不尴不尬"。
⑧ ［呐］同"讷"，说话迟钝或口吃，这里的意思是小声说出。
⑨ ［干碍］关涉，妨碍。
⑩ ［不省得］不明白。
⑪ ［摸不着］料不定。
⑫ ［物事］东西。

转背不多时，只见林冲走将入店里来，说道："小二哥！连日好买卖。"李小二慌忙道："恩人请坐，小二却待正要寻恩人，有些要紧话说。"林冲问道："甚么要紧的事？"李小二请林冲到里面坐下，说道："却才有个东京来的尴尬人，在我这里请管营、差拨吃了半日酒。差拨口里呐出'高太尉'三个字来，小人心下疑惑。又着浑家听了一个时辰。他却交头接耳，说话都不听得。临了，只见差拨口里应道：'都在我两个身上，好歹要结果了他。'那两个把一包金银递与管营、差拨，又吃一回酒，各自散了。不知甚么样人。小人心疑，只怕在恩人身上有些妨碍。"林冲道："那人生得甚么模样？"李小二道："五短身材①，白净面皮，没甚髭须，约有三十余岁。那跟的也不长大，紫棠色②面皮。"林冲听了，大惊道："这三十岁的正是陆虞候。那泼贱贼③敢来这里害我！休要撞着我，只叫他骨肉为泥！"李小二道："只要提防他便了；岂不闻古人言：吃饭防噎，走路防跌？"

林冲大怒，离了李小二家，先去街上买把解腕尖刀④，带在身上，前街后巷一地里去寻。李小二夫妻两个捏着两把汗。当晚无事。林冲次日天明起来，洗漱罢，带了刀，又去沧州城里城外，小街夹巷，团团⑤寻了一日。牢城营里都没动静。又来对李小二道："今日又无事。"小二道："恩人，只愿如此。只是自放仔细便了。"林冲自回天王堂，过了一夜。街上寻了三五日，不见消耗，林冲也自心下慢⑥了。

到第六日，只见管营叫唤林冲到点视厅⑦上，说道："你来这里许多时，柴大官人面皮，不曾抬举得你⑧。此间东门外十五里有座大军草料场⑨，每月但是纳草料的，有些常例钱⑩取觅。原来是一个老军看管；如今我抬举你，去替老军来守天王堂，你在那里寻几贯盘缠⑪。你可和差拨便去那里交割⑫。"林冲应道："小人便去。"当时离了营中，径到李小二家，对他夫妻两个说道："今日管营拨我去大军草料场管事，却如何？"李小二道："这个差使又好似天王堂，那里收草料时，有些常例钱钞。往常不使钱⑬时，不能够得这差使。"林冲道："却不害我，倒与我好差使，正不知何意？……"李小二道："恩人，休要疑心。只要没事便好了。只是小人家离得远了，过几时，那工夫⑭来望恩人。"就在家里安排几杯酒，

---

①　[五短身材]指身躯和四肢都短小。

②　[紫棠色]黑里带红的颜色。

③　[泼贱贼]歹毒无赖的奸贼。

④　[解腕尖刀]日常应用的一种小佩刀。

⑤　[团团]转来转去。

⑥　[慢]这里是轻忽、松懈的意思。

⑦　[点视厅]点验犯人的大厅。

⑧　[柴大官人面皮，不曾抬举得你](虽然有)柴大官人的面子，(却至今)没有抬举过你。柴大官人，柴进。林冲到沧州前，在柴进庄上住过几天；临行时，柴进给沧州大尹和牢城管营、差拨带去书信，让他们看顾林冲。

⑨　[大军草料场]存放军用草料的场子。北宋时，沧州靠近宋王朝的边界，驻扎军队，所以有草料场。

⑩　[常例钱]例行的贿赂钱。

⑪　[盘缠]这里指零用钱。

⑫　[交割]办交代。

⑬　[使钱]行贿。

⑭　[那工夫]抽空儿。那，这里同"挪"。

请林冲吃了。

　　话不絮烦,两个相别了。林冲自来天王堂,取了包裹,带了尖刀,拿了条花枪,与差拨一同辞了管营,两个取路投草料场来。正是严冬天气,彤云密布,朔风渐起,却早纷纷扬扬卷下一天大雪来。林冲和差拨两个在路上,又没买酒吃处,早来到草料场外。看时,一周遭有些黄土墙,两扇大门。推开看里面时,七八间草屋做着仓廒①,四下里都是马草堆,中间两座草厅。到那厅里,只见那老军在里面向火。差拨说道:"管营差这个林冲来,替你回天王堂看守,你可即便交割。"老军拿了钥匙,引着林冲,分付道:"仓廒内自有官司封记②。这几堆草,一堆堆都有数目。"老军都点见了堆数,又引林冲到草厅上。老军收拾行李,临了说道:"火盆、锅子、碗、碟,都借与你。"林冲道:"天王堂内,我也有在那里,你要便拿了去。"老军指壁上挂一个大葫芦,说道:"你若买酒吃时,只出草场投东大路去,三二里便有市井。"老军自和差拨回营里来。

　　只说林冲就床上放了包裹被卧③,就坐下生些焰火起来。屋后有一堆柴炭,拿几块来,生在地炉里。仰面看那草屋时,四下里崩坏了,又被朔风吹撼,摇振得动。林冲道:"这屋如何过得一冬? 待雪晴了,去城中唤个泥水匠来修理。"向了一回火,觉得身上寒冷,寻思却才老军所说,二里路外有那市井,何不去沽些酒来吃? 便去包裹里取些碎银子,把花枪挑了酒葫芦,将火炭盖了,取毡笠子戴上,拿了钥匙,出来把草厅门拽上;出到大门首,把两扇草场门反拽上锁了;带了钥匙,信步投东,雪地里踏着碎琼乱玉④,迤逦背着北风而行。那雪正下得紧。

　　行不上半里多路,看见一所古庙,林冲顶礼⑤道:"神明庇佑! 改日来烧纸钱。"又行了一回,望见一簇人家。林冲住脚看时,见篱笆中挑着一个草帚儿⑥,在露天里。林冲径到店里。主人道:"客人,那里来?"林冲道:"你认得这个葫芦么?"主人看了道:"这葫芦是草料场老军的。"林冲道:"原来如此。"店主道:"既是草料场看守大哥,且请少坐;天气寒冷,且酌三杯,权当接风⑦。"店家切一盘熟牛肉,烫一壶热酒,请林冲吃。又自买了些牛肉,又吃了数杯。就又买了一葫芦酒,包了那两块牛肉,留下些碎银子,把花枪挑着酒葫芦,怀内揣了牛肉,叫声"相扰",便出篱笆门,仍旧迎着朔风回来。看那雪,到晚越下得紧了。

　　再说林冲踏着那瑞雪,迎着北风,飞也似奔到草场门口,开了锁,入内看时,只叫得苦。原来天理昭然,佑护善人义士,因这场大雪,救了林冲的性命:那两间草厅已被雪压倒了。林冲寻思:"怎地好?"放下花枪、葫芦在雪里;恐怕火盆内有火炭延烧起来,搬开破壁子,探半身入去摸时,火盆内火种都被雪水浸灭了。林冲把手床上摸时,只拽得一条絮被。林冲钻将出来,见天色黑了,寻思:"又没打火处,怎生安排?"想起离了这半里路上有个古庙,可以安身,"我且去那里宿一夜,等到天明,却作理会。"把被卷了,花枪挑着酒葫芦,依旧把门拽上,锁了,望那庙里来。入得庙门,再把门掩上。旁边止有一块大石头,掇将过来靠了门。

---

①　[仓廒(áo)]存放粮食的仓库。

②　[官司封记]官家的封条。官司,旧时对官吏和政府的泛称。

③　[被卧]被褥。

④　[碎琼乱玉]指地上的雪。琼,美玉。

⑤　[顶礼]佛家最敬之礼,即跪拜。

⑥　[草帚儿]当酒旗用的草把。

⑦　[接风]设宴接待远方的来客。

入得里面看时，殿上塑着一尊金甲山神，两边一个判官，一个小鬼，侧边堆着一堆纸。团团看来，又没邻舍，又无庙主。林冲把枪和酒葫芦放在纸堆上，将那条絮被放开，先取下毡笠子，把身上雪都抖了，把上盖①白布衫脱将下来，早有五分湿了，和毡笠放供桌上。把被扯来盖了半截下身，却把葫芦冷酒提来，慢慢地吃，就将怀中牛肉下酒。

　　正吃时，只听得外面必必剥剥地爆响。林冲跳起身来，就壁缝里看时，只见草料场里火起，刮刮杂杂地烧着。当时林冲便拿了花枪，却待开门来救火，只听得外面有人说将话来。林冲就伏门边听时，是三个人脚步响，直奔庙里来；用手推门，却被石头靠住了，再也推不开。三人在庙檐下立地看火。数内一个道："这条计好么？"一个应道："端的②亏管营、差拨两位用心！回到京师，禀过太尉，都保你二位做大官。这番张教头没得推故了！"一个道："林冲今番直吃我们对付了！高衙内这病必然好了！"又一个道："张教头那厮，三回五次托人情去说'你的女婿没了'，张教头越不肯应承，因此衙内病患看看重了。太尉特使俺两个央浼③二位干这件事。不想而今完备了！"又一个道："小人直爬入墙里去，四下草堆上点了十来个火把，待走那里去！"那一个道："这早晚烧个八分过了。"又听得一个道："便逃得性命时，烧了大军草料场也得个死罪！"又一个道："我们回城里去罢。"一个道："再看一看，拾得他一两块骨头回京，府里见太尉和衙内时，也道我们也能会干事。"

　　林冲听那三个人时，一个是差拨，一个是陆虞候，一个是富安。自思道："天可怜见林冲！若不是倒了草厅，我准定被这厮们烧死了！轻轻把石头掇开，挺着花枪，左手拽开庙门，大喝一声："泼贼那里去！"三个人都急要走时，惊得呆了，正走不动。林冲举手，肐察的一枪，先搠④倒差拨。陆虞候叫声"饶命！"吓的慌了手脚，走不动。那富安走不到十来步，被林冲赶上，后心只一枪，又搠倒了。翻身回来，陆虞候却才行得三四步，林冲喝声道："奸贼！你待那里去！"劈胸只一提，丢翻在雪地上，把枪搠在地里，用脚踏住胸脯，身边取出那口刀来，便去陆谦脸上搁着，喝道："泼贼！我自来又和你无甚么冤仇，你如何这等害我！正是'杀人可恕，情理难容'！"陆虞候告道："不干小人事；太尉差遣，不敢不来。"林冲骂道："奸贼！我与你自幼相交，今日倒来害我！怎不干你事？且吃我一刀！"把陆谦上身衣服扯开，把尖刀向心窝里只一剜，……入庙里来，……再穿了白布衫，系了搭膊⑤，把毡笠子带上，将葫芦里冷酒都吃尽了，被与葫芦都丢了不要，提了枪，便出庙门投东去。

思考与练习

　　一、根据情节的发展，给课文分段，并列出主要情节的提纲。

　　二、仔细阅读课文，谈谈林冲思想性格的发展变化。

　　三、《水浒传》中类似林冲这样被逼上梁山的有很多人，请阅读《水浒传》后列举几例，并说说你对小说中的哪几位英雄好汉印象最深。

---

①　[上盖]上身的外衣。

②　[端的]果然。

③　[央浼(měi)]恳求，请托。

④　[搠(shuò)]扎，刺。

⑤　[搭膊]一种布制的长带，中间有个袋，可以束在腰间。又可称"搭包"。

五　老人与海①

海明威

　　他们②在海里走得很顺当，老头儿把手泡在咸咸的海水里，想让脑子清醒，头上有高高的积云，还有很多的卷云，因此老头儿知道还要刮一整夜的小风。老头儿不断地望着鱼，想弄明白是不是真有这回事。这时候是第一条鲨鱼朝它扑来的前一个钟头。

　　鲨鱼的出现不是偶然的。当一大股暗黑色的血沉在一英里深的海里然后又散开的时候，它就从下面水深的地方窜上来。它游得那么快，什么也不放在眼里，一冲出蓝色的水面就浮现在太阳光下。然后它又钻进水里去，嗅出了踪迹，开始顺着船和鱼所走的航线游来。

　　有时候鲨鱼也迷失了臭迹③，但它很快就嗅出来，或者嗅出一点儿影子，于是它就紧紧顺着这条航线游。这是一条巨大的鲭④鲨，生来就跟海里速度最快的鱼一般快。它周身的一切都美，只除了上下颚。它的脊背像剑鱼一样蓝，肚子是银白色的，皮是光滑的，漂亮的。它生得跟旗鱼一样，不同的是它那巨大的两颚，游得快的时候它的两颚是紧闭起来的。它在水面下游，高耸的脊鳍像刀子似的一动也不动地插在水里。在紧闭的双嘴唇里，它的八排牙齿全部向内倾斜着。跟寻常大多数鲨鱼不同，它的牙齿不是角锥形的，它们像爪子一样缩在一起的时候，形状就如同人的手指头。那些牙齿几乎跟老头儿的手指头一般长，两边都有剃刀似的锋利的刃子。这种鱼天生要吃海里一切的鱼，它们游得那么快，身子那么强健，战斗的武器那么好，以至于没有别的任何的敌手。现在，当它嗅出了新的臭迹，就加快游起来，它的蓝色的脊鳍划开了水面。

　　老头儿看见它来到，知道这是一条毫无畏惧而且为所欲为的鲨鱼。他把鱼叉准备好，用绳子系住，眼也不眨地望着鲨鱼向前游来。绳子短了，少了他割掉用来绑鱼的那一段。

　　老头儿现在头脑是清醒的、正常的，他有坚强的决心，但是希望不大。他想：能够撑下去就太好啦。看见鲨鱼越来越近的时候，他向那条死了的大鱼望了一眼。他想：这也许是一场梦。我不能够阻止它来害我，但是也许我可以捉住它。"Dentuso⑤，"他想，去你的吧。

　　鲨鱼飞快地逼近船后边。它去咬那条死鱼的时候，老头儿看见它的嘴大张着，看见它那双奇异的眼睛，它咬住鱼尾巴上面一点的地方，牙齿咬得嘎吱嘎吱地响。鲨鱼的头伸出水面，脊背也正在露出来，老头儿用鱼叉攮⑥到鲨鱼头上的时候，他听得出那条大鱼身上皮

---

　　① 节选自《外国短篇小说选（下）》（湖南人民出版社 1979 年版）。海观译。选入课文时，根据其他版本做了改动。海明威（1899～1961），美国现代作家，1954 年获诺贝尔文学奖。代表作有《老人与海》《太阳照样升起》《永别了，武器》《丧钟为谁而鸣》等。《老人与海》的主人公桑地亚哥是位"背运"的老人，连续 84 天没有捕到鱼，第 85 天出海，经过三天三夜的搏斗，终于捕获了一条一千五百多磅的大马林鱼。归航途中，马林鱼却被鲨鱼吃掉。本文节选的就是从鲨鱼出现到老人回到渔港的部分。

　　② ［他们］指老人、渔船及他所捕获的、拴在渔船后的大马林鱼。

　　③ ［臭（xiù）迹］指大鱼所到之处留下的气味痕迹。

　　④ ［鲭］音 qīng。

　　⑤ ［Dentuso］西班牙语，意为"牙齿锋利的"，这是当地对凶猛的灰鲭鲨的俗称。

　　⑥ ［攮（nǎng）］（用刀、叉）使劲儿刺。

开肉绽的声音。他攮进的地方,是两只眼睛之间的那条线和从鼻子一直往上伸的那条线交叉的一点。事实上并没有这两条线。有的只是那又粗大又尖长的蓝色的头,两只大眼,和那咬得格崩崩的、伸得长长的、吞噬一切的两颚。但那儿正是脑子的所在,老头儿就朝那一个地方扎进去了。他鼓起全身的气力,用他染了血的手把一杆锋利无比的鱼叉扎了进去。他向它扎去的时候并没有抱着什么希望,但他抱有无比的决心和十足的恶意。

鲨鱼在海里翻滚过来。老头儿看见它的眼珠已经没有生气了,但是它又翻滚了一下,滚得自己给绳子缠了两道。老头儿知道它是死定了,鲨鱼却不肯承认。接着,肚皮朝上,尾巴猛烈地扑打着水面,两颚格崩格崩响,像一只快艇一样在水面上破浪而去。海水给它的尾巴扑得白浪滔天,绳一拉紧,它的身子四分之三就脱出了水面,那绳不住地抖动,然后突然断了。老头儿望着鲨鱼,它在水面上静静地躺了一会儿,后来就慢慢地沉了下去。

"它咬去了大约40磅。"老头儿高声说。他想:它把我的鱼叉连绳子都带去啦,现在我的鱼又淌了血,恐怕还有别的鲨鱼会窜来呢。

他不忍朝死鱼多看一眼,因为它已经给咬得残缺不全了。鱼给咬住的时候,他真觉得跟自己身受的一样。

……

他想:能够撑下去就太好啦。这要是一场梦多好,但愿我没有钓到这条鱼,独自躺在床上的报纸上面。

"可是一个人并不是生来要给打败的,"他说,"你尽可把他消灭掉,可就是打不败他。"他想:不过这条鱼给我弄死了,我倒是过意不去。现在倒霉的时刻就要来到,我连鱼叉也给丢啦。"Dentuso"这个东西,既残忍,又能干,既强壮,又聪明。可我比它更聪明。也许不吧,他想。也许我只是比它多了个武器吧。

"别想啦,老家伙。"他又放开嗓子说。"还是把船朝这条航线上开去,有了事儿就担当下来。"

他想,可是我一定要想。因为我剩下的只有想想了。除了那个,我还要想想垒球。我不晓得,老狄马吉奥①可喜欢我那样击中它的脑子?这不是一桩了不起的事儿。什么人都能办得到。但是,你是不是认为我这受伤的的手跟骨刺一样是个很大的不利条件?我可没法知道。我的脚后跟从来没有出过毛病,只有一次,我在游泳的时候一脚踩在一条海鳐鱼上面,脚后跟给它刺了一下,当时我的小腿就麻木了,痛得简直忍不住。

"想点开心的事吧,老家伙。"他说,"每过一分钟就离家更近一步。丢掉了40磅鱼肉,船走起来更轻快些。"

他很清楚,把船开到海流中间的时候会出现什么事情。但是现在一点办法也没有。

"得,有主意啦,"他大声说。"我可以把我的刀子绑在桨把上。"

他把舵柄夹在胳肢窝里,用脚踩住帆脚绳,把刀子绑在桨把上了。

"啊,"他说。"我照旧是个老头儿。不过我不是赤手空拳罢了。"

这时风大了些,他的船顺利地往前驶着。他只看了看鱼的前面一部分,他又有点希望了。

---

① [老狄马吉奥]当时的棒球好手,也是渔民的儿子。他脚上虽然长着骨刺,但打起球来生龙活虎,桑地亚哥很崇拜他。

他想:不抱着希望才蠢哪。此外我还觉得这样做是一桩罪过。他想:麻烦已经够多啦,还什么罪过。何况我根本不懂这个。

我不懂得这种事,我也不怎么相信。把一条鱼弄死也许是一桩罪过。我猜想一定是罪过,虽然我把鱼弄死是为了养活自己,也为了养活许多人。不过,那样一来什么都是罪过了。不想罪过了吧。现在想它也太迟啦,有些人是专门来考虑犯罪事儿的。让那些人去想吧。你生来是个打鱼的,正如鱼生来是条鱼。桑·彼得罗[1]是打鱼的,跟老狄马吉奥的爸爸一样。

他总喜欢去想一切跟他有关联的事情,同时因为没有书报看,也没有收音机,他就想得很多,尤其是不住地想到罪过。他想,你把鱼弄死不仅仅是为了养活自己,卖去换东西吃。你弄死它是为了光荣,因为你是个打鱼的。它活着的时候你爱它,它死了你还是爱它。你既然爱它,把它弄死了就不是罪过。不然别的还有什么呢?

"你想得太多啦,老头儿。"他高声说。

他想:你倒很乐意把那条鲨鱼给弄死。可是它跟你一样靠着吃活鱼过日子。它不是一个吃腐烂东西的动物,也不像有些鲨鱼似的,只知道游来游去满足食欲。它是美丽的,崇高的,什么也不害怕。

"我弄死它为了自卫。"老头儿又高声说,"我把它顺顺当当地给弄死啦。"

他想:况且,说到究竟,这一个总要杀死那一个。鱼一方面养活我,一方面要弄死我。孩子是要养活我的。我不能过分欺骗自己了。

他靠在船边上,从那条死鱼身上给鲨鱼咬过的地方撕下了一块肉。他嚼了一嚼,觉得肉很好,味道也香,像牲口的肉,又结实又有水分,可就是颜色不红。肉里面筋不多,他知道可以在市场上卖大价钱。可是他没法叫肉的气味不散到水里去,他知道倒霉透顶的事儿快要发生了。

风在不住地吹,稍微转到东北方去,他知道,这就是说风不会停息了。老头儿朝前面望了一望,但是他看不见帆,看不见船,也看不见船上冒出来的烟。只有飞鱼从船头那边飞出来,向两边仓皇地飞走,还有就是一簇簇黄色的马尾藻。他连一只鸟儿也看不见。

他已经在海里走了两个钟头,在船梢歇着,有时候嚼嚼从马林鱼身上撕下来的肉,尽量使自己好好休息一下,攒些力气,这时他又看见了两条鲨鱼中首先露面的那一条。

"呀!"他嚷了一声。这个声音是没法可以表达出来的,或许这就像是一个人在觉得一根钉子穿过他的手,钉进木头里的时候不自主地发出的声音吧。

"Galano[2]。"他高声说。他看见第二条鱼的鳍随着第一条鱼的鳍冒上来,根据那褐色的三角形的鳍和那摆来摆去的尾巴,他认出这是两条铲鼻鲨。它们嗅出了臭迹以后就兴奋起来,因为饿得发呆了,它们在兴奋中一会儿迷失了臭迹,一会儿又找到了臭迹。但是它们却始终不停地向前逼近。

老头儿系上帆脚绳,把舵柄夹紧。然后拿起上面绑着刀子的桨。他轻轻地把桨举起来,尽量轻轻地,因为他的手痛得不听使唤了。然后,他又把手张开,再轻轻地把桨攥住,让手轻松一些。这一次他攥得很紧,让手忍住了疼痛不缩回来,一面注意着鲨鱼的来到。他

---

① [桑·彼得罗]西班牙语的彼得罗就是耶稣十二使徒之一的彼得,他在跟从耶稣之前,是个打鱼的。因此在基督教国家中桑·彼得罗成为渔民特别敬奉的护佑圣徒。

② [Galano]西班牙语,意为"豪侠、优雅",在这里可以解作"杂色斑驳的",是铲鼻鲨的俗称。

看得见它们的阔大的、扁平的铲尖儿似的头，以及那带白尖儿的宽宽的胸鳍。这是两条气味难闻的讨厌的鲨鱼，是吃腐烂东西的，又是凶残嗜杀的。饥饿的时候，它们会去咬桨或者船舵。这些鲨鱼会趁海龟在水面上睡觉的时候就把它们的腿和四肢咬掉。它们饥饿的时候会咬在水里游泳的人，即使人身上没有鱼血的气味或者鱼的粘液。

"呀!"老头儿说，"Galano，来吧，Galano。"

它们来了。但是它们没有像鲭鲨那样的直接游来。一条鲨鱼转了一个身，就钻到船底下看不见的地方，它把那条死鱼一拉又一扯，老头儿感觉到船在晃动。另一条鲨鱼用它一条缝似的黄眼睛望着老头儿，然后飞快地游到船跟前，张着半圆形的大嘴朝死鱼身上被咬过的部分咬去。在它那褐色的头顶和后颈上，在脑子和脊髓相连的地方，清清楚楚地现出了一条纹路，老头儿就用绑在桨上的刀子朝那交切点攮进去，又抽出来，再攮进它的猫似的黄眼睛里。鲨鱼放开了它咬的死鱼，从鱼身上滑下去，死去的时候还吞着它咬下的鱼肉。

由于另一条鲨鱼正在蹂躏死鱼的缘故，船身还在晃荡，老头儿松开了帆脚绳，让船向一边摆动，使鲨鱼从船底下出来。一看见鲨鱼，他就从船边弯着身子把刀子朝它身上扎去。他要扎的只是肉，可是鲨鱼的皮很结实，好不容易才把刀子戳进去。这一下不仅震痛了他的手，也震痛了他的肩膀。鲨鱼又很快地露出头来，当它的鼻子伸出水面来靠在死鱼身上的时候，老头儿对准它的扁平的脑顶中央扎去，然后把刀子拔出，又朝同一个地方扎了一下。它依旧闭紧了嘴咬住鱼，于是老头儿再从它的左眼上戳进去，但它还是缠住死鱼不放。

"怎么啦?"老头儿说着又把刀子扎进它的脊骨和脑子中间去。这一次戳进去很容易，他觉得鲨鱼的软骨断了。老头儿又把桨翻了一个身，把刀放在鲨鱼的两颚中间，想把它的嘴撬开。他把刀子绞了又绞，当鲨鱼嘴一松滑下去的时候，他说："去，去，Galano。滑到一英里的深的水里去。去找你的朋友吧，也许那是你的妈妈呢。"

老头儿擦了一擦他的刀片，把桨放下，然后系上了帆脚索，张开了帆，把船顺着原来的航线开去。

"它们准是把它吃掉四分之一了，而且吃的净是好肉。"他大声说，"我真盼望这是一场梦，但愿我根本没有把它钓上来。鱼啊，这件事可真教我不好受。从头错到底啦。"他不再说下去，也不愿朝鱼看一眼。它的血已经淌尽了，还在受着波浪的冲击，他望了望它那镜子底似的银白色，它身上的条纹依然看得出来。

"鱼啊，我不应该把船划到这么远的地方去。"他说。"既不是为了你，也不是为了我。我很不好受，鱼啊。"

"好吧。"他又自言自语地说，"望一望绑刀的绳子，看看断了没有。然后把你的手弄好，因为还有麻烦的事儿没有来到呢。"

"有一块石头磨磨刀子该多好，"老头儿检查了一下绑在桨把上的绳子以后说，"我应该带一块石头来。"他想：好多东西都是应该带来的，但是你没有带来，老家伙。现在不是想你什么东西没带来的时候。想一想用你现有的东西可以做的事儿吧。

"你给我想出了很巧妙的主意，"他敞开了喉咙说，"可是我懒得听下去啦。"

他把舵柄夹在胳肢窝里，双手泡在水里，随着船往前飘去。

"天晓得，最后那一条鲨鱼撕去了我好多鱼肉。"他说，"可是船现在轻松些了。"他不愿去想给撕得残缺不全的鱼肚子。他知道，鲨鱼每次冲上去猛扯一下，就给扯去了好多的死鱼肉，现在死鱼已经成为一切鲨鱼追踪的途径，宽阔得像海面上一条大路一样了。

他想：这是把一个人养活一整个冬天的鱼啊。别那样想吧。歇一歇，把你的手弄好，守住剩下来的鱼肉。水里有了那么多的气味，我手上的血腥味也算不得什么，何况手上的血淌得也不多了。给割破的地方算不了什么。淌血会叫我的左手不抽筋。

他想：我现在还有什么事儿可想呢？没有。什么也别去想它，只等着以后的鲨鱼来到吧。真希望这真是一场梦，他想。但是谁晓得呢？也许结果会很好的。

下一个来到的鲨鱼是一条犁头鲨。它来到的时候就活像一只奔向猪槽的猪，如果一只猪的嘴有它的那么大，大得连你的头也可以伸到它嘴里去的话。老头儿先让它去咬那条死鱼，然后才把绑在桨上的刀扎进它的脑子里去。但是鲨鱼一打滚就往后猛地一挣，那把刀子喀嚓一声折断了。

老头儿只管去掌他的舵，连看也不看那条大鲨鱼，它慢慢地沉到水里去，最初还是原来那么大，然后渐渐小下去，末了只有一丁点儿了。这种情景老头儿一向是要看得入迷的，可是现在他望也不望一眼。

"我还有鱼钩呢，"他说，"但是那没用处。我有两把桨，一个舵把，还有一根短棍。"

他想：这一回它们可把我打败了。我已经上了年纪，不能拿棍子把鲨鱼给打死。但是，只要我有桨，有短棍，有舵把，我一定要想法去揍死它们。

他又把手泡在水里。这时天色渐渐地向晚。除了海和天，什么也看不出来。天上的风刮得比先前大了些，马上他就希望能够看到陆地。

"你累乏啦，老头儿，"他说。"里里外外都累乏啦。"

直到太阳快落下去的时候，鲨鱼才又向他扑来。

老头儿看见两个褐色的鳍顺着死鱼的水里所不得不造成的那条宽阔的路线游着。它们甚至不去紧跟着鱼的气味，就肩并肩地直朝着小船扑来。

他扭紧了舵，把帆脚绳系好，从船梢下面去拿那根短棍。

它原来是个桨把，是从一只断桨上锯下来的，大约两英尺半长。因为它上面有个把手，他只能用一只手有效地使用，于是他用右手紧紧地攥住它，弯着手按在上边，一面望着鲨鱼的来到。两条都是"Galano"。

他想：我要先让第一条鲨鱼把死鱼咬紧了，然后再朝它的鼻尖儿揍，或者照直朝它的头顶上劈去。

两条鲨鱼一道儿来到跟前，他看见离得最近的一条张开大嘴插进死鱼的银白色的肚皮时，他把短棍高高地举起，使劲捶下，朝鲨鱼的宽大的头顶狠狠地劈去。短棍落下的当儿，他觉得好像碰到了一块坚韧的橡皮，同时他也感觉到打在铁硬的骨头上。鲨鱼从死鱼身上滑下去的时候，他又朝它的鼻尖上狠狠地揍了一棍。

另一条鲨鱼原是忽隐忽现的，这时又张开了大嘴扑上来。当它咬住了死鱼、闭紧了嘴的时候，老头儿看见从它嘴角上漏出的一块块白花花的鱼肉。他用棍子对准了它打去，只是打中了它的头，鲨鱼朝他望了一望，然后把它咬住的那块肉撕去了。当它衔着鱼肉逃走的时候，老头儿又揍了它一棍，但是打中的只是橡皮似的又粗又结实的地方。

"来吧，Galano，"老头儿说，"再来吧。"

鲨鱼又冲上来，一闭上嘴就给老头儿揍了一棍。他把那根棍子举到不能再高的地方，结结实实地揍了它一下。这一回他觉得他已经打中了脑盖骨，于是又朝同一个部位打去，鲨鱼慢慢吞吞地把一块鱼肉撕掉，然后从死鱼身上滑下去了。

老头儿留意望着那条鲨鱼会不会再回来，可是看不见一条鲨鱼。一会儿他看见一条在水面上打着转儿游来游去。他却没有看到另一条鳍。

他想：我没指望再把它们弄死了。当年年轻力壮的时候，我会把它们弄死的。可是我已经叫它们受了重伤，两条鲨鱼没有一条会觉得好过。要是我能用一根垒球棒，两只手抱住去打它们，保险会把第一条鲨鱼打死。即使现在也能行。

他不愿再朝那条死鱼看一眼。他知道它的半个身子都给咬烂了。在他跟鲨鱼格斗的时候，太阳已经落下去了。

"马上就要天黑了，"他说，"一会儿我要看见哈瓦那①的灯火了。如果我往东走得更远，我会看见从新海滩上射出来的灯光。"

他想：现在离港口不会太远了。我希望没有人替我担心。只有那孩子，当然，他一定会替我担心的。可是我相信他有信心。好多打鱼的老头儿也会替我担心的。还有好多别的人。我真是住在一个好地方呀。

他不能再跟那条大鱼讲话，因为它给毁坏得太惨啦。这时他脑子里突然想起了一件事。

"你这半条鱼啊，"他说，"你原来是条整鱼。我过意不去的是我走得太远，这把你和我都给毁啦。可是我们已经弄死了许多鲨鱼，你和我，还打伤好多条。老鱼，你究竟弄死过多少鱼啊？你头上长着那个长嘴，可不是白长的。"

他总喜欢想到这条死去的鱼，想到要是它能够随意地游来游去，它会怎么样去对付一条鲨鱼。他想：我应该把它的长吻砍掉，用它去跟鲨鱼斗。可是船上没有斧头，后来又丢掉了刀子。话又说回来，当时要是我能够把它的长吻儿砍掉，绑在桨把上的话，那该是多好的武器呀。那样一来，我俩就会一同跟它斗啦。要是它们在夜里蹿来，你该怎么办呢？你有什么办法呢？

"跟它们斗，"他说，"我要跟它们斗到死。"

现在已经天黑了，可是天边还没有红光，也看不见灯火，有的只是风，只是扯得紧紧的帆，他觉得大概自己已经死了。他合上两只手，摸一摸手掌心。两只手没有死，只要把两只手一张一合，他还觉得活活地痛哩。他把脊背靠在船梢上，才知道自己没有死。这是他的肩膀告诉他的。

他想：我许过愿，要是我捉到了这条鱼，我一定把所有的那些祷告都说一遍。但是我现在累得说不出了。倒不如把麻袋拿过来盖在我的肩膀上。

他躺在船梢，一面掌舵，一面留意天边红光的出现。他想：我还有半条鱼。也许我有运气把前面半条鱼带回去。我应该有点儿运气的。"可是没有呀，"他说。"你走得太远，把运气给败坏啦。"

"别胡说八道啦！"他又嚷起来，"醒着，掌好舵。也许你的运气还不小呢。"

"我倒想买点儿运气，要是有地方卖的话。"他说。

我拿什么去买运气呢？他问自己。能用一把丢掉的鱼叉，一把折断的刀子，一双受了伤的手去买吗？

---

①　[哈瓦那]古巴首都，是个港口城市，位于墨西哥湾入口处。海明威一生中三分之一的时间都在这里度过。哈瓦那也是小说主人公桑地亚哥的居住地。

"可以的，"他说，"你曾经想用海上的 84 天去买它。人家也几乎把它卖给了你。"

他想：别再胡思乱想吧。运气是各式各样的，谁认得出呢？可是不管什么样的运气我都要点儿，要什么报酬我给什么。他想：但愿我能见到灯光。我的愿望太多，但眼下的愿望就只有这个了。他想靠得舒服些，好好地去掌舵；因为觉得疼痛，他知道他并没有死。

大约在夜里 10 点钟的时候，他看见了城里的灯火映在天上的红光。最初只是辨认得出，如同月亮初升以前天上的光亮。然后，当渐渐猛烈的海风掀得波涛汹涌的时候，才能从海上把灯光看得清楚。他已经驶进红光里面，他想，现在他马上就要撞到海流的边上了。

他想：现在一切都过去了。不过，也许它们还要向我扑来吧。可是，在黑夜里，没有一件武器，一个人怎么去对付它们呢？

他现在身体又痛又发僵，他的伤口和身上一切用力过度的部分都由于夜里的寒冷而痛得厉害。他想：我希望我不必再去跟它们斗啦。我多么希望我不必再跟它们斗呀。

可是到了半夜的时候，他又跟它们斗起来，这一回他知道斗也不会赢了。它们是成群结队来的，他只看到它们的鳍在水里划出的纹路，看到它们扑到死鱼身上去时所放出的磷光。他用棍棒朝它们的头上打去，听到上下颚裂开和它们钻到船下面去咬鱼时把船晃动的声音。凡是他能够感觉到的、听见的，他就不顾一切地用棍棒劈去。他觉得有什么东西抓住了他的那根棍，随着棍子就丢掉了。

他把舵把从舵上拽掉，用它去打，去砍，两只手抱住它，一次又一次地劈下去，但是它们已经蹿到船头跟前去咬那条死鱼，一忽儿一个接着一个地扑上来，一忽儿一拥而上，当它们再一次折转身扑来的时候，它们把水面下发亮的鱼肉一块一块地撕去了。

最后，一条鲨鱼朝死鱼的头上扑来，他知道一切都完了。于是他用舵把对准鲨鱼的头打去，鲨鱼的两颚正卡在又粗又重的死鱼头上，不能把它咬碎。他又迎面劈去，一次，两次，又一次。他听到舵把折断的声音，再用那裂开了的桨把往鲨鱼身上戳去。他觉得桨把已经戳进去，他知道把子很尖，因此他再把它往里面戳。鲨鱼放开鱼头就翻滚着沉下去。那是来到的一大群里最后的一条鲨鱼。它们再也没有什么东西可吃了。

老头儿现在简直喘不过气来，同时他觉得嘴里有一股奇怪的味道。这种味道带铜腥气，甜滋滋的，他一时间害怕起来。他担心了一会儿。不过那种味道并不多。

他往海里啐了一口唾沫，说："吃吧，Galano。做你们的梦去，梦见你们弄死了一个人吧。"

他知道他终于给打败了，而且一点补救的办法也没有，于是他走回船梢，发现舵把的断成有缺口的一头还可以安在舵的榫头①上，让他凑合着掌舵。他又把麻袋围在肩膀上，然后按照原来的路线把船驶回去。现在他在轻松地驶着船了，他的脑子里不再去想什么，也没有感觉到什么。什么事都已过去，现在只要把船尽可能好好地、灵巧地开往他自己的港口去。夜里，鲨鱼又来咬死鱼的残骸，像一个人从饭桌子上捡面包屑似的。老头儿睬也不睬它们，除了掌舵，什么事儿都不睬。他只注意到他的船走得多么轻快，多么顺当，没有其重无比的东西在旁边拖累它了。

船还是好好的，他想。完完整整，没有半点儿损伤，只除了那个舵把。那是容易配上的。

───────────────

① ［榫(sǔn)头］竹、木、石制器物或构件上利用凹凸方式相接处凸出的部分。

他感觉到他已经驶进海流里面,看得出海滨居住区的灯光。他知道他现在走到什么地方,到家不算一回事儿了。

风总算是我们的朋友,他想。然后他又加上一句:不过也只是有时候。还有大海,那儿有我们的朋友,也有我们的敌人。床呢,他又想。床是我的朋友。正是床啊,他想。床将是样了不起的东西。吃了败仗,上床是很舒服的,他想。我从来不知道竟就这么舒服。可是,是什么把你打败的呢?他又想。

"什么也不是,"他提高嗓子说,"是我走得太远啦。"

当他驶进小港的时候,海滨酒店的灯火已经熄灭,他知道人们都已上床睡去。海风越刮越大,现在更是猖狂了。然而港口是静悄悄的。于是他把船向岩石下面的一小块沙滩跟前划去。没有人来帮助他,他只好一个人尽力把船划到岸边。然后他从船里走出,把船系在岩石旁边。

他放下桅杆,卷起了帆,把它捆上,然后把桅杆扛在肩上,顺着堤坡往岸上走去。这时他才知道他已经疲乏到什么程度。他在半坡上歇了一会儿,回头望了一望,借着水面映出的街灯的反光,看见那条死鱼的大尾巴挺立在船梢后面。他看见鱼脊骨的赤条条的白线,黑压压一团的头,伸得很长的吻和身上一切光溜溜的部分。

他再往上爬去,一到堤顶上他就跌倒了,把桅杆横在肩上躺了一会儿。他试一试想站起来,可是非常困难,于是他就扛着桅杆坐在那儿,一面望着路上。一只猫从远处跑过去,不知在那儿干什么。老头儿直望着它,过一会他才转过来专望着大路。

最后,他放下了桅杆站起来,再把桅杆提起,放在肩上,然后走他的路。在他走到他的茅棚以前,他不得不坐在地上歇了五次。

走进茅棚以后,他把桅杆靠在墙上。他摸黑找到了一个水瓶,喝了一口水就躺到床上去。他把毯子盖到肩上,又裹住脊背和两腿,就脸朝下躺在报纸上,手心朝上,两只胳膊伸得挺直。

思考与练习

一、桑地亚哥是位怎样的老人?在你看来,他是成功了还是失败了?人生的成败到底应该如何衡量?同学之间讨论一下。

二、海明威的小说往往采用直截了当的叙述和生动鲜明的对话,句子洗练,形成独特的风格。试以下面两段为例,细细体会他的语言特点(自己可以再找一些)。

1. 鲨鱼的出现不是偶然的。当一大股暗黑色的血沉在一英里深的海里然后又散开的时候,它就从下面水深的地方窜上来。它游得那样快,什么有不放在眼里,一冲出蓝色的水面就浮现在太阳光下。

2. 两条鲨鱼一道儿来到眼前,他看见离得最近的一条张开大嘴插进死鱼的银白色的肚皮时,他把短棍高高地举起,使劲儿捶下,朝鲨鱼的宽大的头顶狠狠地劈去。短棍落下的当儿,他觉得好像碰到了一块坚韧的橡皮,同时他也感觉到打在铁硬的骨头上。鲨鱼从死鱼身上滑下去的时候,他又朝它的鼻尖上狠狠地揍了一棍。

三、本文除了对事件的叙述,还有大量的人物内心独白。找出来,分析一下,看看它们对表现人物性格和揭示小说主题起什么作用。

人文知识(一)　中国古典小说发展概略

我们通常把我国"五四"新文化运动以前的文学,称为古典文学,把"五四"新文化运动以后的文学,称为现代文学或新文学。

我国古典文学已有三千年的光辉历史,具有丰富深刻的思想内容和完美多样的艺术形式,出现了无数的作家和作品,是我们前人留下的宝贵精神遗产,也是世界文化史上的璀璨明珠。

我国古典小说发展大约经历了神话和传说、志怪轶事、传奇、话本拟话本、长篇小说等阶段。

一、小说的萌芽——远古的神话和传说

神话和传说可以看作是文学的起源,是小说的萌芽。

神话和传说有很多是在原始社会产生的。在原始氏族社会里,生产力低下,人们还不能认识变幻莫测的自然界,也无法理解复杂的社会现象如氏族间的战争等。人们希望解释自然现象和社会现象,希望战胜自然,战胜危害人类存在的一切敌人。于是神话和传说就产生了。

古代的神话和传说是古代人民对自然和社会现象的幻想式的解释,反映了古代人民了解、解释自然、社会的愿望,反映了古代劳动人民对美好生活的向往。

古代神话对历代文学影响巨大。它是浪漫主义文学的源头。对历代的文学创作有着极为深远的影响。马克思说:"希腊神话是世界文学的武库。"

中国的神话传说孕育了我国古典文学。

我国古代没有专门记载神话传说的书籍,神话传说散见于《山海经》《淮南子》《穆天子传》《韩非子》《庄子》等作品中。著名的如《女娲补天》《精卫填海》《夸父逐日》《鲧禹治水》《后羿射日》《共工怒触不周山》等。

二、小说的雏形——魏晋南北朝的志怪轶事小说

从我国古代小说体裁的形成和发展来说,魏晋南北朝是一个重要阶段,虽然这个时期的小说主要是耳闻目睹的见闻录,还不是有意识进行的小说创作,但已经具有了小说的雏形。出现了晋代干宝的志怪小说《搜神记》和南朝宋刘义庆的轶事小说《世说新语》。《世说新语》记载士族阶层人物的清谈,写人气韵生动,记言简约精妙,对后代笔记小说有深远影响。

这个时期,小说创作盛行,产生了许多作品,大体上可分为志怪和轶事两大类。

志怪小说内容庞杂,大多讲鬼神怪异故事,有的讲地理博物的琐闻,有的说正史以外的历史传闻。其中精华部分是民间传说。著名的作品如《搜神记》(东晋干宝著)、《列异传》(作者不详)等。

轶事小说以记录一些著名人物的言行传闻轶事为主。著名的作品如《世说新语》(汉魏至东晋的传闻轶事之作,作者刘义庆,南北朝人)、《吴越春秋》(历史传闻小说,叙述吴越争霸,赵晔著)、《西京杂记》(轶事、掌故小说,汉代刘歆著)等。

三、小说的成熟——唐代传奇小说

我国的小说成为文学创作,是进入唐代之后的事。唐代的文化出现了很多新的东

西,文人的思想也有所发展、开阔。这时传奇小说应运而生,如陈鸿写的《长恨歌传》、白行简写的《李娃传》,都是依照传说创作而成的,不再是历史性质的东西了。唐代小说的发展主要表现为富于想象虚构与讲求文采,这就同过去的作品有所区分,标志着小说发展已基本成形。小说一向被排斥在正统文学之外,但到唐代已经越来越引起人的注意,并开始形成了一种有意识的艺术创作活动。唐小说没有鸿篇巨制,但改变了小说内容长期写神、怪、轶事的桎梏,有了较丰富的社会内容。唐代小说的发展成就可与散文并称。著名作品如李公佐的《南柯太守传》、李朝威的《柳毅传》、蒋防的《霍小玉传》、元稹的《莺莺传》等。

四、小说的发展——宋代话本小说

宋代出现了古白话小说——话本。话本大都是文人根据民间创作而进行再创作的。话本是民间"说话"艺术的底本,它是经过说书艺术的千锤百炼才产生、流传的。到了后代,话本经过文人加工,就变成许多话本小说和演义小说,如《三国演义》《水浒传》《西游记》等。它以描绘精彩动人的情节场面和塑造生动活泼的人物性格见长,这就与专供人阅读的小说有了明显的不同风格,因为它们是植根于讲给人听的说书艺术的。话本标志着小说创作更趋于成熟。话本除讲民间故事外,还有讲历史故事的。宋代话本小说现存的有 30 篇左右,散见于《京本通俗小说》、《清平山堂话本》等书中。

《太平广记》由小说笔记稗史汇集而成。由李昉(925～996)等编撰。

《碾玉观音》:秀秀大胆冲破封建礼教束缚,和意中人崔宁逃走。他们的行为触犯了郡王尊严。秀秀终于被杀害。但她做鬼后还去找崔宁做夫妻。

《大宋宣和遗事》讲北宋政治的兴衰,对宋江等农民起义做了肯定的描写,与《水浒传》的形成有直接的关系。

五、小说的繁荣——明清小说

明清是我国小说发展的繁荣时期,出现了大量经典作品。

(一)明代小说

1.《三国演义》

作者罗贯中(约 1330～约 1400),是一部依据历史和传说材料写成的长篇章回体小说。是我国古代历史小说成就最高的一部。其中的很多人物故事家喻户晓。

2.《水浒传》

作者施耐庵(1296～1370)。《水浒传》是一部反映农民起义的著名古典长篇章回体小说,在民间创作基础上加工完成。人物刻画非常成功。作品采用环状结构,揭露了封建统治者荒淫腐朽,热情歌颂了农民起义英雄。

3.《西游记》

作者吴承恩(约 1500～1582)。《西游记》是以唐代和尚玄奘到印度取经的故事为主的长篇神魔小说。用浪漫主义的手法曲折地反映了现实生活。

4. 其他作家作品

(1)熊大木《杨家将传》。全书 50 回,写杨继业一家抗辽的英雄事迹。

(2)许仲琳(一说为陆西星)《封神演义》。神魔小说,全书 100 回,写武王伐纣故事,艺术上远不及《西游记》。

（3）《金瓶梅》，作者不详（兰陵笑笑生不知何人）。内容从《水浒传》中武松杀嫂一节演变发展而来，全书100回，主要写西门庆荒淫无耻的生活。《金瓶梅》是我国第一部文人独创的长篇小说，深刻地反映了当时的社会现实。但作者对一些丑恶现象只管暴露，甚至带有一种欣赏的态度，含有大量色情描写，故历来被列为禁书。

《金瓶梅》对《红楼梦》的影响是很大的。

5."三言"、"二拍"

"三言"、"二拍"是冯梦龙和凌蒙初编撰的短篇小说集。

冯梦龙（1574～1646）编撰了《喻世明言》（古今小说）、《醒世恒言》、《警世通言》三本短篇小说集，每本40篇，共120篇，合称"三言"，代表了明代拟话本短篇小说的最高成就。有很多作品流传广泛，家喻户晓，如《卖油郎独占花魁》《杜十娘怒沉百宝箱》《金玉奴棒打薄情郎》等。

凌蒙初编撰了《初刻拍案惊奇》《二刻拍案惊奇》两本短篇小说集，每本40篇，共80篇，史称"二拍"。艺术成就不及"三言"。

（二）清代小说

1. 蒲松龄（1640～1715）《聊斋志异》

《聊斋志异》文言短篇小说集。全书共491篇，大多以谈狐说鬼的方式来反映当时的社会生活。是我国古代成就最高的短篇小说集。

2. 吴敬梓（1701～1754）《儒林外史》

《儒林外史》清代讽刺小说，是我国文学史上最早的讽刺小说。全书55回，连缀许多故事而成，全书无一中心人物，讽刺的是儒林，头脑中全是名誉地位，升官发财，不讲真才实学。

3. 曹雪芹（约1715～约1763）《红楼梦》

《红楼梦》又名《石头记》《金玉缘》。是我国最伟大的长篇小说，全书120回，前80回为曹雪芹写，后40回为高鹗续写。全书以贾宝玉、林黛主的爱情悲剧为主线，采用网状结构，通过贾府兴亡历史的叙述，揭露了封建家族的荒淫腐败，显示了封建制度必然灭亡的历史命运。

4. 其他作家作品

（1）陈忱（约1615～约1670）《水浒后传》。

（2）褚人获《隋唐演义》。

（3）钱彩《说岳全传》。

（4）李汝珍《镜花缘》。

（5）蔡元放《东周列国志》。

5. 晚清（近代）四大谴责小说

（1）李伯元《官场现形记》。

（2）吴趼人《二十年目睹之怪现状》。

（3）刘鹗《老残游记》。

（4）曾朴《孽海花》。

单元综合练习

一、阅读下篇文章,读完后写一篇读后感(300~600字)。

书法家

书法比赛会上,人们围住前来观看的高局长,请他留字。

"写什么? 国民经济计划?"高局长笑眯眯地提起笔,歪着头问。

"写什么都行。写局长最得心应手的好字吧。"

"那我就献丑"。高局长沉吟片刻,轻抖手腕落下笔去。立刻,两个劲秀的大字从笔端跳到纸上:"同意"。

人群里发出啧啧的惊叹声。有人大声嚷道:"请再写几个!"

高局长循声望去,面露难色地说:

"不写了吧——能写好的就数这两字……"

二、阅读小小说《永远的蝴蝶》回答问题。

永远的蝴蝶

陈启佑

那时候刚好下着雨,柏油路面湿冷冷的,还闪烁着青、黄、红颜色的灯火。我们就在骑楼下躲雨,看绿色的邮筒孤独地站在街的对面。我白色风衣的大口袋里,有一封要寄给在南部的母亲的信。

樱子说她可以撑伞过去帮我寄信。我默默点头,把信交给她。"谁叫我们只带来一把小伞哪。"她微笑着说,一面撑起伞,准备过马路去帮我寄信。从她伞骨渗下来的小雨点溅在我眼镜玻璃上。

随着一阵尖利的煞车声,樱子的一生轻轻地飞了起来,缓缓地,飘落在湿冷的街面,好像一只夜晚的蝴蝶。

虽然是春天,好像已是秋深了。

她只是过马路去帮我寄信。这样简单的动作,却要教我终生难忘了。我缓缓睁开眼,茫然站在骑楼下,眼里藏着滚烫的泪水。世上所有的车子都停了下来,人潮涌向马路中央。没有人知道那躺在街面的,就是我的蝴蝶。这时她只离我五公尺,竟是那么遥远。更大的雨点溅在我的眼镜上,溅到我的生命里来。

为什么呢? 只带一把雨伞?

然而我又看到樱子穿着白色的风衣,撑着伞,静静地过马路了。她是要帮我寄信的,那,那是一封写给在南部的母亲的信。我茫然站在骑楼下,我又看到永远的樱子走到街心。其实雨下得并不很大,却是我们一生一世中最大的一场雨。而那封信是这样写的,年轻的樱子知不知道呢?

妈:我打算在下个月初和樱子结婚。

1. 短文说了什么人、什么事？

2. 小说以"雨"开篇，并以"雨"贯穿全文，这样写的作用是什么？

3. 你认为什么地方或哪些方面写得好？

三、文史知识填空。

1. 明清小说成就非常高，_____的《三国演义》、_____的《水浒传》、_____的《西游记》和_____的《红楼梦》被誉为古典四大名著。

2. _____是我国第一部文人独创的言情小说，对《红楼梦》的影响很大。

3. 我国古代短篇小说的集大成者是明代冯梦龙的三言，即_____、_____、_____。

4. _____是我国文学史上成就最高的一部文言短篇小集，其作者是清代小说家_____。

5. 清代的小说家_____写的_____是我国较早的长篇讽刺小说。

6. 小说发展到唐代已基本成形，题材进一步扩大，比较著名的作品有李公佐_____的_____、_____的《柳毅传》，_____的《霍小玉传》，_____的《莺莺传》（《会真记》）等。

7. 魏晋南北朝时期的较著名的志怪轶事小说有干宝的_____，刘义庆的_____等。

四、有同学认为语文课没用，你怎么看？你能说出语文课对提高你的整体素质的作用吗？

第八单元　诗歌的阅读与欣赏

单元训练重点

　　诗歌的鉴赏是人们在阅读诗歌时,对诗歌的理解、分析、评价,是对诗歌的一种感悟,是一种较高层次的审美认识活动,是阅读能力的高层次要求。

　　在诗歌鉴赏中,或是对其内容的理解,或是对其意境的体验,或是对其艺术表现方法的分析,或是对其风格的鉴赏,这些都与诗的主旨和诗人的感情有密切的关系。换句话说,我们抓住诗的主旨和诗人的感情,有助于对诗歌的材料的理解,有助于对诗歌的艺术表现方法的分析,有助于体会理解其意境与风格。诗歌中的各种表现方法又都是为更好地表现诗人的感情和诗歌的意义服务的,因此,我们对诗歌的各种表现方法的分析,有助于感知诗人的情感和诗歌的意义,有助于感知诗歌的意境和风格。这是一个相辅相成的过程。

　　诗歌的阅读鉴赏可以从下面三个方面思考。

一、体验诗歌的丰富情感

　　感情是诗歌的生命。在一首诗里,感情的力量就是诗的力量,诗歌借助于感情去感染人,给人以美感。因此,我们阅读与欣赏诗歌,首先要体会诗歌丰富的情感。

　　尽管每一首诗都流淌着丰富的情感,但不同的诗展现情感的方式是各不相同的。情感的展示方式大致有两类:

　　一类是直抒胸臆。这一类诗歌情感奔放,从字面上就能感触到诗人跃动的脉搏,也就是欣赏时容易进入诗歌所展现的情感世界。例如海子的《面朝大海,春暖花开》。

　　另一类是含而不露。这一类诗歌感情比较含蓄,有时寄情于景,如舒婷的《致橡树》。欣赏这类诗歌,需要细加品味,才能体察到诗人隐藏在字里行间的丰富情感。

二、领略诗歌美妙的意境

　　诗歌是诗人情感激流的展现。诗人写诗总是要借助某种景物或事件,表现自己强烈的主观感受。我们在欣赏诗歌时要理解诗人是如何借助抒情客体来表现自己的爱和恨、痛苦和欢乐、希望和追求的;要领略"意"与"境"是如何浑然一体、融情于景的;最好还能结合自己的生活体验来感受诗歌的意境,来唤起自己与诗人的共鸣。

　　诗是由意象构成意境,再由意境体现诗情的。意象是诗的基础,意境是诗的画面,诗情是诗的内涵。鉴赏一首诗必须从意象着手分析意境,再由意境感悟诗情。"意象→意境→诗情"是鉴赏古诗从局部到整体的合理流程,不可倒置。

　　例如,我们在欣赏马致远的《天净沙·秋思》时,从"枯藤老树昏鸦,小桥流水人家,古道西风瘦马,夕阳西下"四句客观景象的描摹中,可在脑海中出现一幅深秋悲凉的夕照图,可感受到整首诗的基调是极其低沉的,这些景象都是为了表现"断肠人在天涯"的凄冷孤独之情。"一切景语皆情语",在这首仅28个字的小令中,"情"与"景"的交融表现得淋漓尽致,我们能从中领略到一种十分美妙的艺术境界。

三、品味诗歌凝练的语言

诗是最高的语言艺术,对作品的语言表现力做具体的、深入的开掘,有助于准确把握作品的立意和思想感情倾向,进入作品美的意境。优秀的诗人更注重用凝练的语言体现出形象美、情感美、音乐美。

诗歌的语言十分凝练,诗人往往以极少的文字来展示广阔的生活,在短小的篇幅中蕴藏丰富的内涵。我们在品味诗歌凝练的语言时,可以充分展开想象,来体会其中丰富的内涵。例如王维《使至塞上》颈联"大漠孤烟直,长河落日圆"写进入边塞后所看到的塞外奇特壮丽的风光:边疆沙漠,浩瀚无边,故"大";边塞荒凉,没有奇观异景,烽火台的浓烟更"孤";一个"直"字荒凉孤独中透着挺拔雄伟;沙漠没有山峦林木,黄河一览无余,所以"长";"圆"字却给人以亲切温暖而又苍茫的感觉。诗人的孤寂情绪巧妙地融化在广阔的自然景象的描绘中。

诗歌的语言还富有音乐美。秦牧说过:"最讲究音乐美的文学作品,自然无过于诗歌了,我们朗诵优美的唐诗时,简直有一种参加音乐会一样的快感"。朗诵唐诗时是这样,朗诵节奏鲜明、韵律和谐的诗作都如此。凡是感情真挚、形象生动、语言优美、富有节奏的诗歌,都能朗朗上口,都会在朗诵中感受到音乐美。因此,欣赏诗歌,只有抓住诗歌语言的这种特性反复吟唱,才能深刻领会诗歌语言高度凝练的特点,从而拎出诗歌中浓缩着的内涵。

当然,对于诗歌的阅读与欣赏除了上述三个方面外,还可以从艺术形象、艺术手法等方面着手去欣赏。

一　《诗经》二首

关　雎①

关关雎鸠,在河之洲②。窈窕淑女,君子好逑③。
参差荇菜,左右流之④。窈窕淑女,寤寐求之⑤。
求之不得,寤寐思服⑥。悠哉悠哉,辗转反侧⑦。
参差荇菜,左右采之。　窈窕淑女,琴瑟友之⑧。
参差荇菜,左右芼之⑨。窈窕淑女。钟鼓乐之⑩。

---

①　选自《诗经》中的《周南》。

②　[关关]象声词,水鸟和鸣的声音。[雎鸠(jūjiū)]一种水鸟。相传这种鸟经常相守不离。[洲]水中的陆地。

③　[窈窕]美好的样子。[淑]品德好。[逑(qiú)]通"仇",匹,相匹,相对的意思,这里指理想的配偶。

④　[参差(cēncī)]长短不齐。[荇(xìng)]一种可食的水草。[流]顺水之流而取。

⑤　[寤寐(wùmèi)]寤:睡醒。寐:睡着。

⑥　[思服]思念。二字同义。

⑦　[悠]长,指长久的思念。[反侧]翻来覆去。

⑧　[琴瑟]都是古代的乐器,琴有五弦或七弦,瑟有二十五弦。[友]亲爱。这里是说(用琴瑟作乐来)表达爱她之意。

⑨　[芼(mào)]选择。

⑩　[钟鼓乐之]用钟鼓奏乐来使她快乐。

氓①

氓之蚩蚩,抱布贸丝②。匪来贸丝,来即我谋③。

送子涉淇,至于顿丘④。匪我愆期⑤,子无良媒。

将⑥子无怒,秋以为期。乘彼垝垣,以望复关⑦。

不见复关,泣涕涟涟⑧。既见复关,载笑载言。

尔卜尔筮,体无咎言⑨。以尔车来,以我贿迁⑩。

桑之未落,其叶沃若⑪。于嗟鸠兮,无食桑葚⑫。

于嗟女兮,无与士耽⑬。士之耽兮,犹可说也⑭。

女之耽兮,不可说也。 桑之落矣,其黄而陨。

自我徂尔,三岁食贫⑮。淇水汤汤,渐车帷裳⑯。

女也不爽,士贰其行⑰。士也罔极,二三其德⑱。

---

① 选自《诗经》(《十三经注疏》中华书局 1980 年版)。《诗经》是我国最早的诗歌总集。原本只称《诗》,汉代时被称为经典,始称《诗经》。共收录从西周初年到春秋中叶的诗歌 305 篇,分为"风""雅""颂"三大类。"风"有 15 国风,大都是民间歌谣;"雅"分大雅、小雅,是宫廷乐歌;"颂"分周颂、鲁颂、商颂,是宗庙祭祀的乐歌。氓,属于"卫风"。

② [氓(méng)],民。这里指诗中的男主人公。[蚩蚩(chī)]:笑嘻嘻的样子。[抱布贸丝]拿布来换丝。

③ [匪来贸丝,来即我谋]那人并非真来买丝,是找我商量事情来了。所商量的事情就是结婚。匪:通"非",读为"fěi"。即:走近,靠近。谋:商量。

④ [送子涉淇,至于顿丘]送你渡过淇水,直送到顿丘。淇:卫国河名。今河南淇河。顿丘:地名。今河南清丰。

⑤ [匪我愆(qiān)期]并非我要拖延约定的婚期而不肯嫁。(是因为你没有找好媒人)

⑥ [将(qiāng)]愿,请。

⑦ [乘彼垝(guǐ)垣(yuán),以望复关]登上那倒塌的墙,遥望那复关。复关:卫国地名,指"氓"所居之地。

⑧ [不见复关,泣涕涟涟]没看见复关,眼泪簌簌地掉下来。

⑨ [尔卜尔筮(shì),体无咎(jiù)言]你用龟板占卜,用蓍(shī)草占卦,没有不吉利的预兆。用烧灼龟甲的裂纹以判吉凶,叫作"卜"。用蓍(shī)草占卦叫作"筮"。咎:灾祸。

⑩ [以尔车来,以我贿迁]你用车来迎娶,我带上财物嫁给你。贿:财物,指嫁妆。

⑪ [桑之未落,其叶沃若]桑树还没落叶的时候,它的叶子新鲜润泽。沃若:润泽的样子。以上二句以桑的茂盛时期比自己恋爱满足,生活美好的时期。

⑫ [于嗟鸠兮,无食桑葚]唉,斑鸠啊,不要贪吃桑葚!传说斑鸠吃桑葚过多会醉。这句话比喻女子不要迷恋爱情。于嗟,感叹词。于:通"吁"(xū)。

⑬ [于嗟女兮,无与士耽]唉,女子呀,不要同男子沉溺爱情。耽(dān):迷恋,沉溺。

⑭ [士之耽兮,犹可说也]说:通"脱",解脱。男子沉溺在爱情里,还可以脱身。

⑮ [自我徂(cú)尔,三岁食贫]自从我嫁到你家,多年来过贫穷的生活。徂:往。食贫:过贫穷的生活。

⑯ [淇水汤(shāng)汤,渐(jiān)车帷(wéi)裳(cháng)]淇水波涛滚滚,水花打湿了车上的帷幔。汤汤:水势浩大的样子。渐:浸湿。帷裳:车旁的布幔。

⑰ [女也不爽,士贰其行]女方没有过失而男方行为不对。爽:差错。贰:这里指爱情不专一。

⑱ [士也罔极,二三其德]男子的爱情没有定准,他的感情一变再变。罔:无,没有。极:标准,准则。二三其德:在品德上三心二意,言行为前后不一致。

三岁为妇,靡室劳矣①。夙兴夜寐,靡有朝矣②。
言既遂矣,至于暴矣③。兄弟不知,咥其笑矣④。
静言思之,躬自悼矣⑤。及尔偕老,老使我怨⑥。
淇则有岸,隰则有泮⑦。总角之宴,言笑晏晏⑧。
信誓旦旦,不思其反⑨。反是不思,亦已焉哉⑩。

思考与练习

一、这首诗采用了重章叠句、反复咏叹的手法,这也是《诗经》中民歌常用的手法。在诵读中细细体会这种写法的好处。

二、借阅有关《诗经》的文章和著作,了解《诗经》的概况。

三、背诵这二首诗。

二　乐府诗二首

行行重行行⑪

行行重行行⑫,与君生别离。

---

① [三岁为妇,靡室劳矣]多年来做你的妻子,家里的劳苦活儿没有不干的。靡:无。

② [夙兴夜寐,靡有朝矣]就是说起早睡迟,朝朝如此,不能计算了。夙:早。兴:起来。

③ [言既遂矣,至于暴矣]已经满足了,就凶恶起来了。“言”字为语助词,无义。

④ [兄弟不知,咥(xì)其笑矣]我的兄弟还不晓得我的遭遇,见面时都讥笑我啊。咥:笑的样子。

⑤ [静言思之,躬自悼矣]静下心来好好地想一想,自身独自伤心。言:音节助词,无实义。躬:自身。悼:伤心。

⑥ [及尔偕老,老使我怨]当初曾相约和你一同过到老,偕老之说徒然使我怨恨罢了。

⑦ [淇则有岸,隰(xí)则有泮(pàn)]淇水再宽总有个岸,低湿的洼地再大也有个边。隰:低湿的地方。泮:通“畔”,水边、边岸。以水流必有畔岸,喻凡事都有边际,而自己愁思无尽。言外之意,如果和这样的男人偕老,那就苦海无边了。

⑧ [总角之宴,言笑晏晏]少年时代一起愉快地玩耍,尽情地说笑。总角:古代男女未成年时把头发扎成丫髻,称总角。这里指代少年时代。晏晏(yàn):欢乐、和悦的样子。

⑨ [信誓旦旦,不思其反]誓言是真挚诚恳的,没想到你竟会变心。旦旦:诚恳的样子。反:即“返”字。

⑩ [反是不思,亦已焉哉]你违背誓言,不念旧情,那就算了吧! 已:了结、终止。焉哉:语气词连用,加强语气,表示感叹。

⑪ 选自《古诗十九首》。《古诗十九首》是东汉末年无名氏的五言诗选辑,最早见于南朝梁代萧统《文选》。“古诗”的原意是古代人所作的诗。约在魏末晋初,流传着一批魏、晋以前文人所作的五言诗,既无题目,也不知作者,其中大多是抒情诗,具有独特的表现手法和艺术风格,被统称为“古诗”。无名氏诗人们所反映的中下层人士的苦闷和愿望,在封建社会具有相当的普遍性和典型意义。他们所创造的独特表现手法和艺术风格,适合于表现感伤苦闷情绪,为后世封建文人所喜爱和模仿。因此,他们的作品在梁代已获得高度评价,刘勰推崇它为“五言之冠冕”,钟嵘称它“惊心动魄,可谓几乎一字千金”。

⑫ [行行重(chóng)行行]“行行”言其远,“重行行”极言其远,兼有久远之意。

相去①万余里，各在天一涯。

道路阻且长②，会面安可知。

胡马依北风，越鸟巢南枝③。

相去日已远，衣带日已缓④。

浮云蔽白日⑤，游子不顾⑥反。

思君令人老，岁月忽已晚。

弃捐勿复道⑦，努力加餐饭。

迢迢牵牛星⑧

迢迢牵牛星，皎皎河汉女⑨。

纤纤擢素手，札札弄机杼⑩。

终日不成章，泣涕零如雨⑪。

河汉清且浅，相去复几许⑫?

盈盈一水间，脉脉不得语⑬。

思考与练习

一、《行行重行行》抒发的是一个思妇因丈夫久出不归而思念、担忧的情感，但诗的最后为什么要以"弃捐勿复道，努力加餐饭"来结束思妇的歌唱？说说你的理解。

二、诵读《迢迢牵牛星》注意诗中叠音词，并说说它们在诗中的作用。

---

① [去]距，隔。

② [阻且长]"阻"指路途坎坷曲折；"长"指路途遥远，关山迢递。

③ [胡马依北风，越鸟巢南枝]胡马在北风中嘶鸣，越鸟在朝南的枝头筑巢。这两句用比兴手法，意为凡物都有眷恋乡土的本性，飞禽走兽尚且如此，何况人呢？

④ [缓]宽松。

⑤ [浮云蔽白日]如浮云遮住了白日，使明净的心灵蒙上了一片云翳。

⑥ [顾]回头看。

⑦ [弃捐勿复道](把这些思念、忧愁)抛在一边，不要再去说它了。弃、捐，都是抛弃、放弃的意思。

⑧ 选自《古诗十九首》。

⑨ [迢迢(tiáotiáo)牵牛星，皎皎(jiǎojiǎo)河汉女]远远的牵牛星，灿烂的织女星。河汉：天河，即银河。河汉女：指织女星。

⑩ [纤纤擢(zhuó)素手，札札弄机杼(zhù)]举起柔美雪白的双手，一札一札地穿梭织布。擢：引、伸出。杼：梭。

⑪ [终日不成章]一整天也织不成布。章：经纬交织成的幅面。[泣涕零如雨]哭的泪如雨下。零：落。

⑫ [相去复几许]相隔又有多远呢？意思是相隔并不远，可是不能会面。

⑬ [盈盈一水间，脉脉不得语]只隔一条又清又浅的河，含情脉脉而不能相互说话。盈盈：清澈的样子。脉脉：相视而含情不语的样子。

三　魏晋南北朝诗歌二首

短歌行①
曹　操

对酒当歌,人生几何? 譬如朝露,去日苦多②。
慨当以慷,忧思难忘。何以解忧? 唯有杜康③。
青青子衿,悠悠我心。但为君故,沉吟至今④。
呦呦鹿鸣,食野之苹。我有嘉宾,鼓瑟吹笙⑤。
明明如月,何时可掇? 忧从中来,不可断绝⑥。
越陌度阡,枉用相存。契阔谈讌,心念旧恩⑦。
月明星稀,乌鹊南飞。绕树三匝,何枝可依?⑧
山不厌高,海不厌深。周公吐哺,天下归心⑨。

归园田居⑩
陶渊明

少无适俗韵,性本爱丘山⑪。误落尘网中,一去三十年⑫。

---

①　选自《曹操集译注》。曹操(155~220),字孟德,沛国谯人(现安徽亳州人)。三国时期著名的政治家、军事家和诗人。

②　[对酒当歌]一边喝着酒,一边唱着歌。当,也是对着的意思。[几何]多少。[去日苦多]苦于过去的日子太多了。有慨叹人生短促之意。

③　[慨当以慷]指宴会上的歌声激昂慷慨。"慨当以慷"是"慷慨"的间隔用法。当以,这里没有实际意义。[杜康]相传是最早造酒的人,这里作为酒的代称。

④　[青青子衿,悠悠我心]是《诗经·郑风·子衿》中的诗句,原写思念情人,这里用来比喻渴望得到有才干的人。子:对对方的尊称。衿:古式的衣领。青衿,是周代读书人的服装。这里代指有学问的人。悠悠:忧思貌。[沉吟]原指小声叨念和玩味,这里指低声吟诵《子衿》这首诗。

⑤　[呦呦(yōuyōu)]鹿叫的声音。[苹]艾蒿。

⑥　[何时可掇(duō)]什么时候可以摘取呢? 掇,拾取、采取。

⑦　[契阔谈讌]久别重逢,欢饮畅谈。契阔,久别重逢。讌,通"宴"。

⑧　[乌鹊]乌鸦。[三匝]三周。匝:周,圈。

⑨　[山不厌高,海不厌深]这里是借用《管子·形解》中的话,原文是:"海不辞水,故能成其大;山不辞土,故能成其高;明主不厌人,故能成其众……"意思是表示希望尽可能多地接纳人才。[周公吐哺,天下归心]据《史记·鲁周公世家》记载,周公吃饭时多次把饭从嘴里吐出来,为接待贤士人才而中途停止吃饭。这里借用这个典故,是表示自己像周公一样热切殷勤地接待贤才,使天下的人才都心悦诚服地归顺。吐哺:吐出嘴里含着的食物。归心:人心归顺。

⑩　选自《陶渊明集》。《归园田居》共有五首,课文是第一首。

⑪　[少无适俗韵]少年时就没有迎合世俗的本性。少:指少年时代。俗:世俗。韵:本性、气质。
[性本爱丘山]天性原本热爱山川田园(间的生活)。性:天性,本性。

⑫　[一去三十年]从少年到四十一岁诗人辞官,大约三十年。诗人于405年当江西彭泽县县令,八十多天后辞官,挂印归田园,作《归园田居》。

羁鸟恋旧林,池鱼思故渊①。　开荒南野际,守拙归园田②。

方宅十余亩,草屋八九间。　榆柳荫后檐,桃李罗堂前。

暧暧远人村,依依墟里烟③。　狗吠深巷中,鸡鸣桑树颠。

户庭无尘杂,虚室有余闲。　久在樊笼里,复得返自然④。

思考与练习

一、背诵《短歌行》,想一想,哪些诗句让你有所启发。

二、背诵《归田园居》,回答下边问题。

1. 哪些诗句突出表现了诗人厌恶官场,回归自然的心情?

2. 很平常的农村生活场景,在陶渊明的笔下为什么显得那么美?

3. 读了本诗,你对陶诗淡而远的风格有什么体会?

四　唐诗四首

登　高⑤

杜　甫

风急天高猿啸哀,渚清沙白鸟飞回⑥。

无边落木萧萧下,不尽长江滚滚来。

万里悲秋长作客,百年多病独登台⑦。

艰难苦恨繁霜鬓,潦倒新停浊酒杯⑧。

将进酒

李　白

君不见黄河之水天上来,奔流到海不复回。

君不见高堂明镜悲白发,朝如青丝暮成雪。

人生得意须尽欢,莫使金樽空对月。

---

①　[羁鸟恋旧林,池鱼思故渊]关在笼子里的鸟怀想往日的树林,养在池塘里的鱼思念从前的深潭。羁鸟:笼中鸟。池鱼:池中鱼。渊:深潭。

②　[守拙归园田]守住自己的愚拙,回乡过田园生活。守拙:守住愚拙,这是谦虚的说法。

③　[暧暧(àiài)]昏暗,模糊。[依依]轻柔而缓慢地飘升。[墟]集市。

④　[樊笼]喻官场生活。[自然]指田园生活,又指自然本性。

⑤　选自《杜少陵详注》,这首诗是杜甫在大历二年(767年)寄寓夔州(现在重庆奉节)时写的,抒发了诗人长年漂泊、老病孤愁的复杂感情。

⑥　[渚(zhǔ)]水中小洲。[鸟飞回]鸟在急风中飞舞盘旋。

⑦　[万里]指诗人到处漂泊,居无定所。[百年]这里是指到了晚年。

⑧　[艰难]兼指国运和自身命运。[繁霜鬓]两鬓白发不断增多。繁,这里作动词,增多。[潦倒]这里指衰老多病,志不得伸。[新停]刚刚停止。杜甫晚年因肺病戒酒,故谓"新停"。

天生我材必有用,千金散尽还复来。

烹羊宰牛且为乐,会须①一饮三百杯。

岑夫子,丹丘生②,将进酒,杯莫停。

与君歌一曲,请君为我倾耳听。

钟鼓馔玉不足贵③,但愿长醉不用醒。

古来圣贤皆寂寞,唯有饮者留其名。

陈王昔时宴平乐④,斗酒十千恣欢谑。

主人何为言少钱,径须沽取对君酌⑤。

五花马,千金裘,呼儿将出⑥换美酒,与尔同销万古愁。

山居秋暝⑦

王　维

空山新雨后,天气晚来秋。

明月松间照,清泉石上流。

竹喧归浣女,莲动下渔舟⑧。

随意春芳歇,王孙自可留⑨。

无　题⑩

李商隐

昨夜星辰昨夜风,画楼西畔桂堂东⑪。

身无彩凤双飞翼,心有灵犀一点通⑫。

---

①　[会须]应当。

②　[岑夫子]诗人的一位隐居朋友。一说名勋。[丹丘生]元丹丘,隐居不仕,与诗人交好。

③　[钟鼓]泛指音乐。[馔玉]泛指美食。

④　[陈王]曹植。曹操子,曾被封为陈王。[平乐]观名,故址在今河南洛阳故城西。

⑤　[径须]竟须,犹只管。[沽取]指买酒。取字语词,无义。

⑥　[将出]拿出,拉出去。

⑦　选自《王右丞相集》。这首诗反映了诗人过隐居生活的愿望。暝:晚。

⑧　[竹喧归浣女]姑娘们洗罢衣服,笑语喧哗从竹林里回家去。[莲动下渔舟]渔船顺流而下,水上莲叶便摇动起来。

⑨　[随意春芳歇,王孙自可留]春草就随它的意衰败吧,王孙自可留在山中(这里的秋景仍值得欣赏)。语出《楚辞·招隐士》:"王孙游兮不归,春草生兮萋萋","王孙兮归来,山中兮不可以久留"。这里是反其意而用之。王孙:古代贵族子弟通称,这里是诗人自况。

⑩　选自《唐诗三百首》。李商隐(约813~约858),晚唐诗人。字义山。以"无题"为名是因为内容或不便明言或难用一个恰当的题目表现。诗的旨意隐藏很深,历来众说纷纭。

⑪　[画楼]彩色图画装饰的楼。[桂堂]用桂木构筑的厅堂。

⑫　[彩凤]彩色的凤凰。[灵犀]指犀牛角。这里是指彼此心意相通。

隔座送钩春酒暖,分曹射覆蜡灯红①。

嗟余听鼓应官去,走马兰台类转蓬②。

思考与练习

一、背诵四首诗,并完成下列问题。

1. 找《登高》中写景和抒情的句子,说说本诗情景交融的特点。诗人忧国伤时的感情集中在哪一个诗句上? 试做分析。

2. 说说对《将进酒》一诗思想情感的理解。

3. 王维的诗是"诗中有画,画中有诗",试以"竹喧归浣女,莲动下渔舟"为例,说说他画了怎样的意境。

三、课外阅读《唐诗三百首》。

五　宋代诗词四首

书　愤③

陆　游

早岁那知世事艰,中原北望气如山④。

楼船夜雪瓜洲渡,铁马秋风大散关⑤。

塞上长城⑥空自许,镜中衰鬓已先斑。

《出师》一表真名世⑦,千载谁堪伯仲间⑧!

---

① [送钩]宴席上的一种游戏,把钩暗中传递,让人猜在谁手里,猜不中就罚酒。[分曹射覆]分曹:分队。射:猜。覆:盖。射覆是古代一种游戏,把东西盖在器皿中叫人猜。

② [嗟]叹词。[应官]点卯。古代衙门卯时击鼓,官员应鼓上班。[走马兰台类转蓬]兰台:唐高宗时改称秘书省为兰台。兰台掌管国史、著作等事。转蓬:飞转的蓬草。

③ 选自《剑南诗稿》,这首诗作于宋孝宗淳熙十三年(1186 年),其时诗人 61 岁。大意是追述诗人早年的抱负,抒发壮志未酬的感慨。

④ [气如山]积愤如山之重,诗人目睹北方大片山河被金人占领,而南宋王朝不图恢复,故有此语。气:悲愤。

⑤ [楼船夜雪瓜洲渡,铁马秋风大散关]这是追述 25 年前两次胜仗。宋高宗绍兴三十一年(1161 年)冬,金主完颜亮率领大军南下,企图从瓜州渡江南下攻建康(现在南京),被宋军击退。第二年,宋将吴璘从西北前线出击,收复了大散关。楼船:高大的战舰。瓜洲:在现在江苏扬州南面的长江之滨,为军事重地。铁马:配有铁甲的战马。大散关:在现在的陕西宝鸡西南面,也是军事重地。

⑥ [塞上长城]比喻能守边的将领。《南史·檀道济传》载,宋文帝要杀名将檀道济,檀大怒道:"乃坏汝万里长城!"

⑦ [名世]名传后世。

⑧ [千载谁堪伯仲间]千年以来谁能(跟他)相比较呢! 伯仲,兄弟,引申为不相上下。这里是作者以诸葛亮自况。

雨霖铃①

柳　永

寒蝉凄切。对长亭晚②，骤雨初歇。都门帐饮无绪，留恋处兰舟催发③。执手相看泪眼，竟无语凝噎④。念去去、千里烟波，暮霭沉沉楚天阔⑤。

多情自古伤离别。更那堪、冷落清秋节。今宵酒醒何处，杨柳岸、晓风残月。此去经年⑥，应是良辰好景虚设。便纵有、千种风情，更与何人说⑦。

念奴娇·赤壁怀古⑧

苏　轼

大江东去，浪淘尽、千古风流人物。故垒⑨西边，人道是、三国周郎赤壁⑩。乱石穿空⑪，惊涛拍岸，卷起千堆雪。江山如画，一时多少豪杰。

遥想公瑾当年，小乔⑫初嫁了，雄姿英发。羽扇纶巾，谈笑间、樯橹灰飞烟灭⑬。故国神游，多情应笑我、早生华发⑭。人生如梦，一樽还酹江月⑮。

---

①　柳永(约987～约1053)原名三变，崇安(现在福建崇安人)。官至屯田员外郎，世称柳屯田。北宋词作家，有《乐章集》。《雨霖铃》，也写作《雨淋铃》，词牌名。

②　[长亭]古代大道上每五里设一短亭，十里设一长亭，供行人休息，人们常在长亭送别。

③　[都门帐饮]都门：京城，指汴京(今河南开封市)，在京城门外设帐饯别。帐：郊野没有房屋，所以临时搭起篷帐。[无绪]没有心思，情绪不好。[兰舟]木兰木制造的船。这是文学作品中常用对船的美称，此处指船夫。

④　[凝噎]因为激动，嗓子被气憋住，说不出话，哭不出声。

⑤　[去去]往前走了又走，意思是走得很远。[暮霭]傍晚的云气。[楚天]楚地的天空(战国时楚国很大，即今湖北、湖南、安徽、江苏、江西等地)，这里泛指南方的天空。

⑥　[经年]一年又一年，表示日期很长。

⑦　[风情]深情蜜意，此指男女之情。[更]一作"待"。

⑧　这首词为苏轼贬官为黄州(今湖北省黄冈县)团练副使时游赤壁所作。赤壁：苏轼所游的赤壁，在黄冈城外的赤鼻矶；而三国古战场的赤壁，一般认为在今湖北省嘉鱼县东北，也有认为在长江南岸蒲圻西北。

⑨　[故垒]黄州古老的城堡，作者推测，可能是古战场的陈迹。

⑩　[人道是，三国周郎赤壁]人们说那是三国时候周瑜(作战时的)赤壁。周郎：周瑜，字公瑾，开始为吴将时仅24岁，吴中称他为"周郎"。

⑪　[雪]这里比喻浪花。

⑫　[小乔]乔玄的小女儿，嫁给周瑜。

⑬　[羽扇纶巾](手握)羽扇，(头戴)纶巾，形容周瑜态度从容闲雅。纶巾：青丝帛的头巾。[谈笑间]谈笑之间。形容轻而易举。[樯橹]这里指曹操的水军。樯：桅杆。橹：桨。

⑭　[故国神游]神游于故国。故国：旧国，这里指旧地。[多情应笑我，早生华发]应笑自己多情善感，头发都早早地变白了。华发：花白的头发。

⑮　[酹(lèi)]把酒洒在地上表示祭奠、奉敬，这里指洒酒酹月，寄托自己的感情。

一剪梅①

李清照

红藕香残玉簟秋②。轻解罗裳,独上兰舟。云中谁寄锦书来③? 雁字回时,月满西楼④。花自飘零水自流。一种相思,两处闲愁⑤。此情无计可消除,才下眉头,却上心头。

思考与练习

一、反复朗读并背诵这四首诗词,体会婉约派与豪放派风格的不同。并谈谈你的感受

二、课外阅读《宋词》。

六　古诗词名句集萃

路曼曼其修远兮,吾将上下而求索。　　　　　　　　　(战国·屈原《离骚》)

海内存知己,天涯若比邻。　　　　　　　　　　　(唐·王勃《杜少府之任蜀州》)

独在异乡为异客,每逢佳节倍思亲。　　　　　　(唐·王维《九月九日忆山东兄弟》)

劝君更尽一杯酒,西出阳关无故人。　　　　　　　　(唐·王维《渭城曲》)

欲穷千里目,更上一层楼。　　　　　　　　　　　(唐·王之涣《登鹳雀楼》)

春潮带雨晚来急,野渡无人舟自横。　　　　　　　(唐·韦应物《滁州西涧》)

慈母手中线,游子身上衣。临行密密缝,意恐迟迟归。

谁言寸草心,报得三春晖。　　　　　　　　　　　　　(唐·孟郊《游子吟》)

春眠不觉晓,处处闻啼鸟,夜来风雨声,花落知多少。　　(唐·孟浩然《春晓》)

沉舟侧畔千帆过,病树前头万木春。　　(唐·刘禹锡《酬乐天扬州初逢席上见赠》)

问君能有几多愁,恰似一江春水向东流。　　　　　(南唐·李煜《虞美人》)

锄禾日当午,汗滴禾下土。谁知盘中餐,粒粒皆辛苦。　　(唐·李绅《悯农》)

君问归期未有期,巴山夜雨涨秋池。

何当共剪西窗烛,却话巴山夜雨时?　　　　　　(唐·李商隐《夜雨寄北》)

春蚕到死丝方尽,蜡炬成灰泪始干。　　　　　　　(唐·李商隐《无题》)

---

①　选自《漱玉词》。一剪梅,词牌名。李清照(1084~约1151),宋代著名女词人,号易安居士,济南(现在山东济南)人。这首词是作者写给她丈夫赵明诚的,极言自己独居生活的寂寞和相思之苦。

②　[玉簟(diàn)秋]指时至深秋,精美的竹席已嫌清冷。玉簟:洁净如玉的竹席。簟,竹席。秋:秋凉,凉意。

③　[云中谁寄锦书来]这是作者盼望丈夫来信。云中:空中。我国古代有鸿雁传书的说法,鸿雁从天上飞来,故称"云中"。锦书:写在锦帛上的信。据《晋书》记载,窦滔妻苏氏曾为《回文璇玑图诗》,寄给她的丈夫。后来就用"锦书"指代妻子给在外丈夫的信。这里是反其义而用之,指在外的丈夫给妻子的信。

④　[雁字]指鸿雁飞行的队形,有时像"一"字,有时像"人"字。[月满西楼]意思是鸿雁飞回之时,西楼洒满了月光。言外之意是盼望丈夫早日归来。

⑤　[一种相思,两处闲愁]意思是彼此都在思念对方,可又不能相互倾诉,只好各在一方独自愁闷着。两处:指夫妻双方。

抽刀断水水更流,举杯销愁愁更愁。　　　　　　　(唐·李白《宣州谢朓楼饯别校书叔云》)

出师未捷身先死,长使英雄泪满襟。　　　　　　　　　　(唐·杜甫《蜀相》)

好雨知时节,当春乃发生。随风潜入夜,润物细无声。　　(唐·杜甫《春夜喜雨》)

会当凌绝顶,一览众山小。　　　　　　　　　　　　　(唐·杜甫《望岳》)

千呼万唤始出来,犹抱琵琶半遮面。　　　　　　　(唐·白居易《琵琶行》)

别有幽愁暗恨生,此时无声胜有声。　　　　　　　(唐·白居易《琵琶行》)

同是天涯沦落人,相逢何必曾相识。　　　　　　　(唐·白居易《琵琶行》)

离离原上草,一岁一枯荣。

野火烧不尽,春风吹又生。　　　　　　　(唐·白居易《赋得古原草送别》)

无可奈何花落去,似曾相识燕归来。　　　　　　　　　(宋·晏殊《浣溪沙》)

欲把西湖比西子,淡妆浓抹总相宜。　　　　　　(宋·苏轼《饮湖上初晴后雨》)

衣带渐宽终不悔,为伊消得人憔悴。　　　　　　　　(宋·柳永《蝶恋花》)

两情若是久长时,岂在朝朝暮暮。　　　　　　　　　(宋·秦观《鹊桥仙》)

在天愿作比翼鸟,在地愿为连理枝。　　　　　　　(唐·白居易《长恨歌》)

山重水复疑无路,柳暗花明又一村。　　　　　　　(宋·陆游《游山西村》)

春色满园关不住,一枝红杏出墙来。　　　　　　　(宋·叶绍翁《游园不值》)

千锤万击出深山,烈火焚烧若等闲。

粉身碎骨浑不怕,要留清白在人间。　　　　　　　　(明·于谦《石灰吟》)

落红不是无情物,化作春泥更护花。　　　　　　　(清·龚自珍《己亥杂诗》)

不畏浮云遮望眼,只缘身在最高层。　　　　　　　(宋·王安石《登飞来峰》)

人生自古谁无死,留取丹心照汗青!　　　　　　　(宋·文天祥《过零丁洋》)

思考与练习

一、背诵这些名句。

二、你还能背出多少这样的古诗词名句?比比看谁背得多。

七　现当代诗歌四首

雨　巷[①]

戴望舒

撑着油纸伞,

独自彷徨在悠长,悠长

又寂寥的雨巷

---

① 选自《小说月报》1928 年 8 月号。戴望舒(1905～1950),现代诗人。浙江杭县人。诗集有《旧锦囊》、《雨巷》、《望舒草》、《灾难的岁月》等。

我希望逢着
一个丁香一样地
结着愁怨的姑娘。

她是有
丁香一样的颜色，
丁香一样的芬芳，
丁香一样的忧愁，
在雨中哀怨，
哀怨又彷徨。

她彷徨在这寂寥的雨巷，
撑着油纸伞
像我一样，
像我一样地
默默彳亍①着，
冷漠，凄清，又惆怅。

她静默地走近
走近，又投出
太息一般的眼光，
她飘过
像梦一般地，
像梦一般地凄婉迷茫。

像梦中飘过
一枝丁香地，
我身旁飘过这个女郎；
她静默地远了，远了，
到了颓圮②的篱墙，
走尽这雨巷。

在雨的哀曲里，
消了她的颜色，
散了她的芬芳，
消散了，甚至她的
太息般的眼光，

---

① ［彳亍（chìchù）］慢慢地走，走走停停。
② ［颓圮（tuí pǐ）］颓败，毁坏。

丁香般的惆怅。

撑着油纸伞，独自
彷徨在悠长，悠长
又寂寥的雨巷，
我希望飘过
一个丁香一样地
结着愁怨的姑娘。

我爱这土地①

艾　青

假如我是一只鸟，
我也应该用嘶哑的喉咙歌唱：
这被暴风雨所打击着的土地，
这永远汹涌着我们的悲愤的河流，
这无止息地吹刮着的激怒的风，
和那来自林间的无比温柔的黎明……
——然后我死了，
连羽毛也腐烂在土地里面。

为什么我的眼里常含泪水？
因为我对这土地爱得深沉……

1938 年 11 月 17 日

致橡树②

舒　婷

我如果爱你——
绝不像攀援的凌霄花③
借你的高枝来炫耀自己；
我如果爱你——
绝不学痴情的鸟儿
为绿荫重复单纯的歌曲；
也不止像泉源，

---

①　选自《北方》（文化生活出版社 1979 年版）。艾青（1910～1996），现代诗人。原名蒋海澄。浙江金华县人。诗集有《向太阳》、《火把》、《春天》、《归来歌》、《彩色的诗》、《雪莲》等。

②　选自《诗刊》1979 年第 4 期。舒婷（1952～），原名龚佩瑜，福建泉州人。当代诗人。主要著作有诗集《双桅船》、《会唱歌的鸢尾花》、《始祖鸟》，散文集《心烟》等。

③　[凌霄花]又名"紫葳"，木本蔓生，茎攀援他物而高升，高可数丈。夏秋开花，橙红色。

长年送来清凉的慰藉；

也不止像险峰，

增加你的高度，衬托你的威仪。

甚至日光，

甚至春雨，

不，这些都还不够！

我必须是你近旁的一株木棉①，

作为树的形象和你站在一起。

根，紧握在地下；

叶，相触在云里。

每一阵风过，

我们都互相致意，

但没有人，

听懂我们的言语。

你有你的铜枝铁干，

像刀，像剑，

也像戟；

我有我的红硕的花朵，

像沉重的叹息，

又像英勇的火炬。

我们分担寒潮、风雷、霹雳；

我们共享雾霭、流岚、虹霓②。

仿佛永远分离，

却又终身相依。

这才是伟大的爱情，

坚贞就在这里：

爱——

不仅爱你伟岸的身躯，

也爱你坚持的位置，足下的土地。

1977 年 3 月 27 日

①　[木棉]常绿乔木，产于热带，高可数丈。又称英雄树、攀枝花。因果内有白色棉毛而名木棉。生长在我国南方，早春红花满枝头。为落叶大乔木，高达 40 米。

②　[岚]山中的水蒸气。[虹霓]雨后空中出现的彩色圆弧，有七种颜色。这种圆弧常同时出现两个。红色在外，紫色在内，颜色鲜艳的叫"虹"；红色在内，紫色在外，颜色较淡的叫"霓"。

面朝大海，春暖花开①

海 子

从明天起，做一个幸福的人

喂马、劈柴、周游世界

从明天起，关心粮食和蔬菜

我有一所房子，面朝大海，春暖花开

从明天起，和每一个亲人通信

告诉他们我的幸福

那幸福的闪电告诉我的

我将告诉每一个人

给每一条河每一座山取一个温暖的名字

陌生人，我也为你祝福

愿你有一个灿烂的前程

愿你有情人终成眷属

愿你在尘世获得幸福

我只愿面朝大海，春暖花开

思考与练习

一、《我爱这土地》中"我"为什么要用"嘶哑的歌喉"歌唱？你认为诗中的"土地"、"河流"、"风"、"黎明"四组意象有什么象征意义？

二、《致橡树》中"木棉"和"橡树"两个中心意象具有怎样的象征意义？其中蕴含了诗人怎样的情感？

三、《面朝大海，春暖花开》唤起你哪些美好的感觉？表达了诗人怎样的感情？

文史知识(二)　中国古代诗歌发展概略

我们通常把我国"五四"新文化运动以前的文学，称为古典文学，把"五四"新文化运动以后的文学，称为现代文学或新文学。

我国古代诗歌已有三千年的光辉历史，具有丰富深刻的思想内容和完美多样的艺术形式，出现了无数的作家和作品，是我们前人留下的宝贵精神遗产，也是世界文化史上的璀璨明珠。

---

① 选自《海子的诗》(人民文学出版社 1995 年 4 月版)。海子，原名查海生，1964 年 3 月生于安徽怀宁县高河查湾，1989 年 3 月 26 日卒于河北山海关。作品有长诗《土地》、短诗选集《海子、路一禾作品集》等。

《诗经》是我国最早的一部诗歌总集,保存了从西周初年到春秋中叶五百年间的三百零五篇诗歌作品,编为"风""雅""颂"三部分。

"楚辞"是公元前四世纪中叶以后在南方出现的一种新诗体。这是一种"书楚语、作楚声、纪楚地、名楚物"的民间乐诗,以六言、七言为主,长短参差,灵活多变,多用语气词"兮"字。伟大的爱国主义诗人屈原的《离骚》《九歌》是"楚辞"的代表作品。

两汉时期,社会相对稳定,封建经济和文化得到了充分发展。两汉文学中,最有价值的作品形式之一是乐府诗。西汉武帝时,设置采诗机构,名为乐府。乐府民歌以"感于哀乐,缘事而发"的现实主义精神,从抒情出发,深刻地反映了两汉社会生活的各个方面,体现了当时劳动人民的心态、愿望和要求。汉乐府诗的产生,使《诗经》所开创的现实主义传统得到了继承和发展;从表现手法来看,汉乐府赋比兴的运用,和《诗经》是一脉相承的;在形式上,长于叙事铺陈,语言富于生活气息,句式以五、七、杂言为主的"乐府",也是对四言《诗经》的发展。

在乐府民歌的影响下,东汉末年的《古诗十九首》是文人五言诗开始产生、发展并走向成熟的标志。另外曹操的《短歌行》、曹植的《赠白马王彪》、王粲的《七哀诗》等,代表了当时文人五言诗的最高成就。

东晋末年的陶渊明,因贫而出仕,既目睹官场之黑暗,亦不愿同流合污,决心辞官归隐。他用通俗自然的语言描绘自然风光的美丽,歌咏劳动生活,独树一帜,被称为"田园诗人",代表作有《归园田居》《饮酒》(结庐在人境)。

南朝时期,前有谢灵运,后有谢朓开创了山水诗派,而鲍照继承汉乐府精神,用七言古诗体来反映社会的不平等现象,抒发愤世嫉俗的情怀。

唐代诗歌创作空前繁荣,是诗歌史上的黄金时代。古体、近体争奇斗艳,各种风格流派异彩纷呈。"初唐四杰"王勃、杨炯、卢照邻、骆宾王和稍后的陈子昂,上承汉魏风骨,在诗歌形式和艺术表现手法上大胆探索,为唐诗的发展铺平了道路。

盛唐时期,我国古典诗歌中浪漫主义和现实主义两位最杰出的代表诗人李白和杜甫先后在盛唐诗坛上崛起,成为唐代诗歌、也是中国古典诗歌的两大丰碑。李白的诗歌歌颂祖国的壮丽山河,反映个人理想和社会现实的矛盾,富有蔑视权贵、追求个性自由的思想意识,感情奔放炽烈,风格豪放飘逸。《将进酒》《行路难》较典型地体现了他的抒情诗作的独特感情色调和艺术个性。杜甫的诗号称"诗史","三吏""三别"等传诵千古的不朽之作,反映了安史之乱前后,唐王朝由盛转衰的重要社会生活内容。他的抒怀诗将个人生活境遇和国家忧患紧密联系,感情深沉凝重,风格沉郁顿挫。

盛唐还出现了两大诗歌流派,一是以王维、孟浩然等人为代表的山水田园诗派,一是以高适、岑参、王昌龄等人为代表的边塞诗派。

中唐时期,白居易倡导新乐府运动,促成了诗歌创作的又一个高潮。白居易主张"文章合为时而著,歌诗合为事而作","惟歌生民病,愿得天子和",以乐府诗的形式来反映人民的苦难生活和统治者的荒淫骄奢。

中唐时期的著名诗人还有元稹、刘禹锡等。

晚唐的杜牧和李商隐是在艺术上较有个性、有创新、成就突出的诗人。杜牧长于七绝,风格俊逸清丽;李商隐工于七律,善用比兴和典故,往往意蕴深隽。

诗发展到宋代已不似唐代那般辉煌灿烂,却自有它独特的风格,即抒情成分减少,叙述、议论的成分增多,重视描摹刻画,大量采用散文句法,使诗同音乐关系疏远。

最能体现宋诗特色的是苏轼和黄庭坚的诗。黄庭坚诗风奇特拗崛,在当时影响广于苏轼,他与陈师道一起开创了宋代影响最大的"江西诗派"。宋初的梅尧臣、苏舜钦并称"苏梅",为奠定宋诗基础之人。欧阳修、王安石的诗对扫荡西昆体的浮艳之风起过很大作用。国难深重的南宋时期,诗作常充满忧郁、激愤之情。陆游是这个时代的代表人物。与他同时的还有以"田园杂兴"诗而出名的范成大和以写景说理而自居的杨万里。文天祥是南宋最后一个大诗人,高扬着宁死不屈的民族精神的《过零丁洋》是他的代表作。

源于唐代的词,鼎盛于宋代。唐末的温庭筠第一个专力作词。他的词辞藻华丽,多写妇女的离别相思之情,被后人称为"花间派"。南唐后主李煜在词的发展史上占有较高的历史地位。他后期的词艺术成就很高,《虞美人》《浪淘沙》等用贴切的比喻将感情形象化,语言接近口语,却运用得珠圆玉润。

宋初的词人像晏殊、欧阳修都有出色的作品,但依然没有脱离花间派的影响。到了柳永,开始创作长调的慢词,自此,词的规模发生了显著变化。到了苏轼,词的题材又得以进一步发展,怀古伤今的内容进入了他的词作之中,开创了"豪放派"。与苏轼同时代的秦观和周邦彦也是非常出色的词人。秦观善作小令,通过抒情写景传达伤感情绪的《浣溪沙》《踏莎行》《鹊桥仙》等是他的代表作。周邦彦不仅写词且善作曲,他创造了不少新调,对词的发展贡献很大。他的词深受柳永影响,声律严整、适于歌唱、字句精巧、刻画细致,代表作有《过秦楼》《满庭芳》《兰陵王》《六丑》等。在两宋词坛上,女词人李清照以其独树一帜的风格,占有相当重要的一席之地。

南宋初年,面临国破家亡的危局,诗词作品多表现作家们的爱国之情。辛弃疾被誉为爱国词人,他是这一时期的代表人物。受辛词影响,陈亮、刘过、刘克庄、刘辰翁等人形成了南宋中叶以后声势最大的爱国词派。

南宋后期的词人姜夔最为著名。姜词绝大多数是记游咏物之作。在他的词作中,更多的是慨叹身世的飘零和情场的失意,较有代表性的作品是《长亭怨慢》。他的词沿袭了周邦彦的道路,注意修辞琢句和声律,但内容欠充实。

词在南宋已达高峰,元代散曲流行,诗词乃退居其后。

元代出现了一种配合当时流行曲调清唱的抒情诗体,即散曲。前期散曲作家以关汉卿和马致远为代表,作品通俗平易,诙谐泼辣;后期代表作家是张可久和乔吉,风格趋于雅正典丽。其他重要的曲家还有贯云石、张养浩和睢景臣等。金、元时期诗文创作相对逊色,元好问是较杰出的诗人。

明代诗歌是在拟古与反拟古的反反复复中前行的,除明初刘基、宋濂、高启的诗文能反映社会现实,内容较为充实外,再没有杰出的作品和诗人出现。

清代诗词流派众多,但大多数作家均未摆脱拟古主义和形式主义的套子,难有超出前人之处。清末龚自珍以其先进的思想,打破了清中叶以来诗坛的沉寂,领近代文学史风气之先。他的诗常着眼于社会、历史和政治的观点来揭露现实,使诗成为现实社会的批判工具。后来的黄遵宪、康有为、梁启超等新诗派更是将诗歌直接用作资产阶级改良运动的宣传载体。

单元综合练习

一、赏析下边两首诗当中的一首,写一篇二三百字的短文。

断 章

卞之琳

你站在桥上看风景,
看风景人在楼上看你。
明月装饰了你的窗子,
你装饰了别人的梦。

老 马

臧克家

总得叫大车装个够,
它横竖不说一句话,
背上的压力往肉里扣,
它把头沉重地垂下!
这刻不知道下刻的命,
它有泪只往心里咽,
眼里飘来一道鞭影,
它抬起头来望望前面。

1932 年 4 月

二、填出下列诗或句的前句或后句。

1. 路曼曼其修远兮,_____。(屈原)

2. _____,天涯若比邻。(王勃)

3. 独在异乡为异客,_____。(王维)

4. 劝君更尽一杯酒,_____。(王维)

5. 欲穷千里目,_____。(王之涣)

6. 春潮带雨晚来急,_____。(韦应物)

7. _____,不教胡马度阴山。(王昌龄)

8. _____,游子身上衣。……_____,报得三春晖。(孟郊)

9. ＿＿＿＿＿＿＿＿＿＿＿＿＿,处处闻啼鸟。夜来风雨声,＿＿＿＿＿＿＿＿＿＿＿。(孟浩然)

10. 旧时王谢堂前燕,＿＿＿＿＿＿＿＿＿＿＿。(刘禹锡)

11. 沉舟侧畔千帆过,＿＿＿＿＿＿＿＿＿＿＿。(刘禹锡)

12. 剪不断,理还乱,是离愁,＿＿＿＿＿＿＿＿＿＿＿。(李煜)

13. 君能有几多愁,＿＿＿＿＿＿＿＿＿＿＿。(李煜)

14. ＿＿＿＿＿＿＿＿＿＿＿＿,汗滴禾下土,＿＿＿＿＿＿＿＿＿＿＿,粒粒皆辛苦。(李绅)

15. 春蚕到死丝方尽,＿＿＿＿＿＿＿＿＿＿＿。(李商隐)

16. 长风破浪会有时,＿＿＿＿＿＿＿＿＿＿＿。(李白)

17. 抽刀断水水更流,＿＿＿＿＿＿＿＿＿＿＿。(李白)

18. ＿＿＿＿＿＿＿＿＿＿＿＿,千金散尽还复来。(李白)

19. 鸟宿池边树,＿＿＿＿＿＿＿＿＿＿＿。(贾岛)

20. 东风不与周郎便,＿＿＿＿＿＿＿＿＿＿＿。(杜牧)

21. 商女不知亡国恨,＿＿＿＿＿＿＿＿＿＿＿。(杜牧)

22. 会当凌绝顶,＿＿＿＿＿＿＿＿＿＿＿。(杜甫)

23. ＿＿＿＿＿＿＿＿＿＿＿＿,长使英雄泪满襟。(杜甫)

24. ＿＿＿＿＿＿＿＿＿＿＿＿,当春乃发生。随风潜入夜,＿＿＿＿＿＿＿＿＿＿＿。(杜甫)

25. 凭君莫话封侯事,＿＿＿＿＿＿＿＿＿＿＿。(曹松)

26. 离离原上草,一岁一枯荣。＿＿＿＿＿＿＿＿＿＿＿,＿＿＿＿＿＿＿＿＿＿＿。(白居易)

27. 别有幽愁暗恨生,＿＿＿＿＿＿＿＿＿＿＿。(白居易)

28. 无边落木萧萧下,＿＿＿＿＿＿＿＿＿＿＿。(杜甫)

29. 月落乌啼霜满天,江枫渔火对愁眠。姑苏城外寒山寺,＿＿＿＿＿＿＿＿＿＿＿。(张继)

30. 人生自古谁无死,＿＿＿＿＿＿＿＿＿＿＿。(文天祥)

31. 先天下之忧而忧,＿＿＿＿＿＿＿＿＿＿＿。(范仲淹)

32. 朱门沉沉按歌舞,＿＿＿＿＿＿＿＿＿＿＿。(陆游)

33. ＿＿＿＿＿＿＿＿＿＿＿＿,似曾相识燕归来。(晏殊)

34. ＿＿＿＿＿＿＿＿＿＿＿＿,月有阴晴圆缺,此事古难全。＿＿＿＿＿＿＿＿＿＿＿,千里共婵娟。(苏轼)

35. ＿＿＿＿＿＿＿＿＿＿＿＿,明月何时照我还。(王安石)

36. 欲把西湖比西子,＿＿＿＿＿＿＿＿＿＿＿。(苏轼)

37. 不识庐山真面目,＿＿＿＿＿＿＿＿＿＿＿。(苏轼)

38. 《出师》一表真名世,＿＿＿＿＿＿＿＿＿＿＿。(陆游)

39. 零落成泥碾作尘,＿＿＿＿＿＿＿＿＿＿＿。(陆游)

40. 泪眼问花花不语,＿＿＿＿＿＿＿＿＿＿＿。(欧阳修)

41. 舞低杨柳楼心月,＿＿＿＿＿＿＿＿＿＿＿。(晏几道)

42. 衣带渐宽终不悔,＿＿＿＿＿＿＿＿＿＿＿。(柳永)

43. 两情若是久长时,＿＿＿＿＿＿＿＿＿＿＿。(秦观)

44. 试问闲愁都几许,一川烟草,＿＿＿＿＿＿＿＿＿＿＿,＿＿＿＿＿＿＿＿＿＿＿。(贺铸)

45. 莫道不消魂,帘卷西风,_____。(李清照)

46. 青山遮不住,_____。(辛弃疾)

47. 众里寻他千百度,蓦然回首,_____。(辛弃疾)

48. 却将万字平戎策,_____。(辛弃疾)

49. 采菊东篱下,_____。(陶渊明)

50. 晨兴理荒秽,_____。(陶渊明)

51. 对酒当歌,_____? _____,去日苦多。(曹操)

52. 山不厌高,_____。周公吐哺,_____。(曹操)

53. 老骥伏枥,_____。烈士暮年,_____。(曹操)

54. 天苍苍,野茫茫,_____。

55. _____,欲语泪先流。(李清照)

56. 在天愿作比翼鸟,_____。(白居易)

57. 山重水复疑无路,_____。(陆游)

58. 春色满园关不住,_____。(叶绍翁)

59. 忽如一夜春风来,_____。(岑参)

60. 千金纵买相如赋,_____。(辛弃疾)

三、文史知识填空

1. 我国第一部诗歌总集_____,共收录周初至春秋中叶的诗歌_____篇,其内容分_____、_____、_____三部分,在艺术上多采用_____、_____、_____的手法,采用_____主义的创作方法,对后代文学的发展影响巨大。

2. _____收录了屈原、宋玉等楚国诗人的作品,是我国文学史上又一部具有深远影响的诗歌总集。

3. 第一位伟大的爱国诗人,是战国时期楚国的_____,他的代表作品是_____。

4. _____是我国古代民间叙事诗中最伟大的作品,代表了汉乐府民歌的最高成就,是古代最长的叙事诗。_____代表着汉代文人五言诗的最高成就,标志着五言诗的成熟,被誉为"五言诗之冠"。

5. 建安诗人中成就最高的有_____(两个以上)。

6. 陶渊明是_____时期的诗人、文学家,他的诗如_____和散文如_____影响深远。

7. 《木兰诗》和《_____》在文学史上被誉为"乐府双璧"。

8. "唐初四杰"是指初唐时期_____、_____、_____、_____四位诗人。

9. 王维、孟浩然是盛唐时期_____诗派的代表诗人,_____写的《山居秋暝》《渭城曲》及_____写的《过故人庄》《春晓》等都著名。

10. 高适、岑参、王昌龄等是盛唐时期_____诗派的代表诗人,_____的《白雪歌送武判官归京》《送入京使》、_____的《从军行》(青海长云暗雪山)、《出塞》(秦时明月汉时关)等都很著名。

11. 人称"诗仙"的_____把我国浪漫主义诗歌推向了高峰;_____把我国现实主义诗歌推向了高峰,史称其作品为"诗史";_____提出了"文章合为时而著,诗歌合为事而作"的文学主张。

12. 宋词中婉约派的代表词人有_____(二人即可);_____开创了豪放派,_____把豪放词推向了高峰。

13. 古代诗人中现传诗歌作品最多的诗人是_____代的_____,现传诗歌近万首。

14. 晚唐诗人_____和_____被称为"小李杜"。

四、有的同学在建筑物上乱写乱画,有的同学把自己的鞋印留在走廊的墙壁上,说这是才情诗意外现。你怎么看这些行为?

第九单元　戏剧的阅读与欣赏

单元训练重点

　　戏剧是一种综合运用文学、音乐、舞蹈、美术等手段塑造人物形象,反映社会生活的舞台艺术。与小说、诗歌散文并列的戏剧文学,指的是供舞台表演使用的剧本。剧本是文学作品的一种体裁,是戏剧艺术创作的基础,主要由人物对话(或唱词)和舞台指示组成。经过导演处理、用于演出的剧本,通称脚本或演出本(台本)。我们这里所说的戏剧鉴赏,主要指的就是对剧本的鉴赏。

　　戏剧是由演员在舞台上表演的艺术,因而它要受舞台的制约,要适合演出的需要。这就决定了它的一些特征:

　　第一,更典型、更集中地表现社会生活的冲突和斗争。

　　第二,故事情节发生的时间和地点往往很集中,登场人物也有一定数量的限制。

　　第三,人物性格和故事情节主要是通过登场人物的语言来表现。

　　第四,故事情节的发展往往分幕分场。

　　阅读欣赏剧本,最关键的是认识剧中主要人物的思想性格特征以及剧作所反映的社会生活的本质。可以从以下三个方面人手。

一、把握戏剧冲突

　　各种文学作品都要反映社会中的矛盾,戏剧则要求反映得更集中,更尖锐。这主要是受舞台演出的时间和空间的制约。戏剧文学要在有限的时间、空间和容量里,通过人物的语言和动作,塑造人物形象、反映社会生活,这就要求它必须把反映的社会矛盾集中起来,达到尖锐、激烈的程度。戏剧冲突一般包括开端、发展、高潮和结局。欣赏戏剧作品,首先要了解作品中所展示的戏剧冲突(即内容),看看冲突是怎样造成的,哪个冲突是主要的,冲突的实质是什么,进而明确这样的冲突表现了怎样的主题。

二、品味人物语言

　　语言是构成剧本的基础。戏剧语言包括人物语言和舞台说明。人物语言也叫台词,包括对话、独白、旁白等,是人物心理、动作的外现。剧作家通过人物语言来展开戏剧冲突,塑造人物形象,提示戏剧主题,表达自己对生活的认识。舞台说明是一种叙述性语言,用来说明人物的动作、心理、布景、环境等,直接展示人物的性格和戏剧的情节。舞台说明是戏剧语言不可缺少的组成部分,但同人物语言相比,它只是一种辅助手段。

　　首先,要品味个性化的人物语言,因为个性化语言能够准确地表达人物的思想情感。

所谓个性化，是指受人物的年龄、身份、经历、教养、环境等影响而形成的个性特点。

其次，要品味富有动作性的人物语言。动作性，有时表现为人物之间的动作冲突，有时表现为人物的内心活动。也就是说动作性语言包括外部动作，也包括内部动作，即内心活动。我们常常说"言为心声"，语言是人的内在感情的一种外在表现形态。

最后，还要品味人物语言中蕴含的丰富的潜台词。所谓潜台词，也就是话语字面意义以外的一种深层意义或言外之意。潜台词往往是与语言的个性化和动作化联系在一起的。

三、把握主要人物的思想性格特征

欣赏戏剧中的人物形象，和欣赏小说中的人物形象是相通的，因此有些方法可以借鉴。首先，要抓住人物的主要特征。不同的人物有不同的性格特征，同一个人物的性格也是多侧面的，因此，在欣赏人物形象时，首先应该抓住其主要特征。其次，注意人物的语言，戏剧人物的语言是刻画人物形象的重要手段，没有人物的语言，人物的个性也就无所依附。这与小说有很大的不同，小说也利用个性化的语言塑造人物形象，但它同时运用动作、外貌或心理、环境等描写，有时还可由作者直接说明。最后，要随着剧情的发展，弄清人物性格的发展变化。人物形象是在戏剧冲突的发展中，通过戏剧语言来刻画。戏剧冲突主要是剧中人物的性格冲突，它为人物性格所决定，同时又是为展示人物性格服务的。所以，要完整地了解一个人物形象，还要弄清在冲突的发展过程中，人物性格的形成和发展过程。

一　雷雨①

曹　禺

上世纪 30 年代，曹禺的首部剧作《雷雨》一搬上舞台，就引起巨大的轰动，从此奠定作者在中国话剧史上杰出的现实主义剧作家的地位。那时，曹禺才 20 多岁。

《雷雨》是一幕人生大悲剧，是命运对人残忍的作弄：专制、伪善的封建家长，热情、单纯的青年男女，扭曲了心态的笼中贵妇，痛悔着又不断制造着罪孽的富家子弟，还有家族的秘密，离奇的身世，阶级的对抗，亲人的相残……30 年的爱仇怨恨在一个雷雨之夜如火山一样爆发。有罪的、无辜的一起走向毁灭。作者以雷雨般狂飙恣肆的激情，揭示了酝酿着巨大变革的上世纪 20 年代中国社会现实。《雷雨》的问世，也是中国话剧成功的标志。

午饭后，天气更阴沉，更郁热。低沉潮湿的空气，使人异常烦躁②。

---

① 节选自《曹禺选集》（人民文学出版社 1978 年出版）里《雷雨》第二幕。曹禺（1910～1996），原名万家宝。祖籍湖北，生于天津。著名剧作家、戏剧教育家。代表作有《雷雨》、《日出》等。四幕话剧《雷雨》写了周鲁两家由于纠葛和命运巧合而造成的矛盾冲突。与课文有关的情节是：某煤矿公司董事长周朴园，30年前始乱终弃，为娶门当户对的阔小姐，将给自己生育两个儿子的侍女梅侍萍逐出家门。走投无路的侍萍被迫留下长子，带着奄奄一息的次子（剧中人物鲁大海）投河追救，流落他乡。后嫁与鲁贵，生了女儿四凤。冲突发生前，侍萍在济南某校当女佣，鲁贵在周府当差，四凤是周家使女。一天，侍萍从济南回来看望女儿，被太太繁漪找到周公馆，才发现女儿的主人是周朴园。这时，鲁大海代表矿工也来找周朴园谈判，课文就是从这里开始的。

② ［午饭后……异常烦躁］这是第二幕开始时的一段舞台说明。地点在周公馆客厅。

周朴园　（点着一支吕宋烟①，看见桌上的雨衣，向侍萍）这是太太找出来的雨衣么？

鲁侍萍　（看着他）大概是的。

周朴园　不对，不对，这都是新的。我要我的旧雨衣，你回头跟太太说。

鲁侍萍　嗯。

周朴园　（看她不走）你不知道这间房子底下人不准随便进来么？

鲁侍萍　不知道，老爷。

周朴园　你是新来的下人？

鲁侍萍　不是的，我找我的女儿来的。

周朴园　你的女儿？

鲁侍萍　四凤是我的女儿。

周朴园　那你走错屋子了。

鲁侍萍　哦。——老爷没有事了？

周朴园　（指窗）窗户谁叫打开的？

鲁侍萍　哦。（很自然地走到窗前，关上窗户，慢慢地走向中门）

周朴园　（看她关好窗门，忽然觉得她很奇怪）你站一站。（侍萍停）

周朴园　你——你贵姓？

鲁侍萍　我姓鲁。

周朴园　姓鲁。你的口音不像北方人。

鲁侍萍　对了，我不是，我是江苏的。

周朴园　你好像有点无锡口音。

鲁侍萍　我自小就在无锡长大的。

周朴园　（沉思）无锡？嗯，无锡，（忽而）你在无锡是什么时候？

鲁侍萍　光绪二十年，离现在有三十多年了。

周朴园　哦，三十年前你在无锡？

鲁侍萍　是的，三十多年前呢，那时候我记得我们还没有用洋火呢。

周朴园　（沉思）三十多年前，是的，很远啦，我想想，我大概是二十多岁的时候。那时候我
　　　　还在无锡呢。

鲁侍萍　老爷是那个地方的人？

周朴园　嗯，（沉吟）无锡是个好地方。

鲁侍萍　哦，好地方。

周朴园　你三十年前在无锡么？

鲁侍萍　是，老爷。

周朴园　三十年前，在无锡有一件很出名的事情——

鲁侍萍　哦。

周朴园　你知道么？

---

①　［吕宋烟］雪茄烟，因菲律宾吕宋岛所产的质量好而得名。

鲁侍萍　也许记得,不知道老爷说的是哪一件?

周朴园　哦,很远了,提起来大家都忘了。

鲁侍萍　说不定,也许记得的。

周朴园　我问过许多那个时候到过无锡的人,我也派人到无锡打听过。可是那个时候在无锡的人,到现在不是老了就是死了。活着的多半是不知道的,或者忘了。不过也许你会知道。三十年前在无锡有一家姓梅的。

鲁侍萍　姓梅的?

周朴园　梅家的一个年轻小姐,很贤慧,也很规矩。有一天夜里,忽然地投水死了。后来,后来,——你知道么?

鲁侍萍　不敢说。

周朴园　哦。

鲁侍萍　我倒认识一个年轻的姑娘姓梅的。

周朴园　哦? 你说说看。

鲁侍萍　可是她不是小姐,她也不贤慧,并且听说是不大规矩的。

周朴园　也许,也许你弄错了,不过你不妨说说看。

鲁侍萍　这个梅姑娘倒是有一天晚上跳的河,可是不是一个,她手里抱着一个刚生下三天的男孩。听人说她生前是不规矩的。

周朴园　(苦痛)哦!

鲁侍萍　她是个下等人,不很守本分的。听说她跟那时周公馆的少爷有点不清白,生了两个儿子。生了第二个,才过三天,忽然周少爷不要她了。大孩子就放在周公馆,刚生的孩子她抱在怀里,在年三十夜里投河死的。

周朴园　(汗涔涔地)哦。

鲁侍萍　她不是小姐,她是无锡周公馆梅妈的女儿,她叫侍萍。

周朴园　(抬起头来)你姓什么?

鲁侍萍　我姓鲁,老爷。

周朴园　(喘出一口气,沉思地)侍萍,侍萍,对了。这个女孩子的尸首,说是有一个穷人见着埋了。你可以打听到她的坟在哪儿么?

鲁侍萍　老爷问这些闲事干什么?

周朴园　这个人跟我们有点亲戚。

鲁侍萍　亲戚?

周朴园　嗯,——我们想把她的坟墓修一修。

鲁侍萍　哦,——那用不着了。

周朴园　怎么?

鲁侍萍　这个人现在还活着。

周朴园　(惊愕)什么?

鲁侍萍　她没有死。

周朴园　她还在? 不会吧? 我看见她河边上的衣服,里面有她的绝命书。

鲁侍萍　她又被人救活了。

周朴园　哦,救活啦?

鲁侍萍　以后无锡的人是没见着她,以为她那夜晚死了。

周朴园　那么,她呢?

鲁侍萍　一个人在外乡活着。

周朴园　那个小孩呢?

鲁侍萍　也活着。

周朴园　(忽然立起)你是谁?

鲁侍萍　我是这儿四凤的妈,老爷。

周朴园　哦。

鲁侍萍　她现在老了,嫁给一个下等人,又生了个女孩,境况很不好。

周朴园　你知道她现在在哪儿?

鲁侍萍　我前几天还见着她!

周朴园　什么? 她就在这儿? 此地?

鲁侍萍　嗯,就在此地。

周朴园　哦!

鲁侍萍　老爷,您想见一见她么?

周朴园　(连忙)不,不,不用。

鲁侍萍　她的命很苦。离开了周家,周家少爷就娶了一位有钱有门第的小姐。她一个单身
　　　　人,无亲无故,带着一个孩子在外乡,什么事都做:讨饭,缝衣服,当老妈子,在学校
　　　　里伺候人。

周朴园　她为什么不再找到周家?

鲁侍萍　大概她是不愿意吧。为着她自己的孩子,她嫁过两次。

周朴园　嗯,以后她又嫁过两次。

鲁侍萍　嗯,都是很下等的人。她遇人都很不如意,老爷想帮一帮她么?

周朴园　好,你先下去吧。

鲁侍萍　老爷,没有事了?(望着朴园,泪要涌出)

周朴园　啊,你顺便去告诉四凤,叫她把我樟木箱子里那件旧雨衣拿出来,顺便把那箱子里
　　　　的几件旧衬衣也捡出来。

鲁侍萍　旧衬衣?

周朴园　你告诉她在我那顶老的箱子里,纺绸的衬衣,没有领子的。

鲁侍萍　老爷那种绸衬衣不是一共有五件? 您要哪一件?

周朴园　要哪一件?

鲁侍萍　不是有一件,在右袖襟上有个烧破的窟窿,后来用丝线绣成一朵梅花补上的? 还
　　　　有一件——

周朴园　(惊愕)梅花?

鲁侍萍　旁边还绣着一个萍字。

周朴园	（徐徐立起）哦，你，你，你是——

周朴园　（徐徐立起）哦，你，你，你是——

鲁侍萍　我是从前伺候过老爷的下人。

周朴园　哦，侍萍！（低声）是你？

鲁侍萍　你自然想不到，侍萍的相貌有一天也会老得连你都不认识了。

周朴园不觉地望望柜上的相片，又望侍萍。半晌。

周朴园　（忽然严厉地）你来干什么？

鲁侍萍　不是我要来的。

周朴园　谁指使你来的？

鲁侍萍　（悲愤）命，不公平的命指使我来的！

周朴园　（冷冷地）三十年的工夫你还是找到这儿来了。

鲁侍萍　（怨愤）我没有找你，我没有找你，我以为你死了。我今天没想到到这儿来，这是天要我在这儿又碰见你。

周朴园　你可以冷静点。现在你我都是有子女的人。如果你觉得心里有委屈，这么大年纪，我们先可以不必哭哭啼啼的。

鲁侍萍　哼，我的眼泪早哭干了，我没有委屈，我有的是恨，是悔，是三十年一天一天我自己受的苦。你大概已经忘了你做的事了！三十年前，过年三十的晚上我生下你的第二个儿子才三天，你为了要赶紧娶那位有钱有门第的小姐，你们逼着我冒着大雪出去，要我离开你们周家的门。

周朴园　从前的旧恩怨，过了几十年，又何必再提呢？

鲁侍萍　那是因为周大少爷一帆风顺，现在也是社会上的好人物。可是自从我被你们家赶出来以后，我没有死成，我把我的母亲可给气死了，我亲生的两个孩子你们家里逼着我留在你们家里。

周朴园　你的第二个孩子你不是已经抱走了么？

鲁侍萍　那是你们老太太看着孩子快死了，才叫我带走的。（自语）哦，天哪，我觉得我像在做梦。

周朴园　我看过去的事不必再提了吧。

鲁侍萍　我要提，我要提，我闷了三十年了！你结了婚，就搬了家，我以为这一辈子也见不着你了；谁知道我自己的孩子偏偏要跑到周家来，又做我从前在你们家里做过的事。

周朴园　怪不得四凤这样像你。

鲁侍萍　我伺候你，我的孩子再伺候你生的少爷们。这是我的报应，我的报应。

周朴园　你静一静。把脑子放清醒点。你不要以为我的心是死了，你以为一个人做了一件于心不忍的事就会忘了么？你看这些家具都是你从前顶喜欢的东西，多少年我总是留着，为着纪念你。

鲁侍萍　（低头）哦。

周朴园　你的生日——四月十八——每年我总记得。一切都照着你是正式嫁过周家的人看，甚至于你因为生萍儿，受了病，总要关窗户，这些习惯我都保留着，为的是不忘你,弥补我的罪过。

鲁侍萍 (叹一口气)现在我们都是上了年纪的人,这些话请你也不必说了。

周朴园 那更好了。那么我们可以明明白白地谈一谈。

鲁侍萍 不过我觉得没有什么可谈的。

周朴园 话很多。我看你的性情好像没有大改,——鲁贵像是个很不老实的人。

鲁侍萍 你不要怕。他永远不会知道的。

周朴园 那双方面都好。再有,我要问你的,你自己带走的儿子在哪儿?

鲁侍萍 他在你的矿上做工。

周朴园 我问,他现在在哪儿?

鲁侍萍 就在门房等着见你呢。

周朴园 什么?鲁大海?他!我的儿子?

鲁侍萍 就是他!他现在跟你完完全全是两样的人。

周朴园 (冷笑)这么说,我自己的骨肉在矿上鼓动罢工,反对我!

鲁侍萍 你不要以为他还会认你做父亲。

周朴园 (忽然)好!痛痛快快的!你现在要多少钱吧!

鲁侍萍 什么?

周朴园 留着你养老。

鲁侍萍 (苦笑)哼,你还以为我是故意来敲诈你,才来的么?

周朴园 也好,我们暂且不提这一层。那么,我先说我的意思。你听着,鲁贵我现在要辞退的,四凤也要回家。不过——

鲁侍萍 你不要怕,你以为我会用这种关系来敲诈你么?你放心,我不会的。大后天我就带着四凤回到我原来的地方。这是一场梦,这地方我绝对不会再住下去。

周朴园 好得很,那么一切路费,用费,都归我担负。

鲁侍萍 什么?

周朴园 这于我的心也安一点。

鲁侍萍 你?(笑)三十年我一个人都过了,现在我反而要你的钱?

周朴园 好,好,好,那么,你现在要什么?

鲁侍萍 (停一停)我,我要点东西。

周朴园 什么?说吧。

鲁侍萍 (泪满眼)我——我——我只要见见我的萍儿。

周朴园 你想见他?

鲁侍萍 嗯,他在哪儿?

周朴园 他现在在楼上陪着他的母亲看病。我叫他,他就可以下来见你。不过是——(顿)他很大了,——(顿)并且他以为他母亲早就死了的

鲁侍萍 哦,你以为我会哭哭啼啼地叫他认母亲么?我不会那样傻的。我明白他的地位,他的教育,不容他承认这样的母亲。这些年我也学乖了,我只想看看他,他究竟是我生的孩子。你不要怕,我就是告诉他,白白地增加他的烦恼,他也是不愿意认

　　　　　　我的。

周朴园　　那么,我们就这样解决了。我叫他下来,你看一看他,以后鲁家的人永远不许再到
　　　　　　周家来。

鲁侍萍　　好,我希望这一生不要再见你。

周朴园　　(由衣内取出支票,签好)很好,这是一张五千块钱的支票,你可以先拿去用。算是
　　　　　　弥补我一点罪过。

　　　　　　侍萍接过支票,把它撕了。

周朴园　　侍萍。

鲁侍萍　　我这些年的苦不是你拿钱算得清的。

周朴园　　可是你——

　　　　　　外面争吵声。大海的声音:"让开,我要进去。"三四个男仆声:"不成,不成,老爷睡
　　　　　　觉呢。"

周朴园　　(走至中门)来人!。

　　　　　　仆人由中门进。

周朴园　　谁在吵?

仆　人　　就是那个工人鲁大海! 他不讲理,非见老爷不可。

周朴园　　哦。(沉吟)那你就叫他进来吧。等一等,叫人到楼上请大少爷下来,我有话问他。

仆　人　　是,老爷。(由中门下)

周朴园　　(向侍萍)侍萍,你不要太固执。这一点钱你不收下,将来你会后悔的。

　　　　　　侍萍望着周朴园,一句话也不说。

　　　　　　仆人领大海进。大海站在左边,三四个仆人立一旁。

鲁大海　　(见侍萍)妈,您还在这儿?

周朴园　　(打量大海)你叫什么名字?

鲁大海　　你不要同我摆架子,难道你不知道我是谁么?

周朴园　　我只知道你是罢工闹得最凶的工人。

鲁大海　　对了,一点儿也不错,所以才来拜望拜望你。

周朴园　　你有什么事吧?

鲁大海　　董事长当然知道我是为什么来的。

周朴园　　(摇头)我不知道。

鲁大海　　我们老远从矿上来,今天我又在你府上门房里从早上六点钟一直等到现在,我就
　　　　　　是要问问董事长,对于我们工人的条件,究竟是答应不答应?

周朴园　　哦,——那么,那三个代表呢?

鲁大海　　我跟你说吧,他们现在正在联络旁的工会呢。

周朴园　　哦,——他们没有告诉你旁的事情么?

鲁大海　　告诉不告诉于你没有关系。——我问你,你的意思,忽而软,忽而硬,究竟是怎么
　　　　　　回事?

　　　　　　周萍由饭厅上,见有人,想退回。

周朴园　（看周萍）不要走，萍儿！（望了一下侍萍）

周　萍　是，爸爸。

周朴园　（指身侧）你站在这儿，（向大海）你这么只凭意气是不能交涉事情的。

鲁大海　哼，你们的手段，我都明白。你们这样拖延时候，不过是想花钱收买少数不要脸的败类，暂时把我们骗在这儿。

周朴园　你的见地也不是没有道理。

鲁大海　可是你完全错了。我们这次罢工是团结的，有组织的。我们代表这次来，并不是来求你们。你听清楚，不求你们。你们答应就答应；不答应，我们一直罢工到底，我们知道你们不到两个月整个地就要关门的。

周朴园　你以为你们那些代表们，那些领袖们都可靠么？

鲁大海　至少比你们只认识洋钱的结合要可靠得多。

周朴园　那么我给你一件东西看。

　　　　周朴园在桌上找电报，仆人递给他；此周冲①偷偷由左书房进，在旁谛听。

周朴园　（给大海电报）这是昨天从矿上来的电报。

鲁大海　（拿过去读）什么？他们又上工了。（放下电报）不会。

周朴园　矿上的工人已经在昨天早上复工，你当代表的反而不知道么？

鲁大海　（怒）怎么矿上警察开枪打死三十个工人就白打了么？（笑起来）哼，这是假的。你们自己假作的电报来离间我们的。你们这种卑鄙无赖的行为！

周　萍　（忍不住）你是谁？敢在这儿胡说？

周朴园　没有你的话！（向大海）你就这样相信你那同来的几个代表么？

鲁大海　你不用多说，我明白你这些话的用意。

周朴园　好，那我把那复工的合同给你瞧瞧。

鲁大海　（笑）你不要骗小孩子，复工的合同没有我们代表的签字是不生效力的。

周朴园　合同！

　　　　仆人进书房把合同拿给周朴园。

周朴园　你看，这是他们三个人签字的合同。

鲁大海　（看合同）什么？（慢慢地）他们三个人签了字？（伸手去拿，想仔细看一看）他们不告诉我，自己就签了字了？

周朴园　（顺手抽过来，交给仆人）对了，傻小子，没有经验只会胡喊是不成的。

鲁大海　那三个代表呢？

周朴园　昨天晚车就回去了。

鲁大海　（如梦初醒）这三个没有骨头的东西！他们就把矿上的工人们卖了！哼，你们这些不要脸的董事长，你们的钱这次又灵了。

周　萍　（怒）你混账！

------

　　① ［周冲］周朴园和后妻繁漪的儿子，是一个受过"五四"以来新思潮影响的充满着天真幻想的年轻人。

周朴园　不许多说话。(回头向大海)鲁大海,你现在没有资格跟我说话——矿上已经把你开除了。

鲁大海　开除了!?

周　冲　爸爸,这是不公平的。

周朴园　(向周冲)你少多嘴,出去!

　　　　周冲愤然由中门下。

鲁大海　好,好。(切齿)你的手段我早明白,只要你能弄钱,你什么都做得出来。你叫警察杀了矿上许多工人,你还——

周朴园　你胡说!

鲁侍萍　(至大海前)走吧,别说了。

鲁大海　哼,你的来历我都知道,你从前在哈尔滨包修江桥,故意叫江堤出险,——

周朴园　(厉声)下去!

仆人们　(拉大海)走! 走!

鲁大海　你故意淹死了两千二百个小工,每一个小工的性命你扣三百块钱! 姓周的,你发的是绝子绝孙的昧心财! 你现在还——

周　萍　(冲向大海,打了他两个嘴巴)你这种混帐东西!

　　　　大海还手,被仆人们拉住。

周　萍　打他!

鲁大海　(向周萍)你!

　　　　仆人们一齐打大海。大海流了血。

周朴园　(厉声)不要打人!

　　　　仆人们住手,仍拉住大海。

鲁大海　(挣扎)放开我,你们这一群强盗!

周　萍　(向仆人们)把他拉下去!

鲁侍萍　(大哭)这真是一群强盗! (走至周萍面前)你是萍,……凭——凭什么打我的儿子?

周　萍　你是谁?

鲁侍萍　我是你的——你打的这个人的妈。

鲁大海　妈,别理这东西,小心吃了他们的亏。

鲁侍萍　(呆呆地望着周萍的脸,又哭起来)大海,走吧,我们走吧!

　　　　大海被仆人们拥下,侍萍随下。

思考与练习

　　一、简要叙述《雷雨》的第二幕中展示的人物冲突。

　　二、组织观看《雷雨》。分角色朗读课文,随着矛盾冲突的展开,请对这场戏中周朴园等主要人物复杂的性格特点进行研究分析。

　　三、潜台词是戏剧中台词所包含的,或未能由台词表达出来的言外之意,它是以最少的语言来表达最丰富的内容,话里有音,话外有意。分别选出对下列画线句子潜台词理解正确的一项。

周朴园 （喘出一口气,沉思地）侍萍,侍萍,对了。这个女孩子的尸首,说是有一个穷人见着埋了。你可以打听到她的坟在哪儿么?

鲁侍萍 ①老爷问这些闲事干什么?

周朴园 这个人跟我们有点亲戚。

鲁侍萍 ②亲戚?

周朴园 嗯,——我们想把她的坟墓修一修。

鲁侍萍 ③哦,——那用不着了。

周朴园 怎么?

鲁侍萍 ④这个人现在还活着。

周朴园 （惊愕）什么?

鲁侍萍 ⑤她没有死。

①这个人活着,此刻就站在你面前。

②想赎罪吗?

③不是亲戚,是骗人的鬼话。

④你打算怎么办?

⑤明知故问。

二　罗密欧与朱丽叶①

莎士比亚

第三场同前。凯普莱特家坟茔所在的墓地。帕里斯及侍童携鲜花火炬上。

帕里斯 孩子,把你的火把给我;走开,站在远远的地方;还是灭了吧,我不愿给人看见。你到那边的紫杉树底下直躺下来,把你的耳朵贴着中空的地面,地下挖了许多墓穴,土是松的,要是有踉跄的脚步走到坟地上来,你准听得见;要是听见有什么声息,便吹一个嗯哨通知我。把那些花给我。照我的话做去,走吧。

---

① 选自《莎士比亚全集》第八卷（人民文学出版社 1978 年版）。朱生豪译。个别地方有改动。莎士比亚(1564~1616)欧洲文艺复兴时期英国伟大的诗人和戏剧家。他的剧本流传下来的有三十多种,其中著名的有《李尔王》《哈姆雷特》《奥赛罗》《罗密欧与朱丽叶》《威尼斯商人》等。《罗密欧与朱丽叶》是莎士比亚早期创作的五幕悲剧。课文以前的主要情节是,意大利维洛那城的蒙太古和凯普莱特两个门第相当的世家,结怨多年,互相争斗。一天凯普莱特家举行宴会,蒙太古的儿子罗密欧戴着假面去跳舞,与普凯莱特的女儿朱丽叶产生爱情,然后通过劳伦斯长老秘密成婚。不幸的是,由于世仇的影响,朱丽叶的表哥提伯尔特杀死了罗密欧的好友茂丘西奥,罗密欧不得已也杀死了他,由此遭受放逐。这时,朱丽叶的父母强迫她嫁给贵族青年帕里斯,并决定在星期四举行婚礼。朱丽叶无奈,只好去找劳伦斯长老商量,并依计在星期三晚上服下了长老给的假死的药,于是婚礼变成了葬礼。罗密欧得知朱丽叶死亡的消息,随即买来毒药,前往凯普莱特家的坟场。课文就是从这里开始的。

侍童　　　（旁白）我简直不敢独自一个人站在这墓地上，可是我要硬着头皮试一下。（退后）

帕里斯　　这些鲜花替你铺盖新床；

　　　　　　惨啊，一朵娇红①永萎沙尘！

　　　　　　我要用沉痛的热泪淋浪，

　　　　　　和着香水浇溉你的芳坟；

　　　　　　夜夜到你墓前散花哀泣，

　　　　　　这一段相思啊永无消歇！（侍童吹口哨）

　　　　　　这孩子在警告我有人来了。哪一个该死的家伙在这晚上到这儿来打扰我在爱人墓前的凭吊？什么！还拿着火把来吗？——让躲在一旁看看他的动静。（退后）

　　　　　　罗密欧及鲍尔萨泽持火炬锹锄等上。

罗密欧　　把那锄头跟铁钳给我。且慢，拿着这封信；等天一亮，你就把它送给我的父亲。把火把给我。听好我的吩咐，无论你听见什么瞧见什么，都只好远远地站着不许动，免得妨碍我的事情；要是动一动，我就要你的命。我所以要跑下这个坟墓里去，一部分的原因是要探望探望我的爱人，可是主要的理由却是要从她的手指上取下一个宝贵的指环，因为我有一个很重要的用途。所以你赶快给我走开吧；要是你不相信我的话，胆敢回来窥伺我的行动，那么，我可以对天发誓，我要把你的骨骼一节一节扯下来，让这饥饿的墓地上散满了你的肢体。我现在的心境非常狂野，比饿虎或是咆哮的怒海都要凶猛无情，你可不要惹我性起。

鲍尔萨泽　少爷，我走就是了，决不来打扰您。

罗密欧　　这才像个朋友。这些钱你拿去，愿你一生幸福。再会，好朋友。

鲍尔萨泽　（旁白）虽然这么说，我还是要躲在附近的地方看着他。他的脸色使我害怕，我不知道他究竟打算做出什么事来。（退后）

罗密欧　　你无情的泥土，吞噬了世上最可爱的人儿，我要掰开你的馋吻，（将墓门掘开）索性让你再吃一个饱！

帕里斯　　这就是那个已经放逐出去的骄横的蒙太古，他杀死了我爱人的表兄，据说她就是因为伤心他的惨死而夭亡的。现在这家伙又要来盗尸掘墓了，待我去抓住他。（上前）万恶的蒙太古！停止你的罪恶的工作，难道你杀了他们还不够，还要在死人身上发泄你的仇恨吗？该死的凶徒，赶快束手就捕，跟我见官去！

罗密欧　　我果然该死，所以才到这儿来。年轻人，不要激怒一个不顾死活的人，快快离开我走吧；想想这些死了的人，你也该胆寒了。年轻人，请你不要激动我的怒气，使我再犯一次罪。啊，走吧！我可以对天发誓，我爱你远过于爱我自己。因为我来此的目的，就是要跟自己作对。别留在这儿，走吧；好好留着你的性命，以后也可以对人家说，是一个疯子发了慈悲，叫你逃走的。

----

① ［娇红］借指朱丽叶。

帕里斯　　我不听你这种鬼话；你是一个罪犯，我要逮捕你。

罗密欧　　你一定要激怒我吗？那么好，来，朋友！（二人格斗）

侍童　　　哎哟，主啊！他们打起来了，我去叫巡逻的人来！（下）

帕里斯　　（倒下）啊，我死了！——你倘有几分仁慈，打开墓门来，把我放在朱丽叶的身旁吧！（死）

罗密欧　　好，我愿意成全你的志愿。让我瞧瞧他的脸；啊，茂丘西奥的亲戚，尊贵的帕里斯伯爵！当我们一路上骑马而来的时候，我的仆人曾经对我说过几句话，那时我因为心绪烦乱，没有听得进去。他说些什么？好像他告诉我说帕里斯本来预备娶朱丽叶为妻。他不是这样说吗？还是我做过这样的梦？或者还是我神经错乱，听见他说起朱丽叶的名字，所以发生了这一种幻想？啊！把你的手给我，你我都是记录在恶运的黑册上的人，我要把你葬在一个胜利的坟墓里。一个坟墓吗？啊，不！被杀害的少年，这是一个灯塔，因为朱丽叶睡在这里，她的美貌使这一个墓窟变成一座充满着光明的欢宴的华堂。死了的人，躺在那儿吧，一个死了的人把你安葬了。（将帕里斯放下墓中）人们临死的时候，往往反会觉得心中愉快，旁观的人便说这是死前的一阵回光返照。啊！这也就是我的回光返照吗？啊，我的爱人！我的妻子！死虽然已经吸去了你呼吸中的芳蜜，却还没有力量摧残你的美貌。你还没有被他征服，你的嘴唇上、面庞上，依然显着红润的美艳，不曾让灰白的死亡进占。提伯尔特，你也裹着你的血淋淋的殓衾躺在那儿吗？啊！你的青春葬送在你仇人的手里，现在我来替你报仇来了，我要亲手杀死那杀害你的人。原谅我吧，兄弟！啊！亲爱的朱丽叶，你为什么仍然这样美丽？难道那虚无的死亡，那枯瘦可憎的妖魔，也是个多情种子，所以把你藏匿在这幽暗的洞府里做他的情妇吗？为了防止这样的事情，我要永远陪伴着你，再不离开这漫漫长夜的幽宫。我要留在这儿，跟你的侍婢，那些蛆虫们在一起。啊！我要在这儿永久安息下来，从我这厌倦人世的凡躯上挣脱恶运的束缚。眼睛，瞧你的最后一眼吧！手臂，作你最后一次的拥抱吧！嘴唇，啊！你呼吸的门户，用一个合法的吻，跟网罗一切的死亡订立一个永久的契约吧！来，苦味的向导，绝望的领港人，现在赶快把你的厌倦于风涛的船舶向那巉岩①上冲撞过去吧！为了我的爱人，我干了这一杯！（饮药）啊！卖药的人果然没有骗我，药性很快地发作了。我就这样在这一吻中死去。（死）

　　　　　劳伦斯神父持灯笼、锄、锹自墓地另一端上。

劳伦斯　　上天保佑我！我这双老脚今天晚上怎么老是在坟堆里绊来跌去的！那边是谁？

鲍尔萨泽　是一个朋友，也是一个跟您熟识的人。

劳伦斯　　祝福你！告诉我，我的好朋友，那边是什么火把，向蛆虫和没有眼睛的骷髅浪费着它的光明？照我辨认起来，那火把亮着的地方，似乎是凯普莱特家里的坟茔。

鲍尔萨泽　正是，神父。我的主人，您的好朋友，就在那儿。

---

①　［巉（chán）岩］高而险的山岩。巉，形容山势高而险。

劳伦斯　　他是谁？

鲍尔萨泽　罗密欧。

劳伦斯　　他来多久了？

鲍尔萨泽　足足半点钟。

劳伦斯　　陪我到墓穴里去。

鲍尔萨泽　我不敢，神父。我的主人不知道我还没有走。他曾经对我严辞恐吓，说要是我留在这儿窥伺他的动静，就要把我杀死。

劳伦斯　　那么你留在这儿，让我一个人去吧。恐惧临到我的身上。啊！我怕会有什么不幸的祸事发生。

鲍尔萨泽　当我在这株紫杉树底下睡了过去的时候，我梦见我的主人跟另外一个人打架，那个人被我的主人杀了。

劳伦斯　　（趋前）罗密欧！嗳哟！嗳哟！这坟墓的石门上染着些什么血迹？在这安静的地方，怎么横放着这两柄无主的血污的刀剑？（进墓）罗密欧！啊，他的脸色这么惨白！还有谁？什么！帕里斯也躺在这儿，浑身浸在血泊里？啊！多么残酷的时辰，造成了这场凄惨的意外！那小姐醒了。（朱丽叶醒）

朱丽叶　　啊，善心的神父！我的夫君呢？我记得很清楚我应当在什么地方，现在我正在这地方。我的罗密欧呢？（内喧声）

劳伦斯　　我听见有什么声音。小姐，赶快离开这个密布着毒气腐臭的死亡的巢穴吧，一种我们所不能反抗的力量已经阻挠了我们的计划。来，出去吧。你的丈夫已经在你的怀中死去，帕里斯也死了。来，我可以替你找一处地方出家作尼姑。不要耽误时间盘问我，巡夜的人就要来了。来，好朱丽叶，去吧。（内喧声又起）我不敢再等下去了。

朱丽叶　　去，你去吧！我不愿意走。（劳伦斯下）这是什么？一只杯子，紧紧地握住在我的忠心的爱人的手里？我知道了，一定是毒药结果了他的生命。唉，冤家！你一起喝干了，不留下一滴给我吗？我要吻着你的嘴唇，也许这上面还留着一些毒液，可以让我当作兴奋剂服下而死去。（吻罗密欧）你的嘴唇还是温暖的！

巡丁甲　　（在内）孩子，带路。在哪一个方向？

朱丽叶　　啊，人声吗？那么我必须快一点了结。啊，好刀子！（攫住罗密欧的匕首）这就是你的鞘子；（以匕首自刺）你插了进去，让我死去吧。（扑在罗密欧身上死去）

　　　　　巡丁及帕里斯侍童上。

侍童　　　就是这儿，那火把亮着的地方。

巡丁甲　　地上都是血。你们几个人去把墓地四周搜查一下，看见什么人就抓起来。（若干巡丁下）好惨！伯爵被人杀了躺在这儿，朱丽叶胸口流着血，身上还是热的好像死得不久，虽然她已经葬在这里两天了。去，报告亲王，通知凯普莱特家里，再去把蒙太古家里的人也叫醒了，剩下的人到各处搜搜。（若干巡丁续下）我们看见这些惨事发生在这个地方，可是在没有得到人证以前，却无法明了这些惨事的真相。

　　　　　若干巡丁率鲍尔萨泽上。

巡丁乙	这是罗密欧的仆人,我们看见他躲在墓地里。
巡丁甲	把他好生看押起来,等亲王来审问。
	若干巡丁率劳伦斯神父上。
巡丁丙	我们看见这个教士从墓地旁边跑出来,神色慌张,一边叹气一边流泪。他手里还拿着锄头铁锹,都给我们拿下来了。
巡丁甲	他有很重大的嫌疑。把这教士也看押起来。
	亲王及侍从上。
亲王	什么祸事在这样早的时候发生,打断了我的清晨的安睡?
	凯普莱特、凯普莱特夫人及余人等上。
凯普莱特	外边这样乱叫乱喊,是怎么一回事?
凯普莱特夫人	街上的人们有的喊着罗密欧,有的喊着朱丽叶,有的喊着帕里斯,大家沸沸扬扬地向我们家里的坟上奔去。
亲王	这么许多人为什么发出这样惊人的叫喊?
巡丁甲	王爷,帕里斯伯爵被人杀死了躺在这儿;罗密欧也死了;已经死了两天的朱丽叶,身上还热着,又被人重新杀死了。
亲王	用心搜寻,把这场万恶的杀人命案的真相调查出来。
巡丁甲	这儿有一个教士,还有一个被杀的罗密欧的仆人,他们都拿着掘墓的器具。
凯普莱特	天啊!——啊,妻子!瞧我们的女儿流着这么多的血!这把刀弄错了地位了!瞧,它的空鞘子还在蒙太古家小子的背上,它却插进了我的女儿的胸前!
凯普莱特夫人	嗳哟!这些死的惨象就像惊心动魄的钟声,警告我这风烛残年,快要不久于人世了。
	蒙太古及余人等上。
亲王	来,蒙太古,你起来虽然很早,可是你的儿子倒下得更早。
蒙太古	唉!殿下,我的妻子因为悲伤小儿的远逐,已经在昨天晚上去世了;还有什么祸事要来跟我这老头子作对呢?
亲王	瞧吧,你就可以看见。
蒙太古	啊,你这不孝的东西!你怎么可以抢在你父亲的前面,自己先钻到坟墓里去呢?
亲王	暂时停止你们的悲恸,让我把这些可疑的事实审问明白,知道了详细的原委以后,再来领导你们放声一哭吧;也许我的悲哀还要远远胜过你们呢!——把嫌疑犯带上来。
劳伦斯	时间和地点都可以作不利于我的证人。在这场悲惨的血案中,我虽然是一个能力最薄弱的人,但却是嫌疑最重的人。我现在站在殿下的面前,一方面要供认我自己的罪过,一方面也要为我自己辩解。
亲王	那么快把你所知道的一切说出来。
劳伦斯	我要把经过的情形尽量简单地叙述出来,因为我的短促的残生还不及一段

冗烦的故事那么长。死了的罗密欧是死了的朱丽叶的丈夫,她是罗密欧的忠心的妻子,他们的婚礼是由我主持的。就在他们秘密结婚的那天,提伯尔特死于非命,这位才做新郎的人也从这城里被放逐出去。朱丽叶是为了他,不是为了提伯尔特,才那样伤心憔悴。你们因为要替她解除烦恼,把她许婚给帕里斯伯爵,还要强迫她嫁给他。她就跑来见我,神色慌张地要我替她想个办法避免这第二次的结婚,否则她要在我的寺院里自杀。所以我就根据我的医药方面的学识,给她一服安眠的药水。它果然发生了我所预期的效力,她一服下去就像死了一样昏沉过去。同时我写信给罗密欧,叫他就在这一个悲惨的晚上到这儿来,帮助把她搬出她寄寓的坟墓,因为药性一到时候便会过去。可是替我带信的约翰神父却因遭到意外,不能脱身,昨天晚上才把我的信原样带了回来。那时我只好按照着预先算定她醒来的时间,一个人前去把她从她家族的墓茔里带出来,预备把她藏匿在我的寺院里,等有方便再去叫罗密欧来。不料我在她醒来以前几分钟到这儿来的时候,尊贵的帕里斯和忠诚的罗密欧已经双双惨死了。她一醒过来,我就请她出去,劝她安心忍受这一种出自天意的变故。可是那时我听见了纷纷的人声,吓得逃出了墓穴。她在万分绝望之中不肯跟我去,看样子她是自杀了。这是我所知道的一切,至于他们两人的结婚,那么她的乳母也是知道的。要是这一场不幸的惨祸,是由我的疏忽所造成,那么我这条老命愿受最严厉的法律的制裁,请您让它提早几点钟牺牲了吧。

亲王　我一向知道你是一个道行高尚的人。罗密欧的仆人呢?他有什么话说?

鲍尔萨泽　我把朱丽叶的死讯通知了我的主人,因此他从曼多亚①急急地赶到这里,到了这座坟堂的前面。这封信他叫我一早送去给我家老爷。当他走进墓穴里的时候,他还恐吓我,说要是我不离开他赶快走开,他就要杀死我。

亲王　把那封信给我,我要看看。叫巡丁来的那个伯爵的侍童呢?喂,你的主人到这地方来做什么?

侍童　他带了花来散在他夫人的坟上。他叫我站得远远的,我就听他的话。不一会儿工夫,来了一个拿着火把的人把坟墓打开了。后来我的主人就拔剑跟他打了起来,我就奔去叫巡丁。

亲王　这封信证实了这个神父的话,讲起他们恋爱的经过和她的去世的消息。他还说他从一个穷苦的卖药人手里买到一种毒药,要把它带到墓穴里来准备和朱丽叶长眠在一起。这两家仇人在哪里?——凯普莱特!蒙太古!瞧你们的仇恨已经受到了多大的惩罚,上天借手于爱情,夺去了你们心爱的人。我为了忽视你们的争执,也已经丧失了一双亲戚②。大家都受到惩罚了。

凯普莱特　啊,蒙太古大哥!把你的手给我。这就是你给我女儿的一份聘礼,我不能再作更大的要求了。

---

① [曼多亚]罗密欧被放逐后,生活在曼多亚。

② [一双亲戚]第三幕中被提伯尔特杀死的茂丘西奥和这里死去的帕里斯,都是亲王的亲戚。

蒙太古	但是我可以给你更多的。我要用纯金替她铸一座像,只要维洛那一天不改变它的名称,任何塑像都不会比忠贞的朱丽叶那一座更为卓越。
凯普莱特	罗密欧也要有一座同样富丽的金像卧在他情人的身旁。这两个在我们的仇恨下惨遭牺牲的可怜的人儿!
亲王	清晨带来了凄凉的和解,太阳也惨得在云中躲闪。 大家先回去发几声感慨,该恕的、该罚的再听宣判。 古往今来多少离合悲欢,谁曾见这样的哀怨辛酸!(同下)

思考与练习

一、下列文字是对人文主义思想的简要解释。仔细阅读课文,讨论罗密欧与朱丽叶的爱情悲剧所蕴含的人文主义思想。

(人文主义是欧洲文艺复兴时期新兴资产阶级在反封建、反教会斗争中形成的一种思想体系。人文主义反对一切以神为本的旧观念,宣传人是宇宙的主宰,用"人权"与"神权"相对抗;反对封建思想,提倡个性解放,颂扬尘世的欢乐与幸福,赞美爱情是人类最崇高的感情;批判中世纪对科学、文化的摧残,主张探索自然,研究科学,等等。)

二、课文中涉及的三个主要人物:罗密欧、朱丽叶、帕里斯。就你喜欢的一个,结合台词对其思想性格做一点简单分析。

三　窦娥冤[①]

关汉卿

(外扮监斩官上,云)下官监斩官是也[②]。今日处决犯人,着做公的把住巷口,休放往来人闲走[③]。(净扮公人,鼓三通、锣三下科[④]。刽子磨旗、提刀,押正旦带枷上[⑤]。刽子云)行动些[⑥],行动些,监斩官去法场上多时了。(正旦唱)

---

① 节选自《窦娥冤》(据臧晋叔《元曲选》)。关汉卿,号已斋叟,金末元初大都(现在北京)人,元代戏曲作家,生卒年不详。代表作有《窦娥冤》、《单刀会》等。四折悲剧《窦娥冤》(原名《感天动地窦娥冤》)的主要情节是:书生窦天章要进京赶考,因欠蔡婆的高利贷,被迫将7岁的女儿窦娥送给蔡家做童养媳。窦娥17岁成婚,不到两年就守寡,与婆婆相依为命。蔡婆出城索债,债户赛卢医为赖债要害死她,为流氓张驴儿父子解救。张驴儿借机赖在蔡家,逼迫蔡家婆媳俩嫁给他们父子,窦娥誓死不从。张驴儿企图毒死蔡婆以胁迫窦娥就范,不料却毒死了自己的父亲,于是嫁祸窦娥,告到官府。窦娥被屈打成招,问成死罪。临刑发出三桩誓愿,感天动地,一一应验。后来,窦天章做了高官,复审此案,替女儿报了冤仇。

② [外]角色名,这里是"外末"的简称,扮演老年男子。下官:从前做官的人谦虚的自称。

③ [着]命令。[做公的]公人,官府里的公差。

④ [净]角色名,俗称"花脸",扮演性格刚烈或粗暴的男子。鼓三通、锣三下科:打鼓三遍,敲锣三下。科,杂剧剧本中指示角色动作、表情和舞台效果的用语。与传奇中的"介"相同。

⑤ [磨旗]摇旗。[正旦]角色名,扮演女主角。

⑥ [行动些]走快些。

【正宫①】【端正好②】没来由犯王法，不提防遭刑宪，叫声屈动地惊天。顷刻间游魂先赴森罗殿，怎不将天地也生埋怨。

【滚绣球】有日月朝暮悬，有鬼神掌着生死权。天地也！只合把清浊分辨，可怎生糊突了盗跖、颜渊③？为善的受贫穷更命短，造恶的享富贵又寿延。天地也！做得个怕硬欺软，却原来也这般顺水推船！地也，你不分好歹何为地！天也，你错勘贤愚枉做天！哎，只落得两泪涟涟。

（刽子云）快行动些，误了时辰也。（正旦唱）

【倘秀才】则被这枷纽的我左侧右偏，人拥的我前合后偃。我窦娥向哥哥行④有句言。（刽子云）你有甚么话说？（正旦唱）前街里去心怀恨，后街里去死无冤，休推辞路远。

（刽子云）你如今到法场上面，有什么亲眷要见的，可教他过来，见你一面也好。（正旦唱）

【叨叨令】可怜我孤身只影无亲眷，则落的吞声忍气空嗟怨。（刽子云）难道你爷娘家也没的？（正旦云）只有个爹爹，十三年前上朝取应去了，至今杳无音信。（唱）早已是十年多不睹爹爹面。（刽子云）你适才要我往后街里去，是甚么主意？（正旦唱）怕则怕前街里被我婆婆见。（刽子云）你的性命也顾不得，怕他见怎的？（正旦唱）俺婆婆若见我披枷带锁赴法场餐刀去呵，（唱）枉将他气杀也么哥，枉将他气杀也么哥⑤。告哥哥，临危好与人行方便。

（卜儿哭上科，云）天哪，兀的不是我媳妇儿⑥。（刽子云）婆子靠后。（正旦云）既是俺婆婆来了，叫他来，待我嘱咐他几句话咱。（刽子云）那婆子近前来，你媳妇要嘱咐你话哩。（卜儿云）孩儿，痛杀我也！（正旦云）婆婆，那张驴儿把毒药放在羊肚儿汤里，实指望药死了你，要霸占我为妻。不想婆婆让与他老子吃，倒把他老子药死了。我怕连累婆婆，屈招了药死公公，今日赴法场典刑。婆婆，此后遇着冬时年节，月一十五，有㳂不了的浆水饭，㳂半碗儿与我吃，烧不了的纸钱，与窦娥烧一陌儿，则是看你死的孩儿面上⑦。（唱）

【快活三】念窦娥葫芦提当罪愆，念窦娥身首不完全，念窦娥从前已往干家缘，婆婆也，你只看窦娥少爷无娘面⑧。

---

①　[正宫]宫调之一。宫调，我国古代音乐以宫、商、角、变徵、徵、羽、变宫为七声，以其他各声为主的称"调"，合称"宫调"。杂剧的每一折，由同一宫调的若干曲牌联成一套曲子。

②　[端正好]和下文的"滚绣球""倘秀才""叨叨令""耍孩儿""二煞""一煞""煞尾"都是曲牌名。

③　[可怎生糊突了盗跖、颜渊]意思是，可是怎么混淆了坏人和好人？跖：传说是春秋末年奴隶起义的首领，过去被诬称为"盗跖"。颜渊：孔子弟子，被推崇为"贤人"。盗跖、颜渊，这里泛指坏人和好人。

④　[哥哥行(háng)]哥哥那边。哥哥：对一般男子的客气称呼。行：宋代和元代口语里自称或者称呼别人的词的后边，有时加"行"字，如"我行""他行"等。这样用的"行"，意思大致相当于"这边""那边"或者"这里""那里"。

⑤　[餐刀]吃刀，挨刀。[也么哥]元曲中常用的句尾助词，没有实在意义。

⑥　[卜儿]角色名，扮演老妇人。[兀的]"这"的意思，带有惊讶的语气。

⑦　[冬时年节，月一十五]冬至和过年，初一和十五。[㳂(jiān)]泼，倒。[一陌儿]一叠。陌：量词，用于祭奠所烧的纸钱，相当于"叠"。[则是]只当是。

⑧　[念窦娥葫芦提当罪愆(qiān)]可怜我窦娥被官府糊里糊涂地判了死罪。葫芦提：当时的口语，糊涂的意思。愆：罪过。[干家缘]操劳家务。

【鲍老儿】念窦娥伏侍婆婆这几年,遇时节将碗凉浆奠;你去那受刑法尸骸上烈些纸钱,只当把你亡化的孩儿荐①。(卜儿哭科,云)孩儿放心,这个老身都记得。天哪,兀的不痛杀我也!(正旦唱)婆婆也,再也不要啼啼哭哭,烦烦恼恼,怨气冲天。这都是我做窦娥的没时没运,不明不暗②,负屈衔冤。

(刽子做喝科,云)兀那③婆子靠后,时辰到了也。(正旦跪科)(刽子开枷科)(正旦云)窦娥告监斩大人,有一事肯依窦娥,便死而无怨。(监斩官云)你有什么事,你说。(正旦云)要一领净席,等我窦娥站立,又要丈二白练,挂在旗枪上,若是我窦娥委实冤枉,刀过处头落,一腔热血休半点儿沾在地下,都飞在白练上者。(监斩官云)这个就依你,打甚么不紧④。(刽子做取席站⑤科,又取白练挂旗上科)(正旦唱)

【耍孩儿】不是我窦娥罚下这等无头愿,委实的冤情不浅,若没些儿灵圣与世人传,也不见得湛湛青天⑥。我不要半星热血红尘洒,都只在八尺旗枪素练悬。等他四下里皆瞧见,这就是咱苌弘化碧,望帝啼鹃⑦。

(刽子云)你还有甚的说话,此时不对监斩大人说,几时说哪?(正旦再跪科,云)大人,如今是三伏天道,若窦娥委实冤枉,身死之后,天降三尺瑞雪,遮掩了窦娥尸首。(监斩官云)这等三伏天道,你便有冲天的怨气,也召不得一片雪来,可不胡说!(正旦唱)

【二煞】你道是暑气暄,不是那下雪天,岂不闻飞霜六月因邹衍⑧?若果有一腔怨气喷如火,定要感的六出冰花滚似绵,免着我尸骸现;要什么素车白马,断送出古陌荒阡?

(正旦再跪科,云)大人,我窦娥死的委实冤枉,从今以后,着这楚州亢旱三年⑨。(监斩官云)打嘴!那有这等说话!(正旦唱)

【一煞】你道是天公不可期,人心不可怜,不知皇天也肯从人愿。做甚么三年不见甘霖降,也只为东海曾经孝妇冤⑩。如今轮到你山阳县,这都是官吏每无心正法,使百姓有口

---

① [烈]烧。[荐]祭,超度亡灵。

② [不明不暗]糊里糊涂。

③ [兀那]那。兀:发声词,无意义。

④ [打甚么不紧]有什么要紧。

⑤ [站]这里指让窦娥站着。

⑥ [罚]这里是发的意思。[也不见得湛湛(zhàn zhàn)青天]也显不出天理昭彰。湛湛:清明。

⑦ [红尘洒]洒在红尘上。红尘:尘土。[苌(cháng)弘化碧]苌弘:周朝的贤臣。传说他无罪被杀,他的血被蜀人藏起来,三年后变成了美玉。碧:青绿色的美玉。[望帝啼鹃]望帝是古代神话中蜀王杜宇的称号。传说他因水灾让位给他的臣子,自己隐居山中,死后化为杜鹃,日夜悲鸣,啼到血出才停止。

⑧ [煞]曲牌名。是"尾"(也叫"煞尾""收尾""尾声")前的配曲,表示乐曲由缓入急。最用"尾"来结束整套曲子。煞用多少遍没有规定,序数一般是倒过来写,例如用五煞则先写五煞,然后写四煞、三煞、二煞、一煞(第一段之后的各段,煞字可以省去。偶尔也有顺写的,但不多见)。[暄]这里指炎热。[飞霜六月因邹衍]相传战国时人邹衍对燕惠王很忠心,燕惠王却听信谗言把他囚禁。他入狱时仰天大哭,正当夏天,竟然下起霜来。后来常用"六月飞霜"来表示冤狱。

⑨ [楚州]州名,在现在江苏淮安、淮阴、盐城一带,治所在山阳县(现在江苏淮安),是窦娥的家乡。[亢旱]大旱。亢:极。

⑩ [东海曾经孝妇冤]传说汉朝东海有个年轻的寡妇,对婆婆很孝顺。后来婆婆为不拖累她而自杀,寡妇被诬告为杀害婆婆的人,官吏就把她杀了。她死后,东海一带大旱三年。

难言。

（刽子做磨旗科，云）怎么这一会儿天色阴了也？（内①做风科，刽子云）好冷风也！（正旦唱）

【煞尾】浮云为我阴，悲风为我旋，三桩儿誓愿明提遍。（做哭科，云）婆婆也，直等待雪飞六月，亢旱三年呵，（唱）那其间才把你个屈死的冤魂这窦娥显。

（刽子做开刀，正旦倒科）（监斩官惊云）呀，真个下雪了，有这等异事！（刽子云）我也道平日杀人，满地都是鲜血，这个窦娥的血都飞在那丈二白练上，并无半点落地，委实奇怪。（监斩官云）这死罪必有冤枉。早两桩儿应验了，不亢旱三年的说话准也不准，且看后来如何。左右，也不必等待雪晴，便与我抬他尸首，还了那蔡婆婆去罢。（众应科，抬尸下）

思考与练习

一、细读全文，看看这折戏可分为几个场面，然后简要复述剧情。

二、《窦娥冤》被不少剧种改编上演，京剧又称《六月雪》。请用现代文意译课文，并指出文中引用的一些典故。

三、窦娥三桩誓愿的实现，在现实生活中是根本不可能的。这样写有什么意义？这种手法你还在什么文章中读到过呢？试就你的认识，写一段三四百字的感想。

四　隆中对②

竹林青翠，溪流淙淙。刘备、关羽、张飞三人骑马第三次来到诸葛庐前，迎面见诸葛均走来，刘备等急忙下马。迎上前去。

刘备：诸葛均先生，令兄在庄否？

诸葛均：昨日黄昏方归，今日将军可与家兄相见了。

刘备松了一口气：啊，多谢！

诸葛均随手一揖，悠然走去。

张飞：此人太无礼了！领我们到庄上去又有何妨？何故甩手就走！

刘备：各有各的事，不必强求。来时已说过，不可失礼。

张飞：大哥，知道了。

三人走过小桥，把马拴在竹子上。上前敲门。

小童打开门，笑道：刘将军，又来了？

刘备：有劳转告，刘备前来拜见先生。

小童：先生虽在家，但正在草堂上午睡未醒。

---

① [内]指后台。

② 本文由李稚田依据中央电视台出品、中国国际电视总公司出版发行的 84 集电视连续剧《三国演义》第 27 集记录整理。标题是编者加的。

刘备：既如此，先勿通报。二弟、三弟，先在门外等候。先生未醒，不便惊动。

小童引刘备入院，关羽、张飞二人留在门外。

小童：将军请——

刘备急忙阻止他，怕吵醒诸葛亮。

小童：将军何不进堂里等候？

刘备：且等先生醒来。再进不迟。

帘里诸葛亮正在酣睡，翻了一个身仍然沉沉睡着。刘备耐心地在堂前等候着。

张飞望望院里，已经耐不住了。

张飞：这先生如此傲慢，大哥立于廊下，他却高卧不起！

关羽：三弟！

张飞：待我在堂后放一把火，看他起不起来！

关羽：三弟！三弟……你这么混！

关羽死死按住张飞，但他自己也很愤愤，走到院中的日晷前，太阳已过午时。

屋内。诸葛亮又翻了一个身，仍然沉沉睡着。

小童：我去叫醒先生？

刘备：啊，嘘！切勿惊动！

日晷的刻度上，日影已经偏西了，刘备依然静立帘外。

诸葛亮终于醒来，他伸了一个懒腰，吟道：大梦谁先觉，平生我自知，草堂春睡足。窗外日迟迟。有俗客来否？

小童：刘皇叔在外立候多时。

诸葛亮：何不早报？容我更衣相见。

话音中，刘备召集关羽张飞在院内恭立，帘子开启，只见诸葛亮一身白衣，手执羽扇，飘然而出。

刘备深深一揖：汉室末胄，琢郡愚夫，久闻先生大名，如雷贯耳。曾两次晋谒，不得相见，已留书一封，不知可曾阅过？

诸葛亮：南阳野人，疏懒成性，屡蒙将军枉临，不胜惭愧。将军，请！

刘备：先生请。二弟、三弟，在此等候。

诸葛亮亲自打帘，引刘备进入堂上。

诸葛亮：将军手书，亮已拜阅，足见将军忧国忧民之心。但恨亮年幼才疏，有误将军下问。

刘备：水镜先生之意，徐元直之意，岂是虚谈？望先生不弃鄙贱，曲赐教诲。

诸葛亮：德操、元直，是当今高士。亮乃一农夫，安敢谈天下大事？将军奈何舍美玉而求顽石乎？

刘备：先生过谦了。大丈夫抱经世奇才，岂可空老于林泉之下？愿先生以天下苍生为念，开备愚鲁而赐教。

诸葛亮：如此愿闻将军之志。

刘备：汉室倾颓，奸臣当道。备不量力，欲伸大义于天下，只是智术短浅，迄无所就，唯望先生开愚鲁而拯救危难，实为万幸。

诸葛亮：自董卓造逆以来，天下豪杰并起。曹操势力不及袁绍，而终能攻克袁绍者，既靠天时，更得益于人谋也。今曹操拥有百万之众，挟天子以令诸侯。此诚不可与之争锋。孙权据有江东，已历三世，国险而民附，此可用为援而不可图之。荆州北据汉沔，利尽南海，东联吴会，西通巴蜀，此用武之地，非其主不能守，此乃上天赐与将军之地，难道将军无意于此吗？荆州的西部是益州，道路险塞，沃野千里，天府之土，高祖因之以成帝业，而今刘璋暗弱，虽民殷国富，而不知抚恤军民，故而智能之士思得明君。将军既帝室之胄，信义著于四海，总揽英雄思贤如渴，若能跨有荆州、益州之地，保其岩阻，西和诸戎，南抚彝越，外结东吴，内修政理，待天下有变，则命一上将，将荆州之兵以向宛、洛，将军身率益州之众以出秦川，百姓岂能不箪食壶浆以迎将军乎？诚如所言，则大业可成，汉室可兴矣。

诸葛亮转身拿出一幅地图。

诸葛亮：将军欲成霸业，北让曹操占天时，南让孙权占地利，将军可占人和。

说完，诸葛亮将地图挂在正堂上。

诸葛亮：此乃西川五十四州之图，先取荆州为家，后取益州建立基业，以成鼎足之势，然后可图中原。此乃亮为将军谋划之大业。

刘备：先生之言，茅塞顿开。使备如拨云雾而见青天。但荆州刘表，益州刘璋，皆汉室宗亲，备安忍夺之？

诸葛亮：我夜观天象，刘表不久于人世；刘璋非立业之主，西川久后必归将军。

刘备：先生未出茅庐，已知三分天下。正万古之人所不及也。备虽名微德薄，愿先生不弃鄙贱，出山相助，备当恭听教诲。

诸葛亮：亮久乐耕锄，懒于应世，不能奉命。

刘备：先生，真不肯出山相助？

诸葛亮：实难奉命。

刘备：先生若不出山，让苍生何也——

刘备伏拜下去，不禁哭泣起来。

诸葛亮见状也平跪在地：为图将军之志，亮愿效犬马之劳。

刘备忙起身将诸葛亮扶起。古琴音乐响起。

画外歌起：

束发读诗书，修德兼修身。

仰观与俯察，韬略胸中存。

躬耕从未忘忧国，

谁知热血在山林。

凤兮凤兮思高举，

世乱时危久沉吟。

凤兮凤兮思高举，

世乱时危久沉吟。

茅庐承三顾,促膝纵横论。

半生遇知己,蛰人感兴深。

明朝携剑随君去,

羽扇纶巾赴征尘。

龙兮龙兮风云会,

长啸一声舒怀襟。

归去来兮我夙愿,

余年还做陇亩民。

清风明月入怀抱,

猿鹤听我再抚琴。

天道常变易,运数杳难寻。

成败在人谋,一诺竭忠悃。

丈夫在世当有为,

为民播下太平春。

归去来兮我夙愿,

余年还做陇亩民。

归去来兮我夙愿,

余年还做陇亩民。

清风明月入怀抱,

猿鹤听我再抚琴。

思考与练习

一、熟读课文,用文中的话回答下列问题。

1.诸葛亮替刘备设计的政治蓝图是什么?

2.诸葛亮为达到这个目标提出了什么战略方针?根据是什么?

二、有关刘备"三顾茅庐",诸葛亮"隆中对策"的内容在《三国演义》的第三十七、三十八回中也有相关描述,请你与课文参照阅读,看看小说进行了哪些艺术加工。

文史知识(三)　中国古代戏剧发展概略

中国戏剧主要包括戏曲和话剧:戏曲是中国固有的传统戏剧,话剧则是 20 世纪引进的西方戏剧形式。

中国古典戏曲是中华民族文化的一个重要组成部分,她以富于艺术魅力的表演形式,为历代人民群众所喜闻乐见,而且,在世界剧坛上也占有独特的位置,与古希腊悲喜剧、印度梵剧并称为世界三大古剧。

戏曲的形成,最早可以追溯到秦汉时代。但形成过程相当漫长,到了宋元之际才得成型。成熟的戏曲要从元杂剧算起,经历元、明、清的不断发展成熟而进入现代,历 800 多年繁盛不败,如今有 360 多个剧种。中国古典戏曲在其漫长的发展过程中,曾先后出现了宋元南戏、元代杂剧、明清传奇、清代地方戏及近、现代戏曲等 4 种基本形式。

宋元南戏大约产生在北宋末年和南宋初年,浙江的温州以及福建的泉州、福州一带。

元代杂剧也叫北曲杂剧,元杂剧最早产生于金朝末年河北真定、山西平阳一带,盛行于元代。元杂剧是中国戏曲的第一个黄金时代。它达到了很高的文学水准,古人早就将唐诗、宋词、元曲并称。

元著名的杂剧作家作品如:

关汉卿,名不详,生卒、籍贯尚无定论。大约生活在 1230~1300 年之间,比英国莎士比亚早 300 多年(莎士比亚,文艺复兴时期英国大剧作家,诗人,1564~1616 年),他擅长歌舞,精通音律,是我国历史上伟大的剧作家。他一生大约写了 63 个剧本,但大多数散佚,现传13 个。

《窦娥冤》是关汉卿悲剧代表作。《望江亭》与《救风尘》是喜剧代表作。《鲁斋郎》是公案戏。《单刀会》是历史剧。

王实甫(1260~1336?)的《西厢记》是我国戏曲史上成就很高的剧本,它取材于元稹的《会真记》和董解元的《西厢记诸宫调》。

白朴(1226~1306)的《梧桐雨》是其代表作,根据《长恨歌》再创作而成。他的作品还有《墙头马上》等。

康进之的《李逵负荆》,写水浒故事。

郑光祖的《倩女离魂》,写张倩女与王文举的爱情故事。

纪君祥的《赵氏孤儿》,元代著名悲剧之一,取材于《史记·赵世家》。

马致远的《汉宫秋》写汉元帝与王昭君的爱情悲剧。

明清传奇是由宋元南戏发展而成的戏曲形式。它产生于元末,在明初流传,到了明嘉靖年间兴盛,至万历而极盛,并延至明末清初,作品之多号称“词山曲海”。

明代的著名戏剧作家作品如:

高则诚的《琵琶记》,南戏剧本,是南戏由民间文学过渡到文人创作的代表作品,是南戏中成就最高的作品之一。

汤显祖(1550~1617),明代著名戏剧家。著有临川四梦:《牡丹亭》《南柯记》《邯郸记》《紫钗记》等。《牡丹亭》(《还魂记》)是其代表作,也是明代最著名的戏剧之一,写杜丽娘和柳梦梅的爱情故事。

梁辰鱼的《浣沙记》、李开先的《宝剑记》、王世贞的《鸣凤记》等也很著名。

清代地方戏是古典戏曲的第三个阶段。它和近、现代戏曲有着共同的艺术形式。著名的作品有洪升的《长生殿》、孔尚任的《桃花扇》等。另外,李玉的《清忠谱》《一捧雪》、李渔的《比目鱼》等也很有名。

“五四”新文化运动中,传统戏曲受到激烈的批判,此后戏曲便进入现代戏曲时代。京剧的形成是清代地方戏发达的结果,而京剧成为全国性的代表剧种后一点也没有压抑地方戏的发展。从清代地方戏到京剧,是中国戏曲极度繁盛的时代。

中国话剧只有百年的历史。话剧从西方引入中国,20 世纪初到"五四"前称"文明新戏",这种早期话剧仍具有一些戏曲的特点。"五四"以后照原样引进西方戏剧,形式是现实主义戏剧,称"新剧"。1928 年起称"话剧",沿用至今。

单元综合练习

一、阅读下文,完成 1~3 题。

平分生命

男孩与他的妹妹相依为命。父母早逝,她是他唯一的亲人,所以男孩爱妹妹胜过爱自己。

然而灾难再一次降临到这两个不幸的孩子身上,妹妹染上了重病,需要输血。但医院的血液太昂贵,男孩没有钱支付任何费用,尽管医院已免去了手术费。但不输血妹妹就会死去。

作为妹妹唯一的亲人,男孩的血型与妹妹相符。医生问男孩是否勇敢,是否有勇气承受抽血时的疼痛。男孩开始犹豫,10 岁的他经过一番思考,终于点了点头。

抽血时男孩安静地不发出一丝声响,只是向着邻床的妹妹微笑。手术完毕后,男孩声音颤抖地问:"医生,我还能活多长时间?"

医生正想笑男孩的无知,但转念间又被男孩的勇敢(　　　)了:在男孩的大脑中,他认为输血会失去生命。但他仍然输血给妹妹,在那一瞬间,男孩所做出的决定是付出了一生的勇敢并下定死亡的决心。

医生的手心渗出了汗,他握紧了男孩的手说:"放心吧,你不会死的。输血不会丢掉生命。"

男孩眼中放出光彩:"真的? 那我还能活多少年?"

医生微笑着,充满爱心地说:"你能活到 100 岁,小家伙,你很健康!"男孩高兴得又蹦又跳。他确认自己真的没事,就又挽起了胳膊——刚才被抽血的胳膊,昂起头,郑重其事地对医生说:"那就把我的血抽一半给妹妹吧,我们俩每人活 50 年!"

所有的人都(　　　)了,这不是孩子无心的承诺,这是人类最无私纯真的诺言。同别人平分生命,即使亲如父子,恩爱如夫妻,又有几人能如此快乐如此坦诚如此心甘情愿地说出并做到呢?

1. 在"震惊"、"震撼"中分别选出一词填在括号内:

　　(1) 医生正想笑男孩的无知,但转念间又被男孩的勇敢(　　　)了。

　　(2) 所有的人都(　　　)了,这不是孩子无心的承诺,这是人类最无私纯真的诺言。

2. 文章最后一段议论说:"同别人平分生命,即使亲如父子,恩爱如夫妻,又有几人能如此快乐如此坦诚如此心甘情愿地说出并做到呢?"在文中起什么作用?

3. 文章震撼你的原因是什么?

二、文史知识填空。

1. 我国元代伟大的剧作家_____比英国的莎士比亚早 300 多年,他创作了大量的剧本,如《救风尘》《单刀会》等,其悲剧代表作是_____。

2. _____的《西厢记》是我国戏曲史上成就最高的剧本之一,它取材于唐代元稹的《莺莺传》和董解元的《西厢记诸宫调》。

3. 明代汤显祖的_____是最著名的戏剧之一。

4. 清代两部影响最大的剧本是孔尚任的_____和洪升的_____。

5. 元代康进之的_____、白朴的_____和《梧桐雨》都是著名的杂剧。

6. 郑光祖的_____和_____的《赵氏孤儿》都是元代著名杂剧。

7. 马致远的_____杂剧和_____小令都很著名。

第十单元　文言文的阅读与理解

单元训练重点

　　用古代书面语言写成的文章叫文言文。中国几千年浩如烟海的古籍,绝大部分属文言文,这是一笔丰富的文化遗产,其中有许多精华值得我们学习。青少年学生学习一点文言文,具备阅读一般文言文的能力,是全面培养现代语文能力和提高民族文化素质的需要,是继承祖国文化遗产和发展新文化的需要。那么,怎样学习文言文呢?从以往学生的学习实践看,我们认为应做到"五多"。

一、多朗读

　　要在初步理解词句的基础上,多朗读原文,使之流利上口。朗读时,除异读字需按其本音读之外,一律要用普通话读准字音,读出抑扬顿挫,读出情感。

二、多背诵

　　对于脍炙人口流传至今的成语、名句、名篇要反复朗读,使之熟读成诵,牢记于心。当然,背诵要在理解的基础上去背,做到词不离句、句不离篇、篇不离意,不能死记硬背。

三、多归纳

　　即对文言中常用的文言词句做归纳对比:对于实词,要注意归纳它的古今异义、一词多义、词类活用和通假字知识;对于虚词,要注意归纳它在不同搭配组合下的不同意义;对于句式,要注意归纳它与现代汉语在句子成分、语序等方面的不同之处。

四、多翻译

　　翻译要做到两点:一要准确,一般要直译,使原文字在译文中有着落,实在不能直译的,再考虑意译;二要规范,译文要符合现代汉语的语法规范,读起来顺畅上口。

五、多查找

　　阅读文言文,哪怕是有注释的文章,也总会有些词语不能理解,这时,我们不能弃而不管,也不能满足于一知半解,要不怕麻烦,找出工具书或上互联网查出答案。

　　总之,学习文言文,对于今天的青少年学生确有一定难度,但事在人为,只要下苦功,做到上述"五多",持之以恒,就一定能学好文言文,提高阅读文言文的能力。

一　格言二十条

三军可夺帅也,匹夫①不可夺志也。　　　　　　　　　　——(春秋)孔子

哀莫大于心死,愁莫大于无志。　　　　　　　　　　　　——(战国)庄子

有凤凰于千仞之气象,则不为区区小利害所动。　　　　——(宋)程颐

品卑由于无志,无志由于识低。　　　　　　　　　　　　——(清)申居郧

君子成人之美,不成人之恶。小人反是。　　　　　　　——(春秋)孔子

君子坦荡荡,小人长戚戚②。　　　　　　　　　　　　　——(春秋)孔子

恭谨忍让,是居乡之良法。清正俭约,是居官之良法。——(清)王士祺

欲人爱己,必先爱人,欲人从己,必先从人。　　　　　　——《国语》

岁寒,然后知松柏之后彫③也。　　　　　　　　　　　　——(春秋)孔子

处患难者勿为怨天尤人之言,处贵显者勿为矜己傲人之言。——(清)钱大昕

君子以言有物,而行有恒。　　　　　　　　　　　　　　——《易经》

志不强者智不达,言不信者行不果。　　　　　　　　　——《墨子》

非淡泊无以明志,非宁静无以致远。　　　　　　　　　——(三国)诸葛亮

傲不可长,欲不可从;志不可满,乐不可极。　　　　　　——《礼记》

玉不琢,不成器;人不学,不知道。　　　　　　　　　　——《礼记》

业精于勤,荒于嬉④;行成于思,毁于随。　　　　　　　——(唐)韩愈

不思故有惑,不求故无得,不问故不知。　　　　　　　——(宋)程颐

不奋苦而求速效,只落得少日浮夸,老来窘隘⑤而已。——(清)郑板桥

圣人不贵尺之璧,而重寸之阴。　　　　　　　　　　　——(汉)刘安

书到用时方恨少,事非经过不知难。　　　　　　　　　——(清)王梦吉

思考与练习

　　一、格言是先辈从社会生活中提纯、凝炼出来的,是从复杂的社会实践中总结、概括出来的,富有哲理的语言精华。它言简意赅,教人如何为人之道,认识事物的本质。就本文格言,联系实际谈谈你的学习感受。

　　二、背诵课文格言,课下再搜集格言十条。

---

　　①　[匹夫]平民百姓。

　　②　[戚戚]忧惧。

　　③　[彫]同"凋",凋零。

　　④　[嬉]游戏、玩耍。

　　⑤　[窘隘]非常穷困。

二　寓言五则

夸父逐日

夸父不量力,欲追日影,逐之于隅谷①之际。渴欲得饮,赴饮河、渭。河谓不足,将走北饮大泽。未至,道渴而死。弃其杖,尸膏肉所浸,生邓林。

——《列子·汤问》

学　弈

弈秋,通国之善弈者也。使弈秋诲两人弈,其一人专心致志,惟弈秋之为听。一人虽听之,一心以为有鸿鹄将至,思援弓缴②而射之,虽与之俱学,弗若之矣。为是其智弗若与?曰:非然也。

——《孟子·告子上》

攘　鸡

今有人日攘③其邻之鸡者,或告之曰:"是非君子之道。"曰:"请损之,月攘一鸡,以待来年,然后已。"如知其非义,斯速已矣,何待来年?

——《孟子·滕文公下》

蒙鸠为巢

南方有鸟焉,名曰蒙鸠,以羽为巢,而编之以发,系之苇苕④,风至苕折,卵破子死。巢非不完也,所系者然也。

——《荀子·劝学》

欹　器

孔子观于鲁桓公之庙,有欹器⑤焉。孔子问于守庙者曰:"此为何器?"守庙者曰:"此盖为宥坐⑥之器。"孔子曰:"吾闻宥坐之器者,虚则欹,中则正,满则覆。"孔子顾谓弟子曰:"注水焉。"弟子挹水而注之,中而正,满而覆,虚而欹,孔子喟然而叹曰:"吁! 恶有⑦满而不覆

---

① 〔隅谷〕传说中的太阳入处。
② 〔缴(zhuó)〕生丝,用以系在箭上,故称系着丝线的箭为缴。
③ 〔攘〕窃取。
④ 〔苇苕〕芦苇的花。
⑤ 〔欹器〕一种形体倾斜的酒器。欹,通攲,倾斜。
⑥ 〔宥坐〕伴坐。
⑦ 〔恶(wū)有〕哪有。

者哉!"

——《荀子·宥坐》

思考与练习

一、寓言是寄托了劝谕或讽刺意义的故事。本文五则寓言的寓意各是什么?

二、讨论:文中寓言在今天的现实意义。

三、课下搜集数则寓言,在班上讲述一则。

三　劝学①

荀　子

君子②曰:学不可以已。青③,取之于蓝④,而青于蓝;冰,水为之,而寒于水。木直中绳⑤,𫐓⑥以为轮,其曲中规⑦,虽有槁暴⑧,不复挺⑨者,𫐓使之然也。故木受绳⑩则直,金⑪就砺⑫则利,君子博学⑬而日参省乎己⑭,则知明⑮而行无过矣。

吾尝终日而思矣,不如须臾⑯之所学也;吾尝跂⑰而望矣,不如登高之博见⑱也。登高而招,臂非加长也,而见者远⑲;顺风而呼,声非加疾也,而闻者彰。假⑳舆㉑马者,非利足㉒也,而致㉓

---

①　本文选自《荀子·劝学》。荀子(约前313～约前238),名况,战国后期赵国人,著名思想家、教育家。《荀子》一书共三十二篇,是他思想的集中表现。荀子的文章论证严密,长于比喻。劝:劝勉,鼓励。

②　[君子]这里指有学问有修养的人。

③　[青]靛(diàn)青,一种染料。

④　[蓝]草名,也叫蓼蓝,叶子可制染料。

⑤　[中(zhòng)绳](木材)合乎拉直的墨线。木工用拉直的墨线来取直。

⑥　[𫐓(róu)]使……弯曲。

⑦　[规]圆规。

⑧　[虽有(yòu)槁暴]即使又晒干了。有:通"又"。槁:枯。暴:晒,槁暴,枯干。

⑨　[挺]直。

⑩　[受绳]经墨线量过(斧锯加工)。

⑪　[金]指金属制的刀剑等。

⑫　[就砺]拿到磨刀石上(去磨)。砺:磨刀石。

⑬　[博学]广泛地学习。

⑭　[参(cān)省(xǐng)乎己]对自己检查、省察。参:验、检查。省:省察、反省。乎:相当于"于"。

⑮　[知(zhì)明]智慧明达。知:通"智"。

⑯　[须臾(yú)]片刻。

⑰　[跂(qì)]踮起脚跟。

⑱　[博见]见得广。

⑲　[见者远]意思是人在远处也能看见。

⑳　[假]凭借,借助,这里有利用的意思。

㉑　[舆]车。

㉒　[利足]脚走得快。

㉓　[致]达到。

千里；假舟楫①者，非能水也②，而绝③江河。君子生非异④也，善假于物⑤也。

积土成山，风雨兴焉⑥；积水成渊⑦，蛟⑧龙生焉；积善成德，而神明自得，圣心备焉⑨。故不积跬⑩步，无以⑪至千里；不积小流，无以成江海。骐骥⑫一跃，不能十步；驽马十驾⑬，功在不舍⑭。锲⑮而舍之，朽木不折；锲而不舍，金石可镂⑯。蚓无爪牙之利，筋骨之强，上食埃土，下饮黄泉，用心一也⑰。蟹六跪⑱而二螯⑲，非蛇鳝之穴无可寄托者，用心躁⑳也。

思考与练习

一、仔细阅读课文，试分析课文的三个段落是怎样运用喻证法从不同角度来论述中心论点的。

二、背诵全文。

四　廉颇蔺相如列传㉑

司马迁

廉颇者，赵之良将也。赵惠文王十六年㉒，廉颇为赵将，伐齐，大破之，取阳晋㉓，拜为上

---

① ［楫(jí)］桨。

② ［水］指游水，这里用作动词。

③ ［绝］横渡。

④ ［生(xìng)非异］本性（同一般人）没有（什么）差别。生：这里通"性"，资质、禀赋。

⑤ ［物］外物，指各种客观条件。

⑥ ［兴焉］从这里兴起。兴：起。

⑦ ［渊］水池。

⑧ ［蛟］古代传说中能发洪水的一种龙。

⑨ ［积善成德，而神明自得，圣心备焉］积累善行养成（高尚的）品德，精神就能达到很高的境界，智慧就得到发展，圣人的思想（也就）具备了。神明：精神和智慧。得：获得。

⑩ ［跬(kuǐ)］半步。跨出一脚的距离为"跬"，跨两脚的距离为"步"。

⑪ ［无以］没有用来……的（办法）。

⑫ ［骐骥］骏马。

⑬ ［驽(nú)马十驾］劣马拉车走十天，（也能走得很远）。驽马：劣马。驾：马拉车一天所走的路程叫"一驾"。

⑭ ［功在不舍］（它的）成功在于走个不停。

⑮ ［锲］刻。

⑯ ［镂(lòu)］雕刻。

⑰ ［用心一也］（这是）用心专一（的缘故）。

⑱ ［六跪］六条腿。蟹实际上是八条腿。跪：蟹脚。

⑲ ［螯(áo)］蟹钳。

⑳ ［躁］浮躁，不专心。

㉑ 选自《史记·廉颇蔺(lìn)相如列传》（中华书局1959年版）。列传，古代纪传体史书中的人物传记，用以记述天子、王侯以外的人的事迹。

㉒ ［赵惠文王十六年］即公元前283年。赵惠文王，战国后期赵国的国君。

㉓ ［阳晋］地名，现在山东省郓(yùn)城县西。

卿^①，以勇气闻^②于诸侯。

蔺相如者，赵人也。为赵宦者令缪贤舍人^③。

赵惠文王时，得楚和氏璧^④。秦昭王闻之，使人遗^⑤赵王书，愿以十五城请易璧。赵王与大将军廉颇诸大臣谋，欲予秦，秦城恐不可得，徒见欺^⑥；欲勿予，即患秦兵之来^⑦。计未定，求人可使报秦者^⑧，未得。

宦者令缪贤曰："臣舍人蔺相如可使。"王问："何以知之？"对曰："臣尝有罪，窃计^⑨欲亡走燕。臣舍人相如止臣，曰：'君何以知燕王？'臣语曰，臣尝从大王与燕王会境^⑩上，燕王私握臣手曰，'愿结友'，以此知之，故欲往。相如谓臣曰：'夫赵强而燕弱，而君幸于赵王^⑪，故燕王欲结于君。今君乃亡赵走燕，燕畏赵，其势必不敢留君，而束^⑫君归赵矣。君不如肉袒伏斧质^⑬请罪，则幸得脱^⑭矣。'臣从其计，大王亦幸赦臣。臣窃以为其人勇士，有智谋，宜可使。"

于是王召见，问蔺相如曰："秦王以十五城请易寡人^⑮之璧，可予不^⑯？"相如曰："秦强而赵弱，不可不许。"王曰："取吾璧，不予我城，奈何？"相如曰："秦以城求璧而赵不许，曲^⑰在赵；赵予璧而秦不予赵城，曲在秦。均之二策，宁许以负秦曲^⑱。"王曰："谁可使者？"相如曰："王必^⑲无人，臣愿奉璧往使。城入赵而璧留秦；城不入，臣请完璧归赵。"赵王于是遂遣相如奉璧西入秦。

秦王坐章台^⑳见相如，相如奉璧奏秦王。秦王大喜，传以示美人及左右^㉑，左右皆呼万岁。相如视秦王无意偿赵城，乃前曰："璧有瑕，请指示王。"王授璧，相如因持璧却^㉒立，倚柱，怒发上冲冠^㉓，谓秦王曰："大王欲得璧，使人发书至赵王，赵王悉召群臣议，皆曰：'秦贪，

---

① ［拜］古代授予官职叫拜。［上卿］战国时最高的官阶。

② ［闻］闻名、出名。

③ ［宦者令］宦官的头目。［舍人］门客。战国时，贵族或官僚家里常养着一些食客。

④ ［和氏璧］楚国人卞和发现的一块宝玉，经雕琢成璧。

⑤ ［遗(wèi)］送给。

⑥ ［徒见欺］白白地受骗。见：被、受。

⑦ ［即］则、就。［患］忧虑、担心。

⑧ ［可使报秦者］可以出使去回复秦国的。使：出使。报：答复、回复。

⑨ ［窃计］私下打算。窃：谦辞。

⑩ ［境］指赵国边境。

⑪ ［幸于赵王］被赵王宠幸。于，表被动。

⑫ ［束］捆缚。

⑬ ［肉袒(tǎn)伏斧质］赤身伏在斧质上，表示请罪。肉袒：脱去上衣，露出肩膀。斧质：古代一种腰斩的刑具。质，同"锧"，铁砧。

⑭ ［幸得脱］侥幸能够免罪。幸：侥幸、幸而。脱：免。

⑮ ［寡人］古代诸侯对自己的谦称，意思是寡德之人。

⑯ ［不(fǒu)］同"否"。

⑰ ［曲］理亏。

⑱ ［宁许以负秦曲］宁可答应(给秦国璧)，使它承担理亏(的责任)。这是使动用法。负：担负、承担。

⑲ ［必］果真、如果

⑳ ［章台］秦宫名，旧址在现在陕西省长安县故城西南角。

㉑ ［示］给……看。［美人］指妃嫔。［左右］指侍从人员。

㉒ ［却］这里指后退几步。

㉓ ［怒发上冲冠］因愤怒而使头发竖起，冲起了帽子。这是夸张的说法。

负^①其强，以空言求璧，偿城恐不可得。'议不欲予秦璧。臣以为布衣之交^②尚不相欺，况大国乎？且以一璧之故逆强秦之欢^③，不可。于是赵王乃斋戒^④五日，使臣奉璧，拜送书于庭^⑤。何者？严大国之威以修敬也^⑥。今臣至，大王见臣列观，礼节甚倨^⑦；得璧，传之美人，以戏弄臣。臣观大王无意偿赵王城邑，故臣复取璧。大王必欲急^⑧臣，臣头今与璧俱碎于柱矣！"

相如持璧睨柱^⑨，欲以击柱。秦王恐其破璧，乃辞谢，固请，召有司案图^⑩，指从此以往十五都予赵。

相如度秦王特以诈佯为予赵城^⑪，实不可得，乃谓秦王曰："和氏璧，天下所共传宝也。赵王恐，不敢不献。赵王送璧时斋戒五日。今大王亦宜斋戒五日，设九宾于廷^⑫，臣乃敢上璧。"秦王度之，终不可强夺，遂许斋五日。舍相如广成传舍^⑬。

相如度秦王虽斋，决负约不偿城，乃使其从者衣褐怀其璧，从径道亡^⑭，归璧于赵。

秦王斋五日后，乃设九宾礼于廷，引赵使者蔺相如。相如至，谓秦王曰："秦自缪公^⑮以来二十余君，未尝有坚明约束者也。臣诚恐见欺于王而负赵^⑯，故令人持璧归，间^⑰至赵矣。且秦强而赵弱，大王遣一介之使至赵，赵立奉璧来。今以秦之强而先割十五都予赵，赵岂敢留璧而得罪于大王乎？臣知欺大王之罪当诛，臣请就汤镬^⑱。唯大王与群臣孰计议之^⑲。"

秦王与群臣相视而嘻^⑳。左右或欲引相如去^㉑。秦王因曰："今杀相如，终不能得璧也，

---

① ［负］凭借，倚仗。
② ［布衣之交］老百姓之间的互相交往。布衣：平民。
③ ［逆强秦之欢］触伤强大的秦国（对我们）的感情。逆：违背、触犯。欢：欢心。
④ ［斋戒］古人在祭祀或行大礼前，必沐浴更衣，不喝酒，不吃荤，表示诚心致敬。
⑤ ［拜送书于庭］在朝堂上行过叩拜礼，送出国书。庭，同"廷"，国君听政的朝堂。
⑥ ［严］尊重。［修敬］表示敬意。修：整饬。
⑦ ［见臣列观］在一般的宫殿里接见我。意思是不在正殿接见，礼数轻慢。列观：一般的宫殿，这里指章台。观：建筑物的一种。［倨］傲慢。
⑧ ［急］这里是逼迫的意思。
⑨ ［睨（nì）柱］斜着眼睛看庭柱。睨：斜视。
⑩ ［辞谢］婉言道歉。［固请］坚决请求（蔺相如不要以璧击柱）。［有司］官吏的通称古代设官分职，各有专司，所以称官吏为"有司"。［案图］察看地图。案，同"按"，审察、察看。
⑪ ［特］只、不过。［佯（yáng）］为装作。
⑫ ［设九宾于廷］在朝堂上安设"九宾"的礼节。九宾：古代外交上最隆重的礼节，有九个迎宾赞礼的官员延引上殿。宾，同"傧"。
⑬ ［舍］安置住宿，动词。［广成传舍］宾馆名。传舍：招待宾客的馆舍。
⑭ ［衣（yì）褐］穿着粗布衣服，意思是化装成老百姓。衣：动词，穿。［径道］便道、小路。
⑮ ［缪公］就是秦穆公，春秋时五霸之一。缪，同"穆"。
⑯ ［负］辜负，对不起。
⑰ ［间（jiàn）］间道，小路。这里用作"至"的状语，"从小路"的意思。
⑱ ［就汤镬（huò）］受汤镬之刑。就：接近、到。汤镬：古代的一种酷刑，用滚汤烹煮犯人。镬：古代煮食物的一种大锅。
⑲ ［唯］助词，通常用在主语前面，表示希望的语气。［孰］同"熟"，仔细。
⑳ ［相视而嘻］面面相觑，发出惊呼的声音，形容秦王与群臣心中恼怒而又无可奈何的样子。嘻：惊怒时发出的声音，这里作动词用。
㉑ ［引相如去］拉相如离开（朝堂加以处治）。引：牵、拉。

而绝秦赵之欢。不如因①而厚遇之，使归赵。赵王岂以一璧之故欺秦邪！"卒廷见相如，毕礼而归之②。

相如既归，赵王以为贤大夫，使不辱于诸侯，拜相如为上大夫③。

秦亦不以城予赵，赵亦终不予秦璧。

其后秦伐赵，拔石城④。明年复攻赵，杀二万人。秦王使使者告赵王，欲与王为好，会于西河外渑池⑤。赵王畏秦，欲毋行。廉颇蔺相如计曰："王不行，示赵弱且怯也。"赵王遂行。相如从。廉颇送至境，与王诀曰："王行，度道里会遇之礼毕⑥，还，不过三十日。三十日不还，则请立太子为王，以绝秦望⑦。"王许之。遂与秦王会渑池。

秦王饮酒酣，曰："寡人窃闻赵王好音，请奏瑟。"赵王鼓瑟。秦御史前书曰："某年月日，秦王与赵王会饮，令赵王鼓瑟。"蔺相如前曰："赵王窃闻秦王善为秦声⑧，请奏盆缻秦王⑨，以相娱乐。"秦王怒，不许。于是相如前进缻，因跪请秦王。秦王不肯击缻。相如曰："五步之内，相如请得以颈血溅大王矣！"左右欲刃相如，相如张目叱之，左右皆靡⑩。于是秦王不怿⑪，为一击缻。相如顾⑫召赵御史书曰："某年月日，秦王为赵王击缻。"秦之群臣曰："请以赵十五城为秦王寿⑬。"蔺相如亦曰："请以秦之咸阳⑭为赵王寿。"

秦王竟酒，终不能加胜于赵⑮。赵亦盛设兵以待秦，秦不敢动。

既罢⑯，归国，以相如功大，拜为上卿，位在廉颇之右⑰。

廉颇曰："我为赵将，有攻城野战之大功，而蔺相如徒以口舌为劳，而位居我上。且相如素贱人，吾羞，不忍为之下！"宣言⑱曰："我见相如，必辱之。"相如闻，不肯与会。相如每朝

---

①　[因]由此、趁此。

②　[廷见相如]在朝堂上（设九宾之礼）见相如。[归之]送他（相如）回去，使动用法。

③　[使不辱于诸侯]出使诸侯之国，能不受欺辱。[上大夫]大夫中最高的官阶，比卿低一级。

④　[其后]指公元前281年，就是赵惠文王十八年。[拔]攻下。[石城]地名，现在河南省林州市西南。

⑤　[为好]和好。[西河]现在陕西省渭南地区，在黄河以西。这一段黄河古称"西河"。西河在函谷关以西，也就是关中。渑池在函谷关以东，所以称为"西河外"。[渑(miǎn)池]地名，现在河南省渑池县。

⑥　[诀(jué)]告别，有准备不再相见的意味。[度道里会遇之礼毕]估计路上行程以及会见的礼节完毕。

⑦　[绝秦望]断绝秦国的念头，指秦国可能扣留赵王做人质，进行要挟的打算。

⑧　[奏瑟(sè)]弹瑟。下文"鼓瑟"同。瑟：乐器名，形状像琴。[御史]战国时的史官称"御史"。[善为秦声]擅长演奏秦地乐曲。

⑨　[请奉盆缻(fǒu)秦王]请（允许我）献盆缻（给）秦王，意思是请秦王击盆缻为乐。奉：献。缻同"缶"，盛酒浆的瓦器。秦人歌唱时，常击缻为节拍。"盆缻"后省略"于"。

⑩　[以颈血溅大王]拿（我）头颈里的血溅在大王身上，意思是和秦王拼命。[刃]作动词，用刀杀。[靡]退却。

⑪　[怿(yì)]高兴、喜悦。

⑫　[顾]回头。

⑬　[为秦王寿]给秦王献礼。寿：向人进酒或献礼。

⑭　[咸阳]秦国的都城，旧址在现在陕西省咸阳市东北。

⑮　[竟酒]酒筵完毕。[加胜于赵]胜过赵国，意思是占赵国的上风。加胜：制胜。加：致。

⑯　[既罢]（渑池之会）结束以后。

⑰　[右]上。秦汉以前，位次以右为尊。

⑱　[宣言]扬言。

时，常称病，不欲与廉颇争列①。已而②相如出，望见廉颇，相如引车避匿。

于是舍人相与谏曰："臣所以去亲戚而事君者，徒慕君之高义也③。今君与廉颇同列，廉君宣恶言，而君畏匿之，恐惧殊甚④。且庸人尚羞之，况于将相乎！臣等不肖⑤，请辞去。"蔺相如固止之，曰："公之视廉将军孰与秦王⑥？"曰："不若也。"相如曰："夫以秦王之威，而相如廷叱之，辱其群臣。相如虽驽⑦，独畏廉将军哉？顾吾念之，强秦之所以不敢加兵于赵者，徒以吾两人在也。今两虎共斗，其势不俱生。吾所以为此者，以先国家之急而后私仇⑧也。"

廉颇闻之，肉袒负荆⑨，因宾客⑩至蔺相如门谢罪，曰："鄙贱之人，不知将军⑪宽之至此也！"

卒相与欢，为刎颈之交⑫。

五　六国论⑬

苏　洵

六国破灭，非兵不利，战不善，弊在赂秦⑭。赂秦而力亏，破灭之道也。或曰⑮："六国互丧⑯，率⑰赂秦耶？"曰："不赂者以赂者丧。盖失强援，不能独完。故曰'弊在赂秦'也。"

秦以攻取⑱之外，小则获邑，大则得城。较秦之所得，与战胜而得者，其实百倍；诸侯之

---

① [争列]争位次的先后。

② [已而]过了些时候。

③ [相与]一齐、共同。[臣]秦汉以前表示谦卑的通称，对方不一定是君主。[高义]高尚的品德。

④ [殊甚]太过分。殊：很、极。甚：过分。

⑤ [且]发语词，与"夫"的作用相同。[庸人尚羞之]平庸的人尚且对这种情况感到羞耻。之：指蔺相如竭力躲避廉颇的做法羞之，即"以之为羞"。[不肖]不才。

⑥ [孰与秦王]与秦王比哪一个（厉害）。孰：谁、哪一个。孰与：何如、比……怎么样。

⑦ [驽]愚劣、无能。

⑧ [先国家之急而后私仇]就是"以国家之急为先，而以私仇为后"。

⑨ [负荆]背着荆条，表示愿受责罚。荆：灌木名，古代常用它的枝条做成刑杖。

⑩ [因宾客]由宾客（作引导）。因：通过、经由。宾客：指门客。

⑪ [将军]指蔺相如，当时的上卿兼任将相，所以称将军。

⑫ [刎（wěn）颈之交]誓同生死的朋友。

⑬ 选自苏洵《嘉佑集·权书》，《四部丛刊》本。《权书》包括10篇文章，都是评论政治和历史的。苏洵（1009～1066），字明允，宋代眉山（现在四川省眉山县）人，著名散文家。他的儿子苏轼、苏辙也以文学著名。后人并称他们为"三苏"。

⑭ [赂秦]贿赂秦国。这里指割地求和。

⑮ [或曰]有人说。这是设问。下句的"曰"是对设问的回答。或，不定代词。

⑯ [互丧]彼此（都）灭亡。互：交互，由此及彼，由彼及此。

⑰ [率]全都，一概。

⑱ [以攻取]用攻战（的方法）取得。以：用、凭着。

所亡，与战败而亡者，其实亦百倍。则秦之所大欲，诸侯之所大患，固不在战矣。思厥先祖父①，暴霜露②，斩荆棘，以有尺寸之地。子孙视之不甚惜，举以予人③，如弃草芥④。今日割五城，明日割十城，然后得一夕安寝。起视四境，而秦兵又至矣。然则诸侯之地有限，暴秦之欲无厌⑤，奉之弥繁，侵之愈急⑥。故不战而强弱胜负已判⑦矣。至于⑧颠覆，理固宜然。古人云："以地事秦，犹抱薪救火，薪不尽，火不灭⑨。"此言得之⑩。

　　齐人未尝赂秦，终继五国迁灭⑪，何哉？与嬴⑫而不助五国也。五国既丧，齐亦不免矣。燕赵之君，始有远略⑬，能守其土，义不赂秦。是故燕虽小国而后亡，斯用兵之效也。至丹以荆卿为计⑭，始速⑮祸焉。赵尝五战于秦，二败而三胜。后秦击赵者再，李牧⑯连却之。洎⑰牧以谗诛，邯郸为郡，惜其用武而不终也。且燕赵处秦革灭⑱殆尽之际，可谓智力孤危，战败而亡，诚不得已⑲。向使三国各爱其地，齐人勿附于秦，刺客不行，良将犹在，则胜负之数，存亡之理⑳，当与秦相较，或未易量。

　　呜呼！以赂秦之地封天下之谋臣，以事秦之心礼天下之奇才，并力西向，则吾恐秦人食之不得下咽也。悲夫！有如此之势，而为秦人积威之所劫㉑，日削月割，以趋于亡。为国者㉒

————————

　　①　[厥先祖父]他（或者他们）的先人祖辈父辈。厥：这里相当于"其"。先：对已去世的尊长的敬称。祖父：泛指祖辈父辈。

　　②　[暴(pù)霜露]暴露在霜露之中。意思是冒着霜露。和下文的"斩荆棘……之地"连起来，形容创业的艰苦。

　　③　[举以予人]拿它（土地）来送给别人。

　　④　[如弃草芥]意为轻弃不惜。

　　⑤　[厌]同"餍"，满足。

　　⑥　[奉之弥繁，侵之愈急]送给他越多，侵犯他们（就）越厉害。前一个"之"指秦，后一个"之"指赂秦各国。弥、愈，都是更加的意思。

　　⑦　[判]分，清清楚楚的意思。

　　⑧　[至于]到……的结局，以致于。连词，承接上文，表示下文是上文的结果。

　　⑨　[以地事秦……火不灭]语见《史记·魏世家》和《战国策·魏策》。

　　⑩　[此言得之]这话说对了。得之：得其理。之：指上面说的道理。

　　⑪　[迁灭]灭亡。迁：改变的意思。

　　⑫　[与嬴]结交秦国。与，交好。嬴，秦王的姓，这里指秦国。

　　⑬　[始有远略]起初有长远的打算。略：谋划。这句里的"始"与下文"至丹"的"至"，"洎牧"的"洎"，"用武而不终"的"不终"，互相呼应。

　　⑭　[丹以荆卿为计]燕太子丹用（派）荆轲（刺秦王）作为（对付秦国的）策略。荆卿：荆轲，即下文提到的"刺客"。

　　⑮　[速]招致，动词。

　　⑯　[李牧]赵国的良将，曾几次打退秦军。公元前229年，秦将王翦攻赵，李牧率兵抵抗。赵王中了秦的反间计，杀了李牧。第二年，王翦破赵军，虏赵王，灭了赵国。下文的"良将"指李牧；"邯郸为郡"就是指秦灭赵，把赵国都城邯郸改为秦的一个郡。

　　⑰　[洎(jì)]及，等到。

　　⑱　[革灭]消灭，除灭。革：除去。

　　⑲　[不得已]无可奈何，不得不如此。

　　⑳　[胜负之数，存亡之理]胜败存亡的命运。数：天数、命运。理：天理、命运。

　　㉑　[劫]胁迫，挟制。

　　㉒　[为(wéi)国者]治理国家的人。为，动词。

无使为积威之所劫哉!

夫六国与秦皆诸侯,其势弱于秦,而犹有可以不赂而胜之之势。苟以天下之大,而从①六国破亡之故事②,是又在六国下矣!

思考与练习

一、文章的中心论点、分论点各是什么? 文章是如何围绕论点进行论证的?

二、前人论述六国灭亡的原因,由于所取角度不同,写作意图各异,得出的结论各不相同,请查阅相关文章和资料做对比分析,并谈谈你自己的见解。

三、背诵并翻译全文。

文史知识(四)　我国古代散文发展概略

散文在我国文学史上源远流长,一直是文坛上正统的文学样式。春秋战国时期是散文的大繁荣期,出现了像《春秋》《左传》《战国策》《论语》《庄子》《韩非子》《孟子》等大量的经典名著。两汉时期的散文主要是赋和历史著作,出现了司马相如等辞赋作家和《史记》《汉书》等历史著作。魏晋时期散文成就不高,但出现了像《文心雕龙》等著名的文艺理论著作和《三国志》《后汉书》等历史著作。唐宋时期散文又繁荣起来,出现了韩愈、柳宗元、欧阳修、苏轼、苏洵、苏辙、王安石、曾巩等著名的散文作家。元明清时期随着小说的繁荣,散文的成就相对不是很高。

一、先秦散文

春秋战国时代,社会经济有了较大的发展(奴隶社会向封建社会转型期),在政治上还是一个分裂的时代,没有传统思想和传统艺术形式的束缚,文学上出现了百花齐放、百家争鸣的繁荣景象,是散文发展史上辉煌灿烂的时期。

这一时期的散文,主要分为历史散文和诸子散文。历史散文长于叙事,诸子散文擅长说理。

(一) 历史散文

战国时期出现了大量的历史散文,大体上又可分为三类:

第一类,编年史,如《春秋》、《左传》、《公羊传》、《谷梁传》等。

《春秋》是第一部私人编辑的历史著作,由孔子编撰,是儒家经典之一,记述了鲁隐公元年(前722年)至鲁哀公十四年(前480年)242年间各国的大事。孔子还按照他自己的观点对那些事件做了一些评析,选择了他认为恰当的字来暗寓褒贬。这就是所谓的"微言大义"。这对历史著作的影响很大(史书的倾向性)。

《左传》(《左氏春秋》《春秋左氏传》)作者相传是左丘明。它是我国第一部叙事详备的编年体史书,也是杰出的历史散文。《左传》仿照孔子《春秋》的体例来编写,全书近20万字,对春秋时代各国的政治、外交、军事、社会事件等都做了详细的记载。《左传》是历史著作,

---

① 　[从]跟随。

② 　[故事]旧事,前例。

但有很高的文学艺术成就。

第二类：国别体史书，按国别来记述各国的一些史实，如《国语》《战国策》。

《国语》是我国第一部国别体史书。记述了前990至前453年(538年)的历史，分为《周语》《鲁语》《齐语》《晋语》等，记述各国历史，大都通过一些历史人物的言论、对话或互相驳难的话来表现，故称《国语》。

《战国策》是一部国别体史料汇编，也是一部历史散文总集。作者不详。《战国策》不是一时一人所作，体例与《国语》一样，分国编写，包括东周、西周、秦、齐、楚等十二国策，共33篇，记述了公元前453年到公元前209年(秦二世元年)245年的历史。内容上有传记，故事等。

第三类：人物传记。如《晏子春秋》，记述齐相晏婴的言行。

（二）诸子散文

春秋战国时期，是中国社会由奴隶制向封建制过渡的时代，当时的政治、经济都发生了剧烈的变化，学术思想也空前活跃，代表不同阶级、不同阶层的各种思想与学派之间展开了激烈的论争，形成了历史上所谓的百家争鸣的局面。参加争鸣的诸子百家立场不同，他们从各自代表的阶级、阶层的利益出发，对政治提出各种不同的要求与主张，并且著书立说，阐述各自的思想和主张。诸子在争辩过程中所写的著作，后代称为诸子散文。

先秦诸子散文反映了多方面的文化成就，概括了各种不同学术流派的政治观点和哲学思想。其中最重要的是儒、墨、道、法四家的著作。

诸子散文对后世影响最为深远的是儒家学派的孔孟思想和道家学派的老庄思想。《荀子》《韩非子》在论说文方面成就最高，二千多年来的政论文都受了它的影响。

1. 孔子和《论语》

孔子(前551～前479)，名丘，字仲尼，春秋时鲁国人。我国古代伟大的思想家、教育家，儒家学派的创始人。

《论语》，儒家经典之一。由孔子弟子及再传弟子集成，是语录体散文，记录了孔子的言行和一些孔子弟子的言行。全书二十篇，每篇分若干章。每篇取第一章中的二个字或三字作为篇名。全书内容包含甚广，涉及当时社会的道德、教育、政治、文化、艺术等各方面。

《论语》一书内容丰富，语言简练、准确，一些表达哲学理论、教学态度和方法、品德修养等的语句成了名言警句，至今仍在广泛使用。

2. 孟轲和《孟子》

孟子(约前372～前289)，名轲，字子舆，战国中期邹国人(今山东邹县)，是孔子后儒家的代表人物。后世同孔子并称。

《孟子》是儒家经典之一，由孟子和他的学生合著。内容包括孟子的政治活动、政治学说、哲学思想和个性修养等。《孟子》是先秦诸子中杰出的散文集。写法上大量使用比喻，辩论方法灵活多样，富有鼓动性。艺术成就很高，对后代散文创作影响很大。

3.《庄子》

《庄子》是道家经典之一，由庄周和他的弟子的著作汇集而成。原书52篇，现存33篇。《庄子》文笔生动传神，形象精致，书中运用了大量神奇的想象和寓言故事，给诗人、散文家很多启发。在诸子散文中，《庄子》给后世文学艺术上的影响是最为深远的。

4. 其他诸子散文

《墨子》：是墨家经典。墨子，战国初期思想家、教育家、政治家，墨家学派的创始人。名翟，鲁国人。《墨子》由墨子和其弟子的作品汇集而成。《墨子》逻辑严密，说理透彻，语言质朴达意。

《荀子》：战国末期儒家重要著作之一。作者荀况，是战国末期朴素的唯物主义思想家、政治家、教育家、文学家，战国末期赵国（今山西安泽县）人。全书体系严整，贯彻了作者的朴素唯物主义思想。

《韩非子》：法家的重要著作，是先秦议论散文的集大成者，对后代议论文写作的影响大。书中保留了很多寓言和神话传说。

《吕氏春秋》：秦代前各派学说论文著汇编，是最早的散文总集，由秦相吕不韦组织门客集体编撰。

《列子》：大部分属于民间故事、寓言和神话传说。

二、汉代散文

1. 司马迁和《史记》

司马迁（约前145～?），字子长。西汉伟大的历史学家和文学家。

《史记》，我国第一部纪传体通史。记载上自传说中的黄帝下至汉武帝时期共3 000多年的历史。它不仅是史学著作，也是伟大的文学著作。全书共130篇，包括12本纪，30世家，70列传，10表，8书。本纪为帝王的传记，世家是王侯传记，列传是著名历史人物传，表是历史大事记，书记载天文、历法、水利、经济、文化艺术等。

《史记》对后世历史学、文学影响巨大。鲁迅评《史记》是"史家之绝唱，无韵之离骚"。

2. 汉赋

汉赋是汉代流行的一种文学体裁，兼具诗歌和散文形式。也有人叫辞赋，受楚辞影响明显，纵横铺张，很多写园苑之盛和帝王奢侈生活。比较著名的作家作品如司马相如《子虚赋》《上林赋》，贾谊《吊屈原赋》《鹏鸟赋》，班固《两都赋》（《西都赋》《东都赋》），赵壹《刺世疾邪赋》等。

3. 其他作家作品摘要

枚乘，散文《七发》。

王充，《论衡》。

刘向，曾校书20多年，整理校对了很多古籍。有《新序》《说苑》《列女传》。

班固，《汉书》，纪传体断代史，记录西汉史。也是著名的历史散文。

晁错，散文《论贵粟疏》。

三、魏晋南北朝散文

1. 历史著作

陈寿《三国志》，陈寿（233～297），西晋著名史学家，散文家。《三国志》是一部纪传体三国史，也是历史散文。

范晔《后汉书》，范晔（398～445），南北朝时期史学家，散文家。《后汉书》是纪传体东汉史，也是杰出的历史散文。

《史记》《三国志》《汉书》《后汉书》合称"四史"。史学、文学价值都很高。

2. 文学理论

刘勰《文心雕龙》，刘勰（465～500?），南北朝梁代文学理论家。《文心雕龙》是我国第一部文学批评专著。

钟嵘《诗品》，钟嵘(？～518)，南北朝梁代文学评论家。《诗品》文学批评名著，主要是评论诗歌。

曹丕《典论·论文》，曹丕(187～226)，曹操次子，魏文帝，《典论·论文》在我国文学批评史上，起了奠基作用。它从评论当时的一些作家入手，提出了一些有关文学批评和创作的问题。

陆机《文赋》，陆机(261～303)，《文赋》是他用赋体阐述自己的文学见解。

3. 其他散文著名作品和作家摘要

嵇康《与山巨源绝交书》。

诸葛亮《出师表》。

郦道元(？～52)，南北朝北魏地理学家、文学家。《水经注》，富有文学价值和地理志。。

李密《陈情表》。

4.《文选》

《文选》，由南北朝梁代文学家萧统(501～531)选编，也叫《昭明文选》，是现存最早的文章总集。萧统从先秦至自己生活年代，分门别类选集了一些作品，大致概括为诗歌、辞赋、杂文三大类、38 小类，对后代影响较大。

四、唐代散文

1. 古文运动

唐代中期韩愈、柳宗元提倡的一种文体革新运动。"古文"是和六朝以来的"骈文"相对立而提出的，在文体上恢复先秦两汉的文学传统，故称作"古文"，以反对散文创作中的形式主义。韩、柳积极从事古文的宣传和写作，渐渐形成了一种文学思潮，这就是古文运动。它对散文的发展起了巨大的推动作用，在此影响下，出现了一大批优秀的散文作品，对后代影响巨大。

2. 韩愈(768～824)

中唐著名散文家，诗人，唐宋散文八大家(韩愈、柳宗元、欧阳修、王安石、苏洵、苏轼、苏辙、曾巩)之一。作品有《答李翊书》《师说》《杂说》《张中丞传后叙》等。

3. 柳宗元(773～819)

中唐著名散文家。作品主要有《种树郭橐驼传》《始得西山宴游记》《捕蛇者说》《三戒》(《临江之麋》《黔之驴》《永某氏之鼠》)《永州八记》(作者谪居永州时写的八篇游记散文)等。

五、宋代散文

宋代散文成就较高，唐宋八大家中有六家是宋代人。重要作家作品如：

范仲淹(989～1052)《岳阳楼记》等。

欧阳修(1007～1072)(字永叔，号醉翁，唐宋散文八大家之一)《五代史伶官传序》《醉翁亭记》《朋党论》等。

苏洵(1009～1066)《六国论》等。

苏轼《教战守策》《前赤壁赋》《后赤壁赋》《留侯论》《石钟山记》等。

王安石《答司马谏议书》等。

司马光(1019～1086)，字君实，北宋史学家。

《资治通鉴》，是一部编年体通史。从三家分晋讲起(春秋战国之际，晋范氏、中行氏、智氏、韩氏、赵氏、魏氏六家新兴地主阶级集团之间互相斗争,力图夺取晋国政权。后赵、魏、韩三家掌握了晋国大权。周天子正式承认三家为诸侯,史称"三家分晋"),到五代十国,(前403至959),记载了1362年的历史。全书由司马光任主编,很多史家参加。书成,宋神宗特意写序并赐书名。《资治通鉴》,意为是一部有助于治理国家、起着借鉴作用的通史。《赤壁之战》《淝水之战》就选自其中。

　　元明清时期随着戏曲和小说的繁荣,散文的成就相对不是很高。比较著名的作家有宋濂、归有光、姚鼐等。

单元综合练习

一、下面这则寓言选自《吕氏春秋·察今》,读完后做后面的练习。

　　楚人有涉江者,其剑自舟中坠于水,遽契其舟,曰:"是吾剑之所从坠。"舟止,从其所契者入水求之。舟已行矣,而剑不行,求剑若此,不亦惑乎?

1. 用现代汉语翻译全文。

2. 说说这则寓言说明了一个什么道理。

二、指出下列各句中哪两个相邻的字,现在已结合成了一个双音词,但在文言中是两个单音词,并给这两个单音词释义。

1. 璧有瑕,请指示王。

2. 率妻子邑人来此绝境。

3. 古之学者必有师。

4. 今日割五城,明日割十城,然后得一夕安寝。

5. 其闻道也固先乎吾,吾从而师之。

三、指出下列各句中通假字的本字,并解释。

1. 河曲智叟亡以应。

2. 甚矣,汝之不惠!

3. 君子生非异也,善假于物也。

4. 旦日不可不蚤自来谢项王。

5. 君子博学而日参省乎己,则知明而行无过矣。

四、文史知识填空。

1. 我国第一部散文集是＿＿＿＿＿。最早的国别体史书＿＿＿＿＿记载了500多年的历史。第一部叙事详备的编年体史书是＿＿＿＿＿,具有很高的文学、艺术价值。

2. 在先秦诸子散文中,对我国政治、文化、教育等方面影响最大的是＿＿＿＿＿家的经典＿＿＿＿＿。

3. ＿＿＿＿＿是道家的经典之一,＿＿＿＿＿是墨家的经典,＿＿＿＿＿是法家重要著作,是先秦议论散文的集大成者,对后代议论文创作影响大。

4. ＿＿＿＿＿著的＿＿＿＿＿是我国第一部纪传体通史,记载了上自传说中的黄帝下到汉武帝时期共三千年的历史。鲁迅评价此书是"史家之绝唱,无韵之离骚。"

5. ＿＿＿＿＿的＿＿＿＿＿、＿＿＿＿＿的＿＿＿＿＿、＿＿＿＿＿的＿＿＿＿＿、

_____的_____被称为"四史"。

6. 我国第一部文艺理论专著是南北朝时期梁代文学理论家_____的_____。钟嵘的_____也是文艺批评名著。我国最早的文艺批评论文是三国时期_____写的_____。

7. _____、_____、_____、_____、_____、_____、_____、_____被称作唐宋散文八大家。

石家庄工程技术学校校本教材

语文技能与素质训练

（下册）

石家庄工程技术学校　组织编写

主　编　梁　伟

中国矿业大学出版社

目　录

第一单元　综合口语能力训练

单元训练重点

本单元训练的重点是口语表达能力。口语是我们日常学习、工作、生活中最基本最常用的交际方式。人们要在社会中生存,就得使用语言,就要说话。现实生活中人们的口语表达能力是千差万别的。会说话的人(也就是人们常说的"好口才")懂得什么时候该说话,该说什么话,怎样才能说得清楚、恰当、动听、感人,与人有效地沟通,而口语表达能力差的人,纵有满腹才华良好心愿,却难以让人理解必然会影响自己发展的空间。因此,我们一定要有意识地锻炼和提高自己的口语表达能力。今天,由于市场经济社会中频繁的商务往来和贸易交流,很多用人单位在聘用人才时已经把"说话的才能"作为面试录用的一个重要条件。一些大公司在招聘人员的面试中,专门就说话能力规定了若干不予录用的条文。其中有:应聘者声音轻如蚊蚋者,不予录用;说话没有抑扬顿挫者,不予录用;交谈时不得要领者,不予录用;面谈时,不能干脆利落回答问题者,不予录用;说话全无生气者,不予录用等。

可见,说话能力已经成为现代社会对人才的基本要求,必须引起我们高度的重视。

口语表达不同于书面语,用词通俗灵活,语气、眼神、表情、手势、姿态等在表达中意义重大。从总的方面说口语表达要注意以下几点:

一、目的要集中明确。口语表达随意性较大,稍不注意就会跑题,说话时一定要时刻牢记自己的诉求目的,不要横生枝蔓淹没主题。

二、要看对象。口语一般是面对面进行的,说话时要根据对方的特征和情况来选用词语和句式,即"见什么人说什么话"。一般说来,同对方越陌生越要讲礼貌;对上级或长辈要显示出尊重和礼貌,对下级或晚辈要显示出关心和爱护;对文化水平不高者,语言要通俗,对文化水平较高者语言应含蓄庄重;对方不了解不愿听或不感兴趣的要少说。要注意对方的语言和表情,分析揣摩对方心理,尽可能地适应对方,切记不要自己一个人滔滔不绝而不管对方的情况。

三、要适应环境。环境包括社会环境和语言环境,口语同社会环境的关系更为密切,我们要学会"在什么场合说什么话",说话时用词语气等要同环境协调一致。

四、要合理应用姿态语。表情、手势、目光等姿态语在口语表达中非常重要,表情、手势等要和内容自然谐调,目光不要飘忽不定,不要环顾四方,应平视略向下看着对方。正规的谈话衣着要整齐利索,坐沙发或椅子时不要靠在后背上,应空出三分之一。

五、要讲究礼貌。要尊重对方,同对方并行时自己应拖后半个身位,入座时应让客人在主位先坐。用词语气要讲究礼貌,即使对方言辞过激或作出不礼貌行为时,也不要针锋相对攻击对方,要显示出自己的涵养。

第一节　融入生活——学会说话

语言是最基本的交际方式,掌握说话的原则和技巧是为人处事的基础。

(一)说话的基本原则

1. 说话的目的要明确,该说的一定要说,不该说的不要乱说

说话和做事情一样要有目的,尤其是在正规场合。要围绕自己的目的来组织语言。

古人讲"谨言慎行",谨言就是说话要小心谨慎,该说的一定要说出来,不该说的不要乱说,该说的不说不好,不该说的说了更不好,这就是俗话说的"病从口入,祸从口出"。该说的是指能达到自己说话目的的话;不该说的话是与说话的目的无关或无用的话,也就是说了不如不说的废话。因此,要围绕目的来组织语言,三思而后言,话一旦说了就无法修改,一定要先想后说,切忌不假思索的信口开河。

2. 要看对象,对不同的人说不同的话

话是说给别人听的,所以不能不考虑听话者的特点。见中国人可以问"你吃了?你干什么去?",见了欧美人就不能这样问。有个成语叫对牛弹琴,是说牛很笨,听不懂美妙的琴声,但弹琴的人不比牛聪明,因为他连牛听不懂琴声也不知道,弹琴不看对象。如果确实想同牛交流就应该和牛讲它能听懂的话。如果中学老师用给幼儿班讲故事的口吻讲课,中学生就不爱听;如果用给大学生讲课的语言讲,很多地方中学生听不懂。不看对象自顾自地滔滔不绝地说,那说话的效果是不好的。

怎么来适应说话的对象呢?一般来说,对上级和长辈要显示尊重,对同事朋友说话要谦虚,对下级或晚辈要表现关心和爱护。对文化水平较高的对象要含蓄,对文化水平低的要通俗。

3. 要看场合,在什么地方说什么话

话都是在特定的场合说的,在这种场合说的话在其他场合就不一定能说。例如,化学中叫 $NaCl$,生活中就叫盐;庄重的场合叫家尊(家严、家父)、家慈(家堂、家母),日常生活场合就叫我爸、我妈;大型活动时的开场白"各位女士、各位来宾"不能说成"各位乡亲";从餐厅出来的人你可以问:"你吃了",从洗手间出来的人你绝不能这样打招呼。

4. 要明确、简练,长话短说

说话要简明扼要,条理清楚重点明确,不能像和尚念经没完没了。话多了,对方可能无法搞清你想表达的要点是什么。话多了废话一定就多,结果是你说少了对方明白,说多了对方反而糊涂了。要记住社交场合多听比多说要好得多。

5. 要符合自己的身份,话要得体

说话要谦虚,不要盛气凌人,不说匪话、痞话。古人说话讲究自谦、敬人。自谦就是说自己时要谦虚,称自己的妻子为山荆、贱内,称自己的子女为犬子、小女。敬人就是尊敬对方,称别人的妻子为太太、夫人,称对方的子女为令郎、令爱。自谦和敬人是一种美德,是高素质的表现。我们认识别人和别人认识我们一样,都是从语言开始的,说话礼貌谦虚,得体敬人,对方会认为你是个高素质的人。

相反,出口就说脏话,张嘴就骂人,自以为潇洒,自以为别人都不如自己,其实别人都打心眼瞧不起你。实事求是地讲,说脏话、痞话不一定都是坏人,但与高素质还有一定的距离。

6．要讲究词语、句子、语气的运用技巧

说话是需要技巧的,一样的话有多种不同的说法,不同的说法会收到不同的效果。举个例子,曾国藩在同太平军作战时经常吃败仗,他的师爷在给皇帝的奏章中有"臣屡战屡北"语,曾国藩看了挥笔改为"臣屡北屡战"。两句话意思基本相同,但给人的感觉大不一样。由此可见,应当多学习些词语、句子、语气的运用技巧,提高说话的基本技能。

7．要讲究表情、眼神、动作等肢体语言和语气、语调的配合

神态要自然大方,眼睛不要左顾右盼,要看对方但不能盯着对方(除非你跟人吵架或训斥人),目光平视略向下(看到对方脖子处),发音吐字清晰,语速中等稍慢,语调平和亲切,语音不能过高或过低(对方能听清即可),表情要同内容一致(不能面无表情,也不要不管说什么都一副表情),重大问题表情要严肃、庄重,日常生活中或愉悦或痛苦可随便点,也可以幽默诙谐点,但不管什么时间什么地点,都不要讥讽嗤笑,不要匪气痞调,不要牢骚满腹。

8．要讲究礼貌

讲究礼貌是人际交往的最起码要求,只有你尊重别人才能获得别人的尊重。讲究礼貌是一种素质和美德。

（二）说话的注意事项

1．要尊重对方,以对方为主

礼者敬人也,和别人交谈时一定要眼里有事,心里有人,懂得尊重对方。一般讲要注意以下几方面:

一不打断对方。别人说话时别轻易打断别人,打断别人是很不礼貌的行为。不管你爱不爱听都要让人把话说完。

二不补充对方。做一个专心的听众,不要补充对方的话,好像自己比人家懂得多。在日常工作和交往中,记住四个字,少说多听。

三不纠正人家。不是原则问题,不要随便对他人进行是非判断,大是大非另当别论,小是小非得过且过。

四不质疑对方。别随便对别人谈及内容表示怀疑,自己可以分析判断,但是别把聪明全放在脸上了,当众说出来,会让对方很尴尬的。我们在日常工作、生活之中,有时候得罪人伤害人,不是原则问题,就是因为这种小是小非。所谓良言一句三冬暖,恶语一声六月寒。尊重人应首先从说话做起。

2．不该说的不要乱说

有句俗语是你说话嘴上得有把门的,有些话是不能乱说的。在和外人交谈时,参加社交活动时,一般来讲,下列几大问题不要乱说:

不要牢骚满腹。不说尖酸刻薄的话。总以为自己的挫折、失败等不痛快的东西都是别人造成的,领导不重视你,同事同学不理解你,整天看什么人什么事都不顺眼,牢骚满腹,好像全世界人民都不如你聪明,所有的人都对不起你。常发牢骚的人,是不受人尊重和喜欢的。作为一个有教养的人,应多自我反省,而不是发牢骚。

不要谈论别人的隐私,不传播小道消息。隐私是不想让人知道的事,所以不要打听更不要传播,不该你知道的事,你知道得越少对你越安全。小道消息是没有依据的,不能乱

说,说话要有依据,不能捕风捉影。

不随便非议交往对象。说白了就是不要指责诬陷对方,跟人打交道,不是重大原则问题一般别让人难堪和尴尬。不是原则性问题不要较真。

不在背后议论领导、同行、同事、同学。背后议论别人是缺乏修养的表现,会招来不必要的怨恨和麻烦,喜欢搬弄是非者必是是非人,当着你议论别人,当着别人很可能就会议论你。要远离这样的人。

不涉及个人隐私问题。朋友相见无所不谈,但是现代社会强调尊重个人隐私,关心有度。不要大谈个人隐私,更不要打探别人的隐私。

在现代生活中,除非特殊需要外,哪些个人隐私不大适合去随便打探呢?

不问收入。在现代社会上,一个人的收入往往是其个人实力的标志,你问这个人挣多少钱,实际上是问这个人本事如何,这是不合适的。

不问婚姻家庭。家家都有一本难念的经,别人不愿意说的家庭琐事不要过分地关注和打问。

不问隐私问题,不问个人经历、老家是哪里的、什么专业毕业的、哪所大学出来的、现在是干什么、以前在哪里干过等。常言道英雄不问出处,学科背景、学历、学校是否是重点院校之类,与工作业绩没有必然的因果关系;一般不要过分关注。

3. 不激动不生气,要心平气和

激动生气时很可能会说过分的话,所以要保持良好的心态。别生气,别拿别人的过失折磨自己。

4. 切忌触到对方的忌讳

人都有自己的短处和很多不愿提起的忌讳的事。说话时不要触及这些,用老百姓的话讲就是不要哪壶不开提哪壶。

5. 要想好再说,不要不加思索信口开河

说话时如果不加思索,想到就说,个人的弱点易完全暴露。"片言之误,可以启万口之讥。"一个人的品格修养,与出言吐语有直接关系。出言"温文尔雅",谓之君子;出言"亢爽磊落"谓之豪杰;出言"藏头露尾",谓之阴狠;出言"暴戾恣睢",谓之莽夫;出言"油腔滑调",谓之小人;一言既出,人格判然。人与人之间的相处与了解,大半有赖于说话:说话技巧好,一席话说得人家心悦诚服,芥蒂涣然冰释;说话技巧坏,措辞失当,引起误会,感情日恶。换句话说,同是一句话,有说话技巧的人,说得人家中听,心悦诚服;没有说话技巧的人,说得人家生气,肝火上升。

6. 尽量让对方多说话,自己做个专心的听众

让对方多说话,是尊重对方的表现,多听少说。听别人说话,不要心不在焉,不要左顾右盼,要有适当的应和与反应,一般不要让对方感到你无心再听、极不耐烦。多听少说不仅是修养,也是智慧,对方说得多你对他的了解就多,多听会更好地了解对方。

7. 要学会赞美别人,少说对方不爱听的话,多说对方爱听的话

说话是沟通感情、传达心声的工具。青年人初入世,说话宜少不宜多,宜小心不宜大意,话出口以前,先想一想,替听你话的人想,他愿意听的话才出之于口,他不愿意听的话还是不说为上。所谓不愿意听的话,也有种种:老生常谈,他是不愿意听的;一说再说,耳熟能详,他是不愿意听的;与他的心境相反,他是不愿意听的;与他主张相反,他是不愿意听的;

与他毫无关系,他是不愿意听的;与他利益冲突,他是不愿意听的;与他的程度不同,他是不愿意听的;有关他的创痕,他是不愿意听的;有关他的隐私,他是不愿意听的;而最不愿意听的,是尖锐锋利而又刻毒的话。

8. 玩笑话不能过分

日常生活中说话幽默诙谐,给人轻松快乐,这没什么不好,但要分场合、看对象,适当地开开玩笑也是可以的,但不能拿对方的痛苦开玩笑,不能拿人的生理缺陷开玩笑,不拿人的名字开玩笑,不开低级庸俗的玩笑。

9. 要会察言观色

酒逢知己千杯少,话不投机半句多。同人说话要察言观色,往往一句话说得不好会招致怨恨,因此我们在说话时要小心谨慎。韩非子曾写一篇《说难》,其中写到说话的困难就是不知道对方的心理,有人喜欢功名,崇尚荣誉,而恶财利,倘你与他谈财利他必定疏远你,但你若和他谈功名,又会使他的荣誉心作祟,而谈不投机。还有些人标榜着荣誉,私下却爱慕着财利,若你不察觉他的心理,却和其谈慷慨乐捐的事,他内心里一定在疏远你了。

如果对方心不在焉、左顾右盼,说明他不想听你说了,你要就此打住或换个话题。

10. 要委婉含蓄

有些话是不能直说的,如对方的不幸的事、对方忌讳的事、说出来不雅的事等,说的时候要委婉含蓄。中国人忌讳说"死"字,死的委婉说法有很多。

(三)说话的技巧——怎么说

急事,慢慢地说;

大事,清楚地说;

小事,幽默地说;

没把握的事,谨慎地说;

没发生的事,不要胡说;

做不到的事,别乱说;

伤害人的事,不能说;

讨厌的事,对事不对人地说;

开心的事,看场合说;

伤心的事,不要见人就说;

别人的事,小心地说;

自己的事,听听自己的心怎么说;

现在的事,做了再说;

未来的事,未来再说。

人际交往中很多时候是不断地说服或拒绝他人,拒绝别人要注意下面几点:

拒绝时态度和蔼。不是重大的原则问题,不要在他人开口要求时断然拒绝。对他人的请求迅速采取反驳的态度,或流露出不快的神色,或藐视对方,坚持完全不妥协的态度等,都是不妥当的,应该以和蔼可亲的态度诚恳应对。

拒绝对方要开诚布公,说明原因。不要采取模棱两可的说法,致使对方摸不清自己的真正意思,而产生许多不必要的误会。

拒绝时不要伤害对方的自尊心。特别是对你有恩的人,来拜访你做事,的确是非常难以拒绝的。不过,只要你能表示尊重对方的意愿,率直地讲出自己的难处,相信对方也是会谅解的。

拒绝对方,要给对方留一个退路,也就是给对方留面子,要能让他自己下梯子。你必须自始至终很有耐心地把对方的话听完,当你完全听完对方的话后,心里应该有了主意,这时再来说服对方,就不会使对方难堪了。

有的拒绝,不能把话完全说死,特别是商界,要让对方明白,此次遭拒绝,尚有下次机会。

有时候拒绝要明确,不要留余地。如谈恋爱,如果不愿意和对方谈,就一定要让对方明白你的意思,不要让对方心存幻想,反复纠缠。

拒绝的方式应根据具体情况来选用,但总的原则是立场明确、态度和蔼、语言客气。

说话是我们社交的基本方式,说话是要讲究技巧和方式的。但说话的技巧和方式、规则和要求又是多种多样的,目的不同、对象不同、场合不同,有不同的技巧和方式。这里仅是泛泛而谈,说话是需要我们永远学习的课题,希望同学们在实践中不断地学习提高。

第二节　推销自我——求职

求职应聘时应注意下面几方面:

(一)应聘之前需要做好的准备工作

(1)了解应聘单位、应聘职位。对应聘单位,应了解其所在地、规模、管理水平、特色和业绩、领导情况、外界评价等基本概况。对应聘职位应了解其工作职责、岗位要求、经济待遇等。了解的方法和渠道是实地考察,向亲友和熟人打听,查阅相关资料等。

(2)整理自己的积累。自己求学多年,所学知识所具备的能力是各个方面的,在面试前要梳理一下,面试时尽量做到重点突出,简明扼要。

(3)为自己做一次形象设计。一般而言,应聘广告、推销和服务性行业的职位,衣着可适度活泼,其余则应沉稳端庄。

(4)心理调整。在应聘前要尽量放松自己,心理上做到自信、坦然、积极。

(二)求职交谈时面对提问应该注意的问题

提问一:请简单介绍一下你自己。

注意:回答不要过长,态度语气要自信,突出长处和优点。

提问二:你为什么想到这里来工作?

注意:要在事先了解求职单位的基础上作些委婉的认可。喜欢一个单位的主要原因应是能够发挥自己的潜力、才能和特长。

提问三:你对工资的期望值是多少?

注意:应根据实际工作的经验和能力回答这个问题。刚刚跨出校门的学子不要在待遇问题上坚持己见。

(三)求职面试时需要留心的问题

(1)虚心倾听,认真理解。

(2)语言流畅,语速适中。

（3）从容坦然,亲切平和。

（4）长短适度,切忌啰唆。

（5）扬长避短,发挥优势。

（6）文明礼貌,注意小节。

求职交谈的背后,是求职者长期学习训练的积累。我们要在平时就注重知识的积累和口头表达能力的提高,方可在求职道路上所向披靡,节节顺利。

第三节　善于交流——介绍与交谈

一、介绍

这里指的是口头上对有关人、事、物作介绍。介绍,在我们的生活中无时不在,无处不有。外出求职面试时,你要介绍自己,而得体地自我介绍能给对方留下良好印象,大大增加获得理想职位的概率。作为推销员,需恰当地介绍商品,才能激发顾客的购买欲望。作为旅游员,需清晰地介绍景物,才能引起人们观赏的兴趣或招徕游客……介绍犹如一座桥梁,它能由此及彼,通向四面八方。介绍,需要注意以下几点:

（一）镇定自信

镇定才能从容不迫、思路清晰,把自己想要表达的意思有条不紊地表述出来;自信才会应付自如,取信于人。镇定自信,在一定程度上反映介绍者良好的思维素质和心理素质,使听者对介绍者有一个上佳的印象,进而对所介绍的内容维持印象信而不疑。否则,就易出现慌里慌张手足无措的尴尬局面,把该介绍的内容落下甚至错误介绍,留下遗憾。请相信自己,别人能做好的事情,自己当然能做得好;别人做不好的事情,自己也能做得好。

（二）熟悉对象

对你所介绍的内容应有深入的了解,并做到熟稔于心。比如介绍人物,无论是他人还是自己,对人物的姓名、身份、经历、性格等基本情况要了然于胸;介绍商品,就应当掌握它的功能、构造、价格、售后服务等情况;介绍事理,就应当把握它的来龙去脉、基本情节或基本要点、逻辑联系等。总之,只有做到对介绍对象有一个全面、透彻的了解把握,临场介绍时才会镇定自信,取舍自如。

（三）明确目的

介绍时目的要明确:到招聘会上,是要泛泛了解一下用人信息,还是对所应聘的职位势在必得,心中要有数。推销商品,若是在商品的引入期和成长期,其介绍是为了宣传商品,以激发消费者的兴趣和关注;若是在商品的成熟期和衰落期,其介绍是为了让消费者了解商品的新技术、新用途,以争取新用户,开辟新市场,目的要明确。介绍事理,是为了让听者一般了解,还是为了使听者透彻掌握等等,都要有计划,不能马虎行事。介绍的内容、介绍的方式,需要根据介绍的目的来加以选择,决定取舍。

（四）热情礼貌

介绍者的热情友好、礼貌待人,是沟通双方发生关系的动力之一。有了这个“动力”,对方对你所介绍的人就会很快消除距离感,产生亲切感;对你所介绍的物产生兴趣,留下深刻的印象。这个“热情”要发乎于心,“礼貌”才能自然形之于外。这个“外”包括表情亲切自然,用语风趣得体,举止大方优雅。切忌表情呆板、盛气凌人。当然,热情也不能"过度",其结果是"过犹不及",令人生厌,达不到介绍的目的。

二、交谈

交谈是面对面进行的,交谈就是交流谈话。它是人们在学习工作生活中用得最多的一种交际方式。内容和方式灵活多样。

(一)交谈的特点

(1)目的性。不管是汇报工作还是了解情况,不管是求职应聘还是洽谈事情,不管是沟通感情还是安慰劝勉等,交谈都有某种目的。要想使交谈的效果更佳,参与交谈者必须明确目的,围绕话题展开交谈,而不可以信马由缰、离题千里。

(2)灵活性。口语交谈,即使事先准备得非常充分,也常常会因为对方的不可捉摸而使谈话出乎意外,这就要求交谈者具备即兴应变的能力,机智灵活地去回答和处理种种意料之外的变故。

另外,交谈大都是面对面的,所以谈话者的穿着打扮、眼神表情、形体动作、一颦一笑等肢体语言往往在交谈时具有至关重要的作用。

(二)交谈的要求

(1)遵循人际交往的一般原则。一要尊重,具体表现为行为、态度和言语上的礼貌;二要诚恳;三要热情;四要友善。

(2)注意对象和场合。注意对象就是对交谈对象的年龄、职业、性格、爱好、文化水平、经历等,要有一个大概的了解或估计,根据对方情况选用词语、语气、音调等。注意环境就是要注意交谈的时间、地点、条件、氛围、语言环境等和交谈方式协调。

(3)讲究交谈艺术。一要善于从合适的角度引发话题,如:从兴趣爱好、周围环境、家庭情况、询问健康、新闻趣事、共同利益等引发话题。二要委婉得体,谈吐文明。三要留有余地,通情达理。四要注意倾听,相机插话。交谈中必须会听,要留意对方说话的内容、声调、神态,判断对方的心态,体会对方的暗示,同时要考虑自己应说的话。如果要插话,应在对方说话的间歇,先简短地追求对方意见,如"让我插一句"、"请允许我打断一下"、"请让我提一个问题好吗?"等,然后插入自己要说的话。如发现对方已无交谈兴趣,应及时结束或转移话题。

(4)掌握交谈技法。交谈方法多种多样,如直截了当、迂回曲折、启发诱导、激发对方、避而不谈等。要根据自己谈话的目的和对方情况来选择。

第四节　伶牙俐齿——辩论与谈判

一、辩论

辩论是用一定的理由来说明自己对事物或问题的见解和主张,揭露、驳斥对方的见解和主张,从而得到正确的认识或共同的意见。辩论要注意以下几点:

(一)论点要集中

不能信马由缰,跑题走调,在细枝末节上与对方纠缠不休。

(二)论证要严密

要丝丝入扣,不能任性发挥,顾前不顾后,一开口就让对方抓住破绽,乘虚而入。

（三）论据要充分

善于摆事实、讲道理，在论理的同时恰到好处地举出大家都熟悉的事例来进行论证和反驳，才能让人心悦诚服。

（四）思维要敏捷

要随机应变，要在论辩的过程中发现并抓住对方的漏洞或错误，进行有力的反驳。

（五）有理有节

任何时候都不能使用过激语言，不能进行人身攻击。

二、谈判

谈判是有关方面对有待解决的重大问题进行的会谈。

（一）谈判的准备

包括收集整理各种与谈判内容有关的资料，确定地点，了解参加人员以及各自特点，针对谈判细节设计各种方案等。知己知彼，百战不殆。

（二）谈判过程

导入阶段，一般通过介绍相互认识。认识即记住对方，并尽可能创造诚挚、友好、合作、轻松的气氛。

洽谈阶段，即实质性谈判阶段。通过各方的介绍、诉说，列出必须解决的需求，讨论问题，然后通过争论妥协，形成决定性的一致意见。

协议阶段，商榷洽谈后，选用某种形式达成协议，各方代表在协议书上签字。谈判结束。

（三）谈判需要注意的问题

一要善于倾听。谈判是一件严肃的事情，对方的每一句话每一个词都要认真倾听，领悟意思。对于"顺便说一下……"后面的话要注意，顺便说的话往往很重要。还要会听话中话，弦外音。如"不知贵国生产此种产品的公司有几家？贵方的产品优于 A 国、C 国的依据是什么？"这些话都暗示提问者还有其他选择，这种藏而不露的压力会取得一定作用。谈判对方就要权衡掂量，谨慎作答。当然，真正有经验又知彼知己、通晓行情的谈判高手，是很容易识别对方的讹诈和水分的。

二要善于提问。在谈判中各方都想打探对手的虚实。那么，明智的做法是有礼貌地提问。如"能不能谈谈你们提价的依据？"通过回答你能了解不少情况，加以综合分析后，决定下一步措施。

三要善于回答。谈判各方都致力于追求各自最大的利益。谈判时，回答问题不能急于倾其所知，也不能一直被对方牵着鼻子走。在心中没底时，可以借口向领导请示而为自己争取时间。总之，该爽快时爽快，该模糊时模糊，该保留的保留，该转移的转移。

四要善于说服。谈判双方因为各自的利益而存在分歧是正常的，能够说服对方接受自己的观点和条件是谈判中的至高境界。诸葛亮为寻求盟友、共战曹操而出使东吴，以三寸不烂之舌说服了东吴国君，是历史上广为流传的佳话。当然，说服的方法可以因人而异、多种多样。

谈判，是一项极为复杂的工作，除了注意事项、语言艺术、智慧实力以外，更多讲究的是方法策略。谈判者要学会敢于舍取，能进能退；察言观色，以柔克刚；引诱入瓮，迫其就范；据理力争，原则不让等战略战术，灵活自如地对付各种问题，才能立于不败之地。

第五节　随机应变——推销与演讲

一、推销

外出求职的人,想要谋得一个炙手可热或向往已久的职位,必须进行自我推销。一家厂商或服务单位,想要得到社会各界的信任、配合和支持,也要自我推销。一种产品,要想让广大消费者积极购买使用,更需要宣传和推销。推销,在我们的生活中无时不在,无处不有。作为一门科学和艺术,推销有非常广博深奥的学问,我们这里介绍的仅仅是有关推销的一些最简单最基本的知识。在推销越来越深入人们生活的今天,学一点推销学的基本常识和技能,对同学们就业和今后的工作是大有裨益的。

（一）推销员的基本素质

相信不少人都曾碰上类似情景:一位推销员敲开了客户的门以后,就巧舌如簧地把推销产品说得完美无瑕举世无双。遭到婉言谢绝后,有的就怒气冲冲讽刺挖苦"我早就看出你是买不起的"。有的则滔滔不绝死磨烂缠,直到客户掏钱打发他开路。以后拿出东西一用:哇! 上当! 更绝的是少数推销员煞有其事地拿出笔记本登记客户姓名单位,然后把产品拿出来,告之是为了给厂家做宣传,才无偿赠送使用,用后多多给予宣传云云。过了一段时间,估摸着客户已经用过了,他就上门来收钱了。倘有异议,他会把脸一拉拿出客户的亲笔签字,十分严肃地告知"本来可以不买的,现在用过了叫我卖给谁?",甚至猪八戒倒打一耙,说买了东西不付钱……这些行为,已经不属于正当推销,可以纳入行骗坑人行列中了。

随着市场经济的不断成熟,社会文明的不断进步,今天的社会对推销人员的综合素质尤其是基本素质的要求已经今非昔比了。这些基本素质主要表现在:

首先,推销人员必须具备诚实正派的作风。待人公平热情,有广博丰富的知识,吃苦耐劳的精神,务实勤勉的作风和实事求是、讲究信誉、遵纪守法、廉洁奉公的职业道德。

其次,推销人员必须具备良好的服务公众意识、真诚互惠意识、沟通交往意识、应变创新意识等推销意识。

第三,把公众利益作为自己工作的宗旨。在"顾客就是上帝"的现代市场经济社会里,作为沟通生产者与消费者之间的中介环节的推销工作,必须把公众利益作为自己工作的宗旨。不管何时何地,满足顾客的利益永远是第一位的。假如你真的这样做了,消费者不仅会心悦诚服地购买商品或服务,而且还会主动给你进行义务宣传。

（二）推销的语言和技巧

1. **主动热情,吸引顾客注意**

推销时,要想抓住顾客的注意力,就必须去掉空洞的宣传和多余的寒暄,要主动热情、坦率诚恳地面对顾客,或者开门见山地告诉他们这件产品的优点所在,或者以提问的方式询问顾客的喜好和需求。如果顾客比较熟悉,也可用些出奇制胜的悬念等手法来引起顾客的注意。

2. **抓住心理,引发顾客的兴趣**

通常,使顾客产生兴趣并促成其掏钱的原因多种多样,其中主要有:实用、经济、方便、习俗、好奇、美观、时尚、档次、偏爱、娱乐、从众等多种心理需要。有时一个人往往同时受几种消费心理需要的左右和支配。由于年龄、文化、健康、职业、身份、爱好、住地、贫富等区别，顾客对商品的需求和关注也各有特色。一般而言，老年人注重方便、习俗，工薪阶层的中年人注重经济、实惠，普通农民倾向耐用、从众，白领阶层垂青美观、档次，青年学生青睐时尚、娱乐……但是，由于同一阶层中人员经济条件、文化程度、个性喜好是千差万别的，这种推测不能一概而论。这就需要推销员丰富的阅历以及对市场的深入调查研究后的分析揣摩识别和判断。

3. 礼貌用语，取得顾客好感。

尊奉"顾客至上"的原则。推销产品时一定要注意用语礼貌，即使碰上难缠或者不讲理的顾客，也要尽量克制自己，做好必要的解释工作以至适当让步。

推销第一步是称呼，恰当地称呼别人是一门学问。有人认为大爷大妈大哥大嫂的一路喊下去总不会有错吧。其实不然，有的人才 30 岁左右却长得像 40 岁，你喊他大伯大婶的，人家不生气吗？有人认为师傅小姐同志一路喊下去总不会错吧。其实也不然，有的人会觉得喊他师傅贬低了他，有的人会觉得喊她小姐不尊重她，有的人会觉得喊他同志老掉了牙。关键问题还是要求推销员对顾客的年龄、职业、身份、外貌、个性等进行判断，对于不同的顾客都要给予一个令他满意的称呼。

另外，有些老百姓不喜欢听的或者避讳的语言，推销也应该尽量避免使用。应学会使用委婉含蓄的语言。例如对过于发胖者应该说"有富贵相"，强调东西耐用的程度忌说"用到死都没问题"，应该说"两代人都可以使用"等等。

推销是一门学问、一门艺术。好的推销必须具备较全面的综合素质和综合能力。我们要不断地充实自己，提高自己的综合素质。对我们这些在校生来说，最主要是锻炼自己敢说话、会说话。在学习生活中，自己去争取更多锻炼的机会。

二、演讲

演讲是借助于有声语言和态势语言的艺术手段，在公开场合、面对听众，发表意见、抒发情感，从而影响和感召听众的一种口头独白体的说话形式。

（一）演讲的内容安排

要使演讲取得良好的效果，就需要演讲者为演讲作好充分准备，写好演讲稿或演讲提纲或打腹稿，对所讲的内容作周密的安排。

演讲的内容一般由开头、主体、结尾三个部分组成。

开头，应围绕演讲的目的，考虑语言环境，或开宗明义，直接揭示主旨；或从生活事例和切身体会入题；或以名言警句开头，引人深思；或以设问开头，激起听众兴趣等。总之，要从有利于吸引听众注意力，激发听众的情绪，达到演讲的既定目的去考虑，而且要简明扼要。一个好的开头是和听众建立感情的第一座桥梁，在这座"桥梁"的搭建上，一定要用足心力。

主体，要围绕主旨，严谨论说。在内容上，要丰富动人，突出重点；在结构上，要条理清晰，层次分明；在表达上，要力求跌宕变化，张弛有度，以激发听众的兴趣，吸引听众的注意力。主体是演讲的重心所在，一定要作好周密的安排，包括设想到现场有可能出现的情况，自然应对调整的方案等。

结尾，应是演讲的自然收束。可用总结概括式，以强化主题，给人以深刻的印象；可用发挥升华式，以引起听众思考，给人以哲理的启迪；可用共勉激励式，热情洋溢地提出今后努力的方向。还可用抒情式、号召展望式、美好祝愿式等。结尾，是演讲内容的有机组成部分,它的好坏关涉整个演讲的成败,准备时不可掉以轻心。

另外,还应注意演讲内容之前的称谓要恰当得体,内容之后的礼貌用语要诚恳自然。

(二)演讲的注意事项

(1)要有鲜明的主旨。主旨是演讲的灵魂,一次演讲要确定一个鲜明的主旨,阐述何种道理,发表什么意见,抒发怎样的情感,要清楚明白。演讲所用的材料,采用的形式都要围绕主旨来选择。主旨的确定,要考虑正确、集中、新颖,同时要兼顾听众的兴趣。

(2)要选择生动的材料。材料是演讲的血肉,选择时要做到:① 能表现主旨,是观点的有力论据。② 要真实准确,尽可能用现实生活中涌现出来的事例,或经过严格核实过的材料。③ 要充分典型,能反映事物的本质和规律,与阐述的观点有内在的逻辑联系。另外,还要注意材料的新颖和趣味性。

(3)要用优美生动的语言。演讲的用语与一般的口语表达比较,更要追求美感。演讲者要用普通话,声音需洪亮。遣词造句,要运用通俗生动的词汇,简洁活泼的句式。并且要根据内容,把握好语调的轻重、语速的缓急,使其随着感情的起伏抑扬顿挫、跌宕生姿。

(4)要用恰当得体的态势语。态势语是指演讲者有声语言之外的表情、姿态、动作等形体表现所传达出的信息,它可以辅助有声语言更准确、生动地表情达意。运用态势语,要做到表情自然从容,是心底感情的自然表露;眼光要亲切大方,视线应略向下平视;手势要大方潇洒、自然恰当,不可频繁地滥用手势。态势语的运用,要让听众感到自然自在,给人以艺术的享受。

口语表达的形式灵活多样,在现实生活中要真正使自己伶牙俐齿,能言善辩,除了掌握一些说话的技巧、表达的方式外,更主要的是需全面提高我们的素质,包括文化素质、思维素质、心理素质等。为此,我们一要加强学习,博览群书,关注现实,掌握更多的知识信息,临场时做到厚积巧发,说得漂亮。二要加强锻炼,利用一切可能利用的条件和机会,大胆去练,科学训练,坚持锻炼,才会熟能生巧。

单元综合练习

一、分析下面这篇自我介绍的目的、内容重点、语言特点:

我就是王景愚,表演《吃鸡》的那个王景愚。人称我是多愁善感的喜剧家,实在是不敢当,只不过是个"走火入魔的喜剧迷"罢了。你看我这 40 多公斤的瘦小身躯,却经常负荷许多忧虑与烦恼,而这些忧虑与烦恼,又多半是自找的;我不善于向自己敬爱的人表达敬与爱,却善于向憎恶的人表达憎与恶,然而胆子并不大。我虽然很执拗,却又常常否定自己。否定自己既痛苦又快乐,我就生活在痛苦与欢乐的交织网里总也冲不出去;在事业上人家说我是敢于拼搏的强者,而在复杂的人际关系面前,我又是一个心无灵犀、半点不通的弱者。因此在生活中,我是交替扮演强者和弱者的角色。

二、用 2～3 分钟时间,在班上作自我介绍。介绍中要突出重点:或性格,或志趣,或爱好,或特长等。

三、收听电视台、电台的谈话类节目,观摩学习节目主持人的主持艺术和技巧。选择"无怨无悔的亲情"、"色彩斑斓的生活"、"自强不息的人生"中的一类内容自拟题

目,写一篇演讲稿,组织一次演讲活动。

四、就下面的材料组织一次班级讨论会,说说你自己的感想或看法。

材料一

2006 年感动中国十大人物,23 岁的河南西华人洪战辉,因家庭贫困且屡遭变故,在高中阶段曾一度辍学。但他却 12 年如一日抚养一个遭遗弃的小女孩,视其为亲妹妹,并用自己打工所得供其读书。在考入湖南省怀化学院后,他带着妹妹上大学。他省吃俭用,并用自己打工所得的微薄收入资助更贫困的学生。他常说的一句话是“从没有希望中走出希望”。他的事迹感动了怀化学院,也感动了全中国。

材料二

26 岁的郭某是四川广源人,初中没毕业就辍学在家。为了每天上网,他花光了父母亲多年的积蓄,并偷着变卖了家里值钱的东西。父亲先后为他找过很多工作,但他嫌做保安每月 600 元的工资太低,在哥们同学中没脸面,他嫌开汽车太辛苦,受不了那份罪。他拒绝就业,靠父母为生。他理直气壮地向父母要钱,对父母非打即骂。2006 年 3 月,父亲实在拿不出钱来给他,他一气之下,用刀砍断了父亲的手。他被媒体称为是由“啃老族”变成“砍老族”的典型。

第二单元　条据类应用文

单元训练重点

　　本单元为条据类应用文写作知识,由便条和单据两类文种组成。便条是生活中最简短的书信,往往是三言两语,包括请假条、留言条、托人办事条;单据有凭证、查考作用,内容简单,格式规范,包括借条、收条、领条、欠条。

　　这两类应用文的共同特点是:在日常生活和工作中使用范围广、频率高;篇幅短小,内容简练;一般有固定的格式。这种应用文便于学习和掌握,但在具体写作时有人往往眼高手低,出现一些问题和漏洞,值得引起我们重视。

　　本单元的内容,要注重学以致用,在学习基础知识的前提下,通过实例的分析和评点加深印象。要把重点放在课堂实践训练上,从格式到内容以及应注意的问题,都要严格要求,使每个同学都能写出合格的便条和单据。

　　课后的单元训练是强化课堂知识的重要步骤,既有知识性又有适用性,通过练习可以巩固所学知识,提高应用文的写作能力,对纠正平时写作中易犯的错误具有指导意义。

第一节　便　　条

一、便条的性质、作用及特点
　　便条属于条据类应用文,是人们用于临时性事务的一种最简短的书信。在日常生活和工作中,有些事要向对方说明、介绍或请对方协助办理,有时无法当面讲但又必须告知的,或者出于手续上的需要,要留作依据的,都可以用到便条这类文种。

　　便条的使用范围很广,一般常用的便条有请假条、留言条、托人办事条等。便条的内容简单,大都是三言两语。其结构形式与书信类似,一般由标题、称呼、正文、结尾组成。

二、便条的分类和写法
（一）请假条

1. 性质和作用

　　请假条是由于某种原因不能参加工作和学习,向领导、老师等说明情况请求准假的一种便条。请假条根据请假的原因,可以分为请病假和请事假两种。

　　递交请假条是请假的正式手续。严格地讲,请假条应由个人提前送达,如遇特殊情况或时间紧急,也可由别人代送或事后补送,以完善手续。

2. 结构和内容

　　请假条一般包括标题、称呼、正文、署名、日期几部分。

（1）标题：第一行居中写明"请假条"。

（2）称呼：第一行顶格写，后用冒号。

（3）正文：另起一行空两格写请假内容，交代请假原因、请假起止时间、请求准假等。

（4）结尾：写表示敬意之类的专用语。如"此致敬礼"。

（5）落款：包括署名、日期。分两行写在正文右下方，一行署名，一行写日期。

3．写作应注意的问题

（1）格式要正确。

（2）语言要简洁明了，要把原因和请假时间写清楚。

（3）理由要充分，情况要真实。如有相应的证据，如医生证明等，可随条附上。

[例文一]

请 假 条

马老师：

　　我接到计算机教学部的通知，要我代表学校参加全省计算机文字录入比赛，明天不能到校上课，特此请假一天（4月26日），望批准。

　　此致

敬礼

学生　　刘宾
2015年4月25日

评点：这是一张事假条，文中简明扼要地写清楚了请假事由及具体时间。

[例文二]

请 假 条

尊敬的王老师：

　　张芳今天因重感冒，不能来校上课。特此请假一天（5月15号），恳望批准！

　　此致

敬礼

家长：张××
××××年××月××日

评点：这是一张病假条，是由学生家长代写的请假条，简要地表达清楚请假的事由、时间及请假人。

　　（二）留言条

　　1．性质和使用场合

　　走访或有事情与别人商量，但对方不在，可使用留言条告之。如果以前没有交往，还要作自我介绍。临时有一活动要请对方参加，而对方恰好不在，这时可以留条通知。有时替人接了电话不能当面转告，也可写个留言条。想请人代办某事，一时见不了面；有事不便于当面谈，又必须让对方知道等，都可使用留言条。

　　2．结构和内容

　　留言条在日常生活中使用范围很广。它的格式与书信几乎相同，但不用标题。第一行顶格写称呼，加冒号；下面空两格写正文，一般要写明来访目的、未遇心情、希望和要求等，可以不写致敬语；最后写清楚留条人的姓名，下面的日期一般写明年、月、日，也可简化为月、日,有时也可用"即日"来代替具体日期。

3. 应注意的问题

留言条要放在对方容易发现的地方,如书桌及房间的显眼处,或贴在门上,贴在车站、码头的留言栏内。也可托对方的家人、熟人或者门卫转交。

[例文三]

王伟同学:

　　本来想约你去探望因病住院的吴老师,不想没见到你,今晚8点我再来找你,希望你在家等我。

郑卫光　即日

[例文四]

立华同学:

　　周日我要去省会参加一个演讲比赛,稿子已写好,总觉得不理想。你能否帮我润色一下?你是写作高手,望不吝赐教。原稿附上,我明天来取。

范利娟
2017 年 3 月 1 日

[例文五]

　　参加全国德育会议迟到的同志,请自行乘坐20路公共汽车到柳园饭店205房间报到。或打电话×××××××××与张老师联系。

全国德育会议会务组
2016 年 12 月 2 日

评点:

例一是上门寻访商议事情未遇写的留言条。

例二是请人帮忙而写的留言条,语气委婉恳切。

例三是贴在公共场所留言栏的留言条,所以称呼略去,直接进入正文开头,但内容必须交代清楚,不能含糊,否则就失去了作用。

(三)托人办事条

1. 性质及结构内容

有事须委托别人代为办理,可以写托人办事条。其结构与留言条基本相同,可不写标题,第一行顶格写称呼,加冒号;下面正文空两格书写,交代所委托的事情;托人办事,要讲究礼貌;结尾应有致谢语;最后写姓名和日期。

2. 应注意的问题

委托别人办事的便条应把事情交代清楚,以免给对方造成麻烦。托人购物,要详细写清意图和要求;托人送物也得交代明白,以免误事。写托人办事条,语气要礼貌。

[例文六]

老王:

　　知道你明天去北京开会,地点是清华大学礼堂。我哥哥是该大学的教授,有一些资料请代我捎去,详细地址已在包装上写明,麻烦你转交给他。

　　谢谢!

孙营　托
8 月 26 日

[例文七]

小李：

　　请你代购一张本周日赴厦门的火车软卧票，发车时间最好是 6：00～8：00 之间，这样我可以在天黑前到达。我明天下午来取票。拜托了！

周增华

4 月 9 日

评点：

　　例一是托人送物条，细节交代清楚，落款有礼貌用语"托"的字样，这是常见的托人办事条的一种写法。

　　例二是托人购票，把意图写得很明确，可让被托人按你的意图操作。正文后面有礼貌用语"拜托了"。

第二节　单　据

一、单据的性质、作用和特点

　　单据是常见的应用文，在日常生活和工作中人们经常要使用单据，比如借到、收到、领到钱或物品时，往往要写张条子给对方作凭证；购物时也需要凭证，以便双方作为收入、支出、报销、保存、查考的依据。这种作为凭证用的条子就叫单据。

　　写单据应该在双方互相信任的条件下进行。它不同于便条，单据必须妥善保存，有的即便在办完事情后仍需保存。事关重大的单据，如经手大笔款物，还要有担保人参与并签名。有的还需到公证处办理正式公证手续，使其具有法律效力。

二、单据的结构和写法

　　常用的单据有借条、收条、领条、欠条等，其结构和写法基本相同，一般包括标题、正文、具名和日期三部分。

　　1. 标题

　　通常在第一行中间写"借条"、"收条"、"领条"等，或"今借到"、"今收到"、"今领到"等字样，表明单据的类型。

　　2. 正文

　　第二行空两格开始写，要写明从什么单位或什么人处借到或领到什么财物，要详细写明名称、种类、数量，数字要用大写汉字，一般不用阿拉伯数字，以免造成不必要的麻烦。

　　3. 具名和日期

　　正文右下方写经手人的姓名及日期，个人出具的单据，由本人签名，有时要写明所属单位名称，并盖章；单位出具的单据要盖公章，一般还要有经手人签名盖章。日期写在署名的下面。

三、写单据应注意的问题

　　(1) 表示钱物往来数量的数字要用大写"壹、贰、叁、肆、伍、陆、柒、捌、玖、拾、佰、仟、万、亿"等，以防涂改。

　　(2) 在钱的数额前，要写清币种，如"人民币"，以防与其他币种纠缠不清。数额末尾应加"整"字,以防他人增减作弊。

（3）物品计量单位要明确,一般要使用法定的计量单位。

（4）单据一般要用钢笔、碳素笔写,写后不得涂改。如需改动,应在改动处加盖公章或私章(有时要双方盖章),以免误会。

（5）正文最后写上"此据",防止增减作弊。

四、各类单据的格式和写法

（一）借条

借条是借钱或物品时写给对方的一种凭证,以供对方保存查考。等所借钱或物品归还时,应收回原来所写的借条作废处理。

[例文一]

借　　条

今借到信息中心摄像机壹台,供学生会周末晚会录像使用,用完后马上归还原主。

此据

经手人　学生会　黎民

2016 年 5 月 27 日

评点:

这是一张借用物品的单据。标题用"借条"(有的可用"单据"),那么正文开头要有"今借到"字样。如用"今借到"作为标题,则正文开头可直接写对方单位或个人名称。所借钱物的数量用大写汉字。

[例文二]

今　借　到

学校体育器材室壹个足球,用于下午课外活动的比赛。比赛结束马上归还。

此据

机电系 162 班：周　涛

××××年××月××日

评点:

这是用"今借到"作为标题的一张借条,正文开头直接写对方单位的名称。所借钱物的数量用大写汉字。

（二）收条

收到单位或个人送来的钱或物品,应写张单据给对方作为凭证,这种单据叫收条,也可叫收据。一般的收条是便条式的,它的写法基本与借条相同。如果所收的钱或物品本来是由甲方借出的,那么甲方应出示乙方写的借条,还给对方或当对方面撕毁,这时甲方不必写收条。如果甲方不在,由别人代收,代收人应写张收条或代收条给乙方。

[例文三]

收　　条

今收到机电 15－1 班交来的捐助款柒佰贰拾玖圆,图书叁佰肆拾陆册。

此据

经手人　校团委　丁南

2016 年 4 月 6 日

[例文四]

今　收　到

王强老师所归还的显微镜壹台、天平壹架,完好无损。

此据

顾小英

2015 年 12 月 1 日

[例文五]

代　收　到

冯群还给陈玉良的人民币伍佰肆拾捌圆整(原借条已交还冯群)。

此据

魏克京

2016 年 6 月 1 日

评点:

例一是收条,所收钱或物品写得明确、具体,数字用大写汉字,落款清楚。

例二是收条的另一种表达形式,用"今收到"作为题目,这与借条的两种标题的表达方式是一样的。

例三是代收条,然而标题不能写"代收条"而应写"代收到",数字用大写汉字。

(三)领条

从单位或个人处领到钱或物品时,写给发放人的留存单据,就叫作领条。若采用签名的方法可不写领条。

[例文六]

今　领　到

通力公司工作服肆拾叁套,帆布手套捌拾陆副,供机电专业 14 级学生技能实习所用。

此据

收物人　机电 14-1 班　郑明

2014 年 7 月 4 日

[例文七]

领　条

今从广平路派出所领回本人遗失的皮夹壹只,内有本人学生证壹张及人民币贰佰伍拾柒圆。特致谢意。

此据

邵　华

2015 年 7 月 17 日

评点:

例一的标题为"今领到",那么正文开头就要写所借物品的单位名称。

例二中的"广平路派出所"写在正文开头,文中明确表明遗失的钱物、领自何处和致谢对象。

(四)欠条

借钱或物品,到期不能全部归还,应收回原借条,另写一张单据,约定在一定期限内归还尚余部分。这样的单据叫欠条。

[例文八]

欠　　条

原借学校图书馆各类杂志伍拾陆册供我班学生阅读用,现已归还伍拾壹册,尚缺伍册,下周还清。

此据

经手人　高一(3)班　于亮

2014 年 12 月 8 日

评点:

本例文是欠条,写得简练明确。原来借的钱或物品,已还清一部分,尚余部分要在新商定的期限内归还。因此,不能与借条混淆。

[例文九]

欠　　条

原借杜小强同志人民币叁佰圆整,已还壹佰伍拾圆整,尚欠壹佰伍拾圆整,两个月内还清(原借条已销毁)。

此据

张　胜

2016 年 8 月 1 日

评点:

本例文是欠条,写得简练明确。原来借的钱,已还清一部分,尚余部分要在新商定的期限内归还,并注明如何处理原来的借条。

[例文十]

欠　　条

我于 2015 年 3 月份借到王立东人民币捌拾圆整,当时未写任何字据,今补欠条,作为凭证,两年内还清。

此据

张红玉(签名盖章)

2016 年 1 月 1 日

评点:

本例文也是欠条。它是因原来借了对方的钱或物品,当时并没有写借条,后来需要补写单据时,就只能补写为欠条,而不能写为借条。

写作知识(一)　文章的主题

一、主题的含义

所谓主题,就是我们通常所说的文章的中心思想。在文章中或要表达一定的思想感情,或要说明一个问题,或要宣传一个道理,总之是要有明确的意图和目的,即通过文章内容,借助各种表现手法表达出来,它是作者在文章中对所写的客观事物的基本观点、态度和评价。

二、主题的作用

我们常说,主题是文章的"灵魂",它应像一条红线贯穿全文。衡量文章的质量高低、价值大小、作用强弱的关键是主题。主题又是文章的"统帅",一篇文章的材料如何取舍,结构如何措置,语言如何遣用,都要根据主题表现的需要来加以确定。明代哲学家王夫之曾说道:"无论诗歌与长行文字,俱以意为主,意犹帅也;无帅之兵,谓之乌合。"它形象地说明了主题在文章中的作用。

三、主题的形成和提炼

（一）主题的形成

概括而言,主题形成的具体途径大致有二:一是作者对现实生活深刻认识的结果;二是作者通过必要的调查研究,对所得材料进行分析、归纳的结果。即深入生活,从现实生活中获取大量的感性材料,才能从中悟出正确而深刻的道理来。因此,现实生活是获得主题的唯一源泉。

（二）主题的提炼

1. 客观性

主题是文章全部材料思想意义的集中概括,而材料是来自客观生活的。魏巍说过:"我能写出《谁是最可爱的人》最基本的原因,是我们战士的英雄气魄,英雄事迹,是这样的伟大,这样的感人,而这一切,把我完全感动了。"是事实启迪了作者,没有生活的土壤,写作就会成为无源之水,主题的产生就失去了依据。从根本上说,客观材料对主题的提炼起着制约、规定作用。

2. 主观性

主题虽源于客观生活,但它的形成又必然受着作者思想感情及世界观的影响和制约。准确而言,它是现实生活和作者心灵相撞击的产物,是客观事物和作者思想相感应的结果。同一事物,不同的作者作出的判断和评价就不尽相同,甚至截然相反。以梁山一百单八将为题材的小说为例,施耐庵的《水浒传》把这些人描写成劫富济贫、替天行道的英雄;余万春的《荡寇志》则把这些人写成杀人放火、无恶不作的土匪草寇。他们的立意是这样水火不容。正如鲁迅所说:"从喷泉里出来的都是水,从血管里出来的都是血。"

3. 时代性

巴尔扎克说过:"文学是社会表现。"任何一个思想或观念都是特定时代的产物,时代孕育了作家,时代孕育了主题,中国文学的发展史可以证实这个观点。没有战国"七雄"兼并的形势,就没有屈原的《离骚》;没有"安史之乱",杜甫的"三吏"、"三别"就无从产生;鲁迅的《狂人日记》、《祝福》等小说都有深刻的时代背景。主题和时代有着极密切的关系,作者应站在时代的前列,敏锐感应时代的气息,准确反映当代人们普遍关心的问题。

四、主题的要求

1. 主题要正确

所谓正确,就是要求主题能够正确地概括和揭示事物。要做到这一点,首先要求作者思想认识正确,看事物不主观、不片面、不歪曲,用唯物的观点来观察现实、认识现实、反映现实。

2. 主题要鲜明

所谓鲜明,就是要求文章的主题是非分明,毫不含糊,爱什么、恨什么、赞扬什么、抨击什么读者都能一目了然。要做到主题鲜明突出,则要求作者具有旗帜鲜明的态度和强烈的是非观念。

3. 主题要集中

所谓集中,就是一篇文章只能有一个主题,作为文章的核心,全文都要围绕这个核心。

不可既想表现这，又想表现那，结果或是枝叶庞杂，或是蜻蜓点水，不深不透。这样的文章，意多乱文，使读者摸不着头脑，留不下深刻印象。

4. 主题要深刻

所谓深刻，就是能够反映事物的本质和规律，对所写的事物要有深刻的了解，在开拓客观事物的本质意义上下功夫。如果只看到表面现象，写出来的文章就很可能是肤浅的，不能给人以启发和教育。

五、应用文主旨的特点

1. 被动性

应用文的主旨要符合日常生活及工作中的具体要求。应用文是解决日常工作、生活、学习中实际问题的，因此，它同作者兴趣关系不大，不是你想不想写，而是不得不写。同样，别人写给你的应用文，不是你想不想读，而是必须读。

2. 时效性

应用文的主旨有较强的时效性。一篇小说可以是几年或更长的时间写出来，但一篇应用文则必须在特定的时间内完成，不得拖延，否则就会失去机会或耽误工作。

3. 制约性

应用文的主旨要受到行文关系和行文规则的制约。应用文不能想表现什么就表现什么，它会受到多方面的制约，要符合各文种的不同要求。如公文中的请示，是向上级提出某种请求或主张，希望得到上级批准或指示的，就得按请示的行文关系和规则来写作。

4. 功利性

文学作品是"有所感而发"，而应用文则是"有所为而发"，其目的是明确的，希望能够解决工作、生活、学习中的实际问题，因此它有较强的功利性。

六、应用文主旨的要求

1. 明确、合理

明确，即不含糊，让人一目了然。合理，即合乎情理和法则，否则无法达到目的。

2. 集中、单一

集中，指一篇应用文集中表现某一方面的内容和目的，不可把所有的要求都包罗进来，应抓住重点，突出主要诉求目的。单一，指一文一事，行文目的单纯具体。

3. 符合行文规则和文种要求

单元综合练习

一、便条与单据进行比较，谈谈它们的异同。

二、改错练习：找出请假条中的存在的问题，并进行修改。

张老师：您好！

　　今日我因贵体欠安，故请假一天，望老师批准。

2016 年 5 月 20 日

请假人：李明

三、指出下面条据类应用文存在的问题，并进行修改。

留　言　条

李老师上午没见到你,我下午再来。

刘彬　即日

欠　　条

张明借我 200 元,保证二月内归还。

李华

2016 年 2 月 5 日

收　　条

张三还欠款伍仟捌佰圆。

李四

2016 年 3 月 2 日

四、假如你今天有重要事情不能上课,请向老师写一张请假条。

五、刘宏准备邀武清在国庆节长假期间去苍岩山旅游,前一天晚上去武清宿舍商议,其不在,便留言而返。请代张宏写一张留言条。

六、校学生会收到财经 05-1 班捐助贫困山区失学儿童的救灾款 937 元,图书 624 册。假如你是学生会的干部经手人,请写一张收条。

七、王锋于 6 月 12 日下午去李强单位归还借李强的人民币 500 元,李强恰好回老家了,王峰把钱给了李强的同事马力。请你代替马力给王峰写条据。

八、马洪 6 月 1 日在北苑派出所领回了自己丢失的宝岛牌自行车一辆,请你替马洪给派出所写条据。

九、李武因上网、赌博等欠债,债主追讨甚急,李武不得已向王贷借款 2 600 元(人民币)用以还债。请你以李武身份写一借条给王贷。

十、李武去年借了马芸人民币一万元,曾经给马芸写了借条。现在先还 5 000 元,剩下的 5 000 元三个月后归还。请你代替李武写欠条,要注明怎样处理原借条。

第三单元　宣传告知类应用文

单元训练重点

　　本单元为宣传告知类应用文的常识及写作,内容包括启事、广告和消息及其性质、特征、种类、功能及格式和写法。启事部分侧重于区分类别,强调征招、寻找、周知、声明几类文种的异同,将实际应用放在首位;广告部分侧重于构思和创意,把握其特点,突出其对语言文字方面的要求;消息部分侧重于特点、类别及基本写法。

　　这几类应用文的共同特点是:具有宣传告知作用,使用范围广,涉及社会生活的各个领域,内容和形式简练新颖。但由于各自的功能不同,它们在写法上又有明显的差异。

　　本单元的内容注重实际应用,经基础知识的学习和实例分析,强化知识点。指导学生能够写出较规范的启事;能结合校园和社会上的实际情况写出篇幅短小的消息或通信;能进行简单的广告构思和创意。通过学习,增强学生的思维和写作能力。

　　单元训练可以帮助学生巩固所学知识,培养分析解决问题的能力,提高应用文的写作水平。在训练中,可根据学生的具体情况有选择地进行,也可以联系校园生活增加训练内容。

第一节　启　　事

一、启事的性质和特点

　　机关团体、单位及个人有事需要向公众说明解释或者希望大家协助办理时,把内容简要地写出来,或公诸各种媒体,或张贴在公共场所,这样的实用文体就是启事。

　　启事没有强制性和约束性。看过启事的单位与个人对启事中的内容或提出的要求可以作出反应,也可以不予理睬。

二、启事的作用和类型

　　启事是最常用的告知宣传类文体。它的对象范围涉及甚广,它的作用可以使读者知晓或采取行动;它的内容更是形形色色,随目的而定,常见的有寻找、征招、周知、声明等几大类。寻找和征招类的启事是为了求得大家的协助和响应,例如寻物启事、招领启事、招聘启事、征文启事等。周知类启事是让大家都知晓某事或情况,以利于开展工作,例如搬迁启事、开业启事、更名启事等。声明类启事主要是为了履行法律程序,当事人一经发表声明,就可公开地明确相应的权益和责任。常见的声明类启事有专利声明、授权声明等。

三、启事的结构和写法

　　启事的形式多样,写法也各有不同,一般包括以下内容:

1．标题

标题在第一行居中写上"启事"二字。若事情重要或紧迫，可写"重要启事"或"紧急启事"．标题也可以写明启事的性质，例如"征文启事"、"招生启事"等。

有的还可以在标题上写明启事者，例如"××市人民政府机关公开招考工作人员启事"、"××省××职业高级中学新校舍落成启事"等。有的省略"启事"二字，只写"招领"、"征求订户"等。也有的启事以"敬告用户"、"敬告读者"等形式出现。用什么样的标题，可根据启事的内容、性质而定。

2．正文

启事的正文，在标题下另起一行空两格起书写。要把有关事情叙述清楚，既要简洁又要具体。如写征文启事，要把征文的目的，以及对文稿的内容、字数、文体等交代明白。但招领启事，不可详写，通常只写失物名称，不写样式及数目，以防冒领。

启事一般应该遵循"一事一文"的原则，例如某报同时举办两个征文活动，应分别写两个启事，避免混淆。

正文的下面，有的写上"特此启事"或"特此敬告"字样，这类结语也可以不写。正文的文字要简明扼要，不宜过长，内容较多的应分项。

3．结尾

在正文的右下方，写上启事单位全称或个人姓名（如果在标题中已经标出机关团体的名称，可不必再写），以及年、月、日。机关团体的启事除采用电视、报刊等媒体外，张贴或书面送达的要加盖公章。有的启事还要写明启事人或启事单位的地址、电话号码、邮政编码等，以便联系。

四、启事的写作要求

启事种类繁多，写法各异，应根据写作目的突出要点。如：

（1）寻找类启事应写清物品的名称、数量、形状、质地（特征）、丢失（捡到）时间和地点、联系人地址电话等。招领类物品的数量、形状、质地等不宜过分详细，以防冒领。

（2）招聘类启事写清聘用对象的要求、待遇、联系人地址电话等，应聘类启事写清个人情况，如性别、年龄、特长、应聘的岗位、职务、待遇、联系人地址电话等。

（3）迁移更改类启事写清迁移或更改后的地址、名称、联系方式等。

（4）调换转让类写清物品特征、联系方式等。

［例文一］

寻 物 启 事

本人不慎于 2016 年 7 月 1 日在太阳广场逛街时丢失一个黑色手提包，内装人民币 2 000 多元、中国银行信用卡一张、小米 C6－00 手机一部。

望拾到者与我联系，必有重谢。联系电话：186×××××××××。

联系人：×××
2016 年 7 月 1 日

［例文二］

寻 人 启 事

王××，女，二十一岁，身高一米五八，微胖，梳两根小辫，临行时穿蓝涤卡衫，下着深灰色裤子，能讲普通话和客家方言，于三月四日因精神病发作外出未归。请各地公安部门和群众帮助寻找。

联系电话:××××××××

联系地点:××市××街××巷××号

联系人:王××

2017 年 3 月 10 日

[例文三]

招 领 启 事

本商场拾到手提包一个,内装人民币若干元、手机、信用卡等物,望失主前来认领。

地点:本商场三楼办公室

电话:55667788

商场办公室

2016 年 7 月 15 日

评点:

例一为寻物启事,格式规范,对丢失物品的特征进行了详细的描述。

例二是寻人启事,格式规范,对走失人的特征描述得也较为详尽。

例三是招领启事,格式规范。对捡到的物品描述越模糊越好,可以和例一对比分析。

[例文四]

停 业 启 事

宏达实业开发公司经董事会决议决定停业。与本公司有债权债务关系的单位或个人,请于本公告之日起一个月内前往××路××号××室联系。特此启事。

2015 年 2 月 15 日

[例文五]

××中学招聘教师启事

××中学隶属于××市教育局,是一所公办全日制中学。因办学发展的需要,需向社会公开招聘老师若干名。

一、所需学科:中文、数学、英语、物理、生物。

二、招聘条件:有良好的敬业精神和较强的教育、教学能力,大学本科及以上学历,年龄在 45 周岁以下,高级、特级教师年龄可适当放宽。

三、待遇:凡被聘用者,可办理正式调动手续,家属工作、子女入学问题学校帮助解决安排,年薪和待遇从优。

四、报名办法:凡有意者,请将个人简历、学历证书、职称证书、身份证等复印件,近期照片两张,在 6 月 30 日前寄往××市教育局人事科。初审合格者,通知面试试讲。

联系地址:××省××市教育局人事科

电话:×××××××

联系人:丁老师　张老师

2016 年 6 月 1 日

[例文六]

招 聘 启 事

黄河网络专业开发公司,拟诚聘下列人才:1. 技术工程师 3 名,28～45 岁,大专以上学历的计算机专业毕业,熟悉语言编程。2. 业务员 4 名,25～40 岁,有 3 年以上相关产品的销售经验。

凡符合条件者,可在两周内将履历表及相关证件和资料寄至:淮河路66号本公司人事部,邮编:200321　联系电话:×××××××

2015年2月18日

[例文七]

遗失声明

我厂遗失销售发票一本,号码0079451至0079408已填用,0079452至0079500空白共48张,印有××县化肥厂业务专用章。声明作废。

××县化肥厂
2016年2月12日

评点:

例五为招聘启事,格式规范。对被招聘者的具体要求及待遇都表述清楚。

例六是招聘启事,格式和内容符合要求,因正文中出现单位名称,结尾可省略。

例七是遗失声明,详细地表述了作废发票的号码。

[例文八]

迁移启事

来我公司联系工作的同志:

由于我公司需要扩大经营规模,增加人员编制,从××年×月×日起我公司迁移到×××。现将新地址、电话通知如下:

地址:×××

电话:×××

×××敬启(盖章)
××××年×月×日

[例文九]

《国庆特刊》征稿启事

为了欢庆中华人民共和国××华诞,班委会讨论决定,我班出一期"五一特刊"。希望全班同学踊跃投稿。具体要求:

一、内容能表达我们年轻一代对祖国对党的无限热爱之情,体裁不拘。

二、500字左右,要用稿纸誊写清楚。

三、稿件请于4月19日前交给宣传委员黄玲玲同学。

16(1)班墙报编辑组
×月×日

评点:

例八是一则迁移启事,格式规范,内容完备。

例九是一则征文启事,格式规范,内容完备。

第二节　广　　告

一、广告的性质、作用及发展情况

广告是一种具有告知和宣传作用的应用文体,主要用于向公众介绍商品、劳务信息、服务项目或文娱体育节目等。也有的向公众宣传道德和行为规范，来影响人们的言行，称为公益广告。

广告历史悠久。据《韩非子》记载："宋人有酤酒者……悬帜甚高。""帜"就是旗，旗上有个"酒"字，就是酒旗。这是先秦时期卖酒者的一种广告，也称幌子广告。广告随社会进化和商品经济同步发展。总的来讲，现代的广告具有塑造企业形象、促销商品、影响和教化公众、优化环境的功能，成为一种有计划地通过相关媒体向社会公众传播信息的一种宣传手段。但眼下有些虚假广告，欺骗消费者，这是法律所不允许的；也有的随意张贴或到处散发，造成环境污染，被称之为"牛皮癣"，是违反社会公德的。

此处我们主要介绍下商品广告，它是商品经济的产物，目的在促销商品。促销就要把商品的性能、规格、用途、价格等告诉大家，促使人们来选购，这就产生了商品广告。

二、广告的类型

广告的种类有多种多样。就其内容和用途来分，有商品广告、服务广告、信息广告、文娱广告、公益广告等。就其表现形式来分，有全部用文字表达的文字广告，有以图像为主配有文字说明的图像广告，有以文艺演出形式如小品、舞蹈等来介绍商品的文艺广告，有以实物、模型等陈列橱窗、画廊用来宣传商品的实物广告。根据媒体不同，又可以分为报纸广告、杂志广告、广播广告、电视广告、包装广告、邮政广告、路牌广告、橱窗广告、张贴广告、交通广告等。

三、广告的结构和写法

一篇文字广告，应包括标题、正文、结尾三部分。

1. 标题

标题是广告的"眼睛"，最好要富有感召力。标题必须精心设计，做到既醒目又有吸引力。拿商品广告来讲，应促使公众了解并产生购买的欲望。标题有直接和间接之分，用商品名称、厂商名称或服务项目作为标题是常用的广告标题的写法，可称为直接标题。如"春兰空调，挂机一族"、"长城牌润滑油"等。这种标题的优点是一目了然，但是缺少吸引力。间接标题具有形象生动，耐人寻味的特点，如"只花几十元，再跑八万里"（汽车轮胎），再如"您的忠诚卫士"（门锁）。间接标题多采用修辞、俗语、富于哲理或生活情趣的文字，生动活泼，具有吸引力，使人有兴趣去阅读品味，一听难忘。

2. 正文

正文是广告的中心，体现广告的主旨和基本内容。商品广告一般应介绍商品名称、规格型号、性能特点、使用效果、所得荣誉、售后服务以及优惠条件等。撰写正文，一是要突出诉求重点，显示商品的主要优点；二是要简明通俗，使各种文化程度的消费者都易接受；三是富有情趣，使消费者感到亲切，加深印象；四是有感召力，使人产生购买的欲望。文字要言简意赅，通俗生动，少用专业术语。

3. 结尾

结尾一般写两方面内容，一是希望顾客购买之类的词语，如"产品优良，欢迎选购"等字样；二是写明商品生产单位、销售单位的名称、地址、电话、电报挂号、邮政编码、联系人等，以方便顾客。

四、广告的写作要求

（1）要真实可靠。广告的内容要与被介绍的商品或服务项目相符，绝不能言过其实，欺骗公众，损害消费者利益。根据我国《广告法》的有关规定，制作和散布虚假广告是要承担法律责任的。

（2）要重点突出。最重要的内容放在醒目的位置上，使人一目了然，力求给消费者留下深刻的印象。

（3）创意要新颖独特。广告的构思和创意很重要，这和文学创作、美术创作是一个道理。广告的语言要有艺术性，抓住顾客心理，让大众喜闻乐见，产生兴趣，才有生命力，起到增强广告效果的作用。

[例文一]

汾阳杏花酒

杏花汾酒远驰名，洌润甘芳品格清。

应起太白来一醉，好诗千首唤人醒。

（结尾略）

[例文二]

献血　爱心　善事　义举

祝贺《中华人民共和国献血法》1998 年 10 月 1 日起施行。

18～55 周岁健康公民应积极参加无偿献血。

参加无偿献血为文明城市增辉，无偿献血是社会文明进步的体现。

[例文三]

英达利蒸馏水

英达利　　源于天然　　取自名泉

英达利　　高于天然　　滋润人间

英达利蒸馏水采用名扬四海的台山石花山泉水为原料，用美国最先进的设备生产，从意大利引进设备进行全封闭、无菌、全自动灌装。

饮英达利，有益有利！

英达利伴随您事成达利！

英达利蒸馏水，中国第七届全运会特别选用饮料！

（结尾略）

评点：

例一是商品广告，以旧体诗的形式赞美了历史悠久的汾酒，加深了传统意味，形式独特，创意新颖。

例二是一则公益广告。公益广告与商品广告虽同属广告文体，但也有不同：商品广告的目的是传播市场信息，沟通产销渠道，指导消费，促进生产，为社会主义物质文明建设服务；公益广告则为了宣传、教育、影响大众，希望大家参与，为社会主义精神文明服务。

例三是商品广告，突出了商品的精良制作、特性及名气，可使消费者产生购买的欲望。

第三节　消　息

一、消息的性质和特点

消息属于新闻的一种，是新闻中最基本的、使用量最大的文体。它是用概括叙述的方式，以简明扼要的文字，迅速、及时地报道最新事实的短篇新闻。从定义中不难看出，消息的特点,一是文字简明扼要,二是报道及时迅速,三是篇幅短小。

二、消息的种类

根据消息的内容可分为以下几类:

(1)动态消息。动态消息是报道正在发生的或正处于发展变化的单一事物的报道形式。它集中、突出地向读者介绍某一事件的过程,有时采用连续报道的形式。动态消息以叙述事实为主,用事实本身的意义来体现作者的观点。

(2)综合消息。综合消息是把发生在不同地区或部门的性质类似的事件综合起来进行报道,它从不同侧面反映了共同的主题,报道面宽,可给读者以全局性的认识。

(3)经验消息。经验消息是对某一部门或单位的成功经验进行报道,它用具体的事实反映经验,是对具体的成功做法的介绍。

(4)述评消息。述评消息是以夹叙夹议、边述边评的方式进行报道的形式。它针对某种思想倾向或实际问题,选择典型,有叙有议,讲述事件的过程或事物发展变化的原因,揭示事物本质,帮助读者认识事物。

三、消息的结构和写法

除了短讯外,消息一般是由标题、导语、主体和结尾组成,并由它们构成了消息的习惯格式,体现消息的文体特征。

1. 标题

标题是消息的重要组成部分。因此,标题要求写得既能够吸引读者,又能够概括内容,具有精警、启发的作用。消息标题的形式有单行式和多行式。

(1)单行式。即只有一个标题,它是消息内容的高度概括。如:

长江巫峡溶洞新发现古人类遗址

(2)多行式。由引题、正标题和副题组成。第一行,即在正题之上的,称引题(或称肩题、眉题),它主要起交代背景、点明消息意义的作用。正题之下的称副题(或称辅题、脚题),起补充说明正题的作用。如:

贪污挪用　接受贿赂(引题)

"副"局长变成了"富"局长(正题)

干流封冻长达 1 100 千米(引题)

严防黄河闹"凌"灾(正标题)

——国家防总和水利部已派工作组赴现场协助抢险(副题)

撰写消息标题,应力求做到:内容要新颖,形式要醒目。具体采用哪一种标题形式,需要作者根据消息内容和报道的需要来设计。

许多消息采用倒金字塔结构形式。倒金字塔结构形式是把最重要的材料放在开头,比较重要的随后安排,最不重要的放在最后。这种写法很有意义,便于阅读。比如,读者可能在任何时候放下报纸,因此有必要把重要材料首先让读者读到。"一个只读了一段的人可以知道该消息中的精华部分。"这个说法是很有道理,因为新闻的作者和编者不能总是指望读者把全篇文章读完。

2. 导语

导语是消息的开头,是消息中最重要的组成部分。要用最精粹的文字,简明扼要地把消息中最重要、最新鲜、最吸引人的事实及其意义表达出来。

常见的导语形式有以下几种：

（1）叙述式。即直接叙述新闻事实。它的特点是概括性强，突出消息的主要内容，它是导语中最主要的类型。例如：

集歌舞、娱乐、健身功能为一体的××"皇家不夜城"开业不到7天，即被责令关闭，目前仍在停业中。××市委、市政府对此的解释是：它位于××烈士纪念馆一层，"不能容忍在烈士头上跳舞"。

这条导语，直接叙述了消息的事实，引述了市委、市政府的解释，引人思考。

（2）描写式。抓住某个事件或人物的有意义的特征作简单描写，用三言两语勾勒出报道对象的形象或报道事件的特定背景，既形象又传神，且具有现场感。例如：

听说上海一东一西镇有两块玉，西边是块"汉白玉"，即波光粼粼的淀山湖；东边是块"祖母绿"，那就是满园覆翠的森林公园……

这条导语像是在高空俯瞰要报道的对象，抓住了事物的主要特征。

（3）评议式。即在叙述后引入议论，或从议论事实入手，或是叙议结合。评议式导语表明了作者的态度和对报道对象的看法，对读者具有导向性作用。例如：

新中国成立以来长江上游的最大洪峰，今天凌晨顺利通过葛洲坝水利工程，我国这座最大的水利工程成功地经受了考验。

这条导语的最后一句议论，点明了报道的目的。

（4）提问式。这是根据消息的主要内容归纳出一个警醒、引人瞩目的问题，以提问的方式推出，然后加以解释、解答、解说，形成消息的提问式导语。例如：

据×××市石油公司反映：目前全市有私人轻便摩托车5 300多辆，而上半年，到石油公司来买石油的还不到70户，那么，天天在街上跑的5 000多辆"轻骑"都烧谁的油呢？

这条导语提问得好，能引发读者思考。

提问式导语需要作者在消息中准确地分析出实质性问题，问题要突出消息主题，针对性强。在较典型的消息和评述性消息中常采用这种导语方式。

导语还有其他形式，如背景式、引述式、数字式等。决定导语形式的是其内容和报道的目的。导语在消息中起引导读者阅读的作用，如何吸引读者、准确报道消息事实，是写好导语的关键。

3．主体

主体是导语的展开或续写部分。因此主体承接导语对新闻事实作进一步报道，以满足读者对事实进一步了解的需要。

主体要求与导语相辅相成，导语是主体的提要和浓缩，主体是导语的展开和深化，二者不能脱节。消息的主体以叙述事实为主，但这不等于说，主体就可以随意展开，它必须围绕一个主题来写，尽量做到集中、明确。一件新闻事实有多种材料，绝不能眉毛胡子一把抓，必须将那些反映事件本质的典型材料选出来，组织主体。

4．结尾

消息的结尾承接主体，有的没有结尾，事实叙述完毕，就自然结尾了，有的对全文作简单总结。

四、消息的写作要求

（1）真实准确。要用事实说话，对事实的报道要客观准确，作者的观点主张一般蕴含在对事实的客观叙述中。

（2）主旨集中。一般是一事一报，篇幅不能多长，语言要简练。

（3）选材典型。一是报道的事件要典型，二是从恰当的侧面来使用材料。生活中每天都发生很多事件，要选择典型的有普遍意义的事件来报道；围绕主旨从恰当的角度来使用材料。

（4）要素清楚。要把事件发生的时间、地点、人物和原因等新闻要素（五 W，即：When Where Who What Why)交代清楚。

[例文一]

第 63 届"奥斯卡金像奖"揭晓

新华社华盛顿 1991 年 3 月×日电　洛杉矶消息：第 63 届美国电影艺术科学学院奖×日晚揭晓，美国西部史诗片《与狼共舞》成为捧走奥斯卡最佳影片奖的第一部西部片。自制、自导、自演该片的凯文·科斯特纳荣获最佳导演奖。

该片以清新的格调、严肃的情节和理性的笔法，描述了一个美国白人军官在奉命开拓西部据点时与印第安人的生死冲突，以及化干戈为玉帛，与印第安部落首领的养女结亲的动人故事，同时还揭示了美国政府军掠夺印第安人土地和围杀印第安人的不光彩历史。

该片同时获得最佳摄影、改编、音响、配乐及剪辑等 5 项大奖。

主演《命运的逆转》一片的英国演员杰米里·艾恩荣获最佳男主角奖，获最佳女主角奖的是主演《苦闷》的凯西·贝茨。

喜剧演员戈德伯格由于在影片《幽灵》中的出色表演而荣获最佳女配角奖；最佳男配角奖被性格演员佩希获得，他获奖的影片是《好家伙》。

最佳外语片奖出人意料地被瑞士影片《希望之旅》夺走。

评点：

这篇消息，谁获最佳故事片奖和最佳导演奖是人们最关心的事，因此放在导语中；接着介绍最佳故事片情况，它是主体中最重要的内容；再次，交代最佳男、女主角的获奖情况和他们的作品，这也是比较重要的内容；其他奖项情况则按程度的不同一一在后面列出。

[例文二]

疯狗闯进校园　狂咬 11 名学生

昨日中午，一条疯狗闯进××市第 14 中学，在两个多小时内，11 名学生和 1 名民工被咬伤。

5 月 8 日中午放学时，一名初三女生和同学来到实验楼大厅，忽然一条黑白相间的狗扑上来，一口咬在她的膝盖上。后来那条狗又扑向其他同学，有 11 名同学被咬伤。老师让他们赶快出去打疫苗。一名民工也被狗咬伤大腿内侧。在老师的带领下，学生们开始追打咬人的狗，下午 2 时多，狗被打死。

防疫站的苏大夫告诉记者，通过连续咬人的情况来看，那条狗极可能是条疯狗。

一名学生家长告诉记者，学校应采取防范措施，确保在校学生的安全。因今年仅 2 月和 3 月，××市就有 200 余人被狗咬伤。

评点：

本消息的导语简明扼要地叙述了重要事实；主体部分具体而明确地介绍了疯狗咬伤多名学生和一名民工的详细情况；结尾提出家长的希望，作了概括性小结。

写作知识(二)　文章的材料

一、材料的含义

材料是作者为着某一写作目的,从生活中搜集、摄取并写入文章中的一系列事实或论据。如果说主题是文章的"灵魂",那么材料就是文章的"血肉",一篇文章没有丰富的材料,就像枯萎的花朵很难打动人。只有材料丰富,文章才能丰满感人。

二、材料工作的四大环节

(一) 占有材料

占有材料是第一步,具有重要意义。材料是形成观点的基础,是表现观点的支柱。俗话说:"巧妇难为无米之炊。"不占有材料,根本写不出文章。

占有材料要力求做到一个"多"字。"韩信将兵,多多益善。"占有材料也和大将指挥作战"兵多将广"一样,材料多了,才便于鉴别,才有选择余地。材料少了,提笔会捉襟见肘,左右为难。因此,占有材料越多越好。

(二) 鉴别材料

所谓鉴别,就是解决对材料的认识问题。鉴别的过程,实际上就是对材料进行分析、比较的研究过程。对材料的鉴别,就是要认清材料的性质,判断材料的真伪,估价材料的意义,掂量材料的作用等。这是一项较为细致的工作,其关键在于一个"精"字。鉴别最能反映作者的才、学、胆、识,只有做好鉴别,"吃透"材料,才能做到胸中有数。由于鉴别材料的过程是一个独立的思想认识过程,所以严肃的作者往往在这上面要付出更为艰辛的劳动。只有这样,才能写出好的文章。

(三) 选择材料

材料来源于生活,但这不等于说什么生活现象都可以纳入文章之中,必须进行材料选择。选择材料,应贵在一个"严"字。我们占有材料要像"奸商"那样"贪得无厌",而选择材料却又要像"税吏"那样百般挑剔。一般说来,选择材料应遵循以下四点原则:

1. 围绕主题选材

材料是用来表现主题,为主题服务的,因此选取材料必须要紧紧围绕主题,服从主题的需要。凡是适合表现主题的材料就用,凡不符合主题的材料,尽管新鲜、具体、生动,也一定要忍痛割爱。初学写作者最常见的毛病之一恰恰在于不忍割爱。一篇文章的主题确立了,我们就要按着表现主题的需要去选择取舍材料。

2. 选择典型材料

文章总是通过个别来反映一般规律,通过个性来反映共性。因此,只有选择典型材料才能有力地说明问题,表现主题。所谓典型材料,是指那些深刻揭示事物的本质,具有广泛代表性和强大说服力的材料。还拿魏巍的《谁是最可爱的人》来说,刚开始用了二十多个材料,读者看后觉得材料堆得过多,重点不突出,主题不鲜明。经反复修改,最后只剩下三个典型事例,这三个典型事例鲜明地表现了主题,使文章很成功。

3. 选择真实、准确材料

所谓真实,就是要合乎实际。如消息、通讯、报告文学、调查报告等,材料必须真实可靠。小说虽可以虚构,但它所选的材料也应符合生活实际,反映和代表了客观事物的本质。如鲁迅的小说《药》中的烈士夏瑜被杀,其生活中的原形是辛亥革命的烈士秋瑾、徐锡麟。所谓准确,就是材料要确凿无疑,特别是应用文、论说文中的数字、引文、例证等,都要求准确无误,这是文章的说服力所在。

4. 选择新颖、生动材料

材料只有新颖、生动,才能表现新鲜、健康、活泼的思想,文章才能吸引人,感动人。因此,文章切忌用人家早已用滥了的材料。要关注和善于捕捉新事实、新问题、新情况,要写出新意来。我们平常所谈的文章贵在创新,其本身就包含着主题新、材料新、形式新,只有善于使用"新"、"活"的材料,才能增强文章的生动性和感染力。

(四)使用材料

材料的使用直接关系到主题的表现,一般而言,使用材料要注意以下三点:

一是决定其叙述的先后顺序。对于众多材料,要把它们分分类,排排队,即"梳好辫子",然后再有条不紊地一一道来。二是确定叙述的详略程度。有的材料要细致展开,有的材料只须粗笔勾勒,尽可能地做到繁简适度,浓淡相宜。三是按照不同体裁的特点要用不同表达方式。例如记叙文要对人物的形象、事件的过程、场景情况等写得具体些,议论文的材料即论据,是用来证明论点的,因此对事件、场景的叙述要概括些,说明文以介绍知识和说明情况为目的,所以在使用材料时要简略、明确,为说明服务。

总之,材料的占有、鉴别、选择、使用这四个环节,环环相扣,密切相连。我们应力求做到博采、精鉴、严选、活用,使文章的材料更好地为表现主题服务。

三、材料的积累

文章材料的获取和积累离不开生活现实,只有深入生活,长期积累,才能给写作打好基础。获取和积累材料的途径主要有以下两点:

一是细致观察,深切体验,逐步积累。细致观察就是对自己所接触的事物观察得全面、准确、透彻,深切体验就是在观察的基础上能够透过现象看到本质和规律,对事物由感性认识上升到理性认识。我们必须养成观察事物的习惯,学会观察和分析的方法,这是积累材料的主要手段。

二是有计划地调查采访,搜集资料。为了一定的写作目的,进行有计划的调查和采访,广泛地搜集资料,是获得材料的重要途径。如为了写《哥德巴赫猜想》,作者徐迟曾对陈景润进行了大量的调查和采访工作,详细地了解了陈景润的生平事迹、性格品德等,在此基础上,成功地报道了科学家的动人事迹。

四、应用文材料的特点

1. 真实性

真实性指准确客观。它必须是现实生活中的客观实际,不能有任何的虚构。

2. 实用性

应用文中所采用的材料,其目的很明确,都是为了达到具体的诉求目的服务的。

3. 简要性

在应用文中,材料的叙述要简明、概括,一般不过细展开叙述,不要铺陈渲染。

4. 典型性

应用文的材料要有代表性,能揭示事物的特点和普遍规律,不能是片面的或偶然的。

单元综合练习

一、什么叫启事？它的一般格式包括哪些内容？

二、写寻物启事和招领启事，应各注意哪些事项？

三、2016 年 9 月 3 日，教育系学生张强不慎在校园内将自己的手机遗失。请你替张强写一份寻物启事。

四、2017 年 4 月 1 日，财经系 163 班的学生李元在学校操场捡到一个红色羊皮钱包（九成新），内有中国建设银行卡一张（卡号 6226000100010××），饭卡一张（卡号00120），人民币 80 元。请你以李元的身份，拟写一份招领启事。

五、下面是一则征稿启事，从格式到内容都有毛病，请按修改。

征 稿 启 事

为丰富校刊《中学时代》的内容，特征求下列稿件：园丁颂歌，班级新事，学习心得，读书笔记，思想火花和文艺创作等。

来稿要求观点鲜明，文字简洁生动，字迹清晰，篇幅以不超过千字为宜。请写明真实姓名和所在班级。

祝大家学习进步！

《中学时代》编辑部 2016 年 5 月 4 日

六、指出下列启事中的不当之处。

招 工 启 事

各位工友：

本厂因为发展需要，先欲招聘部门经理 3 名。请有意者前来报名。报名地址：东湖街道兴旺服装厂。

兴旺服装厂
2016 年 12 月 28 日

七、马骏于 6 月 12 日下午在阅览室丢失一个装有现金、证件、饭卡的钱包。请你为他写一份启事。

八、有人说："酒香不怕巷子深"，商品全凭质量取胜。也有人说：企业经营的成败取决于广告，广告做得响，产品就吃香；广告做得孬，产品没人瞧。请你谈谈自己的看法。

九、区别商品广告和公益广告的异同。

十、请你为校园的某些场合（如花园、阅览室等）设计两则公益广告。

十一、消息的导语主要有哪几种类型？对导语有何要求？

十二、根据学校近来举行的有关活动或发生的事情，写一则消息。

第四单元　事务类应用文

单元训练重点

　　本单元为事务类应用文,包括计划、总结、合同和规章。这几种应用文在人们的工作和生活中使用非常广泛,是单位或个人在处理事务中经常运用和拟写的文种,我们应该很好地了解和掌握它们的性质、特点、作用、写作方法及所注意的事项等,在社会实践中能较熟练地运用。

　　这几种事务类应用文虽然在内容、形式及写作方法上有所不同,但它们的共同特点是:其表达方式都以叙述、说明为主,语言要平实、朴素,不追求表达的艺术化,其格式和内容比公文灵活些。在拟写时,一是要求用词准确、精当、规范,表意确切,避免产生歧义,尽量不用描绘性和形象性的词语,排斥口语和方言;二是要求句式严密、简洁,不可铺陈渲染,要做到言简意赅;三是结构紧凑,条理清晰,给人以简明清楚的感觉。特别是合同和规章,在词语要求上尤为严格。

　　单元训练的目的是巩固和强化事务类应用文的基础知识,侧重于写作练习,要求学生能够写出较规范的计划和总结;能熟悉合同的主要条款并拟写较简单的合同;能很好地掌握各种规章的种类、特点、作用及写作要求。

第一节　计　　划

一、计划的性质和特点

1. 计划的性质

　　计划是机关、单位或个人,为了实现某项目标和完成某项任务而事先做的安排和打算。它是一种预先拟订目标、步骤,提出具体要求,制定相应措施的应用文书。根据计划涉及内容和期限的不同,还有不同的叫法。

　　规划是具有全局性的、较长时期的长远设想。

　　方案是从目的、要求、方式方法到工作步骤对专项工作作出全面部署的计划。

　　安排是对短期内工作进行具体布置的计划。

　　设想是初步的草案性的计划。

　　打算是短期内工作的要点式计划。

　　要点是列出工作主要目标的计划。

2. 计划的特点

　　(1) 具有预见性。计划是先于要进行的实践活动而制定的,必须对未来工作中可能发生的问题有充分的估计,提出科学的、切实可行的方案。正因为计划具有预见性、设想性,所以,在执行计划时,也必须视实际情况不断调整。

(2)具有可行性。为了实现预期的目标,必须有切实可行的措施和方法,还要留有余地,切合实际情况,保证目标的实现。

(3)具有指导性。计划一经制定,就要对完成任务的实际活动起到指导作用和约束作用。工作的开展、时间的安排等,都必须按照计划严格执行。

二、分类

计划按不同标准可分为不同的种类:

(1)按性质分,有综合性计划和专题性计划。

(2)按内容分,有工作计划、生产计划、学习计划、科研计划、军事计划等。其内容与各单位、各行业的业务工作有密切关系。

(3)按时间分,有长期规划、短期计划、年度计划、季度计划、月计划等。

(4)按范围分,有国家计划、部门计划、单位计划、个人计划等。

(5)按表达形式分,有条文式计划、表格式计划和文表结合式计划。

三、计划的结构和写法

计划一般由标题、正文、落款构成。

(1)标题。一般由四个要素组成:单位名称、适用时限、计划内容和文种,如《××学校2017年招生计划》。有时候,标题也省略其中某些要素,或省略时限,或省略单位,或省略单位和时限,如:《××公司接待方案》、《2005～2010年城市规划》、《毕业生分配工作计划》。若计划是还不成熟或未经批准的,则在标题后加"草案"、"讨论稿"等字样,并加上圆括号。

(2)正文。正文是计划的主体部分,是具体内容,一般由前言、目标和任务、措施和步骤构成。

① 前言。简要概括基本情况,并指出制订计划的政策依据以及要努力达到的目标。

② 目标和任务。这是计划的核心内容,提出工作任务以及要达到的数量和质量的指标。写法一般采用分条列项的方式,用小标题或者序号标明层次,然后逐项写出具体任务和目标。

③ 措施和步骤。这是完成任务的保证。措施要具体,分工要明确,步骤要有序,条理要清晰,时间安排应当具体,到什么时间完成哪些任务,都要一一说明。

(3)落款。在正文右下方署上制订计划的单位或个人名称,在署名的下行写上日期。

四、计划的写作要求

(1)从实际出发,有全局观念。必须充分考虑实际情况,分析客观条件,所撰写的计划既要有前瞻性,又要留有余地,使计划执行者通过努力就能够完成。还应该处理好整体与局部的关系,做到统筹兼顾。

(2)突出重点,主次分明。一段时间内要完成的事情很多,先做什么,后做什么,主要做什么,次要做什么,必须有先有后,有重有轻,点面结合,有条不紊,这样才有利于工作的全面开展,达到事半功倍的效果。

(3)目标明确,步骤具体。计划的目标必须明确,才会使撰写者明确努力的方向、步骤和进程,才利于实施和检查。

[例文一]

××市 2016 年义务植树造林计划

根据全国五届人大第四次会议通过的《关于开展全民义务植树运动的决议》，希望我市广大人民群众积极响应党和政府的号召，人人争当义务植树的突击手，争当保护林木的哨兵，为绿化祖国贡献力量。为此，我市在今年春季要做好以下几项工作：

一、任务与要求

（一）我市今年春季计划造林面积××亩，植树××株。要求每人平均 3～5 株，栽下后要求有人管理，保证成活，植树不可只用好地。春季植树造林要在植树节前基本完成。

（二）以市政府为领导，以各区为单位，以全民义务植树造林指挥部为指导的群众性植树造林运动的具体要求：

1. 各机关、团体的领导要带头，并指定专人负责此项工作。

2. 充分发动群众组织好力量，采取分片包干的办法。

3. 要因地制宜，根据气候、土壤等不同条件，栽植不同品种的树。

4. 各苗圃要及时做好挖苗备运工作。

5. 加强各环节工作的检查，2 月中旬做一次全面检查。

二、措施

（一）于 2 月下旬召开一次植树造林工作会议，参加人员：本市机关、团体、学校、工厂的有关负责人及政府区以上的主要负责人等。重点研究植树造林的各项准备工作，采取必要措施予以落实。

（二）加强各单位各部门植树造林的领导工作，认真解决各单位存在的问题。

（三）抽调××名干部到植树造林第一线做具体指导工作。

（四）在植树节前把春季植树造林基本做完。

××省××市政府

2016 年 2 月

评点：

这份计划的前言指出了制订计划的依据，概括了基本情况。正文共分两部分，明确了任务和要求，在措施中安排各项工作，初步拟定时间和人员。内容层次清楚，格式规范。

[例文二]

××省机电设备公司下半年工作安排

为走出经营困境，提高经济效益，5 月 25 日我们利用一天时间召开了中层领导参加的经验形势分析座谈会。会议分析了当前经营工作中存在的问题，研究预测了今后一个时期的经济形势；认为机电公司面临的经营形势仍然比较严峻。针对当前的形势，我们要求公司广大职工要正视现实，增强紧迫感、危机感，练好内功，克服困难，迎接挑战。现将公司下一步的工作安排公布如下：

一、强化信息工作，加强对市场的分析预测。定期召开经济形势、市场形势分析会，及时掌握基建投资、货币投放、原材料市场行情等与机电市场密切相关因素的变化情况。通过掌握信息、科学决策，提高经济效益。

二、继续加强物资销售工作。对各种物资再次进行畅销、行销、滞销排队；在抓好滞销物资压库、行销物资勤进快销的同时，突出抓好畅销物资的购销工作。在不影响批发业务的前提下,适当扩大直售量。要打破地区、行业、所有制的界限,与实力较强的单位进行联合,借水行舟,扩大网点,利用"时间差"、"地区差"搞好销售。

三、深入开展"保双优、创双新"活动,不断强化优质服务工作。在认真抓好售前、售中服务的同时,要重点抓好售后跟踪服务,要有重点、有目的地开展上门服务。对于产品有销路但资金周转困难的企业,可实行易货贸易服务。通过真诚服务吸引用户,扩大销售。

四、进一步强化内部管理。要严格落实公司的各项规章制度,规范业务流程,从根本上扭转业务环节中的随意性和不规范性,向科学管理要效益。对物流转费用的情况进行详细分析,找出降低费用、提高物资进销差价率的突破口,采取果断措施,开源节流,提高效益。

五、加强资金管理,提高资金利用效率。对各专业公司、仓库所占用的资金要加强统一调度,集中使用,有重点地向市场好的产品倾斜;主要财务人员参与经营决策,有效减少资金体外循环和"资金旅游",千方百计减少货币资金的占用量。在当前经营规模不断扩大的情况下,要尽可能地搞好资金存量管理,不再扩大货款增量。

六、加速三资企业物资保税中心的筹建和开业准备工作。争取使三资企业物资保税中心早运行,早见效。

七、加强思想政治工作,关心职工生活。增强职工的主人翁责任感和使命感,充分调动广大职工的积极性、创造性,鼓励职工献计献策,依靠职工渡难关。

××省机电设备(公章)

2015 年 5 月 29 日

评点:

例二是一份工作安排,属于计划的一种。这份工作安排,目标放到了前言中,主体部分重点强调了方法和措施,紧密围绕"为走出经营困境,提高经济效益"安排了七项工作,内容具体,指导性较强。

【例文三】

2015/2016 第一学期课外阅读计划

为了开拓自己的知识面,了解建筑专业的相关知识和行业情况,根据学校的教学安排和图书馆的开放时间,下学期的课外阅读如下:

一、目标

1. 了解建筑行业的相关动态。

2. 阅读两本专业书籍,开拓专业知识面。

3. 阅读一本文学书籍,增强文学素养。

二、方法

1. 课外到阅览室阅读相关的建筑专业杂志,并记录相关内容。

2. 到图书馆借阅《×××××》、《×××××》建筑专业书籍,利用课余时间阅读,并摘要、记录相关内容。

3. 借阅《三国演义》,利用课余时间阅读欣赏。

三、步骤

1. 准备三个笔记本,分别记录相关内容。

2. 每周到阅览室阅读一本相关杂志,并记录相关资料。

3. 期中(前8周)完成《×××××》阅读,并记录相关资料。

4. 放假前完成《三国演义》的阅读欣赏,并完成四篇阅读心得。

高工建13－2班　刘鹏

2016年9月1日

评点:

　　例三是学期课外阅读计划,目标明确,方法、措施具体,紧紧围绕目标来制定,具有很好的指导性和可行性。

第二节　总　　结

一、总结的性质、作用和特点

1. 总结的性质和作用

　　总结是对前一段的实践活动进行回顾检查、分析评价,从中找出经验教训和规律性认识的一种书面材料。其表达方式一般为夹叙夹议。

　　总结是沟通理论和实践的桥梁,具有很重要的作用,总结的目的就是要通过实践,提高认识,掌握事物的发展规律,去指导今后的行动。

2. 总结的特点

　　(1) 理论性。总结的过程,就是感性认识上升为理性认识的过程,在分析事实材料的基础上,比较、归纳、提炼出正确的观点,从而提高认识,发扬成绩,吸取教训,更好地指导今后的实践活动。

　　(2) 客观性。总结是对本组织或个人前段工作的回顾和评价,应该以客观事实为依据,真实客观地分析情况、解决问题、总结经验和教训,不可虚构和编造。

二、总结的种类

总结一般有以下几种分类方法:

　　(1) 按照性质来分,有综合性总结和专题性总结。综合性总结是对本部门一定时期内工作的全面总结。专题性总结也称单项总结,是对某一项工作或某一个问题的总结。

　　(2) 按照内容来分,有工作总结、思想总结、学习总结、生产总结等。

　　(3) 按照范围来分,有地区总结、部门总结、班组总结和个人总结等。

　　(4) 按照时间来分,有年度总结、季度总结、月份总结等。

三、总结的结构和写法

总结的结构由标题、正文、落款三部分组成。

1. 标题

标题必须准确、简洁,一般有以下几种写法:

　　(1) 文件式标题。由单位名称、时限、内容和文种构成。如《×××商场2000年销售工作总结》。

　　(2) 文章式标题。用简练的语言概括总结的主要内容或基本观点,标题中不出现"总结"的字样。如《股份制使企业走上快速发展之路》、《增强领导干部的公仆意识》等。

　　(3) 双标题。一般由正题与副题组成。正题概括主要内容或揭示主旨,副题补充说明单位、时限和工作内容,如《抓改革促教学——××学校2004年工作总结》。

2. 正文

正文由开头、主体、结尾三个部分组成。

(1)开头。也叫前言部分,要求开门见山、简明扼要地概括基本情况。如《高校财会工作十年的回顾与展望》中的开头:党的十一届三中全会以来,我国的高等教育事业进入一个新的历史时期。随着国家教育体制改革的深入,高等教育事业迅速恢复和发展,各项工作取得了显著的成绩,面貌发生了巨大的变化。高校的变化,体现在以适应高等学校多项事业的全面发展,建设具有中国特色的社会主义为目标,坚持改革开放……这段话概括地说明了高校改革的背景、主要成绩及发展趋势。

(2)主体部分。这是总结的重点部分,主要写取得的成绩或存在的问题,要求做到观点鲜明、材料典型,叙述和议论相结合。

取得的成绩或存在的问题,是总结的主要内容,目的是要肯定成绩,找出问题。成绩有多少,是怎样取得的;问题有多少,表现在哪些方面,属于什么性质的,都需要讲清楚。从成绩或问题中分析出经验和教训,这是总结的根本性目的,同时上升到一定理论的高度,从中提炼出带有规律性的东西,作为今后工作的借鉴。

写主体部分,切勿事无巨细,一一罗列。这一部分内容很多,又需要对事实进行理论上的分析、归纳。在写作中通常采用三种方式:一是纵式结构,即按时间顺序或工作进程来写。其结构通常是工作指导思想——具体做法——成绩经验——问题教训。这个顺序,使人看了不仅能参照经验去办,而且给人以完整的印象,综合性总结常采用这种写法。二是横式结构,即把经验体会上升到一定理论高度,归纳出几个并列的观点,按照其内部的逻辑关系来安排内容和层次。这种形式行文简要,逻辑关系清晰,便于阅读。三是纵横式结构。即在一份总结中既有纵式结构又有横式结构,它是按材料间的逻辑关系,把内容分为几个部分,每一部分又按时间顺序来写,这种形式的写法条理清楚,一目了然。

(3)结尾部分。在总结经验的基础上提出今后的打算、改进意见和设想。

四、总结的写作要求

(1)指导思想要正确。要写好总结,就必须用正确的观点和党的方针政策为依据来衡量各项工作,才能给工作以恰当的评价;必须科学地分析整个实践活动,才能总结出经验,并从中找出规律性的东西。如果缺乏正确的指导思想和科学分析,就只能罗列现象,甚至写成"流水账",流于形式,达不到总结的目的。

(2)态度要实事求是。工作总结中常常出现两种倾向:一种是好大喜功,搞浮夸,只提成绩,不谈问题;另一种是将总结写成"检讨书",把工作说得一无是处。这两种倾向都不是实事求是的态度。写总结要从实际出发,真实地反映事物本来面目,而不是主观臆造。

(3)找出规律,明确方向。总结的根本任务就在于总结经验,找出规律性的东西,不断把工作推向前进。因此要求作者从客观实际出发,从分析研究事实入手,发掘出事物的本质特点,找出内在联系,找出取得成绩的原因或存在问题的根源,从而认识事物的本质规律,提出符合客观实际的意见,明确今后的工作任务和努力方向。

[例文一]

××省储备局劳动人事处2015年工作总结

2015年是全面贯彻落实党的十八大精神的一年,我们在上级的正确领导下,认真贯彻党的十八大精神,坚持两个文明一起抓,加强领导班子的建设,加大干部人事制度改革的力度,抓好人才整体性资源开发利用以及岗位培训,提高干部队伍素质,为我省储备部门的经济建设,为实现改革发展的新突破,提供了可靠的财力支持和组织保障。

一、认真开展机关思想作风和整顿工作。根据省党委《关于整顿直属机关作风,树立社会主义市场经济观念,确保我省改革与发展新突破决策实施的方案》,我局成立了由局党委李××为组长的机关作风整顿领导小组,制定了整改方案并切实抓好组织落实……

二、领导班子和干部队伍的建设进一步加强。坚持以思想政治建设为重点,全面推进各级领导班子的建设,提高领导水平和执政水平,大力培养选拔年轻干部。去年9月,将一批德才兼备的年轻干部提拔上来,坚持从严治党,加强对领导干部的监督和管理……

三、加快干部人事制度改革的步伐,推进干部能上能下的机制。通过人事制度改革,健全和完善了干部能进能出、能上能下的竞争机制;建立了一个精干、高效、充满活力的干部队伍;创造了一个公开、平等、竞争、择优的用人环境。

四、认真抓好基层管理制度综合配套改革试点工作……

五、组织开展物资储备知识竞赛活动……

六、加大岗位培训和继续教育的力度……

七、加强对基层单位工资总额的宏观控制和政策指导……

过去的一年,我们取得了一定的成绩,但与上级的要求仍有差距,主要表现在:思维方式和思想观念仍然滞后,跟不上形势发展的需要;不善于运用市场经济的思路和办法来解决问题,工作方法上仍存在忙于具体事务多、深层次研究问题少,参谋助手的作用发挥不够等问题。

在新的一年里,我们将深入贯彻党的十八大精神,以改革为动力,以改革促发展,开拓创新,不断攀登新台阶。

2016.01.05

评点:

这是一份综合性的全年工作总结。开头概括介绍了工作的整体成绩,然后分为七个核心问题,并重点突出前三个方面(机关作风整顿、领导班子和干部队伍建设、干部人事制度的改革)的阐述和总结,结尾提出了今后的努力方向。全文是横式结构,逻辑关系清晰。

【例文二】

2012/2013 第一学期学习总结

一个学期的学习过去了,这个学期我们学习了"数学"、"语文"、"建筑设计基础"等7门课程。通过这些课程的学习,我掌握了很多新知识和新技能,自己的综合素质有了进一步的提高,也存在一些问题,现将本学期的学习情况简要回顾如下:

一、主要成绩:

1. 学到了很多新知识。

……

2. 掌握了很多新的技能。

……

3. 找到了更适合自己的学习方法。

……

4. 分析认识问题的能力有了进一步的提高。

……

二、主要不足：

1. 自我约束能力不强,学习的主动性不够。

……

2. 课后复习巩固不够,没有把知识技能变成自己的。

……

3. 课前预习不够,导致听课效果不理想。

……

4. 和老师的交流沟通不够,不懂地方没有请教老师。

……

三、今后的努力方向：

1. 端正学习态度,加强自我约束能力,克服懒惰散漫心理。

……

2. 课前认真预习,带着问题听课,提高课堂效率。

……

3. 课后认真完成作业,复习巩固已学内容,把知识技能变成自己的。

这个学期已经过去了,本学期取得了很多成绩,也还存在很多问题,在今后学习中要不断地总结自己,发扬成绩,克服不足,让自己更快地进步,为未来走向社会奠定坚实的基础。

高工建11-2班　×××

2012 年 12 月

评点：

这是一个在校生写的学期学习总结。开头部分回答了期限、做了什么、做得怎么样三个问题,主体部分条理清楚,内容概括比较全面。

第三节　合　　同

一、合同的性质、特点和作用

1. 合同的性质

合同是平等主体的自然人、法人、其他组织之间设立、变更、终止民事权利义务关系的协议。当事人为了实现一定的目的,依据有关的法律规定,通过协商,彼此确认的一定权利与义务,并用书面形式固定下来,作为以后执行和检查的一种凭证。它是由双方(或多方)当事人商订的有关权利与义务的协议,因此,有的合同又叫作"协议书"。

2. 合同的特点

合同具有合法性、合意性、强制性、计划性的特点。合同首先要合法,凡法律禁止的行为(如贩卖老虎、毒品等)是不能签订合同的。它是各方当事人意见表示一致的合法文书,必须合乎各方意愿。合同在经过法定的机关鉴证或公证之后,具有法律效力,并受法律的保护,因此它具有强制性质。合同一经签订,各方当事人都要严格遵守,按计划认真执行,不能单方面修改或废止,因此它具有计划性。

3．合同的作用

随着我国经济体制改革的不断深化和社会主义市场经济体制的建立和不断完善,经济活动越来越频繁,经济协作越来越广泛。合同是依法管理的有效手段,它有利于社会主义市场经济体制的建立和完善;有利于加强企业经营管理,提高劳动生产效率和经济效益;有利于促进社会化生产的技术协作;有利于保护合同各方的合法权益等。总之,合同对促进国民经济的发展具有重要的作用。

二、合同的种类

(1) 按合同的内容分。《中华人民共和国合同法》规定的合同种类有 15 种:常见的有技术合同,人员聘用合同,社会服务合同,买卖合同,购销合同,建筑工程承包合同,加工承揽合同,货物运输合同,供用电、水、气、热力合同,租赁合同等等。

(2) 按合同的形式分。合同有分条列项书写的条文式,有作出表格填写的表格式。

三、合同的结构和写法

合同的种类繁多,内容各异,形式上也有各自的特点。但从整体来看,仍有它的共同要求和格式。具体说来,合同的写法一般包括四个结构要点:

1．标题

合同的标题在第一行居中,一般只写明合同的性质和名称,如"建筑工程承包合同"、"技术开发合同"等。

2．立合同方

在标题下面并列书写订立合同各方的单位名称或当事人姓名。为了下文说明简洁方便,可在双方当事人后面注明甲方或乙方、供方或需方等,但不可用"我方"、"你方",如有中介方的也要写明。

3．正文

正文是合同的主要部分。一般先简单写明订立合同的目的,然后逐条具体地写明各方议定的内容,主要有:双方各履行什么责任,完成什么任务,享受什么权益,出现问题应承担什么责任,违背或破坏合同应如何处理等。由于合同种类不同,正文内容也有所不同。

4．结尾

结尾写明合同的有效期限,双方单位盖章,双方法定代表签字,以及双方单位地址、邮政编码、电话及传真机号码、开户银行及账号、签订日期等。

四、经济合同的主要条款

合同的种类不同,内容也不尽相同,其正文的主要条款也有所区别。下面以常见的经济合同为例来说明。

根据《中华人民共和国经济合同法》的规定,经济合同的正文部分一般应具备以下主要条款:

1．标的

标的是当事人双方权利义务共同指向的对象,一般用产品、劳务、工程项目、智力成果等的名称来表示。任何合同都必须有明确的标的,否则,双方的权利和义务就不能落实。标的的名称要准确、具体,采用通用名称。

2．数量和质量

数量和质量是标的的具体化。数量指的是标的数量,合同中必须明确规定标的数量、法定计量单位和计量方法。质量指的是标的质量和包装质量,合同标的的质量标准,要力求规定得详细、具体、明确,有国家标准的按国家标准执行,没有国家标准的按专业标准执行。有的标的质量难以表述,可以确定样品,由双方封存后凭样品验收交货。

3. 价款或酬金

价款或酬金是取得合同标的的一方向对方所支付的代价或报酬。它以货币数量表示。合同中必须明确规定标的的价款或酬金及其结算方式。

4. 履行的期限、地点和方式

履行期限是确定经济合同当事人是否按时履行的客观标准。它可以按季、按月,也可以按旬、按日,有连续供应关系的可按生产周期等。交货日期的计算:送货制以需方收货戳记为准;提货制以供方通知提货日期为准;代运制以发运产品时承运部门的戳记为准。履行地点是分清双方责任的依据之一,合同中必须明确写明交(提)货、付款、验收或劳务的具体地点。履行方式是指当事人采用什么方法来完成合同规定的义务,是一次性全面履行完毕,还是分期履行,是送货,还是提货或代运等。这些都要作出明确规定并表述确切。

5. 违约责任

违约责任是指当事人一方或双方,由于自己的过错造成合同不能履行或不能完全履行,按照法律规定和合同约定来承担的经济制裁。它是通过违约金反映的。我国经济合同法及有关条例中具体规定了相应的违约责任,拟定合同时应依据这些规定。

除以上主要条款外,根据法律规定或按经济合同性质必须具备的条款,以及当事人一方要求必须规定的条款等,也要作出明确规定。

五、合同的写作要求

签订合同必须遵守国家法令,符合政策要求,必须贯彻平等互利、协商一致、等价有偿的原则,以保证合同的合法性和平等性。在写作上,要做到以下几点:

1. 内容完备,条款齐全

合同一经签订,对各方都具有法律效力,任何一方违背或破坏了合同的规定,就要赔偿对方的损失或承担法律责任。双方在研究、协商和拟写合同条款时,要考虑周全,力求把双方的权利、义务等内容写得完备、周详,把应具备的主要条款写齐全。如果内容不完备,条款不齐全,会给合同的履行带来麻烦。

2. 规定具体,表述周密

合同的各项条款关系到双方当事人的权利和义务,必须规定得具体、明确,毫不含糊。如在购销合同中,货物是按日、按旬还是按月、按季交货,计毛重还是净重,是送货、自提还是代运,按什么标准和方法检验,是否要封存样品对照,供方实行“三包”而费用由谁负责等,都要在合同中具体地规定清楚。同时,合同中的语言要表述周到、严密,明白无误,不能使用含糊不清或可能发生歧义的词语,防止由于措辞含糊,语义不明而造成纠纷。

3. 书写工整,文面整洁

合同的字迹要清楚、工整,标点符号要正确,不写错别字,涉及的期限、金额、数量等数字要大写。如有修订、补充,改动处应由双方加盖印章,不得单方修订,更不准单方随意涂改。另外,合同用纸最好是质地坚韧的,用钢笔或碳素笔书写,便于保存。为慎重起见,可在两份合同的骑缝处写上“合同”二字,并加盖骑缝章,以防止伪造或加页。

另外,凡经双方同意的关于补充和修改合同的来往文书、电报、图表等,均可作为附件,成为合同的组成部分。

[例文]

订货合同

立合同单位：×××研究所(以下简称甲方)

　　　　　×××家具厂(以下简称乙方)

为了发展生产,满足群众需要,经双方协议,特签订本合同,以便双方当事人共同遵守。

一、甲方向乙方定书橱××只,单价××元;书桌××只,单价××元,总计金额×××元。乙方在××××年××月××日前交货。

二、品先由乙方做实样,经甲方同意后照实样施工。

三、所有原材料均由甲方供应,乙方在甲方现场施工。

四、甲方按图纸和实样验收产品,合格后一次性结算价款,由甲方汇入乙方开户银行。

五、本合同一式二份,甲乙双方各执一份供保存和备查。

六、本合同自签订之日起生效,有效期从××××年××月××日起至同年××月××日止。任何一方不得任意毁约,否则要承担对方经济损失。

甲方：××研究所(章)　代表：×××(章)

乙方：××家具厂(章)　代表：×××(章)

××××年××月××日

评点：

这是常见的订货合同,格式规范。第一条写明标的;第二条写明质量要求;第三条写明原材料及施工地点;第四条写明结算方式;第五条写明合同的保存和备查;第六条写明生效期限与违约责任。

第四节　规　　章

一、规章的性质和种类

1. 规章的性质

规章是机关、团体、单位为了管理的需要而制发的对一定范围内有关工作、活动与人们的行为作出规范要求并具有约束力的应用文书。

2. 规章的种类

常用的有章程、条例、规则、规定、细则、制度、守则、公约等。

(1)章程。章程是党政机关、团体制定的纲领性文书,对组织的宗旨、性质、任务、机构、成员和活动规则作出规定的文书。章程应由该组织代表大会讨论通过后公布实行。如《中国共产党章程》、《中国语言学会章程》等。

(2)条例。条例是由国家机关制定或批准,规定某一事项或机关、团体的组织、职权等带有法规性质的文书。如《会计人员职权条例》、《企业职工奖惩条例》等。

(3)办法。办法是针对某项工作或某一方面的活动作比较具体规定的文书。如《实行科技人员交流的办法》、《国家行政机关公文处理办法》等。

(4)规则。规则是国家机关、团体、单位为维护公众利益,对某一事项制定的原则性规定。如《城市交通规则》、《篮球比赛规则》等。

（5）规定。规定是对某一事项制定的法规性文书，比规则更具体。如《关于提高知识分子待遇的若干规定》、《××职业学校学生毕业实习的规定》等。

（6）细则。细则是为了贯彻执行条例、规定、办法中某条款制定的详细规则，它具有补充性和辅助性，内容具体、明确。如《石家庄市交通法实施细则》、《××市医药管理细则》等。

（7）制度。制度是针对社会组织或某些范围、某一事项作出的行为准则。如《太行机械厂机电设备检修制度》、《××学校考勤制度》等。

（8）守则。守则是要求特定的群体共同遵守的道德和行为规范的文书。如《员工守则》、《学生守则》等。

（9）公约。公约是群众在自觉的基础上共同商定的对某一事项作出的具体要求。如《卫生公约》、《文明公约》等。

二、规章的特点

（1）实施的法规性。规章是为了加强管理、维护工作秩序而制定的，一经公布实施，就要求有关人员遵照执行，具有一定的约束力和强制性。

（2）作者的限定性。制发者必须依法在自己的职权范围内形成相关层次的规章，否则制发的文书无效。

（3）制发的程序性。规章的制发程序有严格要求，即通过法定程序使文件获得法定效力。规章的发布，不同级别的机关有不同的要求。一般来说，全国性行政法规由国务院总理签署发布令；地方性法规经人民政府常务会议讨论通过后，由最高领导签发提请人民代表大会及其常委会审议批准；企事业单位的规章由行政负责人批准，在本单位内公布。

三、规章的结构和写法

规章一般由标题、正文、落款三部分构成。

1. 标题

规章的标题一般由单位名称、内容、文种组成。如《××市房地产市场管理细则》。单位名称，是规章适用的单位或范围，或是制定、颁发单位的名称。

2. 正文

规章的正文结构一般有两种形式：

（1）章条式。即将规章的内容分成若干章，每章又分若干条。第一章是总则，中间各章是分则，最后一章是附则。

总则一般写原则性、普遍性、共同性的内容，包括主要内容有：制定依据、制定目的（宗旨）和任务、适用范围、有关定义、主管部门等。

分则指总则之后的具体内容，通常按事物间的逻辑顺序，或按各部分内容的联系，或按工作活动程序以及惯例分条列项，集中编排。

附则包括的主要内容有施行的程序与方式、有关说明及施行日期等。

（2）条款式。这种规章制度只分条目不分章节，适用于内容比较简单的规章。一般开头说明缘由、目的、要求等，主体部分分条列出规章的具体内容。其第一条相对于章条式写法的总则，最后一条相对于附则的写法。

3. 落款

正文结束后，在右下角写明制定和发布此规章的机关单位名称及日期。若具名和日期已在标题中出现,结尾可不必落款。

四、规章的写作要求

(1) 体式的规范性。规章在一定范围具有法定效力,因此在体式上较其他事务文书更具有规范性。用语要简洁、平易、明确;在格式上,不论是章条式,还是条款式,本质上都是采用逐章逐条的写法,条款层次由大到小,一般以章、条、款三层组成最为常见。

(2) 内容的严密性。规章需要人们遵守其特定范围的事项,因此其内容必须有预见性、科学性,就其整体而言必须通盘考虑,使其内容具有严密性,否则无法遵守或执行。

[例文一]

阅览室规则

一、开放时间:每天上午8时至12时,下午1时至8时。

二、本室所有报刊、图书、资料只供室内阅览,一律不得外借。

三、爱护图书,人人有责。如有污损,酌情赔偿;如污损严重,照价赔偿;绝版图书,加倍赔偿。

四、保持室内整洁,不准乱扔纸屑,不准乱丢杂物,不准随地吐痰。

五、保持室内安静,禁止高声喧哗。

××学校阅览室

评点:

本规则是常见的一种规章,对具体的事务作了有关规定,使阅读者按要求去做。相对而言,格式和内容较为简单。

[例文二]

中学生守则

一、热爱祖国,热爱人民,拥护中国共产党。努力学习,准备为社会主义现代化贡献力量。

二、按时到校,不迟到,不早退,不旷课。

三、专心听讲,勤于思考,认真完成作业。

四、坚持锻炼身体,积极参加有益的文娱活动。

五、积极参加劳动,珍惜劳动成果。

六、生活俭朴,讲究卫生,……公共秩序,遵守国家法令。

八、尊敬师长,团结同学,对人有礼貌,不骂人,不打架。

九、热爱集体,爱护公物,不做对人民有害的事。

十、诚实谦虚,有错就改。

评点:

这个守则,是由国家有关部门制订的,对全国中学生有的放矢地提出需要共同遵守的行为准则。条文内容具体,语言通俗,该怎样做不该怎样做,一目了然。

[例文三]

××厂××车间操作规程

一、开机前的准备工作

1. 查看交班记录,检查本机刀头各部位是否符合要求,合上电源总闸。

2. 观察控制面板和顶上的指示灯及刀片、计数器,了解刀片和砂轮的消耗情况,做好记录。

3．置控制方式控制钮在内部设定状态，调节设定值于 60％以上。

4．置控制刀按钮于关闭状态，置本机工作方式于自动状态。

5．置连锁选择钮于外部连锁状态。

二、生产开始

1．启动油泵电机，检查油路中各部压力是否正常，由左向右启动相应的各台电机。

2．监听本机的响声有无异常，有情况及时处理。

3．经常检查切出物是否达到工艺要求，要保持本机及现场的清洁。

三、生产结束

置控制钮于"0"位置，从右至左停止各部电机，最后停止油泵电机。关掉电源总闸，做好交班记录，搞好班末保养工作。

评点：

本文是某单位机电设备操作规程，明确具体地规定了机械操作人员的工作程序，对安全有效地生产起到很好的作用。

［例文四］

××小区居民文明公约

为发扬共产主义精神，树立新的道德风尚，特制定本公约。

一、热爱祖国，热爱中国共产党，热爱社会主义制度，热爱小区，同心同德建设"两个文明"。

二、文明礼貌，敬老爱幼，邻里和睦，不说脏话，不要态度。

三、讲究卫生，消灭害虫，不随地吐痰，不乱扔脏物。

四、遵纪守法，维护公共秩序，不起哄，不打架，不赌博，不酗酒。

五、爱护公共财物、山水林木、文物古迹、珍禽益鸟，种树栽花，美化环境。

六、勤俭节约，婚丧简办，提倡晚婚，计划生育。

七、开展健康的文体活动，抵制淫秽书、画、录音、录像，反对不文明行为。

八、对人热情友好，不卑不亢，落落大方。

本公约自公布之日起，小区居民要共同遵守，互相监督，自觉执行。

2016 年 3 月 18 日

评点：

本文是公约，属规章的一种，条文内容较具体明确，希望小区居民能自觉地执行。公约在人们的共同努力下是可以做到的，对促进精神文明起到很好的作用。

第五节　招标书　投标书

一、招标书

（一）招标书的含义

招标与投标是建设单位与承包单位之间或买方与卖方之间的一种经济活动。建设单位公布项目名称、标准、条件等，招人承包；需货方公布货物名称、数量、标准等，招人承包供货;货主公布货物名称、数量、标准等,招人出价购买等这类经济活动都叫招标。招标单位对外公布招标内容的文字材料就是招标书。

（二）招标书的格式与写法

招标书通常由标题、正文、结尾三部分构成。

1. 标题

招标书的标题没有固定模式,可写成招标通告、招标公告、招标启事、招标广告等。常见招标书标题有三种写法:

（1）由招标单位名称、招标项目名称和文种三部分组成。如:

《××市××立交桥工程招标通告》

（2）采用正副标题形式,正标题由招标单位和文种组成,副标题只写招标项目。如:

××省交通厅招标通告

招标号 2005－95

建华公路立交桥工程

（3）只写招标书或招标通告,招标项目在正文中再写,单位在结尾中标明。

2. 正文

招标书的正文必须把本次招标的主要事项表述清楚。常见的写法是先说明招标的目的和依据,然后逐条写出项目名称、招标项目规模（或数量）与标准、时间要求、承包方式、招标对象和招标步骤等内容。

3. 结尾

写明招标单位名称、地址、联系电话、联系人等。

（三）招标书的写作要求

（1）要符合法规。哪些项目招标、在什么范围内招标、招标步骤如何安排等,必须按有关政策或法规进行。

（2）要实事求是,不夸大其词。

［例文一］

中华人民共和国技术进出口总公司

国际招标公司招标通告

中国农村供水项目 No－TCBW－053718

（国际开发协会信贷号 No.1684CHA）

根据 2004 年 12 月 31 日刊登在 186 号联合国开发论坛商业版上的上述项目的总采购通知,特刊登本具体商品招标通告。中国技术进出口总公司国际招标公司（以下简称招标公司）,利用国际开发协会信贷向合格厂商,就下列材料和设备进行招标。

1. 一号招标文件   钢材,钢管;

2. 二号招标文件   塑料管材;

……

凡愿参加此次投标者,请与招标公司第三业务部联系,并于××××年×月×日起至××××年×月×日索购招标文件。一号招标文件,每套售价 500 元人民币。二号招标文件,每套售价 160 元人民币。……

上述招标文件的最后截止日期为××××年×月×日下午×时(北京时间)。其后所到达的投标文件或未按招标规定交投标保证金的投标文件,恕不接受。兹定于××××年×月×日上午×时(北京时间)在招标公司公开开标。

中国技术进出口总公司国际招标公司第一业务部

地址:中国　北京　西郊二里沟

电话:010×××××××

电传:2200T6CTCCN 或 268459CNTICCN

网址:www.zhaibyy.com

评点:

这是一份招标书,内容清楚,结构完整。标题为正副标题,正标题由招标单位与文种组成,副标题是招标项目。正文先说明招标依据,再说明招标项目,具体的数量、规格、标准等分别放在不同的招标文件中,以便于不同企业投标。然后是告知欲投标企业如何投标及截止日期、开标时间等。

二、投标书

(一)投标书的含义

投标书是指投标方按招标书提出的条件、要求,向招标方提出承办申请(标书)、企业情况介绍、总预算表、书面答询等文字材料。

(二)投标书的格式与写法

投标书的格式因招标项目的不同而不同。货物供销和小型工程项目的投标书,只需报出价格对有关问题作出说明即可。大中型工程建设项目,按法律规定,投标者要先写出投标申请书,并附企业情况说明,经招标单位进行资格审查同意后,再根据招标文件的内容和要求报送标书。因此,投标书实际上是由投标申请书和标书两大部分组成。如果投标申请书在资格审查中未获得通过,就没必要再写标书了。

投标申请书。一般由五部分组成:

(1)标题。写"投标申请书"即可。

(2)主送单位。即招标单位,格式同行政公文。

(3)正文。表明要求参与投标的决定及保证事项。

(4)结尾。写明投标单位名称、负责人姓名、年月日、加盖公章、联系方法、地址等。

(5)附件。企业情况说明。即投标企业简介,随投标申请书附送,应写明企业名称、企业的所有制性质与隶属关系、营业执照或资格证书(复印件)、企业简况、开户银行账号、负责人姓名等。

·标书

标书内容要根据招标项目和招标要求而定,一般标书包括以下内容:综合说明、工程报价和价格组成的分析、计划开工和竣工日期、施工组织和工程进度计划表、主要的施工方法和质量保证措施、临时设施占地面积等。

有的招标单位把标书按自己的要求制成表格,放在招标文件中,投标单位认真填写即可。有的招标单位统一拟定标书格式,投标单位逐项说明即可。

实际行文中,投标申请书与标书有时合在一起写,称为投标意见书。

［例文二］

建筑安装工程投标申请书

××市×××招标办公室：

　　我单位根据现有施工能力，决定参加×××工程投标，保证达到招标文件的有关要求，并信守各项规定。

　　特此申请，望批准。

附：《投标企业简介》

投标单位：××××（盖章）

负责人：×××

××××年×月×日

投标企业简介（资格审查）（略）

评点：

　　这是一份投标申请书，短小精练，格式完整。

写作知识（三）　文章的结构

一、结构的含义

　　文章的结构，是指文章内容的组织排列形式。"结构"原先是建筑学上的一个术语，被借用来表现文章的布局艺术。文章的结构是解决言之有序的问题，安排文章的结构要根据材料的组织和表达主题的需要，加以适当编织和穿结。文章的结构过程正如盖楼房一样，必须经过周密设计、反复考虑整体布局和内部构造，认真施工，才能建成牢固的大楼。我们将结构称为文章的"骨架"。一篇文章，搭架子很重要，它反映了作者的思路，关系着整个作品的成败和文章的优劣。

二、结构的基本内容

　　文章的结构虽"定体则无"，但"大体须有"，是有规可循的。特别是层次和段落、过渡和照应、开头和结尾，都在文章结构中起着重要作用。

　　（一）层次和段落

　　（1）层次，指的是文章内容的先后次序，是事物发展的阶段性，它着眼于思想内容的划分，体现着作者的布局和安排。不同的文体在安排层次时有不同的方法，记叙文的层次安排常见的有以下几种情况：

　　① 以时间的推移为顺序来安排层次。如古代散文《曹刿论战》，就是以时间为序安排层次的。

　　② 以空间位置的变换为标志来安排层次。如周定舫的《人民英雄永垂不朽》就是这样安排层次的。

　　③ 以纵横交叉的方法来安排层次。如通讯《为了六十一个阶级弟兄》，就是把同一时间、不同地点发生的事情交织在文章中。

　　④ 以材料的性质分类来安排层次。这种方法是把表现主题的材料，按其性质加以分类，从各个不同的侧面展现主题。如魏巍的《谁是最可爱的人》，就选了不同性质的三个材

料来表现主题。

⑤ 以作者认识发展的顺序来安排层次。

论说文的层次安排一般是：总分式、分总式或总分总式。分述部分一般采用下面几种结构形式：

① 并列式。即文章各层次（分论点）之间为并列关系。

② 递进式。即文章各层次之间是步步深入的，表现为层进的关系。

③ 分总式（或总分式）。即文章各层次之间表现为先分后总，或先总后分的关系。

（2）段落，划分段落是为了更有条理、有步骤地表现层次，段落划分侧重文字表达的需要，每个段落表现文章内容发展的一个步骤。划分段落的原则有以下几点：

① 注意每个段落内容的单一性和完整性。

② 注意各段之间的内在联系。

③ 注意段落的轻重适度，匀称恰当。

（二）过渡和照应

（1）过渡，是指上下文之间的衔接和转换。过渡是段与段之间的桥梁，可起到承上启下的作用。文章一般在以下几种情况下需过渡：

① 由总到分或由分到总的过渡。

② 内容由一层意思转换为另一层意思时的过渡。

③ 叙述过程中用插叙、倒叙时的过渡。

④ 由议论转为叙述或由叙述转为议论时的过渡。

（2）照应，也就是文章内容的前后呼应。写文章时必须有呼有应的情况就像演话剧一样，若在某一幕的墙上挂着枪，那么这枪最后就要派上用场，否则这枪就不必挂在那里。

照应的形式有前后照应、文题照应、文中照应。

（三）开头和结尾

（1）开头，是文章的有机组成部分，它在文章中占据着特殊的地位。高尔基打了个很好的比喻：它好像在音乐里定调子一样，往往要费很大功夫，调子定高了唱不上去；调子定低了，就会把嗓子压得出不来声。有人说，好的开头是成功的一半。这话很有道理，说明了文章开头的重要性。

开头的方法很多，如"开门见山"的写法，一开始就落笔入题，直接揭示主题，这种方法在议论文中是常见的。如"形象化"的写法，文章的开头或描写环境，引出人物；或抒发感情，渲染气氛；或先叙故事，引出深刻道理等。这种写法在记叙文中是多见的。

（2）结尾，也和开头一样，在文章中占据着特殊的地位。俗话说："编筐编篓，重在收口；描龙画凤，重在点睛。"好的结尾，可以收到"言尽而意无穷"的效果。

结尾的写法很多，概括起来有以下几种：一是总结全文，揭示主旨；二是展示未来，鼓舞斗志；三是抒发情怀，感染读者；四是饱含哲理，发人深省；五是委婉含蓄，余味无穷。

（三）结构的原则和要求

1. 文章结构要恰当反映事物的内部规律

记叙文的结构一般是：开端——发展——高潮——结局，这样一个带有规律性的事物发展过程，就成了记叙文体组织结构的客观依据。

议论文的结构一般是：提出问题——分析问题——解决问题，这样一个论述过程，也就是引论——本论——结论。

2．文章的结构要有利于表达主题

我们写文章的目的在于表现有意义的主题。根据表现主题的需要来安排结构，则成为一条重要原则。层次和段落、过渡和照应、开头和结尾都要根据有利于表现主题的需要来加以酌定。

3．文章的结构要适应不同文体的特点

不同体裁的文章，在表现方式上特点不一，因而具有不尽相同的结构形式。如诗歌，它分行分节，讲节奏感；如电影，它是立体艺术，跳动自如；如记叙文，它的结构表现为线索分明、情节完整；如议论文，其结构表现为条理清晰、逻辑严密。

对文章结构的要求，简单而言，就是要"严谨自然，完整统一"。

四、应用文的结构

1．应用文的标题

应用文的标题除极少数文种(如广告、通讯、特写等)外，一般不追求新奇、含蓄，要求准确、简明，让人一目了然。常见的标题形式有以下几种。

(1)公文式标题。这种形式的标题大多数有三项内容，一般形式是：发文单位＋事由＋文种。如：

《河北省人民政府关于开展植树造林活动的通知》

《石家庄工程技术学校 2014 年工作总结》

(2)概括式标题。标题概括全文主要内容，可以采用单行或双行标题，这种情况是调查报告、市场预测等文种常用的。如：

《石家庄市春季蔬菜价格预测》

《是什么把他们推向深渊》

——青少年犯罪的调查

(3)标实式标题。这种形式的标题，内容比较简单，直接标示出文章性质。如：《寻人启事》、《借条》、《请柬》、《民事起诉状》等。

总之，应用文的标题一般要清楚、明确，让读者一看就明白，不能含而不露，让人费解。

2．应用文的开头

常用的开头方式有以下几种：

(1)介绍式。文章开头概括地介绍基本情况，常用于总结、调查报告、消息等。如：

《学习总结》的开头："入学已经一年了，一年来我们学习了七门基础课程，通过这些课程的学习，进一步增长了知识提高了技能。为总结经验，吸取教训，促进今后的学习，现将一年来的学习情况简要总结如下。"

某消息的开头："一支由中英美组成的科考队，自4月起对广西乐业天坑群进行科学考察，披在这一世界最大天坑群身上的神秘面纱正在逐步揭开。专家已初步认定，天坑底部应该存在一个比较原始的生态群体。"

(2)根据式。文章开头指出行文的根据，这种方式常用于公文和事务文书。如：

"根据《中华人民共和国宪法》规定，为保护公民私有财产的继承权，特制定本法。"(《中华人民共和国继承法》)

(3)目的式。文章开头说明行文的目的，这种方式常用于条例、指示、规定、规章、合同和协议等文种。如：

"为了维护社会稳定,保护人民群众的人身和财产安全,打击抢夺犯罪行为,特制定本说明。"(《关于打击抢夺犯罪的司法说明》)

"为提高进出口商品竞争能力,充分利用国家优惠政策,××机械公司和××纸盒厂本着自愿、平等的原则,经过协商,特签定本联营协议,以资共同遵守。"(《联营协议》)

(4)原因式。文章开头先交代写作缘由,这种方式常用于请假条、请示、报告等文种。如：

"我收到区学联的邀请,要我代表我校学生会参加学联组织的一个会议。因此,今天我不能到校上课……"(请假条)

(5)时间式。文章开头先交代时间,这种方式常用于通知、请柬、海报、启事等文种。如：

"兹定于 2005 年 8 月 28 日晚 8 点,在本校礼堂举行迎新生联欢晚会,届时敬请光临。"(《请柬》)

(6)引述式。文章开头引用文件或转述来文事由,常用于转发或批转性通知、批复、函等文种。如：

"国务院同意国家进出口委员会、国家经委《关于建立中国工艺美术行业协会的报告》,现转发给你们,请研究执行。"(转发通知)

3. 应用文的结尾

应用文的结尾常见的有下列几种形式：

(1)要求式。这种形式的结尾在命令、批复、通知等下行公文中常用。如：

"望遵照执行。"、"希尽快解决处理。"等。

(2)祈请式。这种形式的结尾在上行公文中的请示、报告中及请柬、函、书信等礼仪类应用文中常用。如：

"以上意见是否可行,请领导批示。"(请示)、"敬请届时光临。"(请柬)

(3)说明式。这种形式的结尾常用于条例、办法、规定等法规性文件中。如：

"本条例自 2005 年 8 月 1 日起执行。"(条例)

"本办法实施中的问题,由财政部统一解释。"(办法)

(4)商洽式。这种形式的结尾在公函中常用。如：

"请帮助解决为盼。"、"请贵单位协助处理。"

(5)总括式。这种形式的结尾常用于篇幅较长的报告、总结、诉状等应用文。如：

"综上所述,×××的行为已构成过失杀人罪。为此,根据刑法第××条之规定,特向法院提起诉讼,请法院依法判决。"(刑事起诉状)

4. 应用文的过渡

应用文中的过渡,往往是由总至分的过渡。如：

"……现将 2005 年的学习情况回顾总结如下："

"……在这个学期,我们主要做了以下几个方面的工作。"

在篇幅较小的应用文中,一般不使用过渡段,而经常使用过渡性的词语。如用在段头的："但是"、"既然"、"即使"等来表示转折或假设关系；"总而言之"、"综上所述"、"归纳起来"等来表示由分至总的过渡等。用在段尾的,如："理由如下"、"特做如下规定"、"简述如下"、"总结如下"等来表示由总至分的过渡。

5. 应用文的条理

条理清晰是应用文在结构上区别于其他文体的一个显著特征。在许多文种中都需要分条列项、逐项说明,如条例、章程、计划、规章、公约、合同、诉状等。其条理和层次必须清晰、分明,以便让读者一目了然。常见的结构条理是按由主到次、由总到分等顺序安排,可参看例文,不再赘述。

单元综合练习

一、拟订计划的主要步骤是什么?有何要求?

二、写总结的主要步骤是什么?有何要求?

三、拟订一份"本学期课程学习计划"或"课外文学作品阅读计划"。

四、写一份"阶段性个人学习总结"或"阶段性班级卫生总结"。

五、一般经济合同主要有哪些条款?

六、拟写合同要注意哪些问题?

七、规章的写作要求有哪几点?

八、请根据学校的实际情况,拟订一份"学生宿舍文明公约"。

九、请根据本班情况,拟订一份"教室卫生守则"。

十、为学校电子阅览室拟订一份"须知"。

十一、分析回答

1. 某商贸公司和一服装厂签订了一份服装加工合同,其中服装的样式规定为"广州样式"。当服装厂交货时,商贸公司以服装非"广州样式"为由,拒绝接受。合同双方有没有违约?这一纠纷是什么原因造成的?

2. 某商贸公司和一个生产凉席的厂家签订一份凉席购销合同,规定的交货时间为"当年的5月31日前",合同的违约责任中规定"如果违约,违约方要承担违约责任"。结果厂家9月份才交货,厂家承认违约,但在赔偿问题上双方产生纠纷。你认为造成纠纷的主要原因是什么?

第五单元　社交礼仪类应用文

单元训练重点

交际是指人与人之间的交往。自人类社会开始,人类就产生了交际活动。随着社会的不断变化和发展,人们的交际活动也不断变化和发展、日益频繁和复杂。我们通常所说的交际活动,是指人们在日常社会活动中的感情沟通和事务往来,这当中有私人的日常交际,也有单位与单位之间、单位与个人之间的公共关系交际。

交际活动的方式多种多样。小至一次握手、道一声"晚安"、递一张名片,大至全国性、国际性的会议或各种活动,都是人们交际活动的方式。在千百种交际活动中,书信往来是人们最普遍、最频繁的一种,书信也就成为人们生活中不可缺少的一种交际工具。本单元主要介绍求职与应聘、祝贺与感谢、邀请书与请柬、欢迎与欢送社交礼仪应用文。

第一节　普通书信的写作

书信是人民日常生活和工作中最常见、使用最广泛的应用文之一。通常把书信分为普通书信和专用书信两大类。普通书信是指私人之间相互交往的信件;专用书信是具有某种特殊作用的信件,如证明信、介绍信、祝贺信、求职信、邀请信、申请书等。

一、普通书信的格式

在长期的使用过程中,书信形成了自己特有的格式。写作书信应遵循这些习惯格式。

1. 称呼

称呼写在首行顶格位置,后加冒号,独立成行。称呼要表现出对对方的尊敬和礼貌。怎么称呼应根据同收信人的关系来定,一般是当面怎么称呼就怎么写。对长辈不要直呼其名,或按辈分称呼,或在姓后加职务职称来称呼;对同辈如同学、同事、朋友等,可直称其名,也可在名字后加"同志"、"战友"、"同学"等;对一些特殊对象,可在称呼前加上诸如"敬爱的"、"尊敬的"等修饰语。

一般而言,同收信人关系越亲密,称呼就越简短,如果只用姓名中的某一个字来称呼,习惯上是表示恋爱或夫妻关系。关系远一些的,一般是在姓(或姓名)后加职务或职称,如"牛经理"、"马主任"等;或是在名字(或姓名)后加血缘性称呼,如"志强叔"等。

2. 问候

写在称呼的下一行,空两格,独立成段。问候语是表示对对方礼貌和尊敬的用语,要写得亲切、得体,可根据收信人的具体情况来写。

3．正文

这是书信的主体,一般是先写缘起语,说明写信的缘由,引出要对收信人说的话。内容较多时,注意条理要清楚。

4．结束语

也叫致敬语或祝颂语,是礼貌用语。可根据彼此关系和对方情况来写。表示尊敬、庄重的可用"此致"、"敬礼"等,对关系亲密的长辈可用祝词。如"恭请"、"安康"等。一般关系可用"祝生活愉快"、"顺致"、"安康"等。

结束语可在正文写完后接着写"此致",转行顶格再写"敬礼";常见的是正文写完后,另起一行写祝语"此致"等,转行顶格写颂词"敬礼"等。

5．具名、日期

在结尾语之后,右下方位置先写姓名,转行写年月日。

信写完后,又有话需要补充,可在信纸空白处写"附"或"另"等字后加冒号,写完补充的话后再加"又及"字样。

二、普通书信的写作要求

(1)写信的目的要明确。书信可写的内容没有限制,但不能写什么算什么,应需要什么写什么。

(2)要注意自己同收信人的关系。关系越亲密用语越随便,关系越远越要注意礼貌庄重。

(3)要注意收信人的具体情况。要根据对方的文化程度、个人爱好等具体情况,来选择词语和写作内容。如,对方文化程度不高,用词就要注意通俗,对方遇到了挫折,就要注意语言的亲切感人,给予对方同情、理解和慰藉。一般而言,不写或少写对方不感兴趣的或不愿听的或听不懂的东西。

(4)要注意语言的得体、达意。把要话说得清楚明白,用语要谦虚礼貌。

(5)注意格式,讲究礼貌。书信格式是约定俗成的,应按格式来写。文面要整洁,书写要工整。语言要简练,信不宜写得过长。

三、一般书信的常用语

(1)起首语。用在称谓之后。如:

"如晤"、"如面"、"如见",表示和见面一样。

"鉴",敬辞,阅、看。前边不用其他字时用于对晚辈。

"尊鉴",敬请对方看信;"钧鉴",用于对上级或德高望重者;"道鉴",用于对学问高深者;"礼鉴"用于对方居丧时期。

(2)信中称谓语。在信中对自己和对方的亲戚朋友的礼貌称呼。

称呼自己的长辈,用"家",如"家父"、"家兄"、"家叔"等;如果长辈已经去世,用"先"字,如"先父"、"先母"等。

称呼自己的晚辈,用"舍",如"舍弟"、"舍妹"等。如果年轻晚辈已去世,用"亡",如"亡弟"、"亡妹"等。

称呼自己的妻子,用"贱内"、"山荆"等。

称呼自己的子女,用"犬子"、"豚儿"等。

称呼自己的老师,用"业师"。

称呼对方亲属,用"令",如"令尊"(父亲)、"令慈"、"令堂"(母亲)、"令郎"(儿子)、"令爱"(女儿)等。

(3)信末习惯用语。一般用在正文末祝颂语前。如

"专此奉达"、"手此奉达"(常用套语),"专此奉复"(复信末套语);"均此不另"(表示都以这封信致意,不再另外一一写信问候);"伫候明教(示)"(表示向对方请教问题,希望尽快回信);"伫候复音"(要求对方尽快回信);"余容续陈"(表示其余的以后再继续陈述);"不尽欲言"(表示言不尽意);"不揣冒昧"(表示自谦,意为来不及考虑自己的轻率和莽撞);"草草不工"(表示谦虚)等。

(4)祝颂问安语。祝颂问安语是书信的结束语,是礼貌用语。一般由两部分构成,前边部分常用"致"、"祝"、"即颂"、"顺祝"、"恭请"等词语,后边部分是颂词,常用"安"(或"祺")字,表示平安、安康、吉利。如:对父母、祖父母常用"慈安";对长辈妇女用"懿安";对夫妻双方用"俪安";对长辈、远友用"台安"。也可根据对方的职业等情况来选择词语,如:对教师用"教安";对作家用"著安"、"撰安";对外出者用"旅安";对病人用"痊安"。也可用时令语请安,如"春安"、"秋安"。通用的请安语,如"时安"、"大安"、"百安"等。

(5)名后附加语。用于署名后,表示陈述。如:

"叩禀"、"拜禀"、"跪禀"等用于亲属长辈;"谨禀"表示对对方的恭敬;"谨复"用于复信;"谨上"用于长辈、上级或师长;"谨白"、"顿首"用于平辈;"敬贺"、"恭贺"、"谨贺"用于祝贺信等等。

[例文]

鲁迅致母亲①

母亲大人膝下敬禀者②:

四月廿四日来示③,已经收到,第二次所寄小包,也早收到了。上海报载廿六日起,北平大风,未知寓中如何,甚以为念。大人胃病初愈,尚无力气,尚希加意静养为要。上海天气亦不甚顺,近来已晴,想可向暖。寓中均安,海婴亦好,可请释念。男④身体尚好,但因琐事不少,故不免稍忙,时亦觉得无力耳,但有些文章,为朋友及生计关系,亦不能不做也。

专此布达,恭请

金安

男树叩上　广平及海婴同叩⑤

四月三十日

---

① 选自鲁迅著:《鲁迅全集》(编年版·第9卷),人民出版社2014年版,第430页。

② [敬禀者]恭敬地禀告事情的人,"父母亲大人膝下敬禀者"是旧时儿女给父母信开头最常用的起首语。

③ [示]指对方来信,一般用于下对上或晚辈对长辈,表示尊敬。

④ [男]与父母通信中的自称,或称儿,女称女儿。

⑤ [树]鲁迅名树人的简称,[广平]许广平,鲁迅妻子;[海婴]周海婴,鲁迅的儿子。

第二节　专用书信的写作

一、求职信

求职应聘的形式主要有当面和书面两种,这里主要介绍书面求职应聘。书面求职应聘的形式主要是求职信、应聘信,是个人写给用人单位的为了谋求职业、寻求工作的专用书信。

一般而言,求职信分为自荐信和应聘信两类。自荐信属于主动型,用于自我推荐、介绍个人长处,有目标的寻求职位。应聘信则相对属于被动型,根据对方提出的一系列要求,个人选择其中适合的一种工作来提请对方予以考虑。

(一)求职、应聘信的特点

求职应聘信是谋职人为了能达到寻找工作这一实际目的而应用的一种文体。它的最大特点是目的明确,针对性强。对内容的安排配置和行文措辞能反映一个人的行为风格和性格,而这往往是用人方判断求职者的一个重要信息来源。在求职应聘信中要陈述一定的缘由,既要了解用人单位对工作人员的需求和招聘的基本条件,又要充分了解自己的情况。"知己知彼,百战不殆。"用在这儿最恰当不过了。所以求职应聘信要根据读信人的要求写,针对自己的实际情况和求职目标写,即所谓"有的放矢"。

招聘与求职这一对矛盾构成一组需求双方的关系,为人才市场的建立提供了基础。求职者在谋职的特定环境下一定要把自己介绍清楚,让用人单位能够接受,乐意聘用,必要时应敢于"毛遂自荐"。用人方与求职者往往在事前素不相识,要想获得对方的肯定与信任,求职信就一定要发挥这种说服作用。求职信中要明确而大方地介绍自己的成绩、优势、技能、特长和一些闪光点,以满足对方的用人需要,赢得对方的垂青。

(二)求职应聘信的格式和写作要求

求职应聘信与一般书信格式很相似,一般包括称呼、开头、正文、结尾、附件、署名、日期以及联系地址等部分。

(1)称呼。即收信人的姓氏或职务,以引起对方的注意并阅读正文。由于求职者往往不知对方的详情,一般写较笼统的称呼,如:"××公司负责人"、"××厂厂长"。有时也可称"厂长先生"、"经理先生"等。

(2)开头。即一些问候语,起着缓冲、过渡、引入正题的作用。但在求职信中最好采用简明扼要、开门见山的方式,显得直截了当、干脆利索,还可以节省对方的时间和精力,不致引起对方的厌烦心理。

(3)正文。这是求职信的主要内容,也是最重要的部分,它应交代写信的目的、应聘的原因,作自我介绍。正文中要较客观地表现自己,陈述自己的经历、主要成绩,介绍自己掌握的技能,突出自己的优势,但不要给人以自我吹嘘的感觉;同时还可以提出自己的希望和要求,比如希望早日录取自己或早日答复等。

正文部分应交代清楚如下几点:

① 你对该公司的了解。

② 明确提出谋求什么类型的岗位或职业。

③ 表现出你有某种特长和能力,并让对方意识到这可能会为公司带来好处。要注意别

落入一般求职者的俗套中去,过多谈自己如何如何优秀,给人留下华而不实的印象。应该客观谈论自我条件,重点应放在你能为公司具体做些什么上。

④ 须在信的结尾说明你的联系地址、邮编、电话号码等。或者说明几天之内你将打电话,请求前去拜访等。

(4)结尾。往往是一些礼貌的问候或祝词,可以写"此致敬礼"、"顺祝财安"、"祝万事如意"等。

(5)附件。多是一些对求职能够起辅助、说明作用的文件、证明或证书,但不可太多、太滥,否则会起分散注意的不良作用。

(6)署名和日期。写在正文内容之后的右下角,各占一行。落款要不卑不亢,写上自己的姓名。

(三)写求职应聘信的注意事项

(1)目的要明确。要交代清楚谋求或应聘什么样的岗位什么类型的职业。

(2)语言要庄重,要讲究礼貌,语气要得体。

(3)对自己的介绍要客观,不要吹嘘,不要过分谦虚,不要乞求对方,要不卑不亢。

(4)突出重点,写清自己能胜任什么岗位或职位的能力或特长。

(5)要简练,不要过细展开,不要啰唆,不要枝蔓横生。

[例文一]

自 荐 信

策划部经理吴强先生:

您好!

读了本市几家报纸对贵广告公司的连续报道,我对贵公司艰苦创业的精神深感钦佩。贵公司为××产品所作的广告策划尤其令人叫绝,足见贵公司是一个有相当实力和前途的广告公司。听说贵部尚缺少文案策划人员,本人有意申请这个职位,成为贵公司的一员。倘能如愿,实在感谢!

本人姓张名文华,男,现年 31 岁,是××大学广告学专业 2003 级毕业生。曾于《××日报》社广告部供职,从事广告策划工作,有多种广告作品。随信将本人简历、学历及职称资格证和近期作品三篇等复印件寄给您,供参考。敬候回复。

联系电话 13831156×××

此致

敬礼!

张文华

2014 年 8 月 9 日

评点:

这是一封自荐信,旨在求职。正文谈了求职的依据,介绍了自己,突出了自己的优势和特长,其语言和内容都较典型。

[例文二]

应 聘 信

××公司马经理:

近安!

据报载,贵公司招聘财务人员。我是石家庄工程技术学校 2014 届一名高职毕业生,符合贵公司的招聘条件,愿在贵公司谋求一份工作。

我学的是会计电算化专业,各科学习成绩优良,毕业后在××企业财务处打工。随信附上个人简历和在校期间各科成绩一览表,供您参考。

据报载,贵公司管理正规,人际关系融洽,经济效益好,公司业务在不断扩大。我刚刚毕业,虽然缺乏实践经验,但勤恳敬业,诚实热情,如果能成为贵公司的一员,我将非常自豪。伫候德音。

联系电话:13032395×××

此致

敬礼!

王　强

2015 年 6 月 16 日

评点:

这是一封应聘信,目的明确,内容单一,言简意明,不卑不亢。

[例文三]

求 职 信

××公司杨经理:

我在昨日的《人才信息网》上看到贵公司的招牌广告,我对其中"策略分析员"一职十分感兴趣,欲申请该职位。

正如您在我个人简历上所看到的(个人简历及有关证书复印件附后),我在大学期间所学专业为"经济管理专业",有着扎实的理论基础。工作五年中,我做过公司信用管理员,做过市场调查,并坚持自学,即将完成人民大学经济硕士的所有课程的学习。在工作的五年里,我运用所学的知识结合现实中瞬息万变的市场写出了十几篇获奖的学术论文,为公司的经营决策提供了准确、可靠的资料。

现在,我申请贵公司"策略分析员"这一职位,不仅因为贵公司在市场分析、经济咨询领域内堪称首屈一指,而且你们敢于任用有能力、有创造性的年轻人,并为这些人提供一流的培训和具有挑战性的机会。所有这一切,正是我所期待的。我知道在我以前的工作经验中,更多的是理论方面的分析,而这份工作则会面临更多的实际问题,需要较强的处理问题的能力,这些对我来说都是一次挑战。作为一名年轻人,我喜欢这样的挑战。我想,凭借自己广博的理论知识和丰富的工作经验,是一定能够胜任此项职位的。

最后,我希望贵公司能够考虑我的请求,给我一次机会。我热切地期望着您的早日答复。

此致

敬礼!

×××

××××年×月×日

评点:

此求职信目的明确,表明了自己能胜任这项工作的信心,最后的请求语言谦敬。不足是语言不够简练,落款没写明联系方式。

二、申请书

申请书是个人、单位、集体向组织、领导提出请求,要求批准或帮助解决问题的专用书信。

　　申请书除第一行居中写申请名称外,其余部分与一般书信的格式一样。请求的事情一定要写明确,理由要充分,言辞要恳切。

　　申请书的写作格式:

　　(1)标题:第一行居中写明"申请"或"×××申请",加上标明性质的字样。

　　(2)称呼:换行顶格写接收申请书的单位名称或领导同志姓名,后用冒号。

　　(3)正文:另起一行空两格写申请内容。内容应包括三个方面:第一,申请什么,要求批准什么;第二,提出申请的目的和理由;第三,表明自己的态度(或决心、愿望等)。

　　(4)结尾:写表示敬意之类的专用语。

　　(5)落款:包括署名、日期。分两行写在正文右下方,一行署名,一行写日期。

[例文四]

申 请 书

尊敬的校领导:

　　你们好!

　　我是高机电15级(1)班的学生张楚明。我在去年的一次体育课上,由于不慎摔了一跤,造成左腿骨折。经过一年的治疗和调养,现已基本痊愈,为了不耽误下学期的课程学习,特提出申请,请求复学。

　　去年住院以后,由于不能上课,我向学院提出了休学申请。在家休养这一年中,我从未放弃过自己的学习。出院不久,我就给自己制订了学习计划。这一年来,我虽未在校学习,但并未停止学习,还读了不少提高个人修养方面的书,如中外名著等。因此,我希望领导能否考虑让我重新跟原班学习。我不知道这种提法是否妥当,但希望学校请有关老师对我进行考试后再做决定。请领导考虑我的申请。

　　此致

敬礼!

申请人:张楚明
2016 年 12 月 13 日

三、倡议书

　　倡议书由个人或集体发出,作用是倡导某项活动,书写格式和一般书信大致相同,由标题、称呼、正文、结尾、落款五部分组成。

　　(1)标题:标题一般直接写"倡议书"三个字,也可以由倡议内容和文种名共同组成,如《关于××的倡议书》。

　　(2)称呼:写称呼是为了明确倡议的对象,一般要依据倡议的对象而选用适当的称呼,如,"亲爱的同学们"、"广大的青少年朋友们"等。也可不用称呼,而在正文中指出。

　　(3)正文:这是倡议书的主体,可以分成两部分。第一部分要写明在什么情况下,为了什么目的,发出什么倡议,倡议有哪些作用、意义。倡议书的发出旨在引起广泛响应,只有交代清楚举行倡议的目的,人么才会理解、信服并自觉地行动。第二部分写明倡议的体内容和要求做到的具体事项,如应开展怎样的活动、做哪些事情、具体要求是什么、价值和意义是什么等都必须一一写明。此外,倡议的具体内容最好分成条块写出,这样清晰明确、一目了然。

（4）结尾：结尾要表示倡议者的决心和希望或者某种建议。倡议书一般不在结尾写表示敬意或祝愿的话。

（5）落款：在右下方署名发出倡议的集体或倡议者的姓名，另起一行署上发出倡议的时间。

此外，还有注意事项：

（1）内容应当符合时代精神，切实可行，与国家的路线方针政策相一致；

（2）交代清楚背景、目的，有充分的理由；

（3）措辞贴切，情感真挚，富有鼓动性；

（4）篇幅不宜过长。

[例文五]

关于学礼仪、讲文明的倡议书

亲爱的同学们：

伟大的中华民族自古就是礼仪之邦，对世界文明发展起着举足轻重的作用。为了弘扬民族美德，维护扬州市"联合国人居环境奖"的美誉，培养适应时代的中国扬州人，使之德智双全、学创俱能、身心两健，我们初三年级将配合学校开展的"小手牵大手，学礼仪、讲文明"活动，郑重向全校师生发出如下倡议：

老师们应以严格的规范要求学生，以优良的校风影响学生，以高尚的师德感染学生，以优美的环境陶冶学生，以崇高的典范激励学生，以扎实的课程知识发展学生，以丰富的活动提高学生，以现代的观念武装学生。

同学们应认真学习《中小学生行为规范》和《礼仪读本》，树立现代文明意识，争做文明人；勇于向陋习开战，从身边小事做起，养成良好的文明行为习惯；勇于同各种有违道德规范的不文明行为做斗争，增强自己行为举止的自觉性和意志力，使自己真正成为和谐发展的人。

让我们庄严宣誓："爱国守法、明礼诚信、团结友善、勤俭自强、敬业奉献"。在校园里，我们是文明的学生；在家庭中，我们是文明的孩子；在社会上，我们就是文明的使者、遵守社会公德的模范小公民。

希望我们××的全体师生积极参与，从我做起，以身示范，团结一心，共同扫除"陋习"，培养优良习惯，让扬州和我们的校园开遍文明之花，为建设文明校园、和谐扬州作出应有的贡献。

××中学全体师生
2016 年 9 月 20 日

四、表扬信

表扬信通常由标题、抬头、正文、结尾和落款五部分构成。

（一）标题

一般而言，表扬信标题单独由文种名称"表扬信"组成。位置在第一行正中。

（二）称谓

表扬信的称呼应在开头顶格写上被表扬的机关、单位、团体或个人的名称、姓名。写给个人的表扬信,应在姓名之后加上"同志"、"先生"等字样,后边加冒号。

（三）正文

正文的内容要另起一行,空两格写。一般要求写出下列内容。

1．交代表扬的理由

用概括叙述的语言,重点叙述人物事迹的发生、发展、结果及其意义。叙述要清楚,要突出 最本质的方面,要让实事说话,少讲空道理。

2．指出行为的意义

在叙事的基础上进行评价、议论,赞颂该人所作所为的道德意义。如指出这种行为属于哪种 好思想,好风尚,好品德。

（四）结尾

该部分要提出对对方的表扬,或者向对方的单位提出建议,希望对某某某给予表扬。如"某 某某同志的优秀品德值得大家学习,建议予以表扬。"写给本人的表扬信,则应适当谈些" 深受感动"、"值得我们学习"等方面的内容。并要求在结尾处写上"此致敬礼"等结束用语。但"此致"、"祝"、"谨表"等字写在末尾,其余的字要另起一行,顶格写。

（五）落款

落款应写明发文单位名称或个人姓名。并在右下方注明成文日期。

[例文六]

表 扬 信

杭州大学:

　　我们是中国人民解放军某部三连的全体官兵。2月4日我连干部陈××同志自杭州携三岁的女儿来部队探亲,不慎在某火车站失窃所有的现金和火车票,正当陈××母女俩万分焦急之时,贵校的张秀明和楚天明同学向她们伸出援助之手,这两位同学不仅自费为她们买了到××的火车票,而且一路上为陈××母女俩买饭买菜,递茶递水,以后又为她们叫好出租车并预先付了车费,陈××母女俩这才平安到达部队驻地。

　　张秀明和楚天明同学这种助人为乐的"雷锋精神",令我们全体指战员感动万分。我们十分感谢张秀明和楚天明同学助人为乐的优秀行为,我们号召全连干部战士向这两位同学学习,在建设四化、保卫祖国的工作中奉献我们的青春,同时也希望贵校领导对张秀明和楚天明同学予以表扬。

　　此致

敬礼!

　　　　　　　　　　　　　　　　　　　　　　　某部三连全体官兵

　　　　　　　　　　　　　　　　　　　　　　　2016 年 2 月 10 日

五、证明信

证明信是组织(单位)证明有关人员的身份、经历、学历或某件事情的真相而写的证明。

格式:

(1) 标题:"证明"或"有关××问题的证明"。

(2) 称谓。

(3) 正文:被证明的事实。

(4) 结尾:一般写"特此证明"。

（5）出具证明的单位署名、日期，加盖公章。

［例文七］

证　　明

修远县光明中学：

你校张伟明同志2013年至2015年曾在我校学习，成绩合格。特此证明。

此致

敬礼！

华南文理学院
2017年5月6日

六、祝贺信

（一）性质及特点

祝贺的书面形式主要是贺词、贺信。贺词和贺信的作用都是用于对胜利、成绩、生日节目等喜庆事表示祝贺的应用文。如某单位召开重要的会议、某科研项目取得科研成果、某工程竣工、某人有喜庆或纪念性的喜事等，都可以用贺词、贺信的方式表示祝贺。这种文体的特点是：

（1）感情要真挚、充沛，给人以鼓舞力量，富有感染力。

（2）内容实事求是，切忌浮夸，应当力求自然客观、准确。

（3）语言精练，富有节奏感，不堆砌华丽的辞藻，篇幅不宜过长。

（二）格式及写法

1．贺信

（1）标题。

第一行正中写"贺信"二字。也可以在贺信前说明是谁的贺信。如"中共中央贺信"、"萨马兰奇贺信"。还可以说明被祝贺的事由，如"××××祝××七十寿辰的信"。

（2）开头。

顶格写被祝贺人或单位的称呼，称呼后加冒号，如"××××科研项目的全体成员"等。

（3）正文。

另起一行，空两格开始写贺信的内容。先写祝贺什么，然后概括说明对方所取得的成绩，及为取得成绩而做的努力。然后写所取得成绩的重要意义，如果是给重要会议写贺词、贺信，要说明会议的内容及重要意义。

如果是上级对下级的贺信，要在上述内容之后提出鼓励和希望。如果是下级单位职工给领导的贺词、贺信，除了表示祝贺之外，还要表示该下级在今后工作中的决心和行动。

（4）结尾。

另起一行，空两格，为了使祝贺达到热情喜悦的效果，应再一次表示祝贺，以强化祝贺的效果。如"此致敬礼"、"祝大会圆满成功"、"祝××事业再上新台阶"等。

（5）署名。

署名一般另起一行。在右下方写所写贺信的单位或个人的名称，在署名下边写年月日。

2．贺词

（1）标题。第一行正中写"×××贺词"，有副标题的，应写在第二行正中。

（2）称谓。标题下行顶格写被致贺方集体或个人姓名。个人姓名应加上"同志"、"先生"或职务等,称谓后加冒号。

（3）正文。称谓下行空两格起,写贺词的内容。

（4）祝贺语。后面写上诸如"祝×××会圆满成功"、"祝×××福如东海、寿比南山"等。

（5）署名、日期。在右下方写上单位名称或个人姓名,后一行写年、月、日。

[例文八]

萨马兰奇贺信

东亚运动会组委会:

作为国际奥委会主席,我十分高兴为第一届东亚运动会题词。

亚洲东部国家和地区的体育运动正在蓬勃发展,上海正在为之积极准备的东亚运动会将为东亚地区最优秀的运动员提供竞赛的场所。对于他们中间的一些青年男女运动员来说,这次运动会可能是他们参加国际竞赛的初次尝试,因此这次盛会必将是一场激烈的竞争,必然会有很多意想不到的好成绩,也很可能会从中产生一些未来的奥运会冠军。

上海是这次竞赛的最理想的城市,毫无疑问,该市不仅具备必要的运动设施,而且拥有承担国际水平比赛的技术力量,它们必将建立起新的友谊的纽带,促进体育运动的深入发展。

我谨表示对第一届东亚运动会全力支持,并祝愿全体与会者,无论他们是运动员还是政府官员都能从中获得极大的乐趣和成功。

国际奥委会主席

胡安·安东尼奥·萨马兰奇

评点:

这封贺信的语言精练明快,感情真挚自然。

[例文九]

学业贺信

雪梅:

你克服了家庭经济拮据的困难,依靠勤工俭学终于完成了学业,并以优异成绩获得了学士学位。这对于其他人来说,可能不算什么,但对于艰苦奋争的你来说,是多么不容易呀。在你拿到师范大学毕业证的时刻,我向你表示衷心的祝贺。

我还清楚地记得,当我们在学习之余到卡拉OK厅唱歌或到茶馆闲谈时,你却走进那些陌生的家庭之中,为素不相识的初中生们当家教,而且认真地备课、批改作业,俨然像一名称职的教师。我们为你的命运大鸣不平,而你却自嘲地说是提前实习。五年的风风雨雨,五年的奋勇拼搏,你以双倍的努力成了我们中的佼佼者,学习成绩全校名列前茅,令人敬佩。

今天,你本该伸伸腰,吐口气了,但读了你的来信,知道了你又有了新的计划,有了新的目标。你说:"即使拿到了博士学位,还有更多的工作要做呢。"我知道,你这艘乘风破浪的航船又要起锚了。

让我再一次怀着崇敬的心情向你致以衷心的祝贺,并希望你注意身体,一路顺风。

友　明慧

××××年×月×日

评点：

这封贺信对朋友获得博士学位表示了由衷的祝贺，感情真挚，富感染力，语言精炼准确。

七、请柬

（一）请柬的性质

请柬是邀请客人时发出的专用信件，又称为请帖。

请柬应用广泛，召开庆祝会、纪念会、联欢会、招待会、宴会、订货会等许多会议和许多活动都可以发请柬；单位、团体、个人均可以发请柬。

（二）请柬的特点

1. 文字性

请柬的文字性就是指它的书面性。它与一般的通知是有区别的，后者既可以是书面式的，也可以是口头传达式的；而前者只能是正规的书面式邀请，或直接当面呈递，或托人致送，或邮寄。

2. 广泛性

请柬的使用范围是相当广泛的。特别是随着现代社会人们交往日益频繁，各种活动的逐渐增多，小到个人的生日晚会，大到一个国家的国庆大典，许多活动和事项都要通过请柬来邀请客人参加，可见请柬使用的广泛性。

3. 非保密性

请柬作为一种专用书信，它与一般的来信是不同的。一般的书信的对象性强，只有收信人才有权看书信的内容，而非收信人则无此权，这也就是一般书信的保密性；而请柬的内容一般情况下则是公开的，是允许被邀请人以外人看的，在请人托带时，信封常常是不封口的。

（三）请柬的格式和写法

请柬一般由标题、称谓、正文、敬语和落款几部分构成。

1. 标题

标题即写"请柬"。如果请柬是折页纸，封面写"请柬"二字，封面还要做些艺术加工，如图案装饰，文字用美术体，并可套红或烫金。如果请柬是单页纸，第一行正中写"请柬"二字。

2. 称谓

写被邀请者（单位和个人）的名称。如"××研究所"、"××先生"、"×××教授"等。称谓有时写在正文之上抬头顶格处，有时将请柬再放入信封，称谓写在信封上，请柬上就不再写称谓。

3. 正文

正文部分要写清被邀请人何时、何地参加什么活动或会议等。

4. 敬语

可写"敬请光临指导"、"敬请届时出席"或"此致、敬礼"等。

5. 落款

注明发请柬的单位或个人，并写明发请柬的日期（年、月、日），若单位所发请柬有时还需加盖公章。

（四）写作要求

请柬，作为书信的一种，有其特殊要求：

（1）在封面写明"请柬"（请帖）二字。一般要做一些艺术加工。如图案装饰，文字用美术体、手写体，有条件时还可以烫金等。

（2）抬头顶格写被邀请者（个人的姓名或单位）名称。

（3）交代活动内容，如开座谈会、联欢晚会、过生日等；交代举行活动的时间和地点，如果是请看戏或其他表演还要将入场券附上。

（4）结尾。如"致以——敬礼"；"顺致——崇高的敬意"等。

（5）语言上除要简洁、明确外，还要措辞文雅、大方和热情。

请柬虽属书信的一种，但又不同于一般书信。一般书信都是由于双方不便或不宜直接交谈而采用的交际方式。但请柬却不同，即使近在咫尺，也须送请柬，这主要是表示对客人的尊敬，也表明邀请者对此事的郑重态度。正因为请柬是请客用的，所以在款式和装帧的设计上，要注意其艺术性，使它不仅是一种实用的书信，而且也是一帧漂亮的美术画片，美观、精致、大方。一些有意义的请柬，往往要被人们当作纪念品珍藏起来。当我们接到一帧精美的请柬时，会感到快乐和亲切。

[例文十]

纪念××人民出版社建社五十周年
请　柬

×××同志：

定于十一月四日上午九时，在本社召开建社五十周年座谈会。敬请光临指导。

此致

敬礼！

××人民出版社

××××年×月×日

[例文十一]

宴会请柬

××先生：

为欢迎××贸易代表团访问亚克森公司，谨定于××××年×月×日（星期×）下午×时在×市×区×路×号举行晚宴。

敬请光临！

亚克森公司总经理：×××

评点：

以上两则例文都是请柬，格式规范，内容简洁。

八、邀请书

（一）性质与特点

邀请书一般是党、政、军和各种学术团体在召开重大会议时所常用的一种应用文样式。邀请书实际上就是一种比较复杂的请柬，它除了起请柬的作用外，还有向被邀请者交代有关需要做的事情的作用。一般邀请书多用于集体，很少用于个人，个人一般是用请柬。

（二）格式

邀请书的写作一般包括四个部分：

1．标题

在纸的上方中间用大于正文的字体标出"邀请书"三个字。也可在"邀请书"三字前用小字标出发邀请书的单位名称。为示喜庆，标题可作适当装饰，如饰以花边、字体用美术字。

2．称呼

在正文上一行顶格写被邀请者(个人或单位)名称。姓名之后可加"书记"、"校长"等职称或"先生"、"女士"等尊称。单位名称要用全称，以示尊敬。称呼之后加冒号。

3．正文

在称呼下一行空两格写正文内容。正文一般包括前言和事项两部分。前言只简单地说明何时何地有什么活动和邀请语就可以了，这一部分相当于一张请柬的内容。事项部分要分条列出这次活动的有关事项。

4．落款

在正文右下方注明邀请单位的名称和发出邀请的时间。如果单位名称在标题中已标出，这里可以从略，但为了表示郑重、礼貌，一般都是要再次注明的。

（三）写邀请书的注意事项

（1）起草邀请书的人在起草之前要全面、透彻地了解各方面的情况，如会议宗旨、食宿办法、报到时间、地点等，这样写出来的邀请书才能清楚、有条理。

（2）正文前言部分的行文可参考对请柬的要求，这里从略；正文的后一部分——事项部分，事项要全面，语言要概括。邀请书和请柬的性质是相同的，都是作邀请之用，由于篇幅有限，所以说明问题时要言简意赅。

［例文十二］

邀　请　书

××同志：

为纪念××诞辰一百周年，定于××××年×月×日至×日在×市举行"××诞辰一百周年学术讨论会"，敬请您届时光临。现将有关事项通知于后：

一、会议以××精神作指导，内容为：

（一）宣读学术论文；

（二）交流教学、科学研究经验。

二、出席会议的代表原则上应向大会提交学术论文。

三、会议的食宿费、伙食补助费由大会负责，往返交通费由代表所在单位负担。

四、接到通知后，请即向大会筹备组寄回代表登记表。（在会前三天不见寄回登记表，即视为不出席会议，不再安排食宿。）

五、报到时间：××××年×月×日。

六、报到地点：×市××宾馆（××路××号）。

七、代表登记表请寄×市××大学××研究所××同志。

××大学

××××年×月×日

评点：

本文为邀请书，条理清晰，事项、时间和地点较具体明确，语言简洁。

第三节 欢迎 欢送

一、欢迎词

(一)欢迎词的性质

欢迎词是在宾客初到、设宴洗尘或在隆重典礼、喜庆仪式、公众集会上,欢迎宾客光临时,由主人出面,对宾客表示热诚欢迎而使用的讲话文稿。

(二)格式和写法

一般由标题、称谓、正文、结束语。

(1)标题。一般由致辞场合、致辞人和文种三个要素组成。例如:"×××在欢迎××宴会上的讲话",有的只写"欢迎词"。

(2)称呼。写对欢迎对象的称呼,后加冒号。

(3)正文。首先以简单语句对宾客的莅临表示热烈欢迎。接着写来访(来到)的意义、作用;或写两者之间合作友好的成就感,表示出对未来的期望。必须注意的是,欢迎词写作要体现出应有的特点来。

(4)结束语。结语部分要简练一些,只要写上表示欢迎、祝愿的话即可。

(三)写作要求

(1)对宾客要用尊称,在姓名前面可以加上头衔或亲切词语,不可用简称或代称,注意礼貌上的尊敬性。人名要用全名,不可省略,且在姓名前加以修饰语,在后面加上头衔或"先生"、"女士"类;对外国元首来访还应加上"阁下"、"殿下"等,严禁粗俗和鄙陋的语言。

(2)感情真挚。要礼貌待客,诚恳热情,尊重对方的风俗习惯,不讲对方忌讳的话。

(3)要有礼有节、仪态大方,表态要有委婉性。不宜在表态中伤害对方,应以友好为重,但严禁抛弃原则。巧妙地表达自己的原则立场。

(4)篇幅要简短,语言要准确,态度要友好,语气要热情。

[例文一]

广东省省长在中国会计学会、香港会计师公会联合举办的
"投资问题研讨会"上的欢迎词

各位女士、各位先生、各位来宾、同志们、朋友们:

今天,由中国会计学会、香港会计师公会共同举办的"投资问题研讨会"在广州召开!在此,我代表广东省人民政府和广州市人民政府,对会议在我省举行,表示感谢!对会议的召开致以衷心的祝贺!向各位国内外的来宾表示热烈的欢迎!祝愿所有到会的朋友在广州过得愉快!

省、港在历史上就有传统的联系。近几年来,来往更加密切。这次内地与香港的会计专家欢聚一堂,进行学术研讨,必将对祖国的现代化建设和香港地区的发展与繁荣,进一步发展省、港联系,产生十分有利的影响。会议之后,我们同香港会计界之间,必将日益加深了解,增进联系和合作。

和平和发展是当代的潮流,是世界人民的共同呼声和愿望。研究和处理"投资问题",应当有助于维护世界和平,有助于各国的发展,特别是第三世界国家的发展。

……我相信,会议的举行将会对我国、我省利用外资和引进技术工作起到积极的促进作用。

……随着对内搞活经济、对外实行开放总方针的进一步贯彻执行,加强会计公证工作已成为形势发展和维护投资者合法权益的一项客观要求。我们将积极创造条件,采取各种措施,发展我省的会计公证事业,力争在近年内有一个较大的发展。希望国内外会计界的朋友们多给予帮助和指导。

这次会议是个学术讨论会,同时也是个互相了解、共同学习的交流会。我相信,通过这次会议,必将进一步增进我们同香港、澳门以及世界其他国家、地区会计界朋友的相互了解和友谊!

最后,预祝会议取得圆满成功!

祝各位身体健康!

评点:

这是一篇较典型的欢迎词,其措辞诚恳热情,态度礼貌友好,语言准确。

二、欢送词

(1) 欢送词的性质。欢送词是在宾客参观、访问结束行将离开时,或有人外出(工作、参军、上学等)时,由东道主或亲朋、领导表示欢送和祝愿而写的讲话文稿。

(2) 欢送词的格式。有标题、称谓、正文、结束语几部分组成。

(3) 写作要求。

① 标题、称谓:同欢迎词(只改为欢送词)。

② 正文:首先简要表达热情欢送之意。接着写双方的友谊、成就的新变化,并对未来进行前瞻,提出殷切期望。

③ 结束语:美好祝愿

[例文二]

尊敬的×××市长阁下,先生们、女士们:

×××市长率领的×市代表团对我市的参观、访问即将结束,在临别之际,我谨代表我市人民并以我个人的名义,对×××市长及贵代表团全体成员表示热烈的欢送,并祝诸位一路顺风,旅途愉快。

七天来,×××市长及贵代表团全体成员对我市工作提出了许多宝贵的建设性意见,并且签署了两市经济、文化、科技、教育合作协议,我相信在今后的交往中我们会合作得更加愉快、更有成效。欢迎贵市领导和人民以后经常来我市参观、访问、投资。

最后,请允许我再一次祝×××市长身体健康,祝诸位先生、女士精神愉快。

写作知识(四)　文章的语言

一、语言的重要性

语言是构成文章的最小单位,称为文章的"细胞"。它是文章的基础,是宣事达理、表情写意的工具和手段。高尔基曾说过:"文学的第一要素是语言。"一篇文章,如果没有很好的文学素养与完美的语言形式,即使主题再深刻,材料再丰富,构思再精巧,也没有很高的艺术性和价值。我们学写作,首先应当下功夫学好语言。

二、语言的要求

（一）语言要准确

（1）写字要正确、规范。随着中国在世界上的地位不断提高,汉语被称为全球最优美、最富表现力的语言之一,许多国家掀起了学汉语热。作为中国人,我们更要认真学习汉字。常用的汉字有三千多,我们在书写时要尽量不出现错字和别字,做到正确、规范。字写得正确规范与否,事实上表明一个人的语言文字水平的素养如何,不可忽视。

（2）用词要精确无误。词是语言的建筑材料,一篇文章的语言质量如何,与选词的准确程度关系极大,只有在准确的基础上,才能谈到精练、生动。具体说来,用词应做到以下几点:一是认真推敲,精选合乎语境的最恰当的词语。二是精心辨析词义,特别要仔细区别近义词在含义和用法上的细微差别。三是区别词的感情色彩,对褒义词、贬义词、中性词要用得恰当。

（3）句子要合乎语法。文章的语言,最基本的就是遣词造句。如果造句能够文通字顺,文章的语言才能达到起码的要求。句子的构造是否正确,主要取决于语法、事理、情味。具体地说,造句应做到以下几点:一是句子的成分应完整。二是相关词语搭配要恰当。三是事理要合乎逻辑。四是情味色彩要合适。

（二）语言要简练

简练,就是用最少的文字表达尽量多的内容,做到"文约而事丰",用简单明了的话语来表达。我们要努力学习凝练的语言艺术,以"惜墨如金"的态度运用语言。语言的简练可以从四个方面入手:

（1）节约用字。词句要凝练,不说废话。

（2）删繁就简。把与主题不相干的多余部分统统删去。

（3）努力压缩。在文句和布局上要尽量压缩。

（4）含蓄用词。话语要含而不露,留有余地,求得言简意远的效果。

（三）语言要生动

文章在内容正确、情感健康的前提下,其语言还要力求精美、生动,切忌死板、老套。语言的生动体现在以下几点:

（1）立体感。立体感指语言的弹性或张力,具形象性,它可以给人以体味的余地,有一种身临其境的感觉。

（2）音乐美。在语句中可利用声调的高低、升降的变化,形成抑扬顿挫的语调,使语言具有优美的节奏感。

（3）形式美。要根据表达的需要,运用比喻、叠字、重复、排比、拟人等修辞,以增强语言的艺术魅力。

（4）幽默感。幽默借助于想象,可机智而巧妙地运用引人发笑的技巧,使读者在轻松活泼的气氛中领悟到文章的旨趣或深奥的哲理。

（四）语言要朴素

老舍说过:"文字不怕朴实,朴实也会生动,也会有色彩。"我们写文章,遣词造句要首先从表达内容的需要着眼,决不能抛开内容的需要去玩弄辞藻,更不能用华丽的词语掩盖内容的贫乏。美的文字,有许多是语言朴质自然、平易近人,同样给人以美感。如赵树理的《小二黑结婚》、老舍的《骆驼祥子》等,都是语言朴素的典范。

三、怎样学习语言

概括而言,学习语言应做到以下几点:

1．培养学习语言的强烈兴趣

要想学好语言,必须有如饥似渴的愿望和兴趣。有了学习兴趣,才更容易领略语言的妙境、探索语言的精微。学习语言是要下苦功的,只有坚持长期的苦学,才能得心应手地运用语言,才能步入语言艺术大门。

2．训练对语言的敏锐感觉

学习语言的人,对语言要像水手对于海上的风云、猎人对于鸟兽的声音那样具有灵敏的感觉。只有获得这种"内心的视力",才能体味到语言的微妙,创造出精彩的文章。

3．注重积累丰富的语言词汇

只有积累大量的词汇,才能区别出事物间细微的差异,从不同的侧面和角度把事物栩栩传神地描绘出来,准确地表现事物特征。继而运用语言时得心应手,使文章的风格显得格外清新。积累词汇主要有以下几个途径:

一是从生活中向人民群众学习。人民群众中的语汇是无比丰富的,生动活泼的。如俗语、谚语、歇后语等,有的具有哲理,有的生动形象富有表现力。

二是要多读有定评的名著。名著是公认的文学中的精华,在语言运用上自有独到之处,认真阅读,对我们积累词汇、提高写作水平是大有好处的。

三是要加强自己的语言训练。要想学好语言,首先应在积累词汇上下功夫。这就要求我们多听、多看、多记、多写,长期坚持下去必会求得不断进步。

单元综合练习

一、根据自己的特长写封求职信。

二、你的同学王浩的一项发明获得了国家专利。你给他写封贺信。

三、自拟材料写封感谢信。

四、机电 05-1 班 12 月 29 日晚 7:30 在本班教室举行"迎新年茶话会"。请以班委名义给马老师写请柬。

五、在新年晚会上,电子 05-1 班的马辉等同学来你们班演出节目。请你致欢迎、欢送词。

六、请你归纳一下,写社交类应用文应注意什么。

七、应用文的语言有什么特点? 应用文的语言和一般记叙文的语言有什么不同?

八、分析下面的求职信主要有什么不足(三点以上):

求 职 信

××公司经理:

您好!

　　我叫马昌,是石家庄工程技术学校的毕业生。在校期间遵纪守法,团结同学,学习认真刻苦,成绩优秀。

　　听说贵公司是一个大公司,我想工作环境一定很好,职工收入也一定不会太低。因此我想在贵公司谋求一份工作。

　　此致
敬礼!

求职人　马　昌

2016 年 6 月 20 日

第六单元　公文类应用文

单元训练重点

　　本单元介绍的党政机关公文是指《党政机关公文处理工作条例》中所规定的文种。党政机关公文是党政机关实施领导、履行职能、处理公务的具有特定效力和规范体式的文书，是传达贯彻党和国家的方针政策，公布法规和规章，指导、布置和商洽工作，请示和答复问题，报告、通报和交流情况等所使用的法定文书。包括决议、决定、命令(令)、公报、公告、通告、意见、通知、通报、报告、请示、批复、议案、函、纪要等。

　　这类应用文不同于其他文体，它具有很强的政策性和针对性，具有法定的权威性和行政约束力，具有法定的作者和严格的使用范围及时效，具有规范的体式和处理程序。

　　公文的写作要求有较高的政策水平和理论修养，格式正确，语言庄重。公文格式是国家统一规定的，同其他应用文及一般文体有严格的区别。公文一般由份号、密级和保密期限、紧急程度、发文机关标志、发文字号、签发人、标题、主送机关、正文、附件说明、发文机关署名、成文日期、印章、附注、附件、抄送机关、印发机关和印发日期、页码等组成。

　　本单元简要介绍公文常识和常见的几种文种的写作。拟制这类公文应严格按《党政机关公文处理工作条例》的相关规定执行。

第一节　公文种类和格式

一、公文种类

　　按《党政机关公文处理工作条例》规定公文包括以下种类：

　　(1) 决议。适用于会议讨论通过的重大决策事项。

　　(2) 决定。适用于对重要事项作出决策和部署、奖惩有关单位和人员、变更或者撤销下级机关不适当的决定事项。

　　(3) 命令(令)。适用于公布行政法规和规章、宣布施行重大强制性措施、批准授予和晋升衔级、嘉奖有关单位和人员。

　　(4) 公报。适用于公布重要决定或者重大事项。

　　(5) 公告。适用于向国内外宣布重要事项或者法定事项。

　　(6) 通告。适用于在一定范围内公布应当遵守或者周知的事项。

　　(7) 意见。适用于对重要问题提出见解和处理办法。

　　(8) 通知。适用于发布、传达要求下级机关执行和有关单位周知或者执行的事项，批转、转发公文。

（9）通报。适用于表彰先进、批评错误、传达重要精神和告知重要情况。

（10）报告。适用于向上级机关汇报工作、反映情况、回复上级机关的询问。

（11）请示。适用于向上级机关请求指示、批准。

（12）批复。适用于答复下级机关请示事项。

（13）议案。适用于各级人民政府按照法律程序向同级人民代表大会或者人民代表大会常务委员会提请审议事项。

（14）函。适用于不相隶属机关之间商洽工作、询问和答复问题、请求批准和答复审批事项。

（15）纪要。适用于记载会议主要情况和议定事项。

二、公文格式

按《党政机关公文处理工作条例》（以下简称《条例》）规定，公文一般由份号、密级和保密期限、紧急程度、发文机关标志、发文字号、签发人、标题、主送机关、正文、附件说明、发文机关署名、成文日期、印章、附注、附件、抄送机关、印发机关和印发日期、页码等组成。

（1）份号。公文印制份数的顺序号。涉密公文应当标注份号。

（2）密级和保密期限。公文的秘密等级和保密的期限。涉密公文应当根据涉密程度分别标注"绝密"、"机密"、"秘密"和保密期限。

（3）紧急程度。公文送达和办理的时限要求。根据紧急程度，紧急公文应当分别标注"特急"、"加急"，电报应当分别标注"特提"、"特急"、"加急"、"平急"。

（4）发文机关标志。由发文机关全称或者规范化简称加"文件"二字组成，也可以使用发文机关全称或者规范化简称。联合行文时，发文机关标志可以并用联合发文机关名称，也可以单独用主办机关名称。

（5）发文字号。由发文机关代字、年份、发文顺序号组成。联合行文时，使用主办机关的发文字号。

（6）签发人。上行文应当标注签发人姓名。

（7）标题。由发文机关名称、事由和文种组成。

（8）主送机关。公文的主要受理机关，应当使用机关全称、规范化简称或者同类型机关统称。

（9）正文。公文的主体，用来表述公文的内容。

（10）附件说明。公文附件的顺序号和名称。

（11）发文机关署名。署发文机关全称或者规范化简称。

（12）成文日期。署会议通过或者发文机关负责人签发的日期。联合行文时，署最后签发机关负责人签发的日期。

（13）印章。公文中有发文机关署名的，应当加盖发文机关印章，并与署名机关相符。有特定发文机关标志的普发性公文和电报可以不加盖印章。

（14）附注。公文印发传达范围等需要说明的事项。

（15）附件。公文正文的说明、补充或者参考资料。

（16）抄送机关。除主送机关外需要执行或者知晓公文内容的其他机关，应当使用机关全称、规范化简称或者同类型机关统称。

(17) 印发机关和印发日期。公文的送印机关和送印日期。

(18) 页码。公文页数顺序号。

第二节　行文规则和公文拟制

一、行文规则

《条例》第十三条规定:公文行文应当确有必要,讲求实效,注重针对性和可操作性。

行文关系根据隶属关系和职权范围确定。一般不得越级行文,特殊情况需要越级行文的,应当同时抄送被越过的机关。

向上级机关行文,应当遵循以下规则:

(1) 原则上主送一个上级机关,根据需要同时抄送相关上级机关和同级机关,不抄送下级机关。

(2) 党委、政府的部门向上级主管部门请示、报告重大事项,应当经本级党委、政府同意或者授权;属于部门职权范围内的事项应当直接报送上级主管部门。

(3) 下级机关的请示事项,如需以本机关名义向上级机关请示,应当提出倾向性意见后上报,不得原文转报上级机关。

(4) 请示应当一文一事。不得在报告等非请示性公文中夹带请示事项。

(5) 除上级机关负责人直接交办事项外,不得以本机关名义向上级机关负责人报送公文,不得以本机关负责人名义向上级机关报送公文。

(6) 受双重领导的机关向一个上级机关行文,必要时抄送另一个上级机关。

向下级机关行文,应当遵循以下规则:

(1) 主送受理机关,根据需要抄送相关机关。重要行文应当同时抄送发文机关的直接上级机关。

(2) 党委、政府的办公厅(室)根据本级党委、政府授权,可以向下级党委、政府行文,其他部门和单位不得向下级党委、政府发布指令性公文或者在公文中向下级党委、政府提出指令性要求。需经政府审批的具体事项,经政府同意后可以由政府职能部门行文,文中须注明已经政府同意。

(3) 党委、政府的部门在各自职权范围内可以向下级党委、政府的相关部门行文。

(4) 涉及多个部门职权范围内的事务,部门之间未协商一致的,不得向下行文;擅自行文的,上级机关应当责令其纠正或者撤销。

(5) 上级机关向受双重领导的下级机关行文,必要时抄送该下级机关的另一个上级机关。

同级党政机关、党政机关与其他同级机关必要时可以联合行文。属于党委、政府各自职权范围内的工作,不得联合行文。

党委、政府的部门依据职权可以相互行文。

部门内设机构除办公厅(室)外不得对外正式行文。

二、公文拟制

公文拟制包括公文的起草、审核、签发等程序。

按《条例》规定,公文起草应当做到:

(1) 符合党的理论路线方针政策和国家法律法规,完整准确体现发文机关意图,并同现行有关公文相衔接。

(2) 一切从实际出发,分析问题实事求是,所提政策措施和办法切实可行。

(3) 内容简洁,主题突出,观点鲜明,结构严谨,表述准确,文字精练。

(4) 文种正确,格式规范。

(5) 深入调查研究,充分进行论证,广泛听取意见。

(6) 公文涉及其他地区或者部门职权范围内的事项,起草单位必须征求相关地区或者部门意见,力求达成一致。

(7) 机关负责人应当主持、指导重要公文起草工作。

公文的版式按照《党政机关公文格式》国家标准执行。

公文使用的汉字、数字、外文字符、计量单位和标点符号等,按照有关国家标准和规定执行。民族自治地方的公文,可以并用汉字和当地通用的少数民族文字。

公文用纸幅面采用国际标准 A4 型。特殊形式的公文用纸幅面,根据实际需要确定。

公文文稿签发前,应当由发文机关办公厅(室)进行审核。审核的重点是:

(1) 行文理由是否充分,行文依据是否准确。

(2) 内容是否符合党的理论路线方针政策和国家法律法规;是否完整准确体现发文机关意图;是否同现行有关公文相衔接;所提政策措施和办法是否切实可行。

(3) 涉及有关地区或者部门职权范围内的事项是否经过充分协商并达成一致意见。

(4) 文种是否正确,格式是否规范;人名、地名、时间、数字、段落顺序、引文等是否准确;文字、数字、计量单位和标点符号等用法是否规范。

(5) 其他内容是否符合公文起草的有关要求。

需要发文机关审议的重要公文文稿,审议前由发文机关办公厅(室)进行初核。

经审核不宜发文的公文文稿,应当退回起草单位并说明理由;符合发文条件但内容需作进一步研究和修改的,由起草单位修改后重新报送。

公文应当经本机关负责人审批签发。重要公文和上行文由机关主要负责人签发。党委、政府的办公厅(室)根据党委、政府授权制发的公文,由受权机关主要负责人签发或者按照有关规定签发。签发人签发公文,应当签署意见、姓名和完整日期;圈阅或者签名的,视为同意。联合发文由所有联署机关的负责人会签。

第三节　公文办理和公文管理

一、公文办理

《条例》第二十三条规定,公文办理包括收文办理、发文办理和整理归档。

收文办理主要程序是:

(1) 签收。对收到的公文应当逐件清点,核对无误后签字或者盖章,并注明签收时间。

(2) 登记。对公文的主要信息和办理情况应当详细记载。

(3) 初审。对收到的公文应当进行初审。初审的重点是:是否应当由本机关办理,是否符合行文规则,文种、格式是否符合要求,涉及其他地区或者部门职权范围内的事项是否已经协商、会签,是否符合公文起草的其他要求。经初审不符合规定的公文,应当及时退回来文单位并说明理由。

(4)承办。阅知性公文应当根据公文内容、要求和工作需要确定范围后分送。批办性公文应当提出拟办意见报本机关负责人批示或者转有关部门办理;需要两个以上部门办理的,应当明确主办部门。紧急公文应当明确办理时限。承办部门对交办的公文应当及时办理,有明确办理时限要求的应当在规定时限内办理完毕。

(5)传阅。根据领导批示和工作需要将公文及时送传阅对象阅知或者批示。办理公文传阅应当随时掌握公文去向,不得漏传、误传、延误。

(6)催办。及时了解掌握公文的办理进展情况,督促承办部门按期办结。紧急公文或者重要公文应当由专人负责催办。

(7)答复。公文的办理结果应当及时答复来文单位,并根据需要告知相关单位。

《条例》第二十五条规定,发文办理主要程序是:

(1)复核。已经发文机关负责人签批的公文,印发前应当对公文的审批手续、内容、文种、格式等进行复核;需作实质性修改的,应当报原签批人复审。

(2)登记。对复核后的公文,应当确定发文字号、分送范围和印制份数并详细记载。

(3)印制。公文印制必须确保质量和时效。涉密公文应当在符合保密要求的场所印制。

(4)核发。公文印制完毕,应当对公文的文字、格式和印刷质量进行检查后分发。

《条例》第二十六条规定,涉密公文应当通过机要交通、邮政机要通信、城市机要文件交换站或者收发件机关机要收发人员进行传递,通过密码电报或者符合国家保密规定的计算机信息系统进行传输。

《条例》第二十七条规定,需要归档的公文及有关材料,应当根据有关档案法律法规以及机关档案管理规定,及时收集齐全、整理归档。两个以上机关联合办理的公文,原件由主办机关归档,相关机关保存复制件。机关负责人兼任其他机关职务的,在履行所兼职务过程中形成的公文,由其兼职机关归档。

二、公文管理

《条例》第二十八条规定,各级党政机关应当建立健全本机关公文管理制度,确保管理严格规范,充分发挥公文效用。

党政机关公文由文秘部门或者专人统一管理。设立党委(党组)的县级以上单位应当建立机要保密室和机要阅文室,并按照有关保密规定配备工作人员和必要的安全保密设施设备。

公文确定密级前,应当按照拟定的密级先行采取保密措施。确定密级后,应当按照所定密级严格管理。绝密级公文应当由专人管理。

公文的密级需要变更或者解除的,由原确定密级的机关或者其上级机关决定。

公文的印发传达范围应当按照发文机关的要求执行;需要变更的,应当经发文机关批准。

涉密公文公开发布前应当履行解密程序。公开发布的时间、形式和渠道,由发文机关确定。

经批准公开发布的公文,同发文机关正式印发的公文具有同等效力。

复制、汇编机密级、秘密级公文,应当符合有关规定并经本机关负责人批准。绝密级公文一般不得复制、汇编,确有工作需要的,应当经发文机关或者其上级机关批准。复制、汇编的公文视同原件管理。

复制件应当加盖复制机关戳记。翻印件应当注明翻印的机关名称、日期。汇编本的密级按照编入公文的最高密级标注。

公文的撤销和废止,由发文机关、上级机关或者权力机关根据职权范围和有关法律法规决定。公文被撤销的,视为自始无效;公文被废止的,视为自废止之日起失效。

涉密公文应当按照发文机关的要求和有关规定进行清退或者销毁。

不具备归档和保存价值的公文,经批准后可以销毁。销毁涉密公文必须严格按照有关规定履行审批登记手续,确保不丢失、不漏销。个人不得私自销毁、留存涉密公文。

机关合并时,全部公文应当随之合并管理;机关撤销时,需要归档的公文经整理后按照有关规定移交档案管理部门。

工作人员离岗离职时,所在机关应当督促其将暂存、借用的公文按照有关规定移交、清退。

新设立的机关应当向本级党委、政府的办公厅(室)提出发文立户申请。经审查符合条件的,列为发文单位,机关合并或者撤销时,相应进行调整。

第四节　常见公文的写作

一、通知

(一) 通知的性质和种类

通知是适用于发布、传达要求下级机关执行和有关单位周知或者执行的事项,批转、转发公文。可分为发布性通知、批示性通知、指示性通知、一般事务告知性通知、会议通知等。

(二) 文体结构

1. 标题

通知的标题与其他公文文种标题的格式相同,由制发机关、事由、文种三部分组成。

需要注意的是,批转、转发通知的标题也是由三要素组成,不过其中的事由是所批转、所转发公文的名称,如《国务院批转国家旅游局关于加强旅游行业管理若干问题请示的通知》,这个标题的事由部分是"国家旅游局关于加强旅游行业管理若干问题请示",这即是所批转公文的名称,这个名称(即公文标题)也是"三要素"齐全的。转发通知的标题也同此,所以颁布、批转、转发性通知的标题内又含有一个被批转或被转发公文的标题,是大标题里包孕着一个小标题,这个小标题是作为大标题的事由出现的。如果被转发、批转的公文是法规性文件,则须在法规性文件名称上加上书名号。

2. 发文字号

发文机关代字[年份]序号

3. 主送机关

所有通知都须有主送机关,即必须指定此通知的承办、执行和应当知晓的主要受文机关。这些机关一般为直属下级机关,或需要了解通知内容的不相隶属的单位。

4.正文

颁布或转发性通知结构简单,其余通知一般由三部分构成。

通知事由。写明制发通知的理由、目的、依据或情况。

通知主体。即通知事项。要求主要受文机关承办、执行和应予知晓的事项。通知事项多数分为列项写出,条目分明。

结尾部分。通知的结尾有三种常用写法:① 事项结束,全文就自然结尾,意尽言止,不单写结束语。② 用习惯用语"特此通知"收尾,但前言和主体之间如用了"特做如下通知"作过渡语,则不宜在收尾处再用习惯用语。③ 用简要的文字再次明确主题或做必要的说明,以引起受文单位对该通知的重视。

5.落款

在正文右下方写明发文机关的名称,如果发文机关在标题中标明,落款时可以省略。

6.成文日期

写在落款之下。

(三)通知的写作要求

1.指示性通知

须写明提出指示的根据与指示事项,内容要求明确具体。

2.任免人员的通知

要求写明批准的机关、日期与被任免人员的职务、姓名。

3.颁布或转发性通知

要求在正文中简短地说明所颁布或转发的公文的制发机关、制发(批准、生效)日期与公文标题,以及颁发或转发的目的、意义与要求等。被颁发或转发的文件均为通知的附件,须注明附件的序号与标题、件数。

4.会议通知

要求写明召开会议的名称、目的、议题、时间、会址、对参加会议人员的要求(如准备发言、文件、论文、生活用品等)、注意事项以及筹办会议单位名称、联系人、联系地址、电话号码、电报挂号、会议食宿安排、去会址路线、接洽标志等。有的后面还要附上入场凭证或请柬等。总之,要写得清楚、具体,对必须写明的项目无一错漏,以保证会议按预定要求准时召开。

[例文一]

××省人民政府任免通知

×政发[2014]42 号

各地人民政府,各直属机构:

根据××省第七届人民代表大会常务委员会第 22 次会议 2014 年 6 月 11 日通过,决定:

任命赵××为××省人民政府经济技术协作办公室主任;

林××为××省人民政府侨务办公室主任。

免去朱××的××省人民政府技术协作办公室主任职务。

××省人民政府

二〇一四年六月十一日

评点：

这是一则任免通知。格式规范，内容明确。正文部分先写了任免依据，然后写任免人员的姓名和职务。

[例文二]

××大学关于召开招生工作会议的通知

所属各单位：

为了把今年我校的招生工作搞得更好，为了进一步贯彻和执行党中央和省招生工作会议精神，经研究决定召开招生工作会议，现将有关事项通知如下：

一、会议内容：介绍和分析近年来我校的招生情况，着重讨论和分析今年的招生情况和招生工作安排等事宜。

二、参加人员：各系主管学生工作的副主任以及校学生工作办公室的全体人员。

三、会议时间和地点：定于6月18日上午8时，在学校三楼会议室准时召开，议程一天。

××大学学生工作办公室
二〇一四年六月十七日

评点：

这是一则会议通知。其正文由召开会议的目的和会议事项两部分组成。该会议事项分三条，各条明确具体。撰写会议事项经常出问题的，往往是地点和时间。有的地点写得过于粗略，时间只写日子，不写具体时间，这都将给与会者带来不便。

二、通报

（一）通报的性质和特点

通报是"适用于适用于表彰先进、批评错误、传达重要精神和告知重要情况"的公文。

通报以宣传教育为行文目的，写法上叙议结合。通报与通知、通告不同。

通报"适用于表彰先进，批评错误，传达重要精神或者情况"。通知"适用于批转下级机关的公文，转发上级机关和不相隶属机关的公文，传达要求下级机关办理和需要有关单位周知或者执行的事项，任免有关人员"。通告"适用于公布社会各有关方面应当遵守或者周知的事项"。

通报侧重于宣传教育，并以希望和号召的形式提出指导性意见；通知和通告则侧重于具体事务的传达和办理，有些还具有明显的指令性。

通报兼用叙述和议论两种表达方法，带有较强的感情色彩；通知和通告则以叙述为主，而较少议论。

通报包括表彰性通报、批评性通报和传达重要情况的通报。

（二）通报的结构与写法

通报的结构一般为标题、主送机关、正文、落款四大部分。也有的通报将成文日期加括弧写在标题下方，而不写主送机关和落款。

通报的标题一般由发文机关、事由、文种构成，如《国务院关于表彰国家科委等单位常年深入基层开展扶贫工作的通报》。

（三）通报的写作要求

1. 事例要典型

通报的行文目的在于宣传教育，因此无论是先进事迹或错误事实，还是工作中的情况，都应当能够反映某一类社会现象的本质,具有普遍性、代表性。只有这样才能起到推动全局工作的作用,否则便失去了发文的意义。

　　2. 叙述要准确而简洁

　　对事实的叙述是通报的重要部分或前提。在叙述时要做到两点:一是准确无误。所取材料必须核实,单位和人员、时间和地点、主要经过和结果、相关数据等要素应交代清楚。二是精选材料、详略得当。叙述时应突出主旨、抓住重点,避免堆积材料、罗列现象,使人不得要领。

　　3. 评议要得当

　　叙议结合是通报的一大特点。"叙"好比画龙,"议"好比点睛。通报的评议部分涉及对人或事的定性,因此一定要采取认真负责的态度,实事求是、注意分寸,做到合情、合理、合法,切忌任意拔高、无限上纲。

[例文三]

关于表彰 2016 年全省春运工作先进单位的通报

各市、县、自治县人民政府,省府直属有关单位:

　　2016 年全省春运工作在国家有关部门的指导下,各级政府、各有关部门、各运输单位认真贯彻省委、省政府关于做好春运工作的指示精神,精心部署,严密组织,实现了国家提出的"以客为主,客货兼顾,安全第一,快捷有序"的工作目标,圆满地完成了全省春运工作的各项任务,为促进我省经济持续快速发展和确保社会稳定作出了贡献。省人民政府决定,授予今年春运工作成绩突出的××省经济贸易委员会交通处等 67 个单位"××省 2016 年春运工作先进单位"荣誉称号,在全省范围内通报表彰。

　　希望受表彰的单位戒骄戒躁,继续发扬成绩,再接再厉,与时俱进,开拓创新,不断改进和提高春运工作的组织管理水平,为我省全面建设小康社会作出新的贡献。

　　附件:2016 年全省春运工作先进单位名单

××人民政府

二○一六年三月二十四

评点:

　　这是一篇表彰性通报,正文的第一段表彰了全省春运工作的先进单位,第二段对表彰单位提出了希望,最后的附件为先进单位名单。全文格式规范,内容较简明。

[例文四]

国务院办公厅关于××××两省部分市(县)乱集资乱收费问题的通报

各省、自治区、直辖市人民政府,国务院各部委、各直属机构:

　　根据国务院领导同志的指示,财政部和中国人民银行组成联合调查组,对群众来信反映××省××市、××县、××县和××省××县乱集资、乱收费问题进行了调查,现将主要问题和处理决定通报如下:

　　1995 年 8 月和 10 月,××省××市政府为承办 1998 年省第四届青少年运动会,解决修建体育场馆资金不足的问题,先后两次发文,对全市办理工商执照年检的机关、企事业单位和个人,进行强制性无息集资,集资期限为三年。截止到 1996 年 8 月 26 日,已集资 855 万元,其中拨付体育场馆建设 790 万元。

　　1996 年 3 月,××省××县邮政局为缓解财政资金周转困难,决定以年利率 24%、期限一年为条件,向本局每个干部职工集资 10 万元,共筹集 1 322 万元。中国人民银行××地区分行发现问题后,立即通知××县政府和财政局停止非法集资活动,并作出了处理决定。但××县邮政局却以承销企业债券的方式,将集资款转化为企业债券,并用于发放干部职工工资、农业投资和企业技术改造等。

××省××市、××县、××县和××省××县的上述做法,严重违反了国家有关坚决制止乱集资、乱收费的规定和有关金融法规,加重了企事业单位和群众的负担,扰乱了当地的金融秩序,错误是严重的。为维护国家法律、法规和政令的统一,严肃纪律,保护企事业单位和人民群众的合法权益,国务院决定:

一、对××省××市政府、××县政府、××县政府和××省××县政府给予通报批评。

二、××和××两省政府要责令上述市(县)立即纠正违纪行为,限期将非法筹集和收取的资金全部退还有关单位和个人。同时,要追究主要责任人和直接责任人的责任。

各地区、各部门要以此为鉴,吸取教训,认真学习国家财政金融法规和政策,正确处理局部利益与全局利益的关系,自觉维护国家政令的统一。

各级财政、金融等部门要加大对乱集资、乱收费的查处力度。确保国家各项方针、政策的贯彻落实。

国务院办公厅

二○○三年十二月二十三日

评点:

这是一篇批评性通报。第一段为通报的缘由,第二、三段为主要事实,后面几段为国务院决定、意见和要求。全文事例典型,用语准确,评议得当。

三、报告

（一）报告的性质和特点

《国家行政机关公文处理办法》规定,报告是"适用于向上级机关汇报工作、反映情况,回复上级机关的询问"的公文。

报告是下级机关将情况通报给上级的主要形式,是实践中广泛运用的重要上行文。作为行政机关公文的报告,和一些专业部门从事业务工作时所使用的、标题中也带有"报告"二字的行业文书,如"审计报告"、"评估报告"、"立案报告"、"调查报告"等,不是相同的概念。这些文书不属于行政公文的范畴,注意不要混淆。

1. 报告具有陈述性

报告是下级机关向上级机关汇报工作、反映情况、答复上级机关的询问时使用的上行文,不需要上级机关给予批复。因此,像"以上报告当否,请批示"之类的说法是不妥当的。

2. 报告所表达的内容和使用的语言具有陈述性

本单位遵照上级的指示,做了什么工作,是怎样做的,取得了哪些成绩,还存在哪些不足,一一向上级陈述。反映情况、答复询问时,也要把时间、地点、人物、事件、原因、结果叙述清楚,向上级机关提供准确、及时的信息。

3. 报告具有事后性

在机关工作中,有"事前请示,事后报告"的说法。多数报告,都是在开展了一段时间的工作之后,或是在某种情况发生之后向上级做出的汇报。要注意和请示行文时间的区别。

（二）报告的种类

报告分工作报告、专题报告、答复报告、呈转报告、递送报告等。

（三）报告的文体结构

1. 标题

报告的标题与其他公文文种标题的格式相同，由制发机关、事由、文种三部分组成。

2. 发文字号

由发文机关代字、年份、发文顺序号组成。联合行文时，使用主办机关的发文字号。

3. 主送机关

公文的主要受理机关，应当使用机关全称、规范化简称或者同类型机关统称。

4. 正文

公文的主体，用来表述公文的内容。一般包括：

（1）导语。写报告的目的或缘由。写完后多用"现将有关情况报告如下"的过渡语过渡到下文。

（2）主体。即报告的具体内容，其事项要具体明确。

（3）尾语。答复性报告常用"特此报告"为尾语。呈转性报告多用"以上报告如无不妥，请批转……"为尾语。

5. 发文机关署名

署发文机关全称或者规范化简称。

6. 成文日期

署会议通过或者发文机关负责人签发的日期。联合行文时，署最后签发机关负责人签发的日期。

7. 印章

公文中有发文机关署名的，应当加盖发文机关印章，并与署名机关相符。有特定发文机关标志的普发性公文和电报可以不加盖印章。

（四）写作要求

不同的报告，有一些不同的写作要求：

1. 工作报告的要求

（1）在正文中主要写明工作进程、工作成绩、经验、存在的问题与下一步的工作安排。结语写"特此报告"。

（2）主要运用记叙方式。按时间顺序、工作发展过程或逻辑关系分设若干小问题，有层次地概括叙述。

（3）重点突出，点面结合。要避免把工作报告写成面面俱到的流水账。突出重点，就是要重点撰写本机关或本部门的中心工作的情况。点面结合，既需要概括叙述整体情况，又需要适当地引用数据，举出有代表性的典型事例说明工作的深度，从而使报告达到全面、具体的表述效果。

（4）实事求是，报告中所列成绩或问题都必须属实，不夸大，也不缩小，并能从中揭示出一定的规律。

（5）在报告中可以写设想、提建议，但不可写请示事项。

2. 专题报告的要求

（1）在内容上要求反映新事物、新问题和新情况，要有助于推进当前工作的开展。

（2）写作要及时,做完一项专门工作或解决某项问题之后应立即报告。

3．答复报告的要求

在撰写中要针对上级的询问,实事求是地回答问题。

4．呈转报告的要求

（1）与一般工作报告不同,它不侧重汇报工作情况,而是侧重于对普遍存在的问题,提出意见或建议。因此其表达方式,是在概括叙述事实的基础上,加强分析和说理。

（2）所提出的意见或建议,要具有科学性和可行性,在表述上多用条款式。要求条理清楚,陈述简练、准确。

5．递送报告的要求

写作内容简单,将报送材料（文件、物件）的名称、数量写清楚就可以了。结尾用"请收阅"、"请查收"等惯用语结束。

[例文五]

国家工商行政管理局
关于加强工商行政管理工作的报告

工商[200×]×号

国务院:

为了更好地贯彻党的××届×中全会精神,在治理整顿期间,工商行政管理机关应充分发挥监督的职能,强化完善各项监督管理措施,为深化改革,促进社会主义经济持续、稳定、协调发展创造良好的条件。根据国务院赋予工商行政管理机关的职能,应进一步拓宽监督管理的广度,增加监督管理的深度,强化监督的力度,把工商行政管理工作提高到一个新的水平。为此,今年全国工商行政管理局长会议进行了专门研究,对下一步工作提出以下意见:

一、进一步依法加强对生产资料市场的监督管理,不断提高集贸市场的管理水平。

二、加强对国营和集体企业的监督管理,积极支持企业集团的建立和发展。（略）

三、切实加强对个体、私营经济的监督管理,引导它们健康发展。（略）

四、严肃查处制造、经营伪劣商品和刊登虚假广告的行为,切实维护国家和人民群众的利益。（略）

五、强化经济合同管理,维护社会经济秩序,保证国家计划的完成。（略）

六、依法保护注册商标专用权,加强商标领域中的国际合作。（略）

七、加强廉政建设,提高工商行政管理队伍的素质。（略）

以上报告如无不妥,请批转各地区、各部门执行。

国家工商行政管理局
××××年×月×日

评点:

该文是呈转性报告。开头是报告的缘由和目的。主体是报告的事项,而每条事项的第一句都是段旨,即具体措施属于哪方面的问题,例文中的"略"是具体内容。结尾表述批转要求,用公文惯用语"以上报告如无不妥,请批转各地区、各部门执行"结束。

四、请示

（一）请示的概念和种类

1．请示的概念

请示是"适用于向上级机关请求指示、批准"的公文。请示为上行文,具有强制回复的性质。其行文目的是请求上级机关对本机关单位权限范围内无法决定的重大事项,以及在工作中遇到的无章可循的疑难问题,给予答复。

2．请示的种类

(1) 请求指示的请示。请求上级机关对有关的方针、政策、规定中的难以理解,或不明之处,或在执行过程中需作变通处理的问题,或涉及其他机构职权范围的问题予以回复。

(2) 请求批准的请示。请求上级机关批准编制、机构设置、领导班子组成、干部任免以及经费、工作任务等问题。

(3) 请求批转的请示。请求上级机关对本部门就全局性或普遍性问题所提出的解决办法予以批转各单位执行。

(二) 文体结构

1．标题

请示的标题与其他公文文种标题相同,由发文机关名称、事由和文种三部分组成。

2．发文字号

由发文机关代字、年份、发文顺序号组成。联合行文时,使用主办机关的发文字号。

3．主送机关

公文的主要受理机关,应当使用机关全称、规范化简称或者同类型机关统称。

4．正文

公文的主体,用来表述公文的内容包括事由、请示事项和尾语组成。

正文的结尾,常以简短的文字概括请示的具体要求,再次点明主题。如"以上意见,请予批示","以上要求,请予批准",或"如无不当,请批转……"等。

5．发文机关署名

在正文之后的右下方标注署发文机关全称或者规范化简称。

6．成文日期

(三) 写作要求

(1) 写请示须遵循下列原则:一文一事,一般只主送一个主管的领导机关,不多处主送,不送领导者个人;按隶属关系逐级请示,在一般情况下,不越级请示;请示上报的同时不抄送下级与同级机关。请示与报告不能混用,不能将请示写成报告,即不能写"请示报告"。

(2) 两个以上单位联合向上级机关请示时,要在事前确定主办单位,经过认真磋商,取得统一认识,而后会签、印发。

(3) 提出请示事项时,应同时根据本地区、本机关的实际情况,对所请示的问题提出解决的初步意见与方案,供领导批复时参考,因此,事先要经过周密的调查研究,使提出的意见与方案准确切实。

(4) 请求批准行政规章的请示,要在正文中说明制定此项规章的必要性及其主要内容,而后将拟制发的规章作为请示的附件,一并报送。

[例文六]

××单位关于增拨技术改造资金的请示

××主管局:

正当我单位技术改造处于关键阶段,资金告急。前次所拨资金原本缺口较大,加之改造过程中出现了新的技术难题,需增新设备,以致资金使用超出预算。由于该项技术是我局所属大部分企业所用的核心技术,如改造不能按期完成,势必拖延全部技术更新的进程,进而影响各单位实现全年预定生产指标和利润。目前我单位全体技术人员充分认识到市场经济的机遇和挑战,正齐心合力,刻苦攻关。缺口资金如能及时到位,我们保证该项技术改造按期完成。现请求增拨技术改造资金××××万元。

特此报请核批。

××单位

××××年×月×日

评点:

这份请示针对"增拨技术改造资金"的理由作了较详尽的陈述:原拨资金缺口大,并出现了新的技术难题;该技术是××局的核心技术,影响全年的生产指标和利润……请示充分地说明实际困难,向领导诉之以理,使之能够尽快作出批复。

写作知识(五)　应用文的语言特点

应用文种类繁多,内容、形式、交际对象和范围不尽相同,各个具体文种在语言使用上有各自的特点。一般而言,公文类应用文语言最明显的特征是庄重、平实、朴素。对客观情况说明简要、如实,不追求词语的华丽,不使用形象生动的修辞手法,格式规范;其他应用文语言比公文稍显生动。大体上应用文语言有以下特点:

一、明确性

应用文是用于处理实际事物的,因此语言要清楚明白,要把该做什么,不该做什么,怎么做,达到什么目的等确切无误地交代清楚,不能引起误会,不能有歧义,使人读后就明白怎么付诸实践。在选词择句时不能疏忽,不能含糊,不留想象的余地。应注意:

1. 用词准确、规范

(1)词义要单一、确切。

(2)选用规范庄重的书面语。不使用方言词和口语词,不使用幽默诙谐的词语。

(3)不滥用简称、略语。

2. 句式严整、周密

(1)进行必要的修饰和限制。为了使句子表义更准确严密,经常使用一些长句,即对一些重要的概念进行必要的限制,增加句子的内涵,使句义更严密、准确,范围更明确、具体。

(2)句式严谨、简练。句子结构一般较完整,要求把握住要点将事物交代清楚,很少运用描写和抒情,力求用较少的文字把复杂的内容说清楚,做到言简意赅。

(3)句义明晰确切,不能发生歧义和误解。尤其在时间、地点、数量、范围、要求等方面都要写得十分明确。

3. 语气庄重、得体

应用文的读者一般是特定的,因此要注重语气的运用。

(1)用词要讲究礼貌。对上级或长辈,用词语气要尊重,对下级或晚辈要爱护,对同事或平辈要谦和。

(2)用词语气要适合主旨。应用文有明确的写作目的,词语的选择和句子的语气要同写作目的协调一致。如发布政令或建章立制时语气要严肃庄重,提出申请语气要急切合理,表示哀悼要沉痛体贴,祝捷贺喜语气要真诚热烈,商洽问题语气要诚挚谦和,批评错误要诚恳明确等。

二、简要性

简要是应用文语言的基本特征之一。应用文的写作目的不是让读者受到感染或获得某种知识技能,而是为了处理实际问题。因此,语言要概括简练,要通俗明白,不拐弯抹角,不追求含蓄深沉。

(1)叙事要概括,抓住要点讲清即可。应用文中的叙述一般是概述,叙述中不包含描写,不要求生动形象。

(2)语言要简练、通俗。语言明确、简练、通俗是应用文语言的基本特点。用词简约,不要求华丽。一般不使用形象性、描绘性和情意性强的词语。不使用比喻、拟人、夸张等修辞手法,较少使用感叹词,词语一般不儿化,不使用冷僻含蓄的词语。经常使用含义明确的专业术语和事务性的习惯用语。

(3)结构简明、条理清晰。

三、习惯性

应用文在长期的使用过程中,逐步形成了相对固定的程式语和习惯用语。这些习惯语表义明确简练。这里简单列举一些:

用于开头的如:兹、兹因、兹介绍、兹定于、顷闻、欣悉、欣值、据报、据核定、值此、根据、关于、按照、为了等。

用于结尾的如:特此函达、特此通知、特先函商、为盼、为荷等。

表示谦敬的如:承蒙指教、承蒙惠允、不胜企盼、鼎力支持等。

表示期望的如:务希、务请、尚希、尚盼、勿误、希即遵照等。

表示征询的如:当否、可否、妥否、是否可行等。

表示期复的如:请批示、请复等。

表示态度的如:照办、同意、可行、不宜、不可等。

表示称谓的第一人称用"本",第二人称用"贵",第三人称用"该"。

单元综合练习

一、通报有哪些特点?

二、通报与通知、通告有何区别?

三、根据下面材料拟写一份会议通知:

全国××技术协会于 2015 年 6 月 20 日下发通知,2015 年 7 月 18 日～21 日在××市金地大酒店召开年会,各会员单位派主管教育的领导参加,将参会名单于 6 月 30 日前报协会,要求带一年的教育技术工作总结,会务费自理。

四、根据下列材料代万安县政府拟一份通报。

张丽原来是××县××乡的副乡长。2016 年 10 月 12 号那天中午,参加了一个朋友的婚礼,喝了不少酒。散席后她还开车回家(其实她没有驾驶证),结果把一个小男孩儿撞伤了。出事后张丽不但没有把那个受伤的小男孩儿送到医院去抢救,反而开车逃跑了。最后还是被交警拦住,她才不得不把车停下来。

××县政府在出事后的第12天就对这件事情作了处理,给了张丽一个记大过处分,还按有关程序免掉了她的副乡长职务。

五、填空。

请示适用于向上级机关请求_____。

请示应当_____;一般只写一个_____,需要同时送其他机关的应当用抄送形式。

报告不得夹带_____,一般不得越级_____和_____。

六、下面的通知很不规范,请指出其中的毛病。

通　知

为了活跃暑假生活,校团委决定组织一次暑期夏令营活动,地点长白山。希望在校的团员和同学们积极参加,不得随便请假,凡是要去的一定按要求做好准备,准备集合上车。请互相转告。

大石沟中学团委会

第七单元　中国古代文学史略

单元训练重点

　　本单元是让同学们大体上了解一下中华民族辉煌灿烂的古典文学。学习时,可以把我们以往学过的作家作品和相关知识同时代结合起来,力求对我国古代文学发展的脉络有一个大概的了解。

　　本单元内容是根据同学们现有的知识编写的,远远不能反映我国古代文学的全部,只是一个发展的大概脉络。

第一节　先秦文学

一、神话和传说

（一）神话和传说的产生

神话和传说有很多是在原始社会产生的。我国古代没有系统记载神话传说的书籍。现在能够见到的大多是保存在一些典籍如《山海经》、《庄子》、《淮南子》等中的片断。

在生产力低下的原始氏族社会里,人们还不能认识变幻莫测的自然界,也无法理解自然现象和复杂的社会现象如氏族间的战争等。人们希望解释自然现象和社会现象,希望战胜自然,战胜危害人类存在的一切敌人,于是神话和传说就产生了。

（二）神话和传说的区别

神话是纯粹的幻想和虚构,传说却是有一些历史事实的影子,人们依据一些史实,通过幻想来加工。有些我们很难区分神话和传说。

（三）神话和传说的特点

古代的神话和传说是古代人民对自然和社会现象的幻想式的解释,反映了人民的愿望。具有较明显的特征:

（1）反映了古代人民渴望了解和解释自然、社会现象的愿望,反映了古代劳动人民对美好生活的向往。

（2）神话传说中的英雄人物有着改变自然和社会的巨大力量,在大的自然灾害和敌人面前英勇无畏。

（3）表现了磅礴的气势和优美的感情,富有抒情意味。

（4）体现了人定胜天的思想,突出了在自然现象和社会现象面前人的决定作用。

古代神话对历代文学影响巨大。它是浪漫主义文学的源头。对历代的文学创作有着极为深远的影响。马克思说:"希腊神话是世界文学的武库。"中国的神话传说孕育了我国古典文学。

(四)著名作品

《女娲补天》、《精卫填海》、《夸父逐日》、《鲧禹治水》、《后羿射日》、《共工怒触不周山》、《嫦娥奔月》等。

二、先秦诗歌

(一)《诗经》

《诗经》是我国第一部诗歌总集。在成为儒家经典前称为"诗",成为儒家经典后称《诗经》,是儒家五经之一。共收录周初(约前 11 世纪)至春秋中叶(前 6 世纪)大约五百年间的诗作 305 首。

《诗经》全书分为"风"、"雅"、"颂"三大类。《风》即国风,共收十五国风,160 首,多是民歌。《雅》,包括《大雅》、《小雅》,共 105 篇,多为士大夫所作。《颂》包括《周颂》、《鲁颂》、《商颂》,共 40 篇。

《诗经》艺术上采用赋、比、兴手法。《诗经》对历代诗歌创作影响巨大,开创了我国现实主义创作的先河。

我们学过的著名篇目,如:《氓》、《关雎》、《相鼠》、《伐檀》、《硕鼠》、《蒹葭》、《君子于役》等。

(二)《楚辞》

《楚辞》是继《诗经》之后对中国文学史有深远影响的又一部诗歌总集。由西汉刘向编辑,收录以屈原为主,包括宋玉等的作品共 16 篇。

1. 屈原

名平,字原,战国末期楚国人。屈原出身于楚国的王族,有很高的文化修养和卓越的政治才能。楚怀王时,官至左徒,职位很高,曾直接参与楚国内政外交的重大决策。屈原坚持"联齐抗秦"的外交路线和"立法图治"、"选用贤才"的内部策略,后来遭到楚国反动贵族集团谗害,遭受打击。屈原在政治斗争中失败,被流放。公元前 278 年,秦大举攻楚,破楚都,楚君臣逃走,楚国面临灭亡的危机。屈原悲愤绝望,投汨罗江(湖南)自尽。相传屈原死于农历五月初五,楚人痛惜其死,曾纷纷划船去救他,并以粽子投入江中去祭他,据说这就是后来端午龙舟竞渡和吃粽子的来历。

屈原在当时楚国民歌的基础上,创造了一种新的文学体裁——骚体,采用浪漫主义的创作方法,表现了诗人强烈的爱国主义精神和高洁的情操,其作品主要有:《离骚》、《九歌》、《天问》、《九章》、《招魂》等。

2.《离骚》

我国古代最长的政治抒情诗,全诗约 2 490 字,是屈原的代表作,也是《楚辞》的代表作。《离骚》表现了诗人眷念祖国和热爱人民的胸怀,表现了诗人坚持理想、憎恶黑暗的性格。作品具有浓重的浪漫主义色彩,把叙述、抒怀和幻想的描写交织在一起,波澜壮阔,优美动人,被誉为文学创作的最高典范之一。很多名句如"路漫漫其修远兮,吾将上下而求索"等至今常用。

《诗经》和《楚辞》是我国诗歌史上最早出现的两座高峰。《诗经》多用现实主义的创作方法,屈原主要用浪漫主义的创作方法方法。"风"和"骚"是我国古人对诗歌的最高评价标准。

三、先秦散文

春秋战国时代,社会经济有了较大的发展,处于奴隶社会向封建社会转型期,在政治上还是一个分裂的时代,没有传统思想和传统艺术形式的束缚,文学上出现了百花齐放,百家争鸣的繁荣景象。

这一时期文学的种类主要是诗歌和散文。

散文主要分为历史散文和诸子散文。历史散文善于叙事,诸子散文擅长说理。

(一) 历 史 散 文

战国时期出现了大量的历史散文,大体上又可分为三类:

第一类,编年史,如孔子的《春秋》、《左传》、《公羊传》、《穀梁传》等。

《春秋》是第一部私人编辑的历史著作,相传由孔子编撰,是儒家经典之一,记述了鲁隐公元年(前 722 年)至鲁哀公十四年(前 481 年)242 年间各国的大事。孔子还按照他自己的观点对那些事件作了一些评析,选择了他认为恰当的字来暗寓褒贬。这就是所谓“微言大义”。这对历史著作的影响很大。

《左传》亦称《左氏春秋》、《春秋左氏传》。旧传春秋时左丘明所撰。清代经今文学家认为系刘歆改编。近人认为是战国初年人据各国史料编成。是我国第一部叙事详备的编年体史书。也是杰出的历史散文。《左传》仿照孔子《春秋》的体例来编写,全书近 20 万字,对春秋时代各国的政治、外交、军事、社会事件等都作了详细的记载。《左传》是历史著作,但有很高的文学艺术成就。脍炙人口的名篇,如《曹刿论战》、《郑伯克段于鄢》、《烛之武退秦师》等。

《公羊传》、《穀梁传》主要讲“微言大义”,叙事少,历史、文学价值较低。

第二类:国别体史书,是按国别来记述各国的一些史实。如《国语》、《战国策》等。

《国语》是国别体记言史书,以记西周末年和春秋时期周鲁等国君臣的言论为主。分为《周语》、《鲁语》、《齐语》、《晋语》等,记述各国历史,大都通过一些历史人物的言论,对话或互相驳难的话来表现,故称《国语》。

《战国策》是一部国别体史料汇编,也是一部历史散文总集。作者不详。不是一时,一人所作。体例与《国语》一样,分国编写。包括东周、西周、秦、齐、楚等十二国策,共 33 篇。记述了公元前 453 年到公元前 209 年(秦二世元年)245 年的历史。内容上有传记,故事,论辩等。如《邹忌讽齐王纳谏》等。

第三类:人物传记。如《宴子春秋》,记述齐相宴婴的言行,是接近历史小说的个人传记散文著作。

(二) 诸 子 散 文

春秋战国时期,是中国社会由奴隶制向封建制过渡的时代,当时的政治、经济都发生了剧烈的变化,学术思想也空前活跃,代表不同阶级、不同阶层的各种思想与学派之间展开了激烈的论争,形成了历史上所谓的百家争鸣的局面。参加争鸣的诸子百家立场不同,他们从各自代表的阶级、阶层的利益出发,对政治提出各种不同的要求与主张,并且著书立说,阐述各自的思想和主张。诸子在争辩过程中所写的著作,后代称为诸子散文。

先秦诸子散文反映了多方面的文化成就,概括了各种不同学术流派的政治观点和哲学思想。其中最重要的是儒、道、法、墨四家的著作。

诸子散文对后世影响最为深远的是儒家学派的孔、孟思想和道家学派的老庄思想。

1. 孔子和《论语》

孔子(前551～前479),春秋末期思想家、政治家、教育家,儒家学派创始者,我国古代伟大的思想家、教育家。名丘,字仲尼,鲁国陬邑(今山东曲阜东南)人。一生从事政治、学术和教育活动,相传先后有弟子三千人,有名字可考的七十余人。

《论语》是儒家经典之一。由孔子弟子及再传弟子集成。是语录体散文集。记录了孔子的言行和一些孔子弟子的言行。全书二十篇,每篇分若干章。每篇取第一章中的两个字或三字作为篇名。全书内容包含甚广,涉及当时社会的道德、教育、政治、文化、艺术等各方面。

《论语》一书内容丰富,语言简练、准确,很多表达哲学理论、教学态度和方法、品德修养等的语句成了名言警句,至今仍在广泛使用。

2. 孟轲和《孟子》

孟子(约前372～前289),名轲,字子舆,战国中期邹(今山东邹城东南)人,是孔子后儒家的代表人物。后世同孔子并称。

《孟子》是儒家经典之一,由孟子和他的学生合著。内容包括孟子的政治活动、政治学说、哲学思想和个性修养等,是先秦诸子中杰出的散文集。写法上大量使用比喻,辩论方法灵活多样,富有鼓动性。艺术成就很高,对后代散文创作影响很大。

3. 庄周和《庄子》

庄周(约前369～前286),战国时期哲学家、散文家,宋国蒙(今河南商丘市东南)人。庄子一生贫困,他继承并发展了老子的思想,是道家学派的代表人物,与老子并称,世称"老庄"。

《庄子》,亦称《南华经》,是道家经典之一,由庄周及其后学的著作汇集而成。原书52篇,现存33篇,分为内篇7篇,外篇15篇,杂篇11篇。大体上内篇为庄子所作,外篇、杂篇由其门人或后来道家所作。

《庄子》文笔生动传神,形象精致,书中运用了大量神奇的想象和寓言故事,给诗人、散文家很多启发。在诸子散文中,《庄子》对后世文学艺术创作上的影响是最为深远的。

4. 其他诸子散文

《墨子》:是墨家经典。墨子(约前468～前376),春秋战国初期思想家、政治家,墨家学派的创始人。名翟,鲁国人。《墨子》由墨子和其弟子的作品汇集而成。现存53篇。《墨子》逻辑严密,说理透彻,语言质朴达意。(如《公输》)

《荀子》:战国末期儒家重要著作之一。作者荀况(约前313～前238),是战国末期朴素的唯物主义思想家、教育家。战国末期赵国人。全书体系严整,贯彻了作者的朴素唯物主义思想。(如《劝学》)

《韩非子》:法家的重要著作,是先秦议论散文的集大成者。对后代议论文写作的影响大。书中保留了很多寓言、神话传说。

《吕氏春秋》:秦代前各派学说论著汇编,是最早的散文总集。由战国末秦相吕不韦集合门客集体编撰。这部书完成后,曾"布咸阳市门,悬千金其上,延诸侯游士宾客,有能增损一字者予千金"(即成语"一字千金"),书中保留了很多神话传说。

《列子》:大部分属于民间故事、寓言和神话传说。

先秦散文在我国文学史上有着重要地位。它奠定了我国散文的基础,标志着我国散文创作进入了成熟阶段。

（三）其他作品

《山海经》：一部富于神话传说的最古老的地理书,保留了很多古代的神话传说。

《穆天子传》：神话历史小说,作者不详。

四、先秦寓言

寓言源于民间,最早是民间流传的小故事,具有比喻和象征性质。主人公有人、生物、无生物,多是借此喻彼,托古喻今,以小喻大。战国时盛行,但没有形成独立的文学样式,是先秦散文的一个组成部分。保存先秦寓言较多的典籍有《庄子》、《韩非子》、《孟子》、《吕氏春秋》、《战国策》等。今人所辑本有《先秦寓言选释》、《中国古代寓言选》等。有很多寓言是家喻户晓的。如《鹬蚌相争》、《画蛇添足》、《杯弓蛇影》、《歧路亡羊》、《刻舟求剑》、《守株待兔》、《杞人忧天》、《涸辙之鲋》、《自相矛盾》、《拔苗助长》、《郑人买履》等,大都成了成语、典故。

第二节　两汉文学

一、两汉诗歌

（一）汉乐府

1. 乐府

乐府原是专门掌管音乐的机构,始于秦。其职能是制定乐谱,训练乐工和搜集歌辞。把文人的诗歌和民间歌词配以乐谱,以备朝廷祭祀及饮宴时演奏。魏晋南北朝后人们把乐府所演唱的诗称作"乐府"。至唐代乐府诗已完全撇开音乐,只注意其诗歌的社会内容了。

2. 乐府民歌

后人把汉代乐府搜集的民歌统称为"乐府诗",简称"乐府"。据史书记载,汉代乐府搜集的民歌共 138 篇,今只有 40 篇左右流传,多为东汉作品。

汉乐府民歌继承并发展了《诗经》中的现实主义创作传统。汉乐府以叙事见长,有很多著名的作品。如《孔雀东南飞》是古代民间叙事诗中最伟大的作品,代表汉乐府民歌发展的最高峰。再如《十五从军征》、《东门行》、《陌上桑》、《上邪》等。

（二）汉代五言诗

1. 五言诗的兴起

东汉时开始,有文人写五言诗。四言诗是我国最早的诗体之一。《诗经》多是四言,唐代以后四言诗渐少。五言诗由民间兴起,如乐府中的《陌上桑》、《江南可采莲》等。东汉时期文人五言诗成熟。从唐代以后把作者不详的五言诗称作"古诗"。

2.《古诗十九首》

东汉末年中下层文人写的五言古诗。南朝梁代萧统从传世无名代"古诗"中选录 19 首,收入《文选》,题为《古诗十九首》。《古诗十九首》语言朴素自然,描写生动真切,在五言诗的发展上有重要地位。如《行行重行行》、《迢迢牵牛星》。

二、司马迁和《史记》

1. 司马迁

司马迁(约前 145 或前 135～?)西汉史学家、文学家、思想家。字子长,夏阳(今陕西韩城南)人。

父亲司马谈,为汉武帝时太史令,学识渊博。二十岁开始游历大半个中国,考察历史遗迹,为《史记》的写作打下了基础。谈死后,司马迁继父职接任太史令。开始阅读整理历史资料。后因对李陵军败降匈奴事有所辩解,触怒武帝,致罪下狱,受腐刑。出狱后任中书令,为完成《史记》隐忍苟活,发愤完成了《史记》的创作。

2.《史记》

我国第一部纪传体通史。记载上自传说中的黄帝下至汉武帝时期共三千年左右的历史。不仅是伟大的史学著作,也是伟大的文学著作。全书共130篇,包括12本纪,30世家,70列传,10表,8书。本纪为帝王的传记,世家是王侯传记,列传是著名历史人物传,表是历史大事记,书记载天文、历法、水利、经济、文化艺术等。

《史记》对后世历史学、文学影响巨大。

史学方面:《史记》开创了纪传体,对之后的史书写作格式产生了很大影响。司马迁不虚美,不隐恶,客观秉正的史学观为后代历史研究和史学创作树立了典范。司马迁首次肯定了农民起义,肯定了进步的历史人物的功绩,对历史事件和历史人物做了客观的评价,这对后来的史学研究产生了深远的影响。

文学方面:《史记》成功地塑造了众多的人物形象,是文学创作中塑造人物的典范。《史记》语言简洁,平易、准确,很多都成为成语或名言警句,是学习运用语言的典范。鲁迅评《史记》是"史家之绝唱,无韵之离骚"。

三、汉赋

赋是汉代流行的一种文学体裁,兼具诗和散文形式。也有人叫辞赋,受楚辞影响明显,纵横铺张,很多写园苑之盛和帝王奢侈生活。重要作家作品如:贾谊《吊屈原赋》、《鹏鸟赋》,司马相如《子虚赋》、《上林赋》,班固《两都赋》(《西都赋》、《东都赋》),张衡《西京赋》、《东京赋》,赵壹《刺世疾邪赋》等。

四、汉代的其他作品

汉代的散文有了一定的发展。比较著名的作家作品如:枚乘的《七发》,晁错的《论贵粟疏》,贾谊的《过秦论》,司马迁的《报任安书》等。

汉代的历史著作除《史记》外,还有《汉书》。作者班固(32～92),东汉史学家、文学家。《汉书》是我国第一部纪传体断代史,也是著名的历史散文。本书包举一代,是研究西汉历史的重要资料。

西汉末年刘向(约前77～前6),是西汉时期的经学家、目录学家、文学家。他校对整理了很多古籍,撰成的《别录》是我国目录学之祖,在学术文化方面有很大贡献,先秦的很多古籍都是经他整理编辑的。他个人的主要作品有《说苑》、《新序》(历史故事集)、《烈女传》(记录古代妇女事迹)等。

两汉时期的哲学著作有王充《论衡》等。

第三节 魏晋南北朝文学

一、魏晋南北朝诗歌

（一）建安诗人

"建安"是东汉末年汉献帝的年号。这一时期社会动荡不安。黄巾起义之后,东汉王朝名存实亡,各路军阀混战,最终进入三国时期。文学史上把东汉建安时期到魏初一段时间统称为建安文学。

建安时代,在中国文学史上占有相当重要的地位,是诗歌的一个辉煌时代。这一时期诗歌的代表作家有"三曹"和"七子"等。

建安文学(主要是诗)的特点,后人用"建安风骨"加以概括。慷慨悲凉是建安文学的总的基调,也是"建安风骨"的主要特征,这种风格对后世作家产生了广泛影响。

1. 三曹(曹操、曹植、曹丕)

曹操(155~220),字孟德,小名阿瞒,沛国谯县(今安徽亳县)人。三国时的政治家、军事家、诗人。曹操诗今存二十多首。风格慷慨悲凉,气魄雄伟。主要作品如《短歌行》、《蒿里行》、《观沧海》、《龟虽寿》等。

曹植(192~232),字子建,曹操第三子。曹操死后,其兄曹丕等对他百般迫害,忧愤而死。曹植历来受人们推崇,是建安时期最有才华的诗人。现存作品最多,有诗 80 多首及完整的散文、辞赋 40 多篇。作品有《曹子建集》。著名诗歌作品如《白马篇》、《赠白马王彪并序》、《杂诗》等。辞赋有《洛神赋》等。

曹丕(187~226),字子桓,曹操次子。曹操死后称帝,史称魏文帝。文学成就不及操、植,但论文成就较高。他的《典论·论文》是我国文艺批评史上最早的长篇论文。诗歌有《燕歌行》等。

2. 建安七子

指孔融、王粲、刘桢、阮瑀、徐幹、陈琳、应玚。他们才华横溢,都曾以诗文显赫一时。又以同居邺中,亦称"邺中七子"。

3. 魏晋时期的其他诗人作家

蔡琰,字文姬,是汉末著名学者蔡邕之女。作品有《悲愤诗》、《胡笳十八拍》等。

阮籍(210~263),有《咏怀诗》八十二首、散文《大人先生传》等。

嵇康(223~262,或 224~263),主要是散文有《与山巨源绝交书》等。

左思(约 250~约 305),有《咏史》诗 8 首。他的《三都赋》曾轰动一时,争相传抄,一时使"洛阳为之纸贵"。

谢灵运(385~433),南朝宋著名山水诗人,有《谢康乐集》。

鲍照(约 414~466),南朝宋文学家,有《鲍参军集》。

谢朓(464~499),南朝宋诗人,有《谢宣城集》。

庾信(513~581),北周文学家,原有集,已散佚,后人辑有《庾子山集》。

(二) 陶渊明

陶渊明(365 或 372 或 376~427),字元亮,一名潜,浔阳柴桑(今江西九江市西南)人。他生活在东晋时代,不但写了许多诗篇,而且以自己不愿同流合污的高尚气节,为一些理想的知识分子树立了洁身自好的榜样,私谥"靖节"。他出身于一个没落地主家庭,从青年时起,家境贫困。他抱有很高的理想,但在当时的条件下,出身寒微的知识分子根本不受重视。他曾几次去做官,但都是一些县令、参军等微职,才华无从施展。在出仕中,渐渐认识到了官场黑暗,越来越厌倦官场生活,向往大自然和农村。在他做彭泽令时,郡里派来一个督邮,县里的小吏让陶渊明束带相见,以示尊敬。他不愿为五斗米折腰,便辞职不干,并且写了著名的辞赋《归去来辞》,以示和污浊的官场决裂。其艺术特色兼有平淡和爽朗之胜;

语言质朴自然，而又颇有精炼，具有独特风格。

陶渊明历来被认为是一位隐士或田园诗人，他描写田园生活的诗在全部作品中有突出重要的地位。陶渊明的作品收入《陶渊明集》中。著名作品如《闲情赋》、《归去来辞并序》、《归园田居》、《桃花源记》等。

（三）南北朝乐府诗

南朝乐府主要是东晋、宋、齐时代的民歌。南朝的乐府机构采集民歌是为统治者的奢侈享乐生活服务的，经他们的搜集整理保存下来的多是描写男女爱情、离别相思的情歌。

北朝乐府保存下来的不多，今传有 70 多首，思想内容较丰富，题材较广泛。文学艺术成就高于南朝乐府。著名的如《木兰诗》、《敕勒歌》等。

二、魏晋南北朝散文

（一）历史著作

陈寿《三国志》。陈寿（233～297），西晋史学家。《三国志》是一部纪传体三国史，也是历史散文。包括《魏志》30 卷，《蜀志》15 卷，《吴志》20 卷，共 65 卷。记载三国史事。其记载翔实，简明得体。所载三国史迹很多，很多三国故事在民间广泛流传。

范晔《后汉书》。范晔（398～445），南朝宋史学家。《后汉书》是纪传体东汉史，也是杰出的历史散文。史学、文学价值都很高。

《史记》、《汉书》、《三国志》、《后汉书》合称"四史"。

（二）文学理论

刘勰《文心雕龙》。刘勰（约 465～约 532），南朝梁文学理论批评家。《文心雕龙》是我国古代文学理论批评的名著。

钟嵘《诗品》。钟嵘，南朝梁文学批评家。《诗品》是诗歌批评专著。

曹丕《典论·论文》。曹丕（187～226），即"魏文帝"，三国时期魏国的建立者、文学家。《典论·论文》在我国文学批评史上，起了奠基作用。从评论当时的一些作家入手，提出了一些有关文学批评和创作的问题。

陆机《文赋》。陆机（261～303），西晋文学家。《文赋》为我国古代重要的文学论文，用赋体阐述自己的文学见解。

（三）郦道元《水经注》

郦道元（约 470～527），北魏地理学家、散文家。《水经注》是富有文学价值的地理巨著。

（四）其他散文著名作品和作家

诸葛亮《出师表》、李密《陈情表》等。

（五）文选

《文选》，南朝梁文学家萧统（501～531）选编。也叫《昭明文选》，是现存最早的文章总集。萧统从先秦至梁，分门别类选集了一些作品。大致概括为诗歌、辞赋、杂文三大类、三十八类，共七百余首。入选的作品大多是经典名著，对后代影响很大。

《玉台新咏》由南朝陈徐陵编选，是南北朝时期的诗歌总集。《古诗为焦仲卿妻作》最早即载于此书。

三、魏晋南北朝小说

魏晋南北朝时期是我国古代小说体裁的形成和发展的一个重要阶段，虽然这个时期的小说主要是耳闻目睹的见闻录，还不是有意识进行的小说创作，但已经具有小说的雏形。出现了东晋干宝的志怪小说集《搜神记》和南朝宋刘义庆的小说集《世说新语》。《世说新语》记载士族阶层人物的言谈逸事,写人气韵生动,记言简约精妙,对后代笔记小说有深远影响。

这个时期,产生了许多作品,大体上可分为志怪和轶事两大类。

(1) 志怪小说内容庞杂,大多讲鬼神怪异故事,有的讲地理博物的琐闻,有的说正史以外的历史传闻。其中精华部分是民间传说。

(2) 轶事小说以记录一些著名人物的言行传闻轶事为主。著名的作品如:

《吴越春秋》,赵晔撰,汉晋时期的历史小说(叙述吴越争霸),于旧史所记外,增入不少民间传说,有补充正史缺漏的史料价值。

《搜神记》,干宝(? ～336)撰,志怪小说集。

《世说新语》,刘义庆撰,汉末至东晋士大夫的传闻轶事之作。

《西京杂记》,晋代葛洪撰,西汉遗闻逸事、掌故小说。

《列异传》,志怪小说,作者不详。

第四节　唐代文学

唐代的中国是当时世界上一个先进、文明的国家。唐代文学领域出现了极繁荣的景象。诗歌的成就成为我国历史上诗歌发展的黄金时代。散文创作对后代文学的发展有极为深远的影响。传奇小说的发展开创了小说发展的先河。词、变文的出现为我国文学的发展开创了新的样式。

一、唐代诗歌

唐代诗歌是我国诗歌发展的黄金时代,一提到诗歌,我们自然会想起唐诗。现存的《全唐诗》一书中,收录了 2 837 名诗人的近 5 万首诗。李白、杜甫、白居易等是负有世界声誉的大诗人。

(一) 初唐诗人

初唐四杰:王勃、杨炯、卢照邻、骆宾王的并称。四人生活遭遇相同,年少才高,位小名大,行为相当浪漫,遭遇尤其悲惨。他们生活在唐初时期,对齐梁以来绮靡浮艳的形式主义文风深感不满,开始用诗歌表现市井生活,努力开拓诗歌的表现题材。怀才不遇,生活潦倒,使他们的诗作具有一种慷慨悲凉的情调,感情充沛,风格质朴。

(1) 王勃(650 或 649～676)是初唐四杰中成就最高的诗人。著名的作品如《送杜少府之任蜀州》、《秋日登洪府滕王阁饯别序》(习称《滕王阁序》)等,他的"海内存知己,天涯若比邻"(《送杜少府之任蜀州》)及"落霞与孤鹜齐飞,秋水共长天一色"、"关山难越,谁悲失路之人;萍水相逢,尽是他乡之客"、"时运不济,命途多舛"、"冯唐易老,李广难封"、"老当益壮,宁移白首之心。穷且益坚,不坠青云之志"(《秋日登洪府滕王阁饯别序》)等名句多被人传诵。

(2) 陈子昂(659～700),主张改革齐梁以来的诗风,提出诗应"兴寄"(寄托理想),要有"风骨"(有充实的内容和刚健的风格),应讲究内容和形式的统一。他的改革对唐诗和后代诗作产生了积极的深远的影响。陈子昂代表作:《感遇》38 首,《登幽州台歌》等。

(3) 张若虚,所传诗仅存两首,《春江花月夜》是传诵名作。

(4) 王之涣(688～742),名作如《登鹳雀楼》、《凉州词》等。

（5）贺知章（659～约744），名作如《咏柳》、《回乡偶书》等。

（二）盛唐诗人

盛唐时期不仅是唐代经济的繁荣期，也是诗歌的繁荣期，出现了李白、杜甫、孟浩然、王维等大批著名诗人。

（1）孟浩然、王维。盛唐时期田园诗人的代表人物。"田园诗派"是过去文史家根据作品所反映的题材，把盛唐善于描写田园生活的诗人称作"田园诗派"。代表人物是王维、孟浩然，故亦称"王孟诗派"。

孟浩然（689～740），名作如《临洞庭》、《过故人庄》、《春晓》、《留别王维》、《宿建德江》等。

王维（701？～761），名作如《山居秋暝》、《送元二使安西》、《终南山》、《使至塞上》、《九月九日忆山东兄弟》、《相思》等。

（2）高适、岑参、王昌龄、李颀、崔颢。盛唐时期"边塞诗派"的代表诗人。以描写边塞和军旅生活为主。著名的作品如高适的《燕歌行》，岑参的《逢入京使》、《白雪歌送武判官归京》，王昌龄的《从军行》、《出塞》、《芙蓉楼送辛渐》，崔颢的《黄鹤楼》等。

（3）李白（701～762），字太白，唐诗人。人称"诗仙"。其诗想象丰富，构思奇特，感情奔放。李白是屈原以来最具个性特色和浪漫精神的诗人，达到盛唐诗歌艺术的巅峰。李白诗很多都是彪炳千古的名篇。如《行路难》、《蜀道难》、《梦游天姥吟留别》、《将进酒》等是长篇古体诗；《送孟浩然之广陵》、《秋浦歌》、《早发白帝城》、《静夜思》等是短篇绝句。

（4）杜甫（712～770），字子美，唐诗人。是我国古典现实主义诗歌的杰出代表，史称"诗圣"。杜甫同李白把中国古典诗歌推向了高峰。杜甫一生大部分是在忧伤和贫困中度过的，亲身经历了"安史之乱"，经历了唐朝社会由盛到衰的剧烈动荡。他的诗真实地反映了这一历史转折过程中的种种社会景象。被后人誉为"诗史"。

杜甫著名的诗作作品如"三吏"（《新安吏》、《潼关吏》、《石壕吏》）"三别"（《新婚别》、《垂老别》、《无家别》）、《兵车行》、《自京赴奉先县咏怀五百字》、《羌村》、《北征》、《茅屋为秋风所破歌》等长篇古体诗，《望岳》、《春望》、《月夜》、《蜀相》、《春夜喜雨》、《闻官军收河南河北》、《登高》等近体诗，都是脍炙人口的优秀诗篇。

李白和杜甫作为中国文学史上浪漫主义和现实主义两大流派的代表，对中国诗歌的发展起了巨大的推动作用。

（5）盛唐其他诗人。唐代诗人诗作众多，我们较熟悉的这一时期的作家作品如刘长卿（？～约789）《逢雪宿芙蓉山主人》、韦应物（约737～791）《滁州西涧》、张继《枫桥夜泊》、卢纶《塞外曲》、李益《夜上受降城闻笛》、韩愈《早春呈水部张十八员外》、柳宗元《江雪》等。

（三）中、晚唐诗人

1. 白居易和新乐府运动

新乐府运动：唐代中叶，白居易、元稹等人提倡用新乐府描写民生疾苦，反映社会现实，张籍、李绅、王建等诗人也努力从事新乐府写作。一时形成一种风气。这就是"新乐府运动"。新乐府是用新题材用乐府形式写成。白居易、元稹、李绅等人继承了乐府古诗和杜甫的现实主义传统而进行创作。白居易是新乐府运动的发起者和领导者，强调诗歌必须为社会服务，"补察时政"、"泄导人情"。"文章合为时而著，歌诗合为事而作"的著名主张，推动了现实主义文学的发展。

白居易（772～846），字乐天，晚年号香山居士，中唐杰出的现实主义诗人。诗作声调优美，通俗易懂，"老妪能解"。我们熟悉著名的作品如《长恨歌》、《琵琶行》、《杜陵叟》、《观刈麦》、《上阳白发人》、《卖炭翁》、《赋得古草原送别》等。

2．元稹、刘禹锡

元稹（779～831），他和白居易一起倡导了新乐府运动，我们熟悉的作品如《离思》等。

刘禹锡（772～842），中唐文学家、哲学家，我们熟悉的作品如：《秋词》、《元和十年自朗州承召至京，戏赠看花诸君子》、《浪淘沙》、《酬乐天扬州初逢席上见赠》、《杨柳枝词》、《乌衣巷》等。

3．李商隐、杜牧

中晚唐时期著名诗人，史称"小李杜"。

李商隐（约813～858），字义山，号玉谿生。我们熟悉的作品如《无题》（身无彩凤双飞翼）、《无题》（相见时难别亦难）、《贾生》、《隋宫》、《登乐游原》、《夜雨寄北》等。

杜牧（803～853），我们熟悉的作品如《过华清宫》、《泊秦淮》、《山行》、《赤壁》、《清明》等。

4．其他诗人

我们较熟悉的这一时期的诗人和作品如：贾岛（779～843）的《题李凝幽居》、《饮诗后》、《寻隐者不遇》，孟郊（751～814）的《登科后》、《游子吟》，李绅（772～846）的《悯农》，李贺（790～816）的《雁门太守行》、《南园》、《金铜仙人辞汉歌》，聂夷中的《咏田家》，杜荀鹤《再经胡城县》，黄巢的《题菊花》等。

（四）唐五代词

1．唐代早期词

词最初是适应古代乐曲歌唱而产生的（即依声填词）。词作为一种独立的诗体，在中、晚唐后音节、句型长短渐渐形成了一套固定的格律，并渐渐固定下来。著名词作如白居易的《忆江南》，李白的《菩萨蛮》、《忆秦娥》，刘禹锡的《浪淘沙》等。

2．温庭筠和"花间派"

温庭筠是晚唐诗人中写词最多的作家。他的词词语华丽浓艳，构成了"香而软"的风格，充满了脂粉气。但他努力写词，艺术上力求精致，对词的发展有一定影响。他的"香而软"的词风对后来词人带来了很大的影响，后来形成了把他尊为"鼻祖"的花间词派。"花间词派"是五代时西蜀的一个词派，有韦庄等一批词人，后来有人把这些人的词收录成集，取名《花间集》。故这些词人有"花间派"之称。对宋代"婉约派"影响较大。

3．李煜（937～978）

南唐最后一个皇帝。史称"李后主"。是南唐成就最高的词人。我们较熟悉的著名作品如《虞美人》（春花秋月）、《浪淘沙》（帘外雨潺潺）、《相见欢》等。

4．冯延巳（904～960）

南唐词人，比较著名的如《谒金门》等。

二、唐代散文

1．古文运动

唐代中期韩愈、柳宗元提倡的一种文体革新运动。"古文"是和六朝以来的"骈文"相对立而提出的。在文体上恢复先秦两汉的文学传统。故称作"古文"，以反对散文创作中的形式主义。韩、柳积极从事古文的宣传和写作，渐渐形成了一种文学思潮，这就是古文运动。

对散文的发展起了巨大的推动作用,在他们的影响下,出现了一大批优秀的散文作家作品。对后代影响巨大。

2. 韩愈、柳宗元

韩愈和柳宗元是唐代著名的散文家,古文运动的倡导者和实践者。唐宋八大家之二。韩愈、柳宗元散文成就很高,而且也是著名诗人。

韩愈(768~824),唐代文学家、哲学家。列"唐宋八大家"(韩愈、柳宗元、欧阳修、王安石、苏洵、苏轼、苏辙、曾巩)。作品有:《答李翊书》、《师说》、《杂说》、《张中丞传后叙》等。

柳宗元(773~819),唐代文学家、哲学家,字子原。作品主要有《种树郭橐驼传》、《始得西山宴游记》、《捕蛇者说》、《三戒》(《临江之麋》、《黔之驴》、《永某氏之鼠》)、《永州八记》(作者谪居永州时写的八篇游记散文)等。

三、唐代传奇小说

小说发展到唐代,已基本成形。小说一向被排斥在正统文学之外,但到唐代已经越来越引起人们的注意,并开始形成一种有意识的艺术创作活动。唐小说没有鸿篇巨制,但打破了小说内容长期写神、怪、轶事的桎梏,有了较丰富的社会内容。唐代小说的发展成就可与散文并称。著名作品如:

李公佐《南柯太守传》,描写淳于棼梦入槐安国,被招为驸马,做了南柯太守,儿女又结姻王族,高官厚禄,后与敌战而败,公主亦死,被遣回故里,醒来才知是一场梦。(成语"南柯一梦"即源于此)。

李朝威《柳毅传》,神话爱情小说,写洞庭女遭夫家虐待,书生柳毅帮她脱离苦难,最后终成夫妇的故事。

蒋防《霍小玉传》,述身世族高门的名流士子李益与妓女霍小玉的爱情悲剧,对霍小玉的不幸寄予深切同情,对李益始乱终弃的行为予以无情的鞭挞。

白行简《李娃传》,写荥阳豪门公子郑生,赴京应试,遇名妓李娃,荡尽资财,被娼家逐出,流落街头,被父亲认出,遭痛打后被弃,沦为乞丐。李娃见到后冲破阻碍与之成婚,郑生发奋读书,接连高中,官职屡升,李娃被封汧国夫人。

元稹《莺莺传》(也叫《会真记》),写张生和莺莺的爱情故事,是一个始乱终弃的爱情故事,元代王实甫改编成著名传奇《西厢记》,变成了大团圆结局。

沈既济《枕中记》,写开元间人卢生,在邯郸客店遇见道士吕翁,叹息自己命运不好。当时店主人正在蒸黄粱,吕翁就借给他一个枕头,卢生就枕入睡。在梦中经历了他希望的一生:选娶名门,服用奢华,高官厚禄,享尽人间富贵。一梦醒来店主人的黄粱还没有蒸熟,因有所悟。借以讽刺和劝谕当时热衷功名的士人。成语"黄粱一梦"或"邯郸一梦"即出于此。

第五节　宋代文学

一、宋词

词起源于民间,盛唐以后,文人开始从事词的创作,到中晚唐时期,词的格律形式已基本固定了下来。晚唐五代时期,出现了我国第一部文人词总集《花间集》。南唐李煜等的创作又使词进一步走上文坛,为宋词的繁荣奠定了基础。

宋代在军事上十分软弱,是一个外辱不断的朝代。政治上党争不断,但宋代文化的发展相对繁荣。

词发展到宋代,进入了全盛时期,是与唐诗并称的文学样式,成为宋代文学的主要标志。《全宋词》收录一千四百多人的作品二万余首。

宋词大致可分为婉约和豪放两大流派。

（一）婉约派

婉约派词多写儿女之情、离别之思（言情为主）。在表现方法上多用委婉含蓄的方法将情思曲折地表达出来,风格委婉绮丽。

婉约派出现较早,从残唐五代以温庭筠为始祖的"花间派"开始,后有宋代的欧阳修、晏殊、晏几道、柳永、周邦彦、秦观、李清照、贺铸等。婉约派是笼统的分法。花间派、南唐词派、格律派等大体上都属于婉约派。

（二）豪放派

豪放派由北宋苏轼开创,南宋辛弃疾推向高峰。豪放派词人创作题材广泛,风格恢宏、沉郁,成就很高,除苏轼外,南宋作家较多。又称"苏辛派"、"辛派",代表人物有苏轼、辛弃疾、刘过、刘克庄等。

宋词著名作家作品众多,我们比较熟悉的如:

范仲淹（989～1052）,《渔家傲》（塞上秋来风景异）、《苏幕遮》（碧云天,黄叶地）等。

晏殊（991～1055）,《浣溪沙》（一曲新词酒一杯）、《蝶恋花》（槛菊愁烟兰泣露）[①]等。

欧阳修（1007～1072）,《蝶恋花》（庭院深深）等。

晏幾道（1038～1110）,《鹧鸪天》（彩袖殷勤捧玉钟）等。

柳永（约 987～约 1053）,原名三变。《雨霖铃》（寒蝉凄切）、《望海潮》（东南形胜）、《蝶恋花》（伫倚危楼风细细）[②]等。

王安石（1021～1086）,《桂枝香》（登临送目）等。

苏轼（1037～1101）,字子瞻,号东坡居士。《江城子》（十年生死两茫茫）、《江城子》（老夫聊发少年狂）、《水调歌头》（明月几时有）、《念奴娇·赤壁怀古》（大江东去）等。

秦观（1049～1100）,字少游。《鹊桥仙》（纤云弄巧）、《踏莎行》（雾失楼台）等。

贺铸（1052～1125）,《青玉案》（凌波不过横塘路）、《鹧鸪天》（重过阊门万事非）等。

李清照（1084～约 1151）,号易安居士。《如梦令》（昨夜雨疏风骤）、《醉花阴》（薄雾浓云愁永昼）、《声声慢》（寻寻觅觅）、《武陵春》（风住尘香花已尽）、《一剪梅》（红藕香残玉簟秋）等。

陆游（1125～1210）,字务观,号放翁。《钗头凤》（红酥手）[③]、《卜算子·咏梅》（驿外断桥

---

① 其中的"昨夜西风凋碧树,独上高楼,望尽天涯路"被王国维喻为"古之成大事业、大学问者"的第一境界。

② 其中的"衣带渐宽终不悔,为伊消得人憔悴"被王国维喻为"古之成大事业、大学问者"的第二境界。

③ 陆游初娶表妹唐琬,情投意合,其母恶唐,陆被迫绝唐另娶,唐后改嫁赵士程。多年后,二人在沈园相遇,唐设酒待陆,陆赋《钗头凤》题遍园壁间。唐后和一首:"世情薄,人情恶,雨送黄昏花易落,晓风干,泪痕残,欲笺心事,独语斜阑,难!难!难! 人成各,今非昨,病魂常似秋千索。角声寒,夜阑珊,怕人寻问,咽泪装欢。瞒!瞒!瞒!"不久,唐郁郁而死。44 年后,陆游重游沈园,写了二首著名的《沈园》诗。"城上斜阳画角哀,沈园非复旧池台。伤心桥下春波绿,曾是惊鸿照影来。""梦断香销四十年,沈园柳老不吹绵。此身行作稽山土,犹吊遗踪一泫然"。

边)、《诉衷情》(当年万里觅封侯)等。

辛弃疾(1140～1207),南宋词人。字幼安,号稼轩。把豪放派词推向高峰。《龙水吟》(楚天千里清秋)、《菩萨蛮》(郁孤台下清江水)、《摸鱼儿》(更能消)、《青玉案》(东风夜放花千树)①、《破阵子》(醉里挑灯看剑)、《鹧鸪天》(陌上柔桑破嫩芽)、《鹧鸪天》(壮岁旌旗拥万夫)、《永遇乐》(千古江山)等。

岳飞(1103～1142),南宋初抗金名将。《满江红》(怒发冲冠)等。

二、宋诗

宋词成就很高,但宋诗成就也很高。且宋诗从整体上看自成特色,不同于唐诗。唐诗重情韵,由于唐代社会繁荣,因此诗歌中很多离别诗别而不悲,叹而不哀。宋诗则长于哲理,重气节,很多充满忧国忧民的爱国情调,诗以平淡为美。

北宋诗坛上影响最大的诗人是苏轼和黄庭坚,诗坛并称为"苏黄"。南宋最著名的是爱国诗人陆游,他也是古代流传下来作品最多的诗人,他自称"六十年间万首诗"并非虚言,今传诗近万首。另外杨万里、范成大等也很著名。

我们比较熟悉的作家作品如:

王安石:《泊船瓜洲》(名句"春风又绿江南岸,明月何时照我还")、《登飞来峰》(名句"不畏浮云遮望眼,只缘身在最高层")、《梅花》(名句"遥知不是雪,为有暗香来")、《元日》(爆竹声中一岁除,春风送暖入屠苏。千门万户曈曈日,总把新桃换旧符)。

苏轼:《饮湖上初晴雨后》(名句"欲把西湖比西子,淡妆浓抹总相宜")、《题西林壁》(名句"不识庐山真面目,只缘身在此山中")、《惠崇江晚景》(名句"竹外桃花三两枝,春江水暖鸭先知")、《春宵》(名句"春宵一刻值千金")。

陆游:《关山月》、《书愤》、《临安逢雨初霁》(名句"小楼一夜听春雨,深巷明朝卖杏花")、《十一月四日风雨大作》、《示儿》、《游山西村》(名句"山重水复疑无路,柳暗花明又一村")、《七绝》(名句"纸上得来终觉浅,绝知此事要躬行")。

黄庭坚:《牧童诗》(骑牛远远过前村,短笛横吹隔陇闻。多少长安名利客,机关用尽不如君)。

卢梅坡:《雪梅》(名句"梅须逊雪三分白,雪却输梅一段香")。

林升:《题临安邸》(名句"山外青山楼外楼,西湖歌舞几时休")。

叶绍翁:《游园不值》(名句"春色满园关不住,一枝红杏出墙来")

杨万里:《小池》(名句"小荷才露尖尖角,早有蜻蜓立上头")。

朱熹:《春日》(名句"等闲识得春风面,万紫千红总是春")、《观书有感》(名句"问渠哪得清如许,为有源头活水来")。

文天祥《金陵驿》(名句"从今别却江南路,化作啼鹃带血归")、《过零丁洋》(名句"人生自古谁无死,留取丹心照汗青")。

三、宋散文

宋代散文成就较高,唐宋八大家中有六家是宋代人。欧阳修提倡平实朴素的文风,领

---

① 其中"众里寻他千百度,蓦然回首,那人却在,灯火阑珊处"被王国维喻为"古之成大事业、大学问者"的第三境界。

导了北宋初期的文学改革运动,推动了散文和诗歌的发展。

我们比较熟悉的作家作品如:

范仲淹(989~1052),《岳阳楼记》等。

欧阳修(1007~1072),字永叔,号醉翁。唐宋八大家之一。《五代史伶官传序》、《醉翁亭记》、《朋党论》等。

苏洵(1009~1066),唐宋八大家之一。《六国论》等。

苏轼(1037~1101),唐宋八大家之一。《教战守策》、《前赤壁赋》、《后赤壁赋》、《留侯论》等。

王安石(1021~1086),唐宋八大家之一。《答司马谏议书》等。

司马光(1019~1086),字君实。他主编的《资治通鉴》,是我国第一部编年体通史。全书上起周威烈王二十三年(公元前 403 年),下迄后周世宗显德六年(公元 959 年),记载了 1362 年的历史。全书由司马光任主编,很多史家参加。书编成后,宋神宗特意写序并赐书名《资治通鉴》,意为是一部有助于治理国家、起着借鉴作用的通史。我们熟悉的《赤壁之战》、《淝水之战》等就选自《资治通鉴》。

四、宋代小说

宋代出现了古白话小说——话本。话本大都是文人采用民间创作而进行再创作的。话本是民间"说话"艺术的底本,它是经过说书艺术千锤百炼才产生、流传的。到了后代话本经过文人加工,就变成许多话本小说和演义小说。如明代的《三国演义》、《水浒传》、《西游记》等,它以描绘精彩动人的情节场面和塑造生动活泼的人物性格见长,这就与专供人阅读的小说有了明显的不同风格,因为它们是植根于讲给人听的说书艺术的。话本标志着小说创作更趋于成熟。话本除讲民间故事外,还有讲历史故事的。宋代话本小说现存的有 30 篇左右,散见于《京本通俗小说》、《清平山堂话本》、"三言"等书中。

《太平广记》由小说笔记稗史汇集而成。由北宋李昉(925~996)等编撰采录自汉至宋初的小说、笔记、稗史等四百多种,保存了大量的古小说资料。

《京本通俗小说》是最早用口语写成的宋代话本,大多已失传,现仅存的有 9 篇。《碾玉观音》是其中比较优秀的作品。主要写秀秀大胆冲破封建礼教束缚,和意中人崔宁逃走。他们的行为触犯了郡王尊严。秀秀终于被杀害。但她做鬼后还去找崔宁做夫妻。

《大宋宣和遗事》讲北宋政治的兴衰,对宋江等农民起义作了肯定的描写,对《水浒传》的形成有直接的关系。

五、宋代戏曲

唐以前戏曲基本上处于萌芽状态,各方面还不成熟。到了宋代戏曲空前发展,有的以歌舞讲唱为主,有的是影戏、杂剧。

董解元,金戏曲作家。生卒年月不详,约章宗时人,代表作《西厢记诸宫调》。取材于唐元稹《莺莺传》。崔莺莺和张生的形象渐趋丰满,故事内容方面也有了较大的改变,莺莺和张生都不向封建势力妥协投降,斗争到底,直到大团圆结局。《西厢记》把《莺莺传》中张生抛弃莺莺改为大团圆结局,符合人们的欣赏要求,以后的西厢故事大都没有超出这个范围,对王实甫的《西厢记》的创作有很大影响。

第六节 元　　曲

元代文学中,元曲成就最高。在文学史上,元曲和唐诗、宋词并称,代表了一个时代文学创作的最高成就,元曲包括杂剧和散曲。著名作家有关汉卿、郑光祖、白朴、马致远、王实甫、纪君祥、康进之等。在文学史上把关汉卿、郑光祖、白朴、马致远并称为"元曲四大家"。

一、元杂剧

杂剧产生于金末元初,是新兴的文艺样式,是一种舞台艺术。著名的作家作品有:

(一) 关汉卿

约生于金末,卒于元,籍贯尚无定论。他擅长歌舞,精通音律,是我国历史上伟大的剧作家。他一生大约写了六十余种剧本,但大多数散佚,现传十多个。

《窦娥冤》是关汉卿悲剧代表作。写读书人窦宪章的女儿窦娥,三岁死了母亲,七岁时抵债到蔡婆婆家作童养媳。17岁结婚,婚后二年丈夫死,寡居。蔡婆婆一日外出讨债,赛卢医谋财害命,要勒死她,被地痞张驴儿父子相救。二张因此赖在蔡家不走,张驴儿见窦娥美,欲逼为妻,窦不肯。蔡婆婆有意嫁张父遭窦指责。张驴儿想毒死蔡氏,反误毒死其父。他诬告窦娥杀害了他父亲。官府将窦娥屈打成招,判死刑。刑前窦发三桩誓愿:死后必血溅白练、六月降雪、大旱三年,以白己冤。其愿感天动地,全验。三年后,她父亲为官,予以昭雪。

《救风尘》是关汉卿喜剧代表作之一。写汴梁妓女宋引章,年轻不通世故,受郑州周舍的欺骗,一心要悔掉与秀才安秀石的婚约,嫁给周舍。赵盼儿苦劝,宋引章不听,周舍把宋骗到手后态度立变,朝打暮骂,宋引章痛苦不堪,写信向结义姐妹赵盼儿求救。赵盼儿设计,到郑州见周舍,假说远程来嫁,骗取周舍写书休弃宋引章,救出宋引章,并告周舍强占有夫之妇,经审理宋引章判归秀才安秀石为妻。

《望江亭》与《救风尘》是姊妹篇。寡妇谭记儿美貌,经人介绍同白士中结为夫妻。随白士中去潭州上任。权贵杨衙内极为嫉妒,诬奏白士中贪花恋酒,旷废职守,向皇帝请得势剑金牌到潭州来拿办白士中。谭记儿闻知杨船已至望江亭,劝白士中勿慌,自己扮作渔妇,在中秋夜里到江边卖鱼,把鲜鱼送到杨衙内船上。杨惊其美,留谭,被谭记儿煮鱼劝酒,灌得大醉,智赚势剑金牌回去。天明杨去捉白士中,白士中反而拿金牌说有人告他欲奸良家妇女,证人原是渔妇,杨惊惧服罪。

《鲁斋郎》,公案戏。权贵鲁斋郎掠夺敲诈,强占李四妻子。李四告官,孔目张圭畏惧权势,不敢代李申冤,劝李回家。清明节鲁斋郎外游,用弹子打破张圭儿子的头,张圭不知是谁打的就骂了几句。鲁斋郎生气,要治张圭罪,见张妻美丽,令张献妻赎罪,张照办。同时鲁斋郎又将李四妻子以自己妹妹的身份送给张圭。李四回家后子女逃散,又去官府找张圭,偶遇己妻,张圭向李说明原委,让李四领回妻子。张圭自己儿女也走失,张出家。包拯做湖南巡访使,收养了两家走失的儿女,极恨鲁斋郎的凶狠,但鲁是皇亲,包上奏朝廷,说有个鱼齐即横行不法,圣旨批斩。包公杀鲁斋郎,皇帝责问,包公呈圣旨,已把鱼齐即改成了鲁斋郎,皇帝无法。

《单刀会》,历史剧。三国时刘备经鲁肃担保,借得荆州,后吴屡讨不还,设三计,约关羽到江夏赴会,三计为:先礼取;礼取不还,用软禁;软禁不还杀关羽。派人请关羽,关羽允诺,竟单刀赴会。宴会上鲁肃按三计先激关羽,关羽历数荆州应属汉家,鲁无法,传卫士,关羽以剑击案,叱咤风云,喝令鲁肃把自己送到江边登船而去。

（二）王实甫

元代著名戏剧家。《西厢记》是我国戏曲史上成就很高的剧本,它取材于元稹的《会真记》（《莺莺传》）和董解元的《西厢记诸宫调》。故事写崔相国死后,他妻子崔氏和女儿莺莺扶柩归籍安葬,半路羁留河中府普救寺内。书生张君瑞上朝应举,路过普救寺,见莺莺貌美,遂向寺主租得僧房半间。武将孙飞虎闻莺莺美丽,带五千人马来抢劫,全寺惊恐。崔夫人无奈,传令凡能退贼兵者,不论何人,即将莺莺配之为妻。张生给他的朋友白马将军杜确写信求救,杜确带兵解围,但崔夫人变卦,设筵席谢张生,让莺莺与张生兄妹相称。莺莺不肯,掷杯以示反抗,张生也因此致病。莺莺让红娘去探病,张生以书简相托,莺莺回信,以"明月三五夜"诗相约;张生夜间来应约,莺莺却责怪张生无礼,张生从此重病不起。红娘带莺莺同去探病,莺莺即与张生结百年之好。日久,崔夫人得知,拷问红娘,红娘托出实情,并责怪崔夫人言而无信,崔夫人理穷,应允婚姻,但以张生中举人为条件。张生被迫上京应试,状元及第。然而这时莺莺的表兄郑恒却在崔夫人面前破坏他们的婚姻,并造谣说张生已被卫尚书招为女婿。直到张生回去,才真相大白。郑恒羞惭触树而死,张生始与莺莺成婚。

（三）白朴

《梧桐雨》是其代表作。根据《长恨歌》再创作。写唐明皇与杨贵妃的爱情故事。边将安禄山战败当斩,唐明皇赦免了他,安禄山很会奉承,明皇喜,令他在宫中侍候。杨贵妃同他有私情,杨国忠担心安禄山和杨贵妃私情泄露,于是奏请唐明皇,调安禄山为渔阳节度使。安禄山走后,杨贵妃一方面在想念安,一方面设法固宠,和明皇于七夕对天密誓,永为夫妻。明皇对杨宠幸有加,令人从四川远程进贡荔枝,制霓裳羽衣曲。安禄山反,夺潼关,逼长安,明皇逃往四川,至马嵬坡,六军不发,杀死杨国忠,又要求杀杨贵妃以谢天下。明皇不得已,令贵妃自尽。安禄山叛乱平定后,明皇回长安,日思贵妃,于秋雨之夜,听雨打梧桐之音,倍感伤情,引为终身之恨。

《墙头马上》是白朴重要作品。写尚书裴行俭的儿子裴少俊与总管李世隆的女儿李千金的恋爱故事。李千金春日游园,在墙头上向外看望,遇品貌兼优的裴少俊坐在马上经过,二人一见倾心,私结夫妻,并生有子女,后裴行俭发现,斥李千金为娼妓,把她赶走。裴少俊后进士及第,去接她回来,几经周折,夫妻团圆。

（四）康进之

《李逵负荆》写水浒故事。李逵于清明节下山游玩,到王林酒店饮酒,见王林痛哭,追问原因,原来是他女儿被宋江和鲁智深抢走了。李逵立即回梁山追查,大闹聚义厅,认定宋江、鲁智深抢亲,同宋江闹翻,以头赌誓,立下军令状逼宋江下山对质。结果不是宋江。李逵自觉理亏,只好负荆到山寨请罪,宋江佯装不饶,要按令行事。又报贼人抢亲,宋命李逵去捉拿,事成可折罪。李逵捉得二贼人,一个叫宋刚,一个叫鲁智恩,冒充梁山英雄抢劫百姓。

（五）郑光祖

《倩女离魂》写张倩女与王文举本是指腹为婚的,倩女母悔,以兄妹称,倩女恨母悔婚,又担心王变心，致病，灵魂离开了身体，追上赶考的王并结为夫妻。

（六）纪君祥

《赵氏孤儿》是元代著名悲剧之一。取材于《史记·赵世家》，春秋时代晋灵公的武将屠岸贾，专权害良，大臣赵盾全家 300 口人尽被杀绝，只剩一个孤儿被程婴救出。屠岸贾闻知，下令将晋国内半岁以下一月之上的婴儿全部杀尽，以绝后患。程婴为保存赵家遗孤，救晋国婴儿，找退休的老臣公孙杵臼商量，甘愿以自己的婴儿冒充孤儿献出。公孙杵臼与赵盾有"刎颈之交"，也愿自认作隐藏孤儿之人，让程婴去通报。后程婴之子被杀，公孙杵臼受尽严刑拷打，触阶死。屠岸贾认程婴为心腹，收为门客，并认孤儿作义子。二十年后，孤儿已文武双全，程婴点破身世，为赵家报仇。

（七）马致远

《汉宫秋》（代表作）写汉元帝派画工毛延寿遍行天下，挑选美女。毛借机榨取金钱。民女王嫱容貌出众，因无钱行贿，被毛延寿将其图点了破绽，王嫱被发冷宫。汉元帝偶然到后宫巡幸，见王嫱，为其姿色迷倒，不理朝政，并得知毛的行径，传旨斩毛延寿。毛潜逃匈奴，将美人图献匈奴王。匈奴王派兵按图追索王嫱，汉元帝迫不得已，将王嫱送去。王嫱出塞时，投江而死。汉元帝深宫听孤雁哀鸣，起无限思念之情。匈奴王见王嫱已死，不愿与汉家结仇，便将毛延寿送回汉朝斩首。

除此之外，比较著名的作品还有陆仲良《陈州粜米》、石君宝《秋胡戏妻》、李好古《张生煮海》、尚仲贤《柳毅传书》、杨显之《潇湘雨》等。

二、元散曲

散曲是曲的一种形式，便于清唱，没有动作和道白，包括散套（套曲）和小令。散套通常用同一宫调的若干曲子组成，长短不论，一韵到底。小令通常以一支曲子为独立单位，不重复。作品如：关汉卿《四块玉·别情》、马致远《天净沙·秋思》、张养浩《山坡羊·潼关怀古》、睢景臣《般涉调·哨遍·高祖还乡》、元好问《双调·骤雨打新荷》等。

第七节　明代文学

一、明代小说

明清时期小说繁荣，取得很高的成就，文学史上把明清小说和"唐诗"、"宋词"、"元曲"并称，代表了一个时代文学创作的最高成就。我们熟悉的"四大名著"都产生于这一时期。

（一）长篇小说

1. 罗贯中《三国演义》

罗贯中（约 1330～约 1400），元末明初文学家。长篇小说有《三国志通俗演义》、《隋唐两朝志传》、《残唐五代史演义》、《三遂平妖传》、《粉妆楼》等。其中《三国志通俗演义》（简称《三国演义》）成就最高。《三国演义》是一部依据历史和传说材料写成的长篇历史小说，是我国古代历史小说成就最高的一部。作品起于刘、关、张桃园结义，终于王濬平吴，生动描写了东汉末年和整个三国时代的社会动乱及几个统治、军事集团之间的矛盾和斗争，艺术地反映了这一时期的历史，塑造了很多家喻户晓的历史人物形象，擅长写战争计谋，故民间有"老不读三国，少不看水浒"的俗语。

2. 施耐庵《水浒传》

施耐庵,元末明初著名的通俗小说家。据说他是罗贯中的学生,相传他参加过张士诚领导的农民起义。

《水浒传》又名《忠义水浒传》是一部反映农民起义的著名古典长篇小说,在民间创作基础上加工完成。作品艺术地反映了我国历史上农民起义发生、发展到失败的全过程,揭示了农民起义的社会根源(官逼民反),揭露了封建统治阶级的昏庸腐朽,成功地塑造了一批农民起义英雄,人物性格鲜明,情节生动曲折,语言通俗明快,取得了很高的艺术成就。

3. 吴承恩《西游记》

吴承恩(约1500~约1582),明代著名的通俗小说家。后世多以其为长篇小说《西游记》的作者。

《西游记》是以唐代和尚玄奘到印度取经的故事为主的神魔小说,是在民间传说和有关的话本杂剧等的基础上再创作而成。作品用浪漫主义的手法曲折地反映了现实生活,是我国古代长篇神魔小说中成就最高的一部。

4. 其他作家作品

(1)熊大木《杨家将传》。全书50回,写杨继业一家抗辽的英雄事迹。杨继业、杨延昭、杨宗保等形象家喻户晓,戏曲中也有很多杨家戏。

(2)许仲琳《封神演义》。神魔小说,100回,写武王伐纣故事,艺术上远不及《西游记》。

(3)《金瓶梅词语》,明万历刻本序谓"兰陵笑笑生传",但姓氏不详。内容从《水浒传》中西门庆、潘金莲的故事演变发展而来,全书100回,主要写西门庆荒淫无耻的生活,反映了当时的社会现实。西门庆为市井恶棍,勾结官府,无恶不作。自己有一妻一妾,见潘金莲后图谋通奸,毒杀武大。武松报仇,错杀李外传,被刺配孟州,西门庆趁机娶了金莲。以后他奸骗了好友之妻李瓶儿,害死好友,并收金莲婢女春梅。《金瓶梅》即此三个妇女的合称。西门庆开生药铺,欺行霸市,贿赂蔡京,作了理刑副千户,贪赃枉法,霸占妇女,无恶不作,因淫逸无度而死。死后其妻吴月娘因金莲、春梅和西门庆女婿陈经济通奸,把潘金莲、春梅卖了。结果金莲被武松杀死。春梅做了周守备的妾,以淫乱被杀。金兵南侵,月娘带子逃至济南,出家。

《金瓶梅》是我国第一部文人独创的长篇小说,深刻地反映了当时的社会现实,但作者对一些丑恶现象只管暴露,甚至带有一种欣赏的态度,含有大量色情描写。故曾被曰为"淫书"。

《金瓶梅》对《红楼梦》的影响是很大的。

(二)短篇小说

冯梦龙(1574~1646)。"三言"。冯梦龙编纂的话本小说《喻世明言》、《醒世恒言》、《警世通言》(每本收录40篇短篇小说共120篇),合称"三言",作品内容庞杂,有很多作品流传广泛,家喻户晓,如《卖油郎独占花魁》、《杜十娘怒沉百宝箱》、《金玉奴棒打薄情郎》等。

凌蒙初"二拍"。即由凌蒙初编撰的《初刻拍案惊奇》、《二刻拍案惊奇》两个短篇小说集。大多取材于宋代李昉的《太平广记》,艺术上较粗糙,比不上"三言"。

二、明代戏剧

1. 高则诚《琵琶记》

高则诚(约1301~约1370),名明。元末明初戏曲作家。

《琵琶记》南戏剧本。是南戏中成就最高的作品之一。写陈留郡人蔡伯喈娶赵五娘为妻。蔡赴京应试,考中状元后,被牛相国强迫招为女婿,过着富贵生活。赵五娘在家恰逢荒年,变卖钗环奉养公婆,自己吃糠咽菜。公婆死后,她弹着琵琶沿途乞食,到京寻夫。在牛府和蔡伯喈相见。蔡伯喈获悉父母双亡,极为悲痛,要回家祭坟。牛妻甘居妾位,并愿与蔡伯喈一起回家。

2. 汤显祖

汤显祖(1550～1616),明戏曲作家、文学家,汤显祖主要剧作有《还魂记》(即《牡丹亭》)、《南柯记》、《邯郸记》、《紫钗记》(被称作《玉茗堂四梦》或《临川四梦》)等。

《牡丹亭》(也叫《还魂记》)是汤显祖代表作,也是明代最著名的戏剧作品之一。《牡丹亭》写杜丽娘和柳梦梅的爱情故事。杜丽娘是福建南安太守杜宝独女,她偕侍女春香游园遣闷,梦中与一少年在牡丹亭畔相见,醒后相思成病,终于死亡。三年后,广州书生柳梦梅至南安养病,拾得丽娘画像,悦其美貌,终日把玩,丽娘幽魂出现,一见竟是自己梦中人,遂令其掘坟而复生。丽娘复活后,与梦梅同往淮安求其父母许婚。杜宝大怒,诬梦梅私掘女坟,上书奏明皇帝。梦梅也上书自辩,丽娘登朝申诉,得到皇帝承认,夫妻团圆。

3. 其他作品

《浣沙记》(梁辰鱼)、《宝剑记》(李开先)、《荆钗记》(柯丹丘)、《中山狼》(康海)、《鸣凤记》(王世贞)、《玉簪记》(高濂)、《拜月亭》(施惠)、《荆钗记》(柯丹丘)、《白兔记》(作者不详)、《杀狗记》(作者不详)等。

第八节　清代文学

一、清代小说

1. 蒲松龄(1640～1715)《聊斋志异》

文言短篇小说集。全书共491篇,其故事大多采取民间传说和野史佚闻,内容多以谈狐说鬼的方式来反映当时的社会生活。揭露了当时社会的黑暗腐败,鞭挞了无恶不作的贪官污吏和土豪劣绅;指责、抨击了当时社会现实中的一切不平现象,特别是科举制度的弊端;曲折地反映了当时的青年男女追求自由婚姻的愿望。因而被称为我国古代成就最高的文言短篇小说集。

2. 吴敬梓(1701～1754)《儒林外史》

清代讽刺小说,是我国文学史上最早的讽刺小说。全书55回,连缀许多故事而成,全书无一中心人物,讽刺的是儒林头脑中全是名誉地位、升官发财,不讲真才实学。张静斋、汤知县等在一起谈论历史人物,竟将本朝人刘基的史实都搞错。范进的试卷,被周进誉为"一字一珠",然而不知苏轼为何人。严贡生赖猪,赖船钱,严监生死不咽气,等等。

3. 曹雪芹(约1715～1763)《红楼梦》

又名《石头记》、《金玉缘》,是我国最伟大的长篇小说,全书120回,前80回为曹雪芹写,后40回一般认为乃高鹗续写。

第1～18回,主要写荣、宁两府及大观园的环境,以及贾宝玉、林黛玉、薛宝钗、王熙凤、秦可卿等人的生活。19～41写贾宝玉和林黛玉对爱情的探索,写贾宝玉和封建正统思想的斗争,以及薛宝钗、史湘云、花袭人、妙玉、刘姥姥等人。42~70 主要写其他人物如探春、薛宝琴、尤二姐、鸳鸯、晴雯、香菱等的活动。71~80 回主要写贾府的衰败之兆,晴雯之死。81~98 回,写宝黛爱情发生波折,在贾母、王熙凤策划下,宝玉和宝钗成婚,黛玉以死殉情。99~106 回写贾府被抄。107~120 回贾府衰败,宝玉出家。

全书以贾宝玉、林黛玉的爱情悲剧为主线,采用网状结构,通过贾府兴亡历史的叙述,揭露了封建家族的荒淫腐败,显示了封建制度必然灭亡的历史命运。

4. 其他作家作品

陈忱(1613~约 1670)《水浒后传》、褚人获《隋唐演义》、钱彩《说岳全传》、李汝珍《镜花缘》、蔡元放《东周列国志》等。

5. 晚清(近代)四大谴责小说

(1)李伯元《官场现形记》。

(2)吴趼人《二十年目睹之怪现状》。

(3)刘鹗《老残游记》。

(4)曾朴《孽海花》。

二、清代戏剧

1. 洪昇《长生殿》

洪昇(1645~1704),清代戏曲作家。其代表作《长生殿》写唐明皇和杨贵妃的爱情故事。杨玉环被册封为贵妃后,排斥梅妃,嫉妒宫人,专幸夺宠。唐明皇淫逸无度,不理朝政,整日与杨贵妃游宴玩乐,七夕于长生殿对牵牛织女星发永为夫妻之誓言。忽然安禄山叛乱,攻占长安,唐明皇和杨贵妃逃往四川,半路到马嵬驿,六军不发,杀了杨国忠,并逼杨贵妃自缢。安禄山之乱平后,唐明皇重返长安,思念贵妃,谴道士觅魂,在蓬莱仙岛寻得杨贵妃。唐明皇和贵妃经过忏悔后,于八月十五被引进月宫,在月宫内团圆。

2. 孔尚任《桃花扇》

孔尚任(1648~1718),清代戏曲作家。其代表作《桃花扇》写明末阉党阮大铖欲结交侯方域,暗中出钱让侯结识秦淮名妓李香君。侯李拒绝阮的收买;后侯方域被阮大铖诬害,被迫离开南京,避难于淮安。李自成进京,崇祯帝缢死,阮大铖、马士英等拥立福王得势,大力逮捕复社人士,并逼迫李香君嫁漕抚田仰。香君坚决不屈,以头撞地,血溅在侯方域增给她的一把宫扇上,后杨龙友在扇上点染成一枝桃花。清兵南下,攻陷南京,国破家亡,李香君、侯方域在栖霞山一道观中相会,两人共约出家。作者用侯方域和李香君悲欢离合的爱情故事来反映南明灭亡的政治动乱。

3. 其他作品

李玉《清忠谱》、《一捧雪》、《占花魁》,李渔《比目鱼》,朱佐朝《渔家乐》,蒋士铨《临川梦》等。

第八单元　经典启蒙诵读

单元训练重点

　　本单元是让同学在了解中华民族的传统美德的基础上,提高我们自己的意志品质,建立高尚的人格。这些经典启蒙读物在我国教育史上有着悠久的历史和重要的意义,对中华民族传统美德的形成和发展起了巨大的推动作用。我们应该本着"取其精华,去其糟粕"的原则,学习继承我们民族的传统美德,不断地提高自己的个人修养。

三字经

　　《三字经》,相传为宋王应麟著。明清学者陆续补充。

　　《三字经》、《百家姓》、《千字文》,俗称"三百千",而《三字经》后来居上。综其覆盖读者之广、教育作用之深以及流传时间之久,《三字经》在中国古代的蒙学课本中不能不说是影响最大、最有代表性的一种。

　　《三字经》具有识字、传授知识与道德教育多重功能。其文笔自然流畅,朴实无华,深入浅出,情真意切,警句格言,俯拾即是。特别是此书中有段仅用三百多字便概括了中华五千年历史的变迁,历来备受赞誉。

人之初 性本善 性相近 习相远	【译文】人生下来的时候都是好的,只是由于成长过程中,后天的学习环境不一样,性情也就有了好与坏的差异。
苟不教 性乃迁 教之道 贵以专	【译文】如果对孩子从小不好好教育,孩子善良的本性将会改变。教育孩子的方法贵在教导他专心致志、始终如一。
昔孟母 择邻处 子不学 断机杼	【译文】从前,孟子的母亲为了使孟子有个好的学习环境,曾多次搬家。一次孟子逃学,孟母就割断织机的布来教子。
窦燕山 有义方 教五子 名俱扬	【译文】五代时,燕山人窦禹钧教育儿子很有方法,他教育的五个儿子都很有成就,名扬四海。
养不教 父之过 教不严 师之惰	【译文】仅仅是供养儿女吃穿,而不好好教育,是父亲的过错。只是教育,但不严格要求就是做老师的失职了。
子不学 非所宜 幼不学 老何为	【译文】小孩子不肯好好学习,是很不应该的。一个人倘若小时候不好好学习,到老的时候既不懂做人的道理,又无知识,能有什么用呢?
玉不琢 不成器 人不学 不知义	【译文】玉不打磨雕刻,不会成为精美的器物;人若是不学习,就不懂得礼仪,不能成才。

为人子 方少时 亲师友 习礼仪	【译文】做儿女的，从小时候就要亲近老师和朋友，以便从他们那里学习到许多为人处事的礼节和知识。
香九龄 能温席 孝于亲 所当执	【译文】黄香九岁时就知道孝敬父亲，冬天时替父亲暖被窝。这是每个孝顺父母的人都应该效仿的。
融四岁 能让梨 弟于长 宜先知	【译文】汉代人孔融四岁时，就知道把大的梨让给哥哥吃。这种尊敬和友爱兄长的道理，是每个人从小就应该知道的。
首孝悌 次见闻 知某数 识某文	【译文】一个人首先要学的是孝敬父母和兄弟友爱的道理，接下来是学习各种知识。并且要知道基本的算术和高深的数学，以及认识文字，阅读文学。
一而十 十而百 百而千 千而万	【译文】一到十是基本的数字，然后十个十是一百，十个一百是一千，十个一千是一万……一直变化下去。
三才者 天地人 三光者 日月星	【译文】还应该知道一些日常生活常识，如什么叫"三才"？"三才"指的是天、地、人三个方面。什么叫"三光"呢？"三光"就是太阳、月亮、星星。
三纲者 君臣义 父子亲 夫妇顺	【译文】什么是"三纲"呢？三纲是人与人之间关系应该遵守的三个行为准则，就是君王与臣子的言行要合乎义理，父母子女之间相亲相爱，夫妻之间和睦相处。
曰春夏 曰秋冬 此四时 运不穷	【译文】再让我们看一看四周环境，春、夏、秋、冬叫作四季。这四时季节不断变化，春去夏来，秋去冬来，如此循环往复，永不停止。
曰南北 曰西东 此四方 应乎中	【译文】说到东、南、西、北，这叫作"四方"，是指各个方向的位置。这四个方位，必须有个中央位置对应，才能把各个方位定出来。
曰水火 木金土 此五行 本乎数	【译文】至于说到"五行"，那就是金、木、水、火、土。这是中国古代用来指宇宙各种事物的抽象概念，它们的关系都源自自然规律。
十干者 甲至癸 十二支 子至亥	【译文】"十干"指的是甲、乙、丙、丁、戊、己、庚、辛、壬、癸，又叫"天干"；"十二支"指的是子、丑、寅、卯、辰、巳、午、未、申、酉、戌、亥，又叫"地支"，是古代计时的标记。
曰黄道 日所躔 曰赤道 当中权	【译文】地球围绕太阳运转，而太阳又围绕着银河系中心运转。太阳运行的轨道叫"黄道"，在地球中央有一条假想的与地轴垂直的大圆圈，这就是赤道。
赤道下 温暖极 我中华 在东北	【译文】在赤道地区，温度最高，气候特别炎热，从赤道向南北两个方向，气温逐渐变低。我们国家是地处地球的东北边。
曰江河 曰淮济 此四渎 水之纪	【译文】中国是个地大物博的国家，直接流入大海的有长江、黄河、淮河和济水，这四条大河是中国河流的代表。
曰岱华 嵩恒衡 此五岳 山之名	【译文】中国的五大名山，称为"五岳"，就是东岳泰山、西岳华山、中岳嵩山、南岳衡山、北岳恒山，这五座山是中国大山的代表。
曰士农 曰工商 此四民 国之良	【译文】中国是世界上人口最多的国家。知识分子、农民、工人和商人，是国家不可缺少的栋梁，称为四民，这是社会重要的组成部分。
曰仁义 礼智信 此五常 不容紊	【译文】如果所有的人都能以仁、义、礼、智、信这五种不变的法则作为处事做人的标准，社会就会永保祥和，所以每个人都应遵守，不可怠慢疏忽。
地所生 有草木 此植物 遍水陆	【译文】除了人类，在地球上还有花草树木，这些属于植物，在陆地上和水里到处都有。
有虫鱼 有鸟兽 此动物 能飞走	【译文】虫、鱼、鸟、兽属于动物，这些动物有的能在天空中飞，有的能在陆地上走，有的能在水里游.

稻粱菽 麦黍稷 此六谷 人所食	【译文】人类生活中的主食有的来自植物，像稻子、小米、豆类、小麦、黍米和高粱，这些是我们日常生活的重要食品。
马牛羊 鸡犬豕 此六畜 人所饲	【译文】在动物中有马、牛、羊、鸡、狗和猪，这叫六畜。这些动物和六谷一样本来都是野生的。后来被人们渐渐驯化后，才成为人类日常生活的必需品。
曰喜怒 曰哀惧 爱恶欲 七情具	【译文】高兴叫作喜，生气叫作哀，害怕叫作惧，心里喜欢叫爱，讨厌叫恶，内心很贪恋叫作欲，合起来叫七情。这是人生下来就有的七种感情。
青赤黄 及黑白 此五色 目所识	【译文】青色、黄色、赤色、黑色和白色，这是我国古代传统的五种颜色，是人们的肉眼能够识别的。
酸苦甘 及辛咸 此五味 口所含	【译文】在我们平时所吃的食物中，全能用嘴巴分辨出来的，有酸、甜、苦、辣和咸这五种味道。
膻焦香 及腥朽 此五臭 鼻所嗅	【译文】我们的鼻子可以闻出东西的气味，气味主要有五种，即羊膻味、烧焦味、香味、鱼腥味和腐朽味。
匏土革 木石金 丝与竹 乃八音	【译文】我国古代人把制造乐器的材料，分为八种，即匏、土、皮革、木块、石头、金属、丝线与竹子，称为"八音"。
曰平上 曰去入 此四声 宜调协	【译文】我们的祖先把说话声音的声调分为平、上、去、入四种。四声的运用必须和谐，听起来才能使人舒畅。
高曾祖 父而身 身而子 子而孙	【译文】由高祖父生曾祖父，曾祖父生父亲，父亲生我本身，我生儿子，儿子再生孙子。
自子孙 至玄曾 乃九族 人之伦	【译文】由自己的儿子、孙子再接下去，就是玄孙和曾孙。从高祖父到曾孙称为"九族"。这"九族"代表着人的长幼尊卑秩序和家族血统的承续关系。
父子恩 夫妇从 兄则友 弟则恭	【译文】父亲与儿子之间要注重相互的恩情，夫妻之间的感情要和顺，哥哥对弟弟要友爱，弟弟对哥哥则要尊敬。
长幼序 友与朋 君则敬 臣则忠	【译文】年长的和年幼的交往要注意长幼尊卑的次序；朋友相处应该互相讲信用。君主要尊重他的臣子，官吏们对君主要忠心耿耿。
此十义 人所同 当师叙 勿违背	【译文】前面提到的十义：父慈、子孝、夫和、妻顺、兄友、弟恭、朋信、友义、君敬、臣忠，这是人人都应遵守的，千万不能违背。
斩齐衰 大小功 至缌麻 五服终	【译文】斩衰、齐衰、大功、小功和缌麻，这是中国古代亲族中不同的人死去时穿的五种孝服。
礼乐射 御书数 古六艺 今不具	【译文】礼法、音乐、射箭、驾车、书法和算数是古代读书人必须学习的六种技艺，这六种技艺到现在已经没有人能同时具备了。
惟书学 人共遵 既识字 讲说文	【译文】在六艺中，只有书法现在还是每个人都推崇的。当一个人认识字以后，就可以去研究《说文解字》，这样对于研究高深的学问是有帮助的。
有古文 大小篆 隶草继 不可乱	【译文】我国的文字发展经历了古文、大篆、小篆、隶书、草书，这一定要认清楚，不可搞混乱了。
若广学 惧其繁 但略说 能知原	【译文】假如你想广泛地学习知识，实在是不容易的事，也无从下手，但如能做大体研究，还是能了解到许多基本的道理。
凡训蒙 须讲究 详训诂 明句读	【译文】凡是教导刚入学的儿童的老师，必须把每个字都讲清楚，每句话都要解释明白，并且使学童读书时懂得断句。

为学者 必有初 小学终 至四书	【译文】作为一个学者，求学的初期打好基础，把小学知识学透了，才可以读"四书"。
论语者 二十篇 群弟子 记善言	【译文】《论语》这本书共有二十篇。是孔子的弟子们，以及弟子的弟子们，记载的有关孔子言论是一部书。
孟子者 七篇止 讲道德 说仁义	【译文】《孟子》这本书是孟轲所作，共分七篇。内容也是宣扬品行修养、发扬道德仁义等优良德行。
作中庸 子思笔 中不偏 庸不易	【译文】作《中庸》这本书的是孔子孙子子思，"中"是不偏的意思，"庸"是不变的意思。
作大学 乃曾子 自修齐 至平治	【译文】作《大学》这本书的是曾参，他提出了"修身齐家治国平天下"的主张。
孝经通 中书熟 如六经 始可读	【译文】孝经的道理弄明白了，把四书读熟了，才可以去读六经这样深奥的书。
诗书易 礼春秋 号六经 当讲求	【译文】《诗》、《书》、《易》、《礼》、《春秋》，再加上《乐》称六经，这是中国古代儒家的重要经典，应当仔细阅读。
有连山 有归藏 有周易 三易详	【译文】《连山》、《归藏》、《周易》，是我国古代的三部书，这三部书合称"三易"，"三易"是用"卦"的形式来说明宇宙间万事万物循环变化的道理的书籍。
有典谟 有训诰 有誓命 书之奥	【译文】《尚书》分六种：一典，是立国的基本原则；二谟，即治国计划；三训，即大臣的态度；四诰，即国君的通告；五誓，起兵文告；六命，国君的命令。
我周公 作周礼 著六官 存治体	【译文】周公著作了《周礼》，其中记载着当时官制以及国家的组成情况。
大小戴 注礼记 述圣言 礼乐备	【译文】戴德和戴圣整理并且注释《礼记》，传述和阐扬了圣贤的著作，这使后代人知道了前代的典章制度和有关礼乐的情形。
日国风 日雅颂 号四诗 当讽咏	【译文】《国风》、《大雅》、《小雅》、《颂》，合称为"四诗"，它是一种内容丰富、感情深切的诗歌，实在是值得我们去朗诵的。
诗既亡 春秋作 寓褒贬 别善恶	【译文】后来由于周朝的衰落，《诗经》也就跟着被冷落了，所以孔子就作《春秋》，在这本书中隐含着对现实政治的褒贬以及对各国善恶行为的分辨。
三传者 有公羊 有左氏 有穀梁	【译文】三传就是公羊高所著的《公羊传》，左丘明所著的《左传》和穀梁赤所著的《穀梁传》，它们都是解释《春秋》的书。
经既明 方读子 撮其要 记其事	【译文】经传都读熟了然后读子书。子书繁杂，必须选择比较重要的来读，并且要记住每件事的本末因果。
五子者 有荀扬 文中子 及老庄	【译文】五子是指荀子、扬雄、王通、老子和庄子。他们所写的书，便称为子书。
经子通 读诸史 考世系 知终始	【译文】经书和子书读熟了以后，再读史书，读史时必须要考究各朝各代的世系，明白他们盛衰的原因，才能从历史中记取教训。
自羲农 至黄帝 号三皇 居上世	【译文】自伏羲氏、神农氏到黄帝，这三位上古时代的帝王都能勤政爱民、非常伟大，因此后人尊称他们为"三皇"。
唐有虞 号二帝 相揖逊 称盛世	【译文】黄帝之后，有唐尧和虞舜二位帝王，尧认为自己的儿子不肖，而把帝位传给了才德兼备的舜，在两位帝王治理下，天下太平，人人称颂。

夏有禹 商有汤 周文武 称三王	【译文】夏朝的开国君主是禹,商朝的开国君主是汤,周朝的开国君主是文王和武王。这几个德才兼备的君王被后人称为三王。
夏传子 家天下 四百载 迁夏社	【译文】禹把帝位传给自己的儿子,从此天下就成为一个家族所有的了。经过四百多年,夏被汤灭掉,从而结束了它的统治。
汤伐夏 国号商 六百载 至纣亡	【译文】汤王讨伐夏桀,推翻了夏朝,建立了商,商朝延续了六百多年,到纣王时灭亡。
周武王 始诛纣 八百载 最长久	【译文】周武王起兵灭掉商朝,杀死纣王,建立周朝,周朝的历史最长,前后延续了八百多年。
周辙东 王纲坠 逞干戈 尚游说	【译文】自从周平王东迁国都后,对诸侯的控制力就越来越弱了。诸侯国之间时常发生战争,而游说之士也开始大行其道。
始春秋 终战国 五霸强 七雄出	【译文】东周分为两个阶段,一是春秋时期,一是战国时期。春秋时的齐桓公、宋襄公、晋文公、秦穆公和楚庄王号称五霸。战国的七雄分别为齐楚燕韩赵魏秦。
嬴秦氏 始兼并 传二世 楚汉争	【译文】战国末年,秦的势力日渐强大,把其他诸侯国都灭掉了,建立了统一的秦朝。秦传到二世胡亥,天下又开始大乱,最后,形成楚汉相争的局面。
高祖兴 汉业建 至孝平 王莽篡	【译文】汉高祖打败了项羽,建立汉朝。汉朝的帝位传到了孝平帝刘衍时,就被王莽篡夺了。
光武兴 为东汉 四百年 终于献	【译文】王莽篡权。改国号为新,天下大乱,刘秀推翻更始帝,恢复国号为汉,史称东汉光武帝,东汉延续四百多年,到汉献帝时灭亡。
魏蜀吴 争汉鼎 号三国 迄两晋	【译文】东汉末年,魏国、蜀国、吴国争夺天下,形成三国鼎立的局面。三国之后的朝代是晋朝,晋又分为东晋和西晋两个时期。
宋齐继 梁陈承 为南朝 都金陵	【译文】晋朝王室南迁以后,不久就衰亡了,继之而起的是南北朝。南朝包括宋齐梁陈,国都建在金陵。
北元魏 分东西 宇文周 兴高齐	【译文】北朝则指的是元魏。元魏后来也分裂成东魏和西魏,西魏被宇文觉篡了位,建立了北周;东魏被高洋篡了位,建立了北齐。
迨至隋 一土宇 不再传 失统绪	【译文】杨坚重新统一了中国,建立了隋朝,历史上称为隋文帝。他的儿子隋炀帝杨广即位后,荒淫无道,隋朝很快就灭亡了。
唐高祖 起义师 除隋乱 创国基	【译文】唐高祖李渊起兵反隋,最后隋朝灭亡,他战胜了各路的反隋义军,取得了天下,建立唐朝。
二十传 三百载 梁灭之 国乃改	【译文】唐朝的统治近三百年,总共传了二十位皇帝。后被朱全忠篡位,建立了梁朝,唐朝从此灭亡。为和南北朝时期的梁相区别,历史上称为后梁。
梁唐晋 及汉周 称五代 皆有由	【译文】后梁、后唐、后晋、后汉和后周五个朝代的更替时期,历史上称作"五代",这五个朝代的更替都有着一定的原因。
炎宋兴 受周禅 十八传 南北混	【译文】赵匡胤接受了后周"禅让"的帝位,建立宋朝。宋朝相传了十八个皇帝之后,北方的少数民族南下侵扰,结果又成了南北混战的局面。
辽与金 皆称帝 元灭金 绝宋世	【译文】北方的辽人、金人和蒙古人都建立了国家,自称皇帝,最后蒙古人灭了金朝和宋朝,建立了元朝,重又统一了中国。
舆图广 超前代 九十年 国祚废	【译文】元朝的疆域很广大,所统治的领土,超过了以前的每一个朝代。然而它只维持了短短九十年,就被农民起义推翻了。

太祖兴 国大明 号洪武 都金陵	【译文】元朝末年,明太祖朱元璋起义,最后推翻元朝统治,统一全国,建立大明,他自己当上了皇帝,号洪武,定都在金陵。
迨成祖 迁燕京 十六世 至崇祯	【译文】到明成祖即位后,把国都由金陵迁到北方的燕京。明朝共传了十六个皇帝,直到崇祯皇帝为止,明朝就灭亡了。
权阉肆 寇如林 李闯出 神器焚	【译文】明朝末年,宦官专权,天下大乱,老百姓纷纷起义,以闯王李自成为首的起义军攻破北京,迫使崇祯皇帝自杀,明朝最后灭亡。
清太祖 膺景命 靖四方 克大定	【译文】清军入关后,清世祖顺治皇帝在北京登上帝座,平定了各地的混乱局面,使得老百姓可以重新安定地生活。
由康雍 历乾嘉 民安富 治绩夸	【译文】顺治皇帝以后,分别是康熙、雍正、乾隆和嘉庆四位皇帝,在此期间,天下太平,人民生活比较安定,国家也比较强盛。
道咸间 变乱起 始英法 扰都鄙	【译文】清朝道光、咸丰年间,发生了变乱,英军挑起鸦片战争。英、法两国分别以亚罗号事件和法国神父被杀为由组成联军,直攻北京。
同光后 宣统弱 传九帝 满清殁	【译文】同治、光绪皇帝以后,清朝的国势已经破败不堪,当传到第九代宣统皇帝时,就被孙中山领导的辛亥革命推翻了。
革命兴 废帝制 立宪法 建民国	【译文】孙中山领导的辛亥革命,推翻了清朝政府的统治,废除了帝制、建立了宪法,成立了中华民国政府,孙中山任临时大总统。
古今史 全在兹 载治乱 知兴衰	【译文】以上所叙述的是从三皇五帝到建立民国的古今历史,我们通过对历史的学习,可以了解各朝各代的治乱兴衰,领悟到许多有益的东西。
史虽繁 读有次 史记一 汉书二	【译文】中国和历史书虽然纷繁、复杂,但在读的时候应该有次序:先读《史记》,然后读《汉书》。
后汉三 国志四 兼证经 参通鉴	【译文】第三读《后汉书》,第四读《三国志》,读的同时,还要参照经书,参考《资治通鉴》,这样我们就可以更好地了解历史的治乱兴衰了。
读史者 考实录 通古今 若亲目	【译文】读历史的人应该更进一步地去翻阅历史资料,了解古往今来事情的前因后果,就好像是自己亲眼所见一样。
口而诵 心而惟 朝于斯 夕于斯	【译文】我们读书学习,要有恒心,要一边读,一边用心去思考。只有早早晚晚都把心思用到学习上,才能真正学好。
昔仲尼 师项橐 古圣贤 尚勤学	【译文】从前,孔子是个十分好学的人,当时鲁国有一位神童名叫项橐,孔子就曾向他学习。像孔子这样伟大的圣贤,尚不忘勤学,何况我们普通人呢?
赵中令 读鲁论 彼既仕 学且勤	【译文】宋朝时赵普,官已经做到了中书令了,天天还手不释卷地阅读《论语》,不因为自己已经当了高官,而忘记勤奋学习。
披蒲编 削竹简 彼无书 且知勉	【译文】西汉时路温舒把《尚书》抄在蒲草上阅读。公孙弘将《春秋》刻在竹子削成的竹片上。他们两人都很穷,买不起书,但还不忘勤奋学习。
头悬梁 锥刺股 彼不教 自勤苦	【译文】晋朝的孙敬读书时把自己的头发拴在屋梁上,以免打瞌睡。战国时苏秦读书每到疲倦时就用锥子刺大腿,他们不用别人督促而自觉勤奋苦读。
如囊萤 如映雪 家虽贫 学不辍	【译文】晋朝人车胤,把萤火虫放在纱袋里当照明读书。孙康则利用积雪的反光来读书。他们家境贫苦,却能在艰苦条件下继续求学。
如负薪 如挂角 身虽劳 犹苦卓	【译文】汉朝的朱买臣,以砍柴维持生活,每天边担柴边读书。隋朝李密放牛把书挂在牛角上,有时间就读。他们在艰苦的环境里仍坚持读书。

苏老泉 二十七 始发愤 读书籍	【译文】唐宋八大家之一的苏洵，号老泉，小时候不想念书，到了二十七岁的时候，才开始下决心努力学习，后来成了大学问家。
彼既老 犹悔迟 尔小生 宜早思	【译文】像苏老泉上了年纪，才后悔当初没好好读书，而我们年纪轻轻，更应该把握大好时光，发奋读书，才不至于将来后悔。
若梁灏 八十二 对大廷 魁多士	【译文】宋朝有个梁灏，在八十二岁时才考中状元，在金殿上对皇帝提出的问题对答如流，所有参加考试的人都不如他。
彼既成 众称异 尔小生 宜立志	【译文】梁灏这么大年纪，尚能获得成功，不能不使大家感到惊异，钦佩他的好学不倦。而我们应该趁着年轻的时候，立定志向，努力用功就一定前途无量。
莹八岁 能咏诗 泌七岁 能赋棋	【译文】北齐有个叫祖莹的人，八岁就能吟诗。另外唐朝有个叫李泌的人，七岁时就能以下棋为题而作出诗赋。
彼颖悟 人称奇 尔幼学 当效之	【译文】他两个人的聪明和才智，在当时很受人们的赞赏和称奇，现在我们正是求学的开始，应该效法他们，努力用功读书。
蔡文姬 能辨琴 谢道韫 能咏吟	【译文】在古代有许多出色的女能人。像东汉末年的蔡文姬能分辨琴声好坏，晋朝的才女谢道韫则能出口成诗。
彼女子 且聪敏 尔男子 当自警	【译文】像这样的两个女孩子，一个懂音乐，一个会作诗，天资如此聪慧；身为一个男子汉，更要时时警惕，充实自己才对。
唐刘晏 方七岁 举神童 作正字	【译文】唐玄宗时，有一个名叫刘晏的小孩子，才只有七岁，就被推举为神童，并且做了负责刊正文字的官。
彼虽幼 身已仕 尔幼学 勉而改 有为者 亦若是	【译文】刘晏虽然年纪这么小，但却已经做官来，担当国家给他的重任。你们这些年幼的初学少年，只要勤勉好学，也能达到这样的目标。要想成为一个有用的人，只要勤奋好学，也可以和刘晏一样名扬后世。
犬守夜 鸡司晨 苟不学 曷为人	【译文】狗在夜间会替人看守家门，鸡在每天早晨天亮时报晓。人如果不能用心学习、迷迷糊糊过日子，有什么资格称为人呢。
蚕吐丝 蜂酿蜜 人不学 不如物	【译文】蚕吐丝以供我们做衣料，蜜蜂可以酿制蜂蜜，供人们食用。而人要是不懂得学习，以自己的知识、技能来实现自己的价值，真不如小动物。
幼而学 壮而行 上致君 下泽民	【译文】我们要在幼年时努力学习不断充实自己，长大后能够学以致用，替国家效力，为人民谋福利。
扬名声 显父母 光于前 裕于后	【译文】如果你为人民作出应有的贡献，人民就会赞扬你，而且父母也可以得到你的荣耀，给祖先增添了光彩，也给下代留下了好的榜样。
人遗子 金满籝 我教子 唯一经	【译文】有的人遗留给子孙后代的是金银钱财，而我并不这样，我只希望他们能精于读书学习，长大后做个有所作为的人。
勤有功 戏无益 戒之哉 宜勉力	【译文】刻苦努力就会有收获，嬉戏玩乐对自己没有益处。我们要勤奋刻苦，不要嬉戏玩乐荒废时光。

弟子规易解

　　概述：弟子规原名《训蒙文》，为清朝康熙年间秀才李毓秀所作。其内容以三字一句，两句一韵编纂而成,分为五个部分加以演述;具体列举出为人子弟在家、出外、待人接物、求学应有的礼仪与规范,特别讲求家庭教育与生活教育。后经清朝贾存仁修订改编,并改名为《弟子规》,是启蒙养正,教育子弟防邪存诚,养成忠厚家风的最佳读物。

弟子规　圣人训 首孝悌　次谨信 泛爱众　而亲仁 有余力　则学文		《弟子规》这本书,是依据至圣先师孔子的教诲而编成的生活规范。首先在日常生活中,要做到孝敬父母,尊敬兄弟姊妹。其次在一切日常生活言语行为中要小心谨慎,讲信用。和大众相处时要平等博爱,并且亲近有仁德的人,向他学习,这些都是很重要非做不可的事,如果做了之后,还有多余的时间精力,就应该好好地学习六艺等其他有益的学问。
父母呼　应勿缓 父母命　行勿懒 父母教　须敬听 父母责　须顺承		父母呼唤,应及时回答,不要慢吞吞地很久才应答,父母有事交代,要立刻动身去做,不可拖延或推辞偷懒。父母教导我们做人处事的道理,是为了我们好,应该恭敬地聆听。做错了事,父母责备教诫时,应当虚心接受,不可强词夺理,使父母亲生气、伤心。
冬则温　夏则清 晨则省　昏则定 出必告　反必面 居有常　业无变		侍奉父母要用心体贴,二十四孝的黄香(香九龄),为了让父亲安心睡眠,夏天睡前会帮父亲把床铺扇凉,冬天寒冷时会为父亲温暖被窝,实在值得我们学习。早晨起床之后,应该先探望父母,并向父母请安问安。下午回家之后,要将今天在外的情形告诉父母,向父母报平安,使老人家放心。外出离家时,须告诉父母要到哪里去,回家后还要当面禀报父母回来了,让父母安心。平时起居作息(生活习惯),要保持正常有规律,做事有常规,不要任意改变,以免父母忧虑。
事虽小　勿擅为 苟擅为　子道亏 物虽小　勿私藏 苟私藏　亲心伤		纵然是小事,也不要任性、擅自做主,而不向父母禀告。如果任性而为,容易出错,就有损为人子女的本分,因此让父母担心,是不孝的行为。 公物虽小,也不可以私自收藏占为己有。如果私藏,品德就有缺失,父母亲知道了一定很伤心。
亲所好　力为具 亲所恶　谨为去 身有伤　贻亲忧 德有伤　贻亲羞 亲爱我　孝何难 亲憎我　孝方贤		父母亲所喜好的东西,应该尽力去准备;父母所厌恶的事物,要小心谨慎地去除(包含自己的坏习惯)。要爱护自己的身体,不要使身体轻易受到伤害,让父母亲忧虑。(曾子曰:"身体发肤受之父母,不敢毁伤"。)要注重自己的品德修养,不可以作出伤风败德的事,使父母亲蒙受耻辱。 当父母亲喜爱我们的时候,孝顺是很容易的事;当父母亲不喜欢我们,或者管教过于严厉的时候,我们一样孝顺,而且还能够自己反省检点,体会父母的心意,努力改过并且做得更好,这种孝顺的行为最是难能可贵。
亲有过　谏使更 怡吾色　柔吾声 谏不入　悦复谏 号泣随　挞无怨		父母亲有过错的时候,应小心劝导改过向善,劝导时态度要诚恳,声音必须柔和,并且和颜悦色。如果父母不听规劝,要耐心等待,一有适当时机,例如父母情绪好转或是高兴的时候,再继续劝导;如果父母仍然不接受,甚至生气,此时我们虽难过得痛哭流涕,也要恳求父母改过,纵然遭到责打,也无怨无悔,以免陷父母于不义,使父母一错再错,铸成大错。
亲有疾　药先尝 昼夜侍　不离床 丧三年　常悲咽 居处变　酒肉绝 丧尽礼　祭尽诚 事死者　如事生		父母亲生病时,子女应当尽心尽力地照顾,要先尝药的冷热,更要昼夜服侍,不可以随便离开。父母去世之后,守孝期间(古礼三年),要常常追思、感怀父母教养的恩德。自己的生活起居必须调整改变,不能贪图享受,应该戒绝酒肉。 办理父母亲的丧事要合乎礼法,不可草率马虎,也不可以为了面子铺张浪费,才是真孝顺。 祭拜时应诚心诚意,对待已经去世的父母,要如同生前一样恭敬。(《论语》:祭如在,祭神如神在。)
兄道友　弟道恭 兄弟睦　孝在中 财物轻　怨何生 言语忍　忿自泯		当哥哥姊姊的要友爱弟妹,弟妹要懂得恭敬兄姊,兄弟姊妹能和睦相处,一家人和乐融融,父母自然欢喜,孝道就在其中了。与人相处不斤斤计较财物,怨恨就无从生起。言语能够包容忍让,多说好话,不说坏话,忍住气话,不必要的冲突、怨恨的事情自然消失不生。(言语为福祸之门。孔门四科有:德行、言语、政事、文学。可见言语之重要。)
或饮食　或坐走 长者先　幼者后 长呼人　即代叫 人不在　己即到		良好的生活教育,要从小培养;不论用餐就座或行走,都应该谦虚礼让,长幼有序,让年长者优先,年幼者在后。 长辈有事呼唤人,应代为传唤,如果那个人不在,自己应该主动去询问是什么事,可以帮忙就帮忙,不能帮忙时则代为转告。

称尊长　勿呼名 对尊长　勿见能 路遇长　疾趋揖 长无言　退恭立 骑下马　乘下车 过犹待　百步余		称呼长辈,不可以直呼姓名,在长辈面前,要谦虚有礼,不可以炫耀自己的才能;路上遇见长辈,应快步迎上问好,长辈没有事时,即恭敬退后站立一旁,等待长辈离去。古礼:不论骑马或乘车,路上遇见长辈均应下马或下车问候,并等到长者离去稍远,约百步之后,才可以离开。
长者立　幼勿坐 长者坐　命乃坐 尊长前　声要低 低不闻　却非宜 进必趋　退必迟 问起对　视勿移		与长辈同处,长辈站立时,晚辈应该陪着站立,不可以自行就座;长辈坐定以后,招呼坐下才可以坐。与尊长交谈,声音要柔和适中,回答的音量太小让人听不清楚,也是不恰当的。有事要到尊长面前,应快步向前;告退时,必须稍慢一些才合乎礼节。当长辈问话时,应当专注聆听,眼睛不可以东张西望,左顾右盼。
事诸父　如事父 事诸兄　如事兄		对待叔叔、伯伯等尊长,要如同对待自己的父亲一般孝顺恭敬;对待同族的兄长(堂兄姊、表兄姊),要如同对待自己的兄长一样友爱尊敬。
朝起早　夜眠迟 老易至　惜此时 晨必盥　兼漱口 便溺回　辄净手		为人子应早起,晚上要迟睡,把握光阴及时努力,岁月不待人,青春要珍惜。(少壮不努力,老大徒悲伤。) 早晨起床后,务必洗脸、刷牙、漱口使精神清爽,有一个好的开始。大小便后,一定要洗手,养成良好的卫生习惯,才能确保健康。(防止肠病毒,要学会洗手,手心、手背、指缝间均要仔细清洗) (陶渊明诗:盛年不重来,一日难再晨。及时当勉励,岁月不待人。)
冠必正　纽必结 袜与履　俱紧切 置冠服　有定位 勿乱顿　致污秽		要注重服装仪容的整齐清洁,戴帽子要戴端正,衣服扣子要扣好,袜子穿平整,鞋带应系紧,否则容易被绊倒,一切穿着以稳重端庄为宜。回家后衣、帽、鞋袜都要放置定位,避免造成脏乱,要用的时候又要找半天。(大处着眼,小处着手,养成良好的生活习惯,是成功的一半。)
衣贵洁　不贵华 上循分　下称家 对饮食　勿拣择 食适可　勿过则 年方少　勿饮酒 饮酒醉　最为丑		穿衣服需注重整洁,不必讲究昂贵、名牌、华丽。穿着应符合自己的身份及场合,更要衡量家庭经济状况,才是持家之道。(不要为了面子,更不要有虚荣心,无谓的开销就是浪费。) 日常饮食要注意营养均衡,多吃蔬菜水果,少吃肉,不要挑食,不可以偏食,三餐常吃八分饱,避免过量,以免增加身体的负担,危害健康。 饮酒有害健康,要守法,青少年未成年不可以饮酒。成年人饮酒也不要过量,试看醉汉疯言疯语,丑态毕露,惹出多少是非?
步从容　立端正 揖深圆　拜恭敬 勿践阈　勿跛倚 勿箕踞　勿摇髀		走路时步伐应当从容稳重,不慌不忙,不急不缓;站立时要端正有站相,须抬头挺胸,精神饱满,不可以弯腰驼背,垂头丧气。(立如松,行如风,坐如钟,卧如弓。) 问候他人时,不论鞠躬或拱手都要真诚恭敬,不能敷衍了事。进门时脚不要踩在门槛上,站立时身体也不要站得歪歪斜斜,坐的时候不可以叉开两腿,腿更不可以抖动,这些都是很轻浮、傲慢的举动,有失君子风范。
缓揭帘　勿有声 宽转弯　勿触棱 执虚器　如执盈 入虚室　如有人 事勿忙　忙多错 勿畏难　勿轻略 斗闹场　绝勿近 邪僻事　绝勿问		进入房间时,不论揭帘子、开门的动作都要轻一点、慢一些,避免发出声响。在室内行走或转弯时,应小心不要撞到物品的棱角,以免受伤。拿东西时要注意,即使是拿着空的器具,也要像里面装满东西一样,小心谨慎以防跌倒或打破。进入无人的房间,也要像有人一样,不可以随便。 做事不要急急忙忙慌慌张张,因为忙中容易出错,不要畏苦怕难而犹豫退缩,也不可以草率,随便应付了事。 凡是容易发生争吵打斗的不良场所,如赌博、色情等是非之地,要勇于拒绝,不要接近,以免受到不良的影响。一些邪恶下流、荒诞不经的事也要谢绝,不听、不看,不要好奇地去追问,以免污染了善良的心性。

将入门 将上堂 人问谁 吾与我 用人物 倘不问 借人物 后有急	问孰存 声必扬 对以名 不分明 须明求 即为偷 及时还 借不难	将要入门之前，应先问："有人在吗?"不要冒冒失失就跑进去。进入客厅之前，应先提高声音，让屋内的人，知道有人来了。如果屋里的人问："是谁呀?"应该回答名字，而不是："我! 我!"让人无法分辨"我"是谁。 　借用别人的物品，一定要事先讲明，请求允许。如果没有事先征求同意，擅自取用就是偷窃的行为。借来的物品，要爱惜使用，并准时归还，以后若有急用，再借就不难。(谚云:好借好还,再借不难。)
凡出言 诈与妄 话说多 惟其是 奸巧语 市井气	信为先 奚可焉 不如少 勿佞巧 秽污词 切戒之	开口说话，诚信为先，答应他人的事情，一定要遵守承诺，没有能力做到的事不能随便答应，至于欺骗或花言巧语，更不能使用! 　话多不如话少，话少不如话好。说话要恰到好处，该说的就说，不该说的绝对不说，立身处世应该谨言慎行，谈话内容要实事求是;不要花言巧语，好听却靠不住。奸诈取巧的语言，下流肮脏的话，以及街头无赖粗俗的口气，都要避免，不去沾染。
见未真 知未的 事非宜 苟轻诺 凡道字 勿急疾 彼说长 不关己	勿轻言 勿轻传 勿轻诺 进退错 重且舒 勿模糊 此说短 莫闲管	任何事情在没有看到真相之前，不要轻易发表意见，对事情了解得不够清楚明白时，不可以任意传播，以免造成不良后果。(谣言止于智者,不要被谣言所利用。) 　不合义理的事，不要轻易答应，如果轻易允诺，会造成做也不是，不做也不好，使自己进退两难。 　讲话时要口齿清晰，咬字应该清楚，慢慢讲，不要太快，更不要模糊不清。 　遇到他人来说是非，听听就算了，要有智慧判断，不要受影响，不要介入是非，事不关己不必多管。
见人善 纵去远 见人恶 有则改	即思齐 以渐跻 即内省 无则警	看见他人的优点或善行义举，要立刻想到学习看齐，纵然目前能力相差很多，也要下定决心，逐渐赶上。 　看见别人的缺点或不良的行为，要反躬自省，检讨自己是否也有这些缺失，有则改之，无则加勉。(见贤思齐焉,见不贤而内自省也。)(子曰:三人行。必有我师焉,择其善者而从之,其不善者而改之。)
唯德学 不如人 若衣服 不如人	唯才艺 当自砺 若饮食 勿生戚	每一个人都应当重视自己的品德、学问和才能技艺的培养，如果感觉到有不如人的地方，应当自我勉励奋发图强。至于外表穿着，或者饮食不如他人，则不必放在心上，更没有必要忧虑自卑。(《论语·颜回》:居陋巷,一箪食,一瓢饮,人不堪其忧,回也不改其乐。)(君子忧道不忧贫)
闻过怒 损友来 闻誉恐 直谅士	闻誉乐 益友却 闻过欣 渐相亲	如果一个人听到别人说自己的缺失就生气，听到别人称赞自己就欢喜，那么坏朋友就会来接近你，真正的良朋益友反而逐渐疏远退却了。 　反之，如果听到他人的称赞，不但没有得意忘形，反而会自省，唯恐做得不够好，继续努力;当别人批评自己的缺失时，不但不生气，还能欢喜接受，那么正直诚信的人，就会渐渐喜欢和我们亲近了。(人以群分,物以类聚。同声相应,同气相求。)
无心非 有心非 过能改 倘掩饰	名为错 名为恶 归于无 增一辜	无心之过称为错，若是明知故犯，有意犯错便是罪恶。知错能改，是勇者的行为，错误自然慢慢地减少消失，如果为了面子，死不认错，还要去掩饰，那就是错上加错了。 　(子曰:知过能改,善莫大焉! 又曰:知耻近乎勇。)
凡是人 天同覆	皆须爱 地同载	只要是人，就是同类，不分族群、人种、宗教信仰，皆须相亲相爱。同是天地所生万物滋长的，应该不分你我，互助合作，才能维持这个共生共荣的生命共同体。

行高者 人所重 才大者 人所服	名自高 非貌高 望自大 非言大	德行高尚者,名望自然高超。大家所敬重的是他的德行,不是外表容貌。有才能的人,处理事情的能力卓越,声望自然不凡,然而人们之所以欣赏佩服,是他的处事能力,而不是因为他很会说大话。
己有能 人所能 勿谄富 勿厌故 人不闲 人不安	勿自私 勿轻訾 勿骄贫 勿喜新 勿事搅 勿话扰	当你有能力可以服务众人的时候,不要自私自利,只考虑到自己,舍不得付出。对于他人的才华,应当学习欣赏赞叹,而不是批评、嫉妒、毁谤。不要去讨好巴结富有的人,也不要在穷人面前骄傲自大,或者轻视他们。不要喜新厌旧,对于老朋友要珍惜,不要贪恋新朋友或新事物。对于正在忙碌的人,不要去打扰他;当别人心情不好,身心欠安的时候,不要闲言闲语干扰他,增加他的烦恼与不安。
人有短 人有私 道人善 人知之 扬人恶 疾之甚 善相劝 过不规	切莫揭 切莫说 即是善 愈思勉 即是恶 祸且作 德皆建 道两亏	别人的缺点,不要去揭穿;对于他人的隐私,切忌去张扬。赞美他人的善行就是行善。当对方听到你的称赞之后,必定会更加勉励行善。张扬他人的过失或缺点,就是做了一件坏事。如果指责批评太过分了,还会给自己招来灾祸。朋友之间应该互相规过劝善,共同建立良好的品德修养。如果有错不能互相规劝,两个人的品德都会有缺陷。
凡取与 与宜多 将加人 己不欲 恩欲报 报怨短	贵分晓 取宜少 先问己 即速已 怨欲忘 报恩长	财物的取得与给予,一定要分辨清楚明白,宁可多给别人,自己少拿一些,才能广结善缘,与人和睦相处。 事情要加到别人身上之前(要托人做事),先要反省,问问自己;换作是我,喜欢不喜欢,如果连自己都不喜欢,就要立刻停止。(子曰:己所不欲,勿施于人。要设身处地为别人着想。) 受人恩惠要时时想着报答,别人有对不起自己的事,应该宽大为怀把它忘掉,怨恨不平的事不要停留太久,过去就算了,"不要老放在心上,处罚自己,苦恼自己!"至于别人对我们的恩德,要感恩在心,常记不忘,常思报答。
待婢仆 虽贵端 势服人 理服人	身贵端 慈而宽 心不然 方无言	对待家中的婢女与仆人,要注重自己的品行端正并以身作则,虽然品行端正很重要,但是仁慈宽大更可贵,如果仗势强逼别人服从,对方难免口心不服。唯有以理服人,别人才会心悦诚服没有怨言。
同是人 流俗众 果仁者 言不讳 能亲仁 德日进 不亲仁 小人进	类不齐 仁者稀 人多畏 色不媚 无限好 过日少 无限害 百事坏	同样是人,善恶邪正,心智高低却是良莠不齐。跟着潮流走的俗人多,仁慈博爱的人少,如果有一位仁德的人出现,大家自然敬畏他,因为他说话公正无私没有隐瞒,又不讨好他人。所以大家才会起敬畏之心。 能够亲近有仁德的人,向他学习,真是再好不过了,因为他会使我们的德行一天比一天增进,过错也跟着减少。如果不肯亲近仁人君子,就会有无穷的祸害,因为不肖的小人会乘机亲近我们,使我们做什么事都会失败。(近朱者赤,近墨者黑。)
不力行 长浮华 但力行 任己见	但学文 成何人 不学文 昧理真	不能身体力行孝、悌、谨、信、泛爱众、亲仁这些本分,一味死读书,纵然有些知识,也只是增长自己华而不实的习性,变成一个不切实际的人,如此读书又有何用?反之,如果只是一味地做,不肯读书学习,就容易依着自己的偏见做事,蒙蔽了真理,也是不对的。 (子曰:"学而不思则罔,思而不学则殆。")
读书法 心眼口 方读此 此未终 宽为限 工夫到 心有疑 就人问	有三到 信皆要 勿慕彼 彼勿起 紧用功 滞塞通 随札记 求确义	读书的方法要注重三到:眼到、口到、心到。三者缺一不可,如此方能收到事半功倍的效果。研究学问,要专一,要专精才能深入,不能这本书才开始读没多久,又欣羡其他的书,想看其他的书,这样永远也定不下心,必须把这本书读完,才能读另外一本。 在制订读书计划的时候,不妨宽松些,但实际执行时,就要加紧用功,严格执行,不可以懈怠偷懒,日积月累功夫深了,原先窒碍不通、困顿疑惑之处自然而然都迎刃而解了。 求学当中,心里有疑问,应随时做笔记,一有机会,就向良师益友请教,务必确实明白它的真义。 (不耻下问)

房室清	墙壁净
几案洁	笔砚正
墨磨偏	心不端
字不敬	心先病
列典籍	有定处
读看毕	还原处
虽有急	卷束齐
有缺坏	就补之
非圣书	屏勿视
蔽聪明	坏心志
勿自暴	勿自弃
圣与贤	可驯致

书房要整理清洁,墙壁要保持干净。读书时,书桌上笔墨纸砚等文具要放置整齐,不得凌乱,触目所及皆是井井有条,才能静下心来读书。古人写字使用毛笔,写字前先要磨墨,如果心不在焉,墨就会磨偏了,写出来的字如果歪歪斜斜,就表示你浮躁不安,心定不下来。

书籍课本应分类,排列整齐,放在固定的位置,读诵完毕须归还原处。

虽有急事,也要把书本收好再离开。书本是智慧的结晶,有缺损就要修补,保持完整。(古人一书难求,故有修补之举。)

不是传述圣贤言行的著作,以及有害身心健康的不良书刊,都应该摒弃不要看,以免身心受到污染,智慧遭受蒙蔽,心志变得不健康。遇到困难或挫折的时候,不要自暴自弃,也不必愤世嫉俗,看什么都不顺眼,应该发愤向上努力学习,圣贤境界虽高,循序渐进,也是可以达到的。

(《孟子·滕文公上》曰:舜,何人也?予,何人也?有为者亦若是。)

(唐诗:劝君莫惜金缕衣,劝君惜取少年时。花开堪折直须折,莫待无花空折枝。)

第九单元　中国文学史话

单元训练重点

　　本单元选编我国文学史上著名的作家作品,内容通俗易懂。编写目的是希望同学们通过对本单元的阅读与理解,大体掌握我国文学史上著名的作家作品,提高同学们的文学素养。阅读学习时要结合文学史(第六单元)中的相关知识来理解。

中国第一部诗歌总集《诗经》

　　《诗经》是我国最早的诗歌总集。它的思想和艺术上的高度成就,在我国乃至世界文学史上都闪耀着永不泯灭的光辉。

　　《诗经》本来只称《诗》,编成于春秋时代。它收录了周初期到春秋中叶的诗歌305篇,所以也叫《诗三百》。孔子把《诗三百》作为道德教育的教科书,汉以后的儒家学派就把它奉为经典,于是出现了《诗经》的名称。

　　《诗经》按照音乐性质的不同,把作品分为《风》、《雅》、《颂》三大类。《风》又称《国风》,是带有方色彩的音乐,绝大部分是民歌。《国风》160篇,包括周南、召南等共十五个地区和国家的乐歌,如《郑风》是郑国调,《秦风》就是秦国调。《雅》、《颂》是指周王朝直接统治地区的音乐,"雅"有"正"的意思,把这种音乐看作"正声",表明与其他地区的音乐有别。《雅》又分为大雅、小雅,共105篇,多数是朝廷官吏及公卿大夫的作品,小部分是民歌。《颂》是贵族在家庙中祭祀鬼神、赞美祖先及统治者功德的乐曲,又分为《周颂》、《鲁颂》和《商颂》,共40篇。

　　《诗经》的精华,主要在《国风》部分,这些作品不少是当时人民的口头创作,真实地描写了当时社会的风貌,反映了人民对压迫和剥削,追求自由、幸福、理想生活的愿望和要求。

　　《诗经》基本上是四言诗,是诗歌发展过程中的早期形式。它的表现手法,前人概括为赋、比、兴,其中比、兴是我国歌谣的最突出的艺术特点,其开创的现实主义的创作风格对后世文学产生深远的影响。

世界上最早的传记文学《史记》

　　《史记》是伟大的历史著作,中国第一部纪传体通史。它全面记述了从上古至汉初三千年左右的政治、经济、文化多方面的历史情况,是我国古代历史的伟大总结。

《史记》包括本纪、表、书、世家和列传,共130篇。"本纪"叙述历代最高统治者帝王的政绩;"表"是各个历史时期的简单大事记;"书"是个别事件始末的文献,分别叙述天文、历法、水利、经济、文化、艺术等方面的发展和现状,与后世的专门科学史相近;"世家"主要叙述贵族侯王的历史;"列传"则是各种不同类型、不同阶层人物的传记。

其中《陈涉世家》肯定陈涉起义的作用;《河渠书》、《平淮书》和《货殖列传》反映了社会经济生活;《匈奴列传》、《西南夷列传》等记述了少数民族的活动,都是本书优点。对部分历史人物的叙述,语言生动、形象鲜明,在文学史上亦有很高的地位。

中国最早的叙事长诗《孔雀东南飞》

《孔雀东南飞》是我国古代少见的长篇叙事诗,取材于东汉献帝年间发生的庐江(今属安徽省)的一桩婚姻悲剧。

故事叙述汉末建安年间,一个名叫刘兰芝的少妇,美丽、善良、聪明而勤劳。她与焦仲卿结婚后,夫妻俩互敬互爱,感情深挚,但偏执顽固的焦母却看不顺眼,百般挑剔,并威逼焦仲卿将她驱逐。焦仲卿迫于母命,无奈只得劝说兰芝暂避娘家,日后再设法接她回家。分手时两人盟誓,永不相负。谁知兰芝回娘家后,趋炎附势的哥哥逼她改嫁太守的儿子。焦仲卿闻讯赶来,两人约定"黄泉下相见",最后在太守儿子迎亲的那天,双双殉情而死。

《孔雀东南飞》通过刘兰芝与焦仲卿这对恩爱夫妇的爱情悲剧,控诉了封建礼教、家长统治和门第观念的罪恶,表达了青年男女要求婚姻爱情自主的合理愿望。女主人公刘兰芝对爱情忠贞不贰,她对封建势力和封建礼教所做的不妥协的斗争,使她成为文学史上富有叛逆色彩的妇女形象,为后来的青年男女所传颂。

这首叙事诗共350余句,1 700多字,故事完整,语言朴素,形象鲜明,结构紧凑完整,结尾运用了浪漫主义手法,是汉乐府民歌的杰作。"五四"以来,被改编成各种剧本,搬上舞台。

中国最杰出的历史小说《三国演义》

反映我国汉末至魏晋历史风云的《三国演义》,是章回小说中的开山之祖,也是我国最杰出的历史演义小说,它使中国小说从此进入一个新的历史时期。

《三国演义》全称《三国志通俗演义》,是罗贯中在民间艺人创作的话本、戏曲的基础上,又运用陈寿《三国志》等的正史材料,结合他丰富的生活经验写成的。

《三国演义》描写了公元184年到280年间近一个世纪的历史故事,始于黄巾起义,止于西晋统一。全书以刘备、关羽、张飞和诸葛亮为中心人物,又贯穿了群众拥刘反曹的思想倾向,把蜀汉当作魏蜀吴之间矛盾的主导方面,集中描绘了三国时代各封建统治集团之间军事的、政治的、外交的种种斗争。通过这些斗争,作者揭示了当时社会的腐朽和黑暗,谴责了统治者的残暴和丑恶,比较客观地反映了人们对统治集团的爱憎与向背,以及反对战争割据,要求和平统一的愿望。

《三国演义》共 120 回,作品中的人物众多,事件错综复杂,作者紧紧抓住曹刘两个集团的矛盾这一主线,展开一系列描写,写得脉络分明。书中的一些主要人物大都栩栩如生,像诸葛亮的神机妙算、曹操的奸诈多疑、关羽的忠义、张飞的勇猛,都给人留下深刻的印象,成为某一类型人的代表。《三国演义》的语言雅俗共赏,简洁明快,富有传记色彩。它最突出的特色就是历史性很强,学者认为它是"七分事实,三分虚构",民间也有"真三国,假封神"的说法。

农民起义的画卷《水浒传》

元末明初,和《三国演义》同时出现的《水浒传》是我国小说史上第一部以农民起义为题材的长篇章回小说。它取材于北宋末年宋江起义的故事,作者施耐庵以见于史书的材料作为主要依据,结合民间戏曲、话本中的有关故事,经过选择、加工和再创造而写成。

《水浒传》通过宋江故事的叙述,深刻地揭露了人民与统治阶级之间不可调和的矛盾,展现出贫苦农民被迫聚义梁山,拿起武器,进行战斗的动人情景,反映了"官逼民反"的社会现实。小说前半部通过王进出逃,鲁智深拳打镇关西,林冲被逼上梁山等典型事件说明"乱自上作";反映了农民起义由小到大,由个人到集体,由无组织到有组织的发展规律;歌颂了像武松、鲁智深、阮氏三雄等一批农民英雄形象;无情地鞭笞了以昏君和宠臣为代表的封建统治集团的罪恶。小说的后半部写出了起义的悲惨结局,客观上成了对宋江招安的一种批判,揭示了农民起义失败的原因,比较集中地反映了封建社会农民起义的局限性和悲剧性。

《水浒传》以极大的热情歌颂了梁山英雄轰轰烈烈的大起义,正面描写了农民对封建统治阶级造反的行为,这在中国文学史上是很罕见的,它对明清两代的阶级斗争,特别是农民起义有巨大的鼓舞作用。作品塑造了许多性格鲜明的英雄形象,像李逵、武松、鲁智深等,都是活灵活现,呼之欲出,一直活在人民心间,像一团烈火,照亮了农民起义的道路。

《水浒传》在艺术上继承了中国古代小说与话本的传统特色,故事富有传奇性,一波未平,一波又起,每个故事都紧扣着读者的心弦。它的语言明快、生动、洗练、准确,有浓厚的生活气息,尤其是人物语言的个性化达到了较高水平,往往三言两语表现出人物当时当地的身份和心情,乃至内在的性格,一直为后人所称道。

《水浒传》对后世产生过巨大的多方面的影响,它为明代以后的农民起义提供了丰富的斗争经验和借鉴,堪称农民起义的教科书。在文学上,不仅为后世的小说、戏剧提供了丰富的素材,而且为中国现实主义创作开拓了广阔的道路。

长篇神话小说《西游记》

《西游记》全书 100 回,前七回写孙悟空的出世和大闹天宫,以后写唐僧师徒四人一路上接受种种考验,扫荡妖魔,终于取回真经。作品最突出的成就是塑造了神话英雄孙悟空的光辉形象。孙悟空反对天上的神权和地上妖魔,反映了人民征服社会上邪恶势力的信念和力量,具有丰富的社会内容和现实意义。《西游记》还通过幻想的形式,假借对天上世界和妖魔鬼怪的描述,明显地勾画了现实社会的某些特点,使人读后自然地联想到帝王将相、土豪恶霸的狰狞面目,激起对他们的仇恨。当然《西游记》的思想内容还存一些糟粕,主要是三教归一、佛法无边以及宿命论观念和因果报应思想等等。

《西游记》以讽刺、幽默的笔调,运用浪漫主义手法,使小说充满奇特的幻想,表现了罕见的艺术想象力。对孙悟空这样一个理想化英雄的塑造,是中国小说史上的独创。书中的许多人物既有神奇性,又有强烈的现实感,还有动物的自然属性。为后代的神魔小说的形象塑造提供了成功的范例。

《西游记》在中国小说史上具有重要地位,它和《三国演义》、《水浒传》一样,是中国人民家喻户晓的古典小说名著。

暴露明末社会世态的《金瓶梅》

提到淫秽小说,不少人就会与《金瓶梅》联系起来。《金瓶梅》确实有一些关于淫荡生活的描写,但书中相当全面地暴露了明代后期的社会腐朽和黑暗,艺术上也有它独特的创造,因而在小说发展史上有其独特的地位。

《金瓶梅》写作年代大约在明代万历年间,作者署名兰陵笑笑生。但姓氏不详。书名《金瓶梅》取自小说主人公西门庆的三个姬妾潘金莲、李瓶儿和春梅的名字。

小说写的是宋代的人物故事,实际上反映的都是作者所处的明代中叶以来的社会事实。作品以《水浒传》中西门庆、潘金莲的故事为引子,描写恶霸、官僚、豪商西门庆罪恶的一生。书中对西门庆勾结权贵、横行乡里、蹂躏妇女等不法行为,作了深刻的揭露,反映了封建社会处于腐朽没落时期的统治阶段的特有本性。这对于我们认识封建社会末期的社会本质和剥削阶级的罪恶有一定的价值。

在我国长篇小说的发展史上,《金瓶梅》的出现具有重要意义。在这之前的小说,像《三国演义》、《水浒传》等,都是作家根据长期流传民间的故事、话本和戏曲加工而成的,是人民群众和作家结合的产物;《金瓶梅》则是第一部文人独创的小说。另外,在这之前的小说的主人公,不是帝王将相,就是英雄豪杰,所写的故事也都是重大事件,《金瓶梅》则把描写的重点放到了市井百姓,通过一个家庭的解剖,通过日常琐事的描写来反社会,开创了"世情小说"的先河,后来《红楼梦》等一批优秀小说的产生,显然受《金瓶梅》的影响。

尽管《金瓶梅》在反映生活和小说创作手法方面有许多成功之外,但它的糟粕和消极影响也是显而易见的。作者用自然主义的手法,对所暴露的对象缺乏鲜明的爱憎态度,甚至用欣赏的眼光去描写糜烂的生活,书中存在大量露骨的色情描写,对青少年有着不容忽视的腐蚀作用。

古代白话短篇小说集"三言"和"二拍"

中国古代白话短篇小说,原是作为艺人"说书"的话本,很早就在民间流传。到明末,一些文人对代代相传的话本编辑、加工，并模拟话本进行小说写作，又通过书商的大量刊印、发行，使白话小说在当时社会各阶层，特别是下层群众中产生了很大的影响。其中成就最大的是"三言"和"二拍"这两个白话短篇小说集。

"三言"是明代冯梦龙编辑、加工的三部短篇小说集：《喻世明言》、《警世通言》、《醒世恒言》。每部40篇，共120篇。因为书名都有一个"言"字，就统称"三言"。"二拍"是明代凌濛初写成的两部短篇小说集：《初刻拍案惊奇》、《二刻拍案惊奇》。每部40篇，共80篇。"二拍"也是取两部书名中的"拍"字而得名。

"三言"和"二拍"通过动人的爱情故事，描写青年男女追求幸福生活的愿望，抨击封建婚姻对青年的迫害，表现了新兴的市民阶层的爱情观点。代表作有《蒋兴哥重会珍珠衫》、《卖油郎独占花魁》、《金玉奴棒打薄情郎》、《杜十娘怒沉百宝箱》等。《杜十娘怒沉百宝箱》是其中最优秀的一篇，也是明代白话短篇小说中成就最高的一篇。

这几部书还描写封建统治阶级内部斗争，表现人民封建统治者罪恶的愤怒谴责。主要作品有《卢太学诗酒傲王侯》、《沈小霞相会出师表》、《灌园叟晚逢仙女》等。"三言"和"二拍"由于反映了明末封建社会地主了阶级逐渐衰落和市民阶层逐渐兴起这样一个特定的社会现象，因而受到当时人民的普遍喜爱。

"三言"和"二拍"在艺术上也有许多新的突破。与宋元时期的话本相比较，它的描写更为细腻，并注重心理刻画，结构也日臻完整，情节更加曲折动人。许多佳作成为中国小说宝库中的珍品。

像一切古代文学遗产一样，"三言"和"二拍"既寓民主、进步的精华，也含有封建、落后的糟粕。一些篇章中，充斥着色情描写、因果报应和封建说教。

讽刺小说的典范《儒林外史》

长篇讽刺小说《儒林外史》，是清代吴敬梓所作。

吴敬梓从小爱好文学，才识过人，青年时代曾多次参加科举，却次次落第。特别是当他家业败落后，更受到一些衣冠楚楚的士人的冷眼和嘲弄。儒林群丑的尔虞我诈、趋炎附势，使他洞察了世态炎凉，看透了科举制度的腐朽。他以辛辣的笔触写出这部揭露科举制度，鞭挞儒林群丑的长篇巨著。

全书55回，约40万字，描绘了近两百个人物。书中以十多个既独立又有联系的故事，细腻地刻画了一群追求功名富贵的各种类型的封建儒生和贪官污吏的丑恶面目，剖析了当时读书人的丑恶变态的灵魂，塑造了周进、范进、马二先生、匡超人、严贡生等一系列典型人物。为了改良社会，表现作者的理想，作品也写了几个正面人物，对自食其力的手工业者给予歌颂，对不迷恋科举的读书人加以赞扬。由于作者所处的时代限制和阶级局限，他把希望寄托在用儒家的道德规范来扭转颓风，这显然是行不通的。

《儒林外史》在艺术上有极高的成就，是中国古代小说史上讽刺小说的典范。作者成功地运用讽刺艺术来表达主题，善于在复杂的生活现象中选择典型情节来表现人物性格，有着极强烈的讽刺效果。《儒林外史》语言准确精练，富有形象性，常能用三言两语使人物"穷形尽相"、"真伪毕露"。

《儒林外史》开创了一个以小说直接评价现实的先例,晚清的长篇谴责小说大都受到它的影响。

现实主义杰作《红楼梦》

在中国古典小说中,还没一部书能像《红楼梦》那样呈现出永久的艺术魅力,使人百读不厌。《红楼梦》问世于18世纪中叶、清朝乾隆年间,原名《石头记》,是曹雪芹"披阅十载,增删五次"写成的。小说以贾宝玉、林黛玉的爱情悲剧为主要线索,展开全书的故事情节。通过以贾府为代表的贾、史、王、薛四大家族的衰亡过程,形象地揭露了封建家庭的腐朽,可以说是中国封建制度濒于崩溃和必然灭亡的一面镜子。它以巨大的表现力,描写了四百多个人物,塑造了众多的艺术典型。

作品中贾宝玉和林黛玉的真挚爱情,集中体现了他们的叛逆精神。作者以同情和歌颂的态度塑造了一系列富有斗争精神的下层妇女形象,其中有不畏权势的晴雯、鸳鸯,性格刚烈的尤三姐等。也塑造了各种各样的封建统治阶级的人物,有讲究享乐的贾母、迂腐昏庸的贾政、两面三刀的王熙凤、藏愚守拙的薛宝钗等,通过这些人物的矛盾斗争,真实地反映了当时社会面貌。

《红楼梦》全书结构紧凑,情节生动,语言绚丽多彩,是我国古典小说创作成就的最高峰。它一问世就受到了人们的喜爱,王公贵族、黎民百姓争相阅读,当时流行着这两句话"开谈不说《红楼梦》,纵读诗书也枉然"。鲁迅先生曾高度评价它在中国文学史上的地位,认为"自有《红楼梦》出来以后,传统的思想和写法都打破了"。在中国古代小说的发展历程上,《红楼梦》是大家公认的顶峰,也是现实主义创作的最巍峨的丰碑。此后《红楼梦》的续书很多,但都是狗尾续貂,思想性、艺术性无法与它相比。

"谈狐说鬼"的《聊斋志异》

《聊斋志异》是中国最著名的文言短篇小说集。作者是清代蒲松龄。

蒲松龄出身没落地主家庭,从小就热衷科举,但一生不得志,生活贫困,靠设馆教书养家糊口。穷困潦倒的一生,使他对科举制度的腐朽和封建仕途的黑暗有了深刻的认识和体会,并与下层人民保持密切的联系。这种丰富的阅历和进步的思想,为他创作《聊斋志异》打下了深厚的基础。

《聊斋志异》共有作品491篇,大部分是故事完整、人物形象鲜明的短篇小说,小部分是篇幅短小、具有素描和特写性质的笔记。内容大致可以四种类型。

第一种类型是对科举制度的血泪控诉。这些篇章大都凝聚着作者浓厚的感情,与作者经历有着密切的关系,熔铸着作者的自我形象。作品愤怒抨击科举制度的腐败,无情揭露科举制度埋没人才的罪恶。著名篇章有《叶生》、《司文郎》等。

第二种类型的内容是对真挚爱情的热烈颂歌,这是全书中数量最多,写得也最精彩的部分。其中不少作品,通过花妖狐魅与人恋爱,表现了作者理想的爱情。名篇有《连城》、

《阿宝》、《香玉》、《小谢》等，这些充满幻想的故事真切地表达了广大青年男女对自由爱情的憧憬和渴望。

《聊斋志异》另一个重要类型，是揭露现实政治的腐败和对贪官污吏的严厉批判。代表作有《促织》、《席方平》等。

第四种类型是一些对世俗民风的劝诫讽刺的篇章。这是《聊斋志异》中题材最广泛，思想倾向最复杂的部分，既有作者对新道德的追求，也有为陈腐的儒家道德的说教。《张诚》、《镜听》、《骂鸭》等有一定的代表性。

《聊斋志异》所写虽然多是幽冥幻域之境，鬼狐花妖之事，却曲折地反映了明末清初广阔的现实生活，提出了许多重要的社会问题，表达了作者鲜明的态度。在艺术上，《聊斋志异》创造性地继承了六朝志怪小说和唐传奇的优秀传统，谈狐说鬼，构思奇特，刻画细腻，语言简洁，对清代文言小说产生过深刻影响。

清末四大谴责小说

清朝末年，清政府在镇压了戊戌变法、出卖了义和团运动后，国势衰微到了极点，民族危机愈加深重，广大群众对腐朽无能的清帝国已感到无望。具有改良思想的小说家纷纷通过小说来抨击政府和时弊，提出挽救国家的主张，人们把这一时期出现的小说称为"谴责小说"。而《官场现形记》、《二十年目睹之怪现状》、《老残游记》、《孽海花》则代表了这类小说的最高成就，被后人誉为"清末四大谴责小说"。

《官场现形记》，作者李伯元（1867～1907），全书 60 回，由许多独立成篇的短篇故事连缀而成。书中描写一群大大小小的封建官僚，他们贪污昏庸，媚外卖国，展开一幅清末官僚的百丑图，暴露和讽刺晚清官场的腐败，突出地反映了封建统治阶级与人民的矛盾，清王朝对帝国主义的屈辱投降。

《二十年目睹之怪现状》，作者吴趼人（1866～1910），全书 108 回。小说采用第一人称的形式，以主人公"九死一生"的遭遇和见闻为线索记录了许多社会上的怪现状：官场到处贪财受贿，营私舞弊；商场里官商勾结，尔虞我诈；洋场上嫖赌拐骗，醉生梦死等，形象地反映了晚清社会的种种丑恶现象。

《老残游记》，作者刘鹗（1857～1909），全书 20 回。小说通过描写一个江湖医生老残四处行医途中的所见、所闻、所为，暴露当时某些官吏的残暴昏庸并着重抨击了那些名为"清官"、"能吏"，实力昏官酷吏的虐民行为，反映了晚清黑暗腐朽的社会现实。但作者对清政府仍寄予希望，所以对资产阶级革命和义和团运动抱敌对态度。小说在艺术上具有一定特色，语言精练准确，形象鲜明生动，在同类小说中艺术成就最高。

《孽海花》，作者曾朴（1872～1935），全书 30 回，附录 5 回。作品以状元金雯青和名妓傅彩云（赛金花）的故事为线索，穿插了大量官僚文人的秽闻轶事，从一个侧面反映了同治初年到甲午战争失败约三十年间的社会政治、外交、文化、思想状况，对清末黑暗政治的揭露较为有力。小说还以同情的态度赞扬了维新派和资产阶级革命党人的活动。作品结构严谨，语言华美，但对秘闻艳事描写过多，表现出低级庸俗的趣味。

伟大的爱国诗人屈原

每到端午佳节,江南一带都有吃粽子、赛龙舟的习俗,这是为了纪念伟大的政治家和爱国诗人屈原。

屈原,名平,"原"是他的字,约公元前340年出生于楚国一个贵族家庭。屈原走上从政的道路以后,极力主张实施变革,任用贤能,富国强民,完成统一全中国的大业。但变法刚开始,就遭到楚国贵族集团的仇恨和排挤,他们在楚怀王面前造谣中伤,昏庸的怀王误信谗言,把屈原降职,后又放逐汉北。秦国攻破楚国郢都后,楚国濒临灭亡,屈原悲痛之余,投汨罗江而死。

屈原的一生创作了大量的诗篇,有《离骚》、《九歌》、《天问》、《九章》等25篇。《离骚》是他的代表作,也是我国古典文学中最长的抒情诗。《离骚》表现了诗人为实现崇高理想而进行的热烈追求和不懈斗争,抒发了他深挚的爱国主义感情,以及憎恶奸佞、羞与为伍的高洁品格。全篇色彩浓烈,气势宏伟,波澜壮阔,是杰出的浪漫主义作品。

屈原是我国文学史上第一个伟大的爱国诗人。他的作品是我国浪漫主义诗歌的源头,是继《诗经》后我国诗歌史上的另一个高峰。屈原以他爱祖国、爱人民的高贵品格,光辉灿烂的诗篇,对中华民族的精神文明和文学传统的形成产生了极大的影响,在我国文学发展史上享有崇高的地位。

"诗仙"李白

"李白斗酒诗百篇,长安市上酒家眠。天子呼来不上船,自称臣是酒中仙。"这是杜甫《饮中八仙歌》中写李白的几句诗,它像一幅素描,把李白狂放不羁、不阿权贵的性格,生动、形象地表现了出来。李白,世称"诗仙"。

李白(701~762),字太白,号青莲居士。李白的诗歌现存九百九十多首,豪迈奔放,别具一格。像著名的组诗《古风》,批判朝政弊端,感慨有志之士不能展抱负;乐府《行路难》、《梁甫吟》、《将进酒》等抒发怀才不遇的悲愤;《秋登宣城谢朓北楼》、《望庐山瀑布》、《梦游天姥吟留别》等诗篇,以充满想象的神奇之笔描绘祖国的壮丽山河。尽管李白有的诗歌也隐含着人生如梦、纵酒狂欢的颓丧情绪,但不满于社会和政治的黑暗,追求心身自由和解放的昂扬向上的精神是他诗篇的主旋律。

李白是中国文学史上最伟大的诗人之一,与杜甫并称"李杜",对后代的诗歌创作产生过深远的影响。

"诗圣"杜甫

杜甫(712~770),字子美,尝自称少陵野老。祖籍襄阳(今湖北襄阳市襄州区),自其曾祖时迁居巩县(今河南巩义西南)。他毕生酷爱诗歌创作,被后人誉为自有诗人以来最伟大的"诗圣"。

杜甫年轻时就抱有"致君尧舜上,再使风俗淳"的治世雄心。20岁那年,杜甫南游江浙,饱鉴名胜,凭吊遗迹,观赏壮丽的江山,增长了知识,为以后文学创作奠定了坚实的思想基础和生活基础。

杜甫虽有治世的雄心和博学的才干,但他的仕途却很不得志。他想通过科举考试,得到一个官职,一直未能如愿。他出入权贵门下,希望得到引荐,结果也处处碰壁,生活逐渐陷入困境,过着"卖药都市,寄食朋友"的生活。

政治上的失意,生活上的贫困,使他有机会接近下层劳动人民,听到他们的呼声,从而了解人间的黑暗,成为一个现实主义的大诗人。他写出了《丽人行》、《兵车行》等大胆揭露封建王朝腐朽,反映人民生活疾苦的诗篇。《自京赴奉先县咏怀五百字》,代表了诗人这个时期创作的最高成就。当时诗人刚好从京城回奉先探亲。在长安街上,冻死的老人使他惨不忍睹;路过骊山时,华清宫里笙歌声声,深深刺痛他的心。于是诗人满腔悲愤地写下了"朱门酒肉臭,路有冻死骨"这样的千古名句。

后来在别人的推荐下,杜甫做过参军的小官,但不到一年就爆发了安史之乱,杜甫又开始了流亡和逃难生活。动乱的社会和不平凡的经历,进一步把杜甫的诗歌创作推向现实主义创作的高峰。这期间他先后写下了《新安吏》、《石壕吏》、《潼关吏》和《新婚别》、《垂老别》、《无家别》等称为"三吏"、"三别"的不朽诗篇。苦难的生活使杜甫熟悉了人民,写下了许多对劳动人民有深厚感情的作品。《茅屋为秋风所破歌》、《又呈吴郎》等,寄寓着诗人对劳动人民和贫寒知识分子的深厚同情。

杜甫的晚年,生活越来越艰难,身体越来越衰弱,但他始终没有放弃自己的诗歌创作,相反,越是贫病交困,诗作越多。在成都,他一度被任命为工部员外郎,在此期间,以惊人的毅力写了四百三十多首诗,占了他全部诗作的十分之二。在他生命弥留之际,他还僵卧在破船上写出了长诗《风疾舟中伏枕书怀》,念念不忘国家的灾难。

杜甫的思想主要受儒家的影响,"穷年忧黎民"、"济时肯杀身"是他一贯的精神。他的诗现存一千四百多首,内容极为广泛深刻,多方面地反映了唐代中期社会的急剧变化,被人们称为"诗史"。

善作讽喻的白居易

诗圣杜甫之后,唐代诗坛上又出现了一位杰出的现实主义诗人——白居易。

白居易(772~846),字乐天,晚号香山居士。中唐诗歌的代表。主张诗歌创作必须来源于现实生活,反映社会,批判社会,批判现实,大胆揭发封建政治的黑暗现象。所作《观刈麦》、《卖炭翁》、《红线毯》等表达了作者对劳动人民疾苦的深切同情。所作长篇叙事诗《长恨歌》、《琵琶行》是流传千古的名作。白居易的诗歌一直以平易通俗著称,诗歌大都深入浅出,表现方式上采用直言其事的方法,叙事完整,情节生动,刻画人物神态惟妙惟肖,相传连一些不识字的老妪都能听懂。

壮志未酬的爱国诗人陆游

"死去原知万事空,但悲不见九州同。王师北定中原日,家祭毋忘告乃翁。"几百年来,每当人们朗读这首诗作,就会激起强烈的爱国热情,鼓舞人们反抗侵略,为争取祖国统一大业去战斗。它的作者就是南宋爱国诗人陆游。

陆游(1125～1210),字务观,号放翁。越州山阴(今浙江绍兴)人。他的幼年正是民族矛盾尖锐、国势危迫的战乱时期,父亲陆宰是一个具有爱国思想的知识分子,言传身教,使陆游使陆游从小就树立了忧国忧民的思想和杀敌报国的壮志。

为了效力国家,陆游和其他封建社会的知识分子一样,也走上了科举的道路。29 岁时,他赴京(临安)考试,名列奸相秦桧孙子秦埙之上,因此受到秦桧的排挤。直到秦桧死后,陆游方被起用。因他主战抗金,一直遭到朝中主和派的排挤,但他一有机会就上书朝廷,提出许多抗敌救国的策略和政治措施。虽然他的杀敌报国的壮志未酬,但他在几十年的风雨生活中,却把自己对祖国的热爱,对抗敌将士的崇敬,对收复失地的决心,对中原父老的同情和怀念,以及对投降派的无比蔑视和憎恨,都写进了他的诗篇。他慷慨悲歌,唱出了那个时代的最强音,成为一个杰出的爱国诗人。

陆游是一位创作极为旺盛的多产诗人,至今流传下来的诗篇就有九千多首,他是中华民族历史上留下诗篇最多的人。陆游的诗晓畅平易,精炼自然,"无一语不天成"。他才气豪迈,议论精辟,意在笔先,力透纸背。他的"山重水复疑无路,柳暗花明又一村"、"小楼一夜听春雨,深巷明朝卖杏花"等,一直被人们广为传诵。陆游的不少诗篇都是南宋社会现实的真切反映,因此有人把他的诗誉为"史诗"。

陆游为我国文学宝库留下了浩瀚遗产,有《渭南文集》、《剑南诗稿》、《南唐书》、《老学庵笔记》等。

抒写英雄之词的辛弃疾

南宋爱国词人辛弃疾(1140～1207),以他"壮岁旌旗拥万夫"这样的豪语,抒写英雄之词,为后人留下了许多雄浑豪放、脍炙人口的词。

辛弃疾,字幼安,别号稼轩,历城(今山东济南)人。词人出生时,中原已被金兵占领,北方人民的深重灾难在他童年生活中留下深深的印记。青年时代,词人就积极参加抗金义军。回归南宋后,他历任湖北、江西、湖南、福建、浙东安抚等职,但朝廷没有再让他到抗金的前线。他一生反对和议、盼望早日恢复中原的主张,也未能为南宋小朝廷所采纳,而且两次被弹劾革职。从 42 岁至 68 岁的漫长岁月,词人主要在江西上饶一带的农村中度过,把满腔的忧国忧民的热情,都寄托在所写的词里。

辛弃疾是两宋词人中词作最多的作家,有六百多首。不少词作以国家、民族的现实问题为题材,抒发慷慨激昂的爱国之情,表现坚持抗战的决心,倾诉壮志难酬的悲愤,以及对南宋上层统治集团屈辱投降进行嘲讽和批判。这类为人传诵的名篇很多,以《破陈子·为陈同甫赋壮词以寄之》、《永遇乐·京口北固亭怀古》、《水龙吟·登建康赏心亭》、《菩萨蛮·书江西造口壁》等最著名。其中《永遇乐·京口北固亭怀古》借古人写自己的忧愤,表现对英雄的向往和对战斗的渴望,被后人评为辛词第一。

辛词艺术风格以豪放为主,不拘一格,沉郁、明快、激励、妩媚兼而有之。作词不为格律所拘束,语言多有创新,善于熔铸经史文乃至民间口语入词,使词体散文化,丰富了词的表现力,大大地发展了宋词的思想内容和艺术风格,把苏轼开创的豪放词推向了新的高峰,被后人并称为"苏辛"。

才华出众的女词人李清照

中国向来以诗歌王国著称。在诗国的天穹上,名家如繁星闪烁。才华横溢的女词人李清照(1084～约1151),以她的独特艺术魅力,跻身于这繁星之群。

李清照擅长写词,早年曾写过一篇《词论》,提出词"别是一家"的说法,是宋代重要的词论。她写的词,前期以抒发对爱情的追求和对自然的热爱为主,写得曲折、含蓄,韵味深长,形象鲜明。如《如梦令》二首,活泼秀丽,语句清新别致。《一剪梅》、《醉花阴》等词通过相思之情的描绘,表达了对丈夫的深厚感情。后期的词和前期迥然不同,国破家亡使她精神很痛苦,所以词风也充满凄凉低沉之音,主要是抒发伤感怀旧、悼亡之情。如《菩萨蛮》、《蝶恋花》,流露了对失陷了的北方大地的无限眷恋;而《声声慢》则通过"寻寻觅觅,冷冷清清,凄凄惨惨戚戚"的意境,表达了作者在孤独生活中的深深哀愁。她的词具有女性独有的细腻、真挚的特点,成为婉约派的代表。

李清照是南、北宋之交的词作大家,其词的内容虽然没有摆脱爱情与离愁别恨的传统范围,但在南渡后,她的词更多地表现出对国家、人民和个人的深沉伤感。她的词对女性内心世界的严肃而深刻的描绘,于委婉细腻中一洗以往词作妩媚不实的气氛,给词坛带来清高的意趣、淡远的情怀、空灵的意境,使她最终成为宋代词坛的杰出女作家。

新文化运动的先驱鲁迅

中国现代文学的开端,是与现代中国的伟大思想家、文学家、革命家鲁迅(1881～1936)的名字联系在一起的。当提倡科学与民主、反帝反封建新文化运动刚揭开序幕,鲁迅就用犀利的杂文和新颖的小说为它呐喊奔走,成为新文化运动的先驱和旗手。

1918年5月,鲁迅在《新青年》杂志上发表了《狂人日记》。这是中国文学史上第一篇用现代体式创作的白话短篇小说。小说借一个精神病患者的口,批判了整个封建社会,发出封建礼教吃人的呼喊。随后,鲁迅写了一系列小说,结集为《呐喊》、《彷徨》,广泛而深刻地反映了劳动群众的悲惨生活和知识分子的不幸遭遇,控诉封建思想和黑暗社会对他们的毒害和压迫。其中最为杰出的,是世界名著《阿Q正传》。

阿Q是一个农村流浪者,他没有家,没有固定的职业,靠打零工度日。他甚至没有姓,有一次自称与赵太爷是本家,竟被打了几个嘴巴。还被剥掉最后一件布衫,用作地主家小孩的尿布。阿Q到外受压迫、受侮辱,但他却用"精神胜利法"来为自己的奴隶地位和屈辱处境辩护,"苦中求乐"。他非常贫穷,身无分文,却自欺欺人地想:"我们先前——比你阔得多啦!你算是什么东西!"刚刚挨了假洋鬼子的哭丧棒,啪啪响过之后,他就忘却了刚才的一切。他受了委屈,被迫打自己,转而又很得意,觉得自己是世界上第一自轻自贱的人,除了自轻自贱,第一个不就是状元吗?他被人打了,说一说"儿子打老子"就心满意足地得胜了。阿Q就用这种精神胜利法来反败为胜,反辱为荣。鲁迅通过阿Q这个人物,提出中国必须进行一场思想启蒙运动,提高人民群众的思想觉悟,铲除封建思想的流毒,才能使中国革命最后取得胜利。

鲁迅还写下几百万字的杂文,抨击反动势力,揭露黑暗现实,支持进步学生的爱国行动,反击封建守旧派对新文化运动的诋毁。《故事新编》和《朝花夕拾》这两本集子也是现代文学的珍品,前者根据历史、神话题材重新创作,后者根据自己亲身经历依实抒写。

博学多才的郭沫若

1919年秋天,在日本福冈博多湾的海岸上,一位年轻英俊的中国留学生久久遥望着茫茫大海的西边。他心潮起伏,情不自禁地念诵起从心底喷涌而出的诗句。这位留学生就是后来成为著名诗人、学者、社会活动家的郭沫若(1892～1978)。

这一年,在国内爆发了五四爱国运动,开展了反帝反封建的新文化运动,开展了反帝反封建的新文化运动。思想解放的呐喊和爱国的热潮像太平洋的波涛从中国传到日本,郭沫若与许多中国留学生一样,心情十分激动。他仿佛看到北京街头青年学生和工人们手持小旗、高擎火把涌向天安门前去游行、演说的情景,顿时像一团烈火在冲烧着胸口,像地下的岩浆在奔突。终于,他找到了火山的突破口,他用诗歌来表达长期沉积在心中的热情,挥笔写下一首首大气磅礴的诗歌,像《立在地球边上放号》、《晨安》、《凤凰涅槃》、《天狗》、《心灯》、《炉中煤》。

1921年,郭沫若还与郁达夫、成仿吾、张资平等发起组织著名的机关报文学团体创造社,提倡并创作浪漫主义的文学作品,并出版第一部诗集《女神》。1926年,郭沫若投笔从军,参加了北伐战争和南昌起义。不久又去日本生活了十年。在日本的十年间,他主要从事中国古代历史的研究和古文字研究,写了许多学术著作。抗日战争爆发后,郭沫若立即回国参加抗日救亡活动,创作了《屈原》等历史剧,通过文学作品宣传爱国主义,怒斥破坏抗战的投降派,以激励人民的抗日意志。

郭沫若是继鲁迅之后,中国新文化的一面光辉旗帜。中华人民共和国成立以后,他还为世界和平事业和中国的科学文化教育事业作出卓越的贡献。

文学巨匠茅盾

电影《子夜》是根据同名长篇小说改编的,小说作者是被称为长篇圣手的文学巨匠茅盾

（1896～1981）。1931 年,茅盾在上海一座旧式建筑的三层楼上,不顾严寒与酷暑,用了整整一年零两个月的时间才完成这部数十万字的巨著。

《子夜》比较全面地描写了二十世纪二三十年代中国社会从农村到城市的状况,揭露了旧上海光怪陆离的现象,反映了买办资产阶级和民族资产阶级的明争暗斗,工人群众和资本家的对立矛盾,农民的破产和暴动,中小城镇商业的凋零,市民阶层的破产,知识分子的苦闷。除了《子夜》,茅盾还写了许多出色的长篇。如写于 1929 年的《虹》,通过时代女性——梅行素在“五四”到“五卅”的时代大波澜中的种种挣扎、反抗,写出了中国知识青年从个人主义到集体主义的苦难历程。之后一年写成的三部曲《蚀》,通过几个青年知识分子的生活道和心灵变化来反映大革命时期的中国社会。抗日战争期间和以后的岁月里,茅盾又写下《第一阶段的故事》《锻炼》《腐蚀》等长篇小说和剧本《清明前后》。农村三部曲《春蚕》《秋收》《寒冬》和《林家铺子》虽然篇幅不长,却有着巨大的思想深度和广阔的历史内容。

如果把茅盾的作品排列起来看,五四运动以后近半个世纪的中国社会风貌及其变化,各个阶层人们的生活状况,都得到充分的艺术反映。茅盾为我们提供了一部从五四运动到解放战争前夕的中国社会的艺术化的编年史。

茅盾不只有着杰出的创作成就,而且对文艺理论和文艺批评也作出了贡献。他是进步文学团体“文学研究会”的发起者,积极倡导“为人生的文学”,反对封建复古派“文以载道”的文学观与鸳鸯蝴蝶派“游戏人生”的文学观,强调文艺推动社会改革的思想启蒙作用,主张文艺应该真实反映社会生活。茅盾还主持《小说月报》的编辑工作,培养了一大批文学新人。

塑造市民群像的老舍

出生于贫民家庭的老舍(1899～1966),根据自己熟悉的生活,创造了一个市民世界,他在《赵子曰》《骆驼祥子》《四世同堂》《月牙儿》等作品里,塑造了各种各样的市民形象。

老马先生、牛老者、祁老人属于老派市民。他们不敢破坏封建秩序,知足本分,千方百计想保住小康生活,不敢穿式样新颖的衣裳和用时新的烟斗、手杖。即使受欺侮,也觉得骂一句人有负于礼教。像《四世同堂》里的祁老人,处处回避政治与一切纷争,甚至当日本人来到北京时,也以为只有关上院门就太平无事。在亡国奴的生活下,还想着做生日,认为不管天下怎么乱,也不能忘了礼节。他奉行着“和气生财”的人生哲学,向来抄家的便衣微笑鞠躬,恭恭敬敬地领受训示。他同情领导的遭遇,却不敢去看望这个受难老朋友。

新派市民有张天真、小赵等人。他们爱好虚荣,自私自利,假装有理想,爱好活动,穿着运动衣睡觉,拿着冰鞋上市场,每天看三份报纸却不关心国家大事,专记影院剧场的广告,显得矫揉造作,表里不一。

由祥子、老马、小崔等人组成的城市贫民形象,突出地体现了老舍对下层劳动人民的同情和对旧社会的批判。祥子是一个正直的劳动者,幻想着依靠自己诚实的劳动换取安稳生活,他的理想就是买一辆人力车,凭力气拉车去挣钱,不再受车主的欺侮。但第一辆车被北洋军阀的逃兵抢走,准备买第二辆车的钱又被国民党特务勒索去。一次又一次的打击,使祥子这个像骆驼一样善良勤劳的人,终于走向悲剧的深渊。

理想市民形象有赵四、李景纯这些侠客兼实干家人物。他们为善良的平民百姓锄奸惩恶，伸张正义。也有像天佑太太、韵梅这两家庭妇女，她们平时只为老人孩子、油盐酱醋操心，一旦民族危难降临，就挺身而出，奋不顾身。像诗人钱默吟，坚持杀身成仁的民族骨气和操守，不向侵略者低头。

老舍的作品充满幽默和讽刺，以嘲笑来代替愤怒，表示自己对现时的不满。大量运用北京市民俗白浅显的口语，好像老北京人在侃侃而谈，使人觉得生动而有趣味。

热情如火的巴金

巴金是一位热情如火的作家，他与他小说中的人物生活在一起，仿佛跟着书中不幸的人们一同受苦，一同在魔爪下苦苦挣扎。他陪着那些可爱的年轻生命欢笑，也陪着他们哀哭，他在作品的人物身上倾注了自己的爱和恨、泪与血。巴金要用自己的热情烧毁一切罪恶和不合理的生活，渴望人们过上新的生活。

巴金出生在四川省成都市一个封建官僚地主的大家庭里。他从小就亲眼看到封建家庭腐败和封建制度的罪恶。当他受科学与民主、反帝反封建的新思潮影响，就用小说作为武器，向不合理的社会宣战。《灭亡》和《新生》是巴金最早发表的两部作品，写了一群青年为反抗军阀专制统治，进行了种种革命活动，赞美了为正义不惜牺牲的英雄。

为巴金赢得世界声誉的作品是长篇小说《家》、《春》、《秋》，合称为《激流三部曲》，有人认为这是一部现代的《红楼梦》。因为小说通过一个封建家庭的四分五裂，最终衰落，说明了历史的真理：罪恶的封建制度必然崩溃，民主革命必将到来。像觉慧这个高家少爷，由于民主思潮的影响，痛苦地感到："家"是一个"狭小的笼"，"是埋葬青年人青春和幸福的坟墓"。他下决心不去做高老太爷们所期望的绅士，也不愿学忍气吞声的大哥，他要做自己的主人。他敢于对抗高太爷的旨意，积极参加进步的社会活动，编刊物，写文章，抨击封建等级制度和旧礼教。最终走出封建家庭，勇敢地奔赴光明的道路。《激流三部曲》写了近百个人物，其中有封建家长制的代表高老太爷，有不敢冒犯尊长、懦弱而善良的觉新，有敢于以死向封建专制抗议的丫头鸣凤，有温顺驯良默默忍受痛苦的梅芬，有善良厚道的瑞珏，有荒淫秽无耻的冯乐山。

《第四病室》、《寒夜》、《憩园》也是很有艺术感染力的作品，写了小人物的悲惨命运，揭露了当时黑暗的社会现实，为那些在苦难中挣扎的小人物喊出惨痛的呼声。

第十单元　中国古典诗词名篇选读

单元训练重点

　　本单元选录作品可供同学们欣赏背诵,以提高人文素质。学习时要结合文学史相关知识(第六单元)来阅读理解。选录时注意了作品的通俗、著名和简短,便于同学们学习理解。

【汉乐府二首】

【长歌行】

　　青青园中葵,朝露待日晞。阳春布德泽,万物生光辉。
　　常恐秋节至,焜黄华叶衰。百川东到海,何时复西归。
　　少壮不努力,老大徒伤悲。

【上邪】

　　上邪! 我欲与君相知,长命无绝衰。
　　山无棱,江水为竭,冬雷震震,夏雨雪,天地合,乃敢与君绝。

【观沧海】　(魏)曹操

　　东临碣石,以观沧海。水何澹澹,山岛竦峙。树木丛生,百草丰茂。
　　秋风萧瑟,洪波涌起。日月之行,若出其中。星汉灿烂,若出其里。
　　幸甚至哉,歌以咏志。

【龟虽寿】　(魏)曹操

　　神龟虽寿,犹有竟时。腾蛇乘雾,终为土灰。老骥伏枥,志在千里。
　　烈士暮年,壮心不已。盈缩之期,不但在天。养怡之福,可得永年。
　　幸甚至哉,歌以咏志。

【归园田居】　(晋)陶渊明

　　种豆南山下,草盛豆苗稀。晨兴理荒秽,戴月荷锄归。
　　道狭草木长,夕露沾我衣。衣沾不足惜,但使愿无违。

【饮酒】　(晋)陶渊明

　　结庐在人境,而无车马喧。问君何能尔,心远地自偏。
　　采菊东篱下,悠然见南山。山气日夕佳,飞鸟相与还。
　　此中有真意,欲辨已忘言。

【敕勒歌】　北朝民歌

　　敕勒川,阴山下。天似穹庐,笼盖四野。天苍苍,野茫茫,风吹草低见牛羊。

【大林寺桃花】 （唐）白居易

人间四月芳菲尽，山寺桃花始盛开。长恨春归无觅处，不知转入此中来。

【赋得古原草送别】 （唐）白居易

离离原上草，一岁一枯荣。野火烧不尽，春风吹又生。

远芳侵古道，晴翠接荒城。又送王孙去，萋萋满别情。

【钱塘湖春行】 （唐）白居易

孤山寺北贾亭西，水面初平云脚低。几处早莺争暖树，谁家新燕啄春泥。

乱花渐欲迷人眼，浅草才能没马蹄。最爱湖东行不足，绿杨阴里白沙堤。

【琵琶行并序】 （唐）白居易

元和十年，予左迁九江郡司马。明年秋，送客湓浦口，闻舟中夜弹琵琶者。听其音，铮铮然有京师声。问其人，本长安倡女，尝学琵琶于穆、曹二善才。年长色衰，委身为贾人妇。遂命酒，使快弹数曲。曲罢，悯然。自叙少小时欢乐事，今漂沦憔悴，转徙于江湖间。予出官二年，恬然自安；感斯人言，是夕始觉有迁谪意。因为长句，歌以赠之，凡六百一十二言，命曰《琵琶行》。

浔阳江头夜送客，枫叶荻花秋瑟瑟。主人下马客在船，举酒欲饮无管弦。

醉不成欢惨将别，别时茫茫江浸月。忽闻水上琵琶声，主人忘归客不发。

寻声暗问弹者谁，琵琶声停欲语迟。移船相近邀相见，添酒回灯重开宴。

千呼万唤始出来，犹抱琵琶半遮面。转轴拨弦三两声，未成曲调先有情。

弦弦掩抑声声思，似诉平生不得志。低眉信手续续弹，说尽心中无限事。

轻拢慢捻抹复挑，初为霓裳后六幺。大弦嘈嘈如急雨，小弦切切如私语。

嘈嘈切切错杂弹，大珠小珠落玉盘。间关莺语花底滑，幽咽泉流水下难。

水泉冷涩弦疑绝，凝绝不通声暂歇。别有幽愁暗恨生，此时无声胜有声。

银瓶乍破水浆迸，铁骑突出刀枪鸣。曲终收拨当心画，四弦一声如裂帛。

东船西舫悄无言，唯见江心秋月白。沉吟放拨插弦中，整顿衣裳起敛容。

自言本是京城女，家在虾蟆陵下住。十三学得琵琶成，名属教坊第一部。

曲罢曾教善才服，妆成每被秋娘妒。五陵年少争缠头，一曲红绡不知数。

钿头云篦击节碎，血色罗裙翻酒污。今年欢笑复明年，秋月春风等闲度。

弟走从军阿姨死，暮去朝来颜色故。门前冷落鞍马稀，老大嫁作商人妇。

商人重利轻别离，前月浮梁买茶去。去来江口守空船，绕船明月江水寒。

夜深忽梦少年事，梦啼妆泪红阑干。我闻琵琶已叹息，又闻此语重唧唧。

同是天涯沦落人，相逢何必曾相识。我从去年辞帝京，谪居卧病浔阳城。

浔阳地僻无音乐，终岁不闻丝竹声。住近湓江地低湿，黄芦苦竹绕宅生。

其间旦暮闻何物？杜鹃啼血猿哀鸣。春江花朝秋月夜，往往取酒还独倾。

岂无山歌与村笛，呕哑嘲哳难为听。今夜闻君琵琶语，如听仙乐耳暂明。

莫辞更坐弹一曲，为君翻作琵琶行。感我此言良久立，却坐促弦弦转急。

凄凄不似向前声，满座重闻皆掩泣。座中泣下谁最多？江州司马青衫湿。

【忆江南】 （唐）白居易

江南好，风景旧曾谙。日出江花红胜火，春来江水绿如蓝。能不忆江南？

【己亥岁】 （唐）曹松

泽国江山入战图，生民何计乐樵苏。凭君莫话封侯事，一将功成万骨枯。

【白雪歌送武判官归京】 (唐)岑参

北风卷地白草折,胡天八月即飞雪。忽如一夜春风来,千树万树梨花开。
散入珠帘湿罗幕,狐裘不暖锦衾薄。将军角弓不得控,都护铁衣冷犹著。
瀚海阑干百丈冰,愁云惨淡万里凝。中军置酒饮归客,胡琴琵琶与羌笛。
纷纷暮雪下辕门,风掣红旗冻不翻。轮台东门送君去,去时雪满天山路。
山回路转不见君,雪上空留马行处。

【逢入京使】 (唐)岑参

故园东望路漫漫,双袖龙钟泪不干。马上相逢无纸笔,凭君传语报平安。

【碛中作】 (唐)岑参

走马西来欲到天,辞家见月两回圆。今夜未知何处宿,平沙万里绝人烟。

【山房春事】 (唐)岑参

梁园日暮乱飞鸦,极目萧条三两家。庭树不知人去尽,春来还发旧时花。

【登幽州台歌】 (唐)陈子昂

前不见古人,后不见来者。念天地之悠悠,独怆然而涕下。

【黄鹤楼】 (唐)崔颢

昔人已乘黄鹤去,此地空余黄鹤楼。黄鹤一去不复返,白云千载空悠悠。
晴川历历汉阳树,芳草萋萋鹦鹉洲。日暮乡关何处是,烟波江上使人愁。

【题都城南庄】 (唐)崔护

去年今日此门中,人面桃花相映红。人面不知何处去,桃花依旧笑春风。

【赠婢】 (唐)崔郊

公子王孙逐后尘,绿珠垂泪滴罗巾。侯门一入深如海,从此萧郎是路人。

【前出塞】 (唐)杜甫

挽弓当挽强,用箭当用长。射人先射马,擒贼先擒王。
杀人亦有限,列国自有疆。苟能制侵陵,岂在多杀伤。

【春望】 (唐)杜甫

国破山河在,城春草木深。感时花溅泪,恨别鸟惊心。
烽火连三月,家书抵万金。白头搔更短,浑欲不胜簪。

【春夜喜雨】 (唐)杜甫

好雨知时节,当春乃发生。随风潜入夜,润物细无声。
野径云俱黑,江船火独明。晓看红湿处,花重锦官城。

【绝句】 (唐)杜甫

两个黄鹂鸣翠柳,一行白鹭上青天。
窗含西岭千秋雪,门泊东吴万里船。

【蜀相】 (唐)杜甫

丞相祠堂何处寻,锦官城外柏森森。映阶碧草自春色,隔叶黄鹂空好音。
三顾频烦天下计,两朝开济老臣心。出师未捷身先死,长使英雄泪满襟。

【望岳】 (唐)杜甫

岱宗夫如何,齐鲁青未了。造化钟神秀,阴阳割昏晓。
荡胸生层云,决眦入归鸟。会当凌绝顶,一览众山小。

【闻官军收河南河北】 (唐)杜甫

剑外忽传收蓟北,初闻涕泪满衣裳。却看妻子愁何在,漫卷诗书喜欲狂。

白日放歌须纵酒,青春作伴好还乡。即从巴峡穿巫峡,便下襄阳向洛阳。

【赠花卿】 (唐)杜甫

锦城丝管日纷纷,半入江风半入云。

此曲只应天上有,人间能得几回闻。

【茅屋为秋风所破歌】 (唐)杜甫

八月秋高风怒号,卷我屋上三重茅。茅飞渡江洒江郊,高者挂罥长林梢,下者飘转沉塘坳。南村群童欺我老无力,忍能对面为盗贼。公然抱茅入竹去,唇焦口燥呼不得,归来倚杖自叹息。俄顷风定云墨色,秋天漠漠向昏黑。布衾多年冷似铁,娇儿恶卧踏里裂。床头屋漏无干处,雨脚如麻未断绝。自经丧乱少睡眠,长夜沾湿何由彻!安得广厦千万间,大庇天下寒士俱欢颜!风雨不动安如山。呜呼!何时眼前突兀见此屋,吾庐独破受冻死亦足。

【泊秦淮】 (唐)杜牧

烟笼寒水月笼沙,夜泊秦淮近酒家。商女不知亡国恨,隔江犹唱后庭花。

【赤壁】 (唐)杜牧

折戟沉沙铁未销,自将磨洗认前朝。东风不与周郎便,铜雀春深锁二乔。

【过华清宫】 (唐)杜牧

长安回望绣成堆,山顶千门次第开。一骑红尘妃子笑,无人知是荔枝来。

【清明】 (唐)杜牧

清明时节雨纷纷,路上行人欲断魂。借问酒家何处有,牧童遥指杏花村。

【山行】 (唐)杜牧

远上寒山石径斜,白云生处有人家。停车坐爱枫林晚,霜叶红于二月花。

【谒金门】 (五代)冯延巳

风乍起,吹皱一池春水。闲引鸳鸯香径里,手挼红杏蕊。

斗鸭阑干独倚,碧玉搔头斜坠。终日望君君不至,举头闻鹊喜。

【别董大】 (唐)高适

千里黄云白日曛,北风吹雁雪纷纷。莫愁前路无知己,天下谁人不识君?

【小儿垂钓】 (唐)胡令能

蓬头稚子学垂纶,侧坐莓苔草映身。路人借问遥招手,怕得鱼惊不应人。

【早春呈水部张十八员外】 (唐)韩愈

天街小雨润如酥,草色遥看近却无。最是一年春好处,绝胜烟柳满皇都。

【回乡偶书】 (唐)贺知章

少小离家老大回,乡音无改鬓毛衰。儿童相见不相识,笑问客从何处来。

【咏柳】 (唐)贺知章

碧玉妆成一树高,万条垂下绿丝绦。不知细叶谁裁出,二月春风似剪刀。

【题菊花】 (唐)黄巢

飒飒西风满院栽,蕊寒香冷蝶难来。他年我若为青帝,报与桃花一处开。

【渡桑乾】 (唐)贾岛

客舍并州已十霜,归心日夜忆咸阳。无端更渡桑乾水,却望并州是故乡。

【题李凝幽居】（唐）贾岛

闲居少邻并，草径入荒园。鸟宿池边树，僧敲月下门。

过桥分野色，移石动云根。暂去还来此，幽期不负言。

【寻隐者不遇】（唐）贾岛

松下问童子，言师采药去。只在此山中，云深不知处。

【夜宿山寺】（唐）李白

危楼高百尺，手可摘星辰。不敢高声语，恐惊天上人。

【春夜洛城闻笛】（唐）李白

谁家玉笛暗飞声？散入春风满洛城。此夜曲中闻折柳，何人不起故园情！

【闻王昌龄左迁龙标遥有此寄】（唐）李白

杨花落尽子规啼，闻道龙标过五溪。我寄愁心与明月，随君直到夜郎西。

【渡荆门送别】（唐）李白

渡远荆门外，来从楚国游。山随平野尽，江入大荒流。

月下飞天镜，云生结海楼。仍怜故乡水，万里送行舟。

【独坐敬亭山】（唐）李白

众鸟高飞尽，孤云独去闲。相看两不厌，只有敬亭山。

【赠汪伦】（唐）李白

李白乘舟将欲行，忽闻岸上踏歌声。桃花潭水深千尺，不及汪伦送我情。

【静夜思】（唐）李白

床前明月光，疑是地上霜。举头望明月，低头思故乡。

【菩萨蛮】（唐）李白

平林漠漠烟如织，寒山一带伤心碧。暝色入高楼，有人楼上愁。

玉阶空伫立，宿鸟归飞急。何处是归程，长亭更短亭。

【望庐山瀑布】（唐）李白

日照香炉生紫烟，遥看瀑布挂前川。飞流直下三千尺，疑是银河落九天。

【行路难】（唐）李白

金樽清酒斗十千，玉盘珍馐直万钱。停杯投箸不能食，拔剑四顾心茫然。

欲渡黄河冰塞川，将登太行雪满山。闲来垂钓碧溪上，忽复乘舟梦日边。

行路难，行路难，多歧路，今安在？长风破浪会有时，直挂云帆济沧海。

【宣州谢脁楼饯别校书叔云】（唐）李白

弃我去者，昨日之日不可留。乱我心者，今日之日多烦忧。

长风万里送秋雁，对此可以酣高楼。蓬莱文章建安骨，中间小谢又清发。

俱怀逸兴壮思飞，欲上青天揽明月。抽刀断水水更流，举杯销愁愁更愁。

人生在世不称意，明朝散发弄扁舟。

【月下独酌】（唐）李白

花间一壶酒，独酌无相亲。举杯邀明月，对影成三人。

月既不解饮，影徒随我身。暂伴月将影，行乐须及春。

我歌月徘徊，我舞影零乱。醒时同交欢，醉后各分散。

永结无情游，相期邈云汉。

【早发白帝城】 (唐)李白

　　朝辞白帝彩云间,千里江陵一日还。两岸猿声啼不住,轻舟已过万重山。

【黄鹤楼送孟浩然之广陵】 (唐)李白

　　故人西辞黄鹤楼,烟花三月下扬州。孤帆远影碧空尽,唯见长江天际流。

【悯农二首】 (唐)李绅

一

　　锄禾日当午,汗滴禾下土。谁知盘中餐,粒粒皆辛苦。

二

　　春种一粒粟,秋收万颗子。四海无闲田,农夫犹饿死。

【南园】 (唐)李贺

　　　　男儿何不带吴钩,收取关山五十州。

　　　　请君暂上凌烟阁,若个书生万户侯。

【雁门太守行】 (唐)李贺

　　黑云压城城欲摧,甲光向日金鳞开。角声满天秋色里,塞上燕脂凝夜紫。

　　半卷红旗临易水,霜重鼓寒声不起。报君黄金台上意,提携玉龙为君死。

【马诗】 (唐)李贺

　　大漠沙如雪,燕山月似钩。何当金络脑,快走踏清秋。

【登乐游原】 (唐)李商隐

　　向晚意不适,驱车登古原。夕阳无限好,只是近黄昏。

【贾生】 (唐)李商隐

　　　　宣室求贤访逐臣,贾生才调更无伦。

　　　　可怜夜半虚前席,不问苍生问鬼神。

【隋宫】 (唐)李商隐

　　紫泉宫殿锁烟霞,欲取芜城作帝家。玉玺不缘归日角,锦帆应是到天涯。

　　于今腐草无萤火,终古垂杨有暮鸦。地下若逢陈后主,岂宜重问后庭花。

【无题二首】 (唐)李商隐

一

　　相见时难别亦难,东风无力百花残。春蚕到死丝方尽,蜡炬成灰泪始干。

　　晓镜但愁云鬓改,夜吟应觉月光寒。蓬山此去无多路,青鸟殷勤为探看。

二

　　昨夜星辰昨夜风,画楼西畔桂堂东。身无彩凤双飞翼,心有灵犀一点通。

　　隔座送钩春酒暖,分曹射覆蜡灯红。嗟余听鼓应官去,走马兰台类转蓬。

【夜雨寄北】 (唐)李商隐

　　君问归期未有期,巴山夜雨涨秋池。何当共剪西窗烛,却话巴山夜雨时。

【夜上受降城闻笛】 (唐)李益

　　回乐峰前沙似雪,受降城外月如霜。不知何处吹芦管,一夜征人尽望乡。

【浪淘沙】 (五代)李煜

　　帘外雨潺潺,春意阑珊。罗衾不耐五更寒。梦里不知身是客,一晌贪欢。

　　独自莫凭栏,无限江山,别时容易见时难。流水落花春去也,天上人间。

【破阵子】　(五代)李煜

　　四十年来家国,三千里地山河。凤阁龙楼连霄汉,玉楼琼枝作烟萝,几曾识干戈?

　　一旦归为臣虏,沈腰潘鬓消磨。最是仓皇辞庙日,教坊犹奏别离歌,垂泪对宫娥。

【清平乐】　(五代)李煜

　　别来春半,触目柔肠断。砌下落梅如雪乱,拂了一身还满。

　　雁来音信无凭,路遥归梦难成。离恨恰如春草,更行更远还生。

【相见欢】　(五代)李煜

　　林花谢了春红,太匆匆,无奈朝来寒雨晚来风。

　　胭脂泪,相留醉,几时重,自是人生长恨水长东。

【相见欢】　(五代)李煜

　　无言独上西楼,月如钩,寂寞梧桐深院锁清秋。

　　剪不断,理还乱,是离愁,别是一般滋味在心头。

【虞美人】　(五代)李煜

　　春花秋月何时了,往事知多少。小楼昨夜又东风,故国不堪回首月明中。

　　雕栏玉砌应犹在,只是朱颜改。问君能有几多愁,恰似一江春水向东流。

【逢雪宿芙蓉山主人】　(唐)刘长卿

　　日暮苍山远,天寒白屋贫。柴门闻犬吠,风雪夜归人。

【酬乐天扬州初逢席上见赠】　(唐)刘禹锡

　　巴山楚水凄凉地,二十三年弃置身。怀旧空吟闻笛赋,到乡翻似烂柯人。

　　沉舟侧畔千帆过,病树前头万木春。今日听君歌一曲,暂凭杯酒长精神。

【浪淘沙】　(唐)刘禹锡

　　日照澄洲江雾开,淘金女伴满江隈。美人首饰侯王印,尽是沙中浪底来。

【秋词】　(唐)刘禹锡

　　自古逢秋悲寂寥,我言秋日胜春朝。晴空一鹤排云上,便引诗情到碧霄。

【石头城】　(唐)刘禹锡

　　山围故国周遭在,潮打空城寂寞回。淮水东边旧时月,夜深还过女墙来。

【乌衣巷】　(唐)刘禹锡

　　朱雀桥边野草花,乌衣巷口夕阳斜。旧时王谢堂前燕,飞入寻常百姓家。

【杨柳枝】　(唐)刘禹锡

　　塞北梅花羌笛吹,淮南桂树小山词。请君莫奏前朝曲,听唱新翻杨柳枝。

【元和十一年自朗州召至京戏赠看花诸君子】　(唐)刘禹锡

　　紫陌红尘拂面来,无人不道看花回。玄都观里桃千树,尽是刘郎去后栽。

【竹枝】　(唐)刘禹锡

　　杨柳青青江水平,闻郎江上唱歌声。东边日出西边雨,道是无晴却有晴。

【登柳州城楼寄漳汀封连四州刺史】　(唐)柳宗元

　　城上高楼接大荒,海天愁思正茫茫。惊风乱飐芙蓉水,密雨斜侵薜荔墙。

　　岭树重遮千里目,江流曲似九回肠。共来百粤文身地,犹自音书滞一乡。

【江雪】　(唐)柳宗元

　　千山鸟飞绝,万径人踪灭。孤舟蓑笠翁,独钓寒江雪。

【塞下曲】（唐）卢纶

一

林暗草惊风，将军夜引弓。平明寻白羽，没在石棱中。

二

月黑雁飞高，单于夜遁逃。欲将轻骑逐，大雪满弓刀。

【于易水送人】（唐）骆宾王

此地别燕丹，壮士发冲冠。昔时人已没，今日水犹寒。

【春晓】（唐）孟浩然

春眠不觉晓，处处闻啼鸟。夜来风雨声，花落知多少。

【过故人庄】（唐）孟浩然

故人具鸡黍，邀我至田家。绿树村边合，青山郭外斜。

开轩面场圃，把酒话桑麻。待到重阳日，还来就菊花。

【临洞庭上张丞相】（唐）孟浩然

八月湖水平，涵虚混太清。气蒸云梦泽，波撼岳阳城。

欲济无舟楫，端居耻圣明。坐观垂钓者，徒有羡鱼情。

【留别王维】（唐）孟浩然

寂寂竟何待，朝朝空自归。欲寻芳草去，惜与故人违。

当路谁相假，知音世所稀。只应守寂寞，还掩故园扉。

【宿建德江】（唐）孟浩然

移舟泊烟渚，日暮客愁新。野旷天低树，江清月近人。

【登科后】（唐）孟郊

昔日龌龊不足夸，今朝放荡思无涯。

春风得意马蹄疾，一日看尽长安花。

【游子吟】（唐）孟郊

慈母手中线，游子身上衣。临行密密缝，意恐迟迟归。谁言寸草心，报得三春晖。

【咏田家】（唐）聂夷中

二月卖新丝，五月粜新谷。医得眼前疮，剜却心头肉。

我愿君王心，化作光明烛。不照绮罗筵，只照逃亡屋。

【渡江汉】（唐）宋之问

岭外音书绝，经冬复历春。近乡情更怯，不敢问来人。

【送杜少府之任蜀州】（唐）王勃

城阙辅三秦，风烟望五津。与君离别意，同是宦游人。

海内存知己，天涯若比邻。无为在歧路，儿女共沾巾。

【采莲曲】（唐）王昌龄

荷叶罗裙一色裁，芙蓉向脸两边开。乱入池中看不见，闻歌始觉有人来。

【出塞】（唐）王昌龄

秦时明月汉时关，万里长征人未还。但使龙城飞将在，不教胡马度阴山。

【从军行】（唐）王昌龄

大漠风尘日色昏，红旗半卷出辕门。前军夜战洮河北，已报生擒吐谷浑。

【从军行】 （唐）王昌龄

　　琵琶起舞换新声,总是关山旧别情。撩乱边愁听不尽,高高秋月照长城。

【从军行】 （唐）王昌龄

　　青海长云暗雪山,孤城遥望玉门关。黄沙百战穿金甲,不破楼兰终不还。

【芙蓉楼送辛渐】 （唐）王昌龄

　　寒雨连江夜入吴,平明送客楚山孤。洛阳亲友如相问,一片冰心在玉壶。

【闺怨】 （唐）王昌龄

　　闺中少妇不知愁,春日凝妆上翠楼。忽见陌头杨柳色,悔教夫婿觅封侯。

【凉州曲】 （唐）王翰

　　葡萄美酒夜光杯,欲饮琵琶马上催。醉卧沙场君莫笑,古来征战几人回。

【雨晴】 （唐）王驾

　　雨前初见花间蕊,雨后全无叶底花。蜂蝶纷纷过墙去,却疑春色在邻家。

【观猎】 （唐）王维

　　　　风劲角弓鸣,将军猎渭城。草枯鹰眼疾,雪尽马蹄轻。

　　　　忽过新丰市,还归细柳营。回看射雕处,千里暮云平。

【九月九日忆山东兄弟】 （唐）王维

　　独在异乡为异客,每逢佳节倍思亲。遥知兄弟登高处,遍插茱萸少一人。

【鸟鸣涧】 （唐）王维

　　人闲桂花落,夜静春山空。月出惊山鸟,时鸣春涧中。

【山居秋暝】 （唐）王维

　　　　空山新雨后,天气晚来秋。明月松间照,清泉石上流。

　　　　竹喧归浣女,莲动下渔舟。随意春芳歇,王孙自可留。

【使至塞上】 （唐）王维

　　　　单车欲问边,属国过居延。征蓬出汉塞,归雁入胡天。

　　　　大漠孤烟直,长河落日圆。萧关逢候骑,都护在燕然。

【送元二使安西】 （唐）王维

　　渭城朝雨浥轻尘,客舍青青柳色新。劝君更尽一杯酒,西出阳关无故人。

【相思】 （唐）王维

　　红豆生南国,春来发几枝。愿君多采撷,此物最相思。

【杂诗】 （唐）王维

　　君自故乡来,应知故乡事。来日绮窗前,寒梅着花未。

【鹿柴】 （唐）王维

　　空山不见人,但闻人语响。返景入深林,复照青苔上。

【登鹳雀楼】 （唐）王之涣

　　白日依山尽,黄河入海流。欲穷千里目,更上一层楼。

【凉州词】 （唐）王之涣

　　黄河远上白云间,一片孤城万仞山。羌笛何须怨杨柳,春风不度玉门关。

【滁州西涧】 （唐）韦应物

　　独怜幽草涧边生,上有黄鹂深树鸣。春潮带雨晚来急,野渡无人舟自横。

【寄李儋元锡】 (唐)韦应物

去年花里逢君别,今日花开又一年。世事茫茫难自料,春愁黯黯独成眠。

身多疾病思田里,邑有流亡愧俸钱。闻道欲来相问讯,西楼望月几回圆。

【菩萨蛮】 (唐)韦庄

人人尽说江南好,游人只合江南老。春水碧如天,画船听雨眠。

垆边人似月,皓腕凝双雪。未老莫还乡,还乡须断肠。

【梦江南】 (五代)温庭筠

梳洗罢,独倚望江楼。过尽千帆皆不是,斜晖脉脉水悠悠。肠断白蘋洲。

【塞下曲】 (唐)许浑

夜战桑乾北,秦兵半不归。朝来有乡信,犹自寄寒衣。

【七绝】 (唐)颜真卿

三更灯火五更鸡,正是男儿立志时。黑发不知勤学早,白首方悔读书迟。

【从军行】 (唐)杨炯

烽火照西京,心中自不平。牙璋辞凤阙,铁骑绕龙城。

雪暗凋旗画,风多杂鼓声。宁为百夫长,胜作一书生。

【离思其四】 (唐)元稹

曾经沧海难为水,除却巫山不是云。取次花丛懒回顾,半缘修道半缘君。

【枫桥夜泊】 (唐)张继

月落乌啼霜满天,江枫渔火对愁眠。姑苏城外寒山寺,夜半钟声到客船。

【春江花月夜】 (唐)张若虚

春江潮水连海平,海上明月共潮生。滟滟随波千万里,何处春江无月明!

江流宛转绕芳甸,月照花林皆似霰。空里流霜不觉飞,汀上白沙看不见。

江天一色无纤尘,皎皎空中孤月轮。江畔何人初见月?江月何年初照人?

人生代代无穷已,江月年年只相似。不知江月待何人,但见长江送流水。

白云一片去悠悠,青枫浦上不胜愁。谁家今夜扁舟子?何处相思明月楼?

可怜楼上月徘徊,应照离人妆镜台。玉户帘中卷不去,捣衣砧上拂还来。

此时相望不相闻,愿逐月华流照君。鸿雁长飞光不度,鱼龙潜跃水成文。

昨夜闲潭梦落花,可怜春半不还家。江水流春去欲尽,江潭落月复西斜。

斜月沉沉藏海雾,碣石潇湘无限路。不知乘月几人归,落花摇情满江树。

【近试上张水部】 (唐)朱庆余

洞房昨夜停红烛,待晓堂前拜舅姑。妆罢低声问夫婿,画眉深浅入时无。

【淮上与友人别】 (唐)郑谷

扬子江头杨柳春,杨花愁杀渡江人。数声风笛离亭晚,君向潇湘我向秦。

【苏幕遮】 (北宋)范仲淹

碧云天,黄叶地,秋色连波,波上寒烟翠。山映斜阳天接水,芳草无情,更在斜阳外。

黯乡魂,追旅思,夜夜除非,好梦留人睡。明月楼高休独倚,酒入愁肠,化作相思泪。

【渔家傲】 (北宋)范仲淹

塞下秋来风景异,衡阳雁去无留意。四面边声连角起,千嶂里,长烟落日孤城闭。

浊酒一杯家万里,燕然未勒归无计,羌管悠悠霜满地。人不寐,将军白发征夫泪。

【江上渔者】 （北宋）范仲淹

　　江上往来人，但爱鲈鱼美。君看一叶舟，出没风波里。

【青玉案】 （北宋）贺铸

　　凌波不过横塘路。但目送、芳尘去。锦瑟华年谁与度？月桥花院，琐窗朱户。只有春知处。　　飞云冉冉蘅皋暮。彩笔新题断肠句。试问闲愁都几许？一川烟雨，满城风絮。梅子黄时雨。

【清平乐】 （北宋）黄庭坚

　　春归何处？寂寞无行路。若有人知春去处，唤取归来同住。

　　春无踪迹谁知？除非问取黄鹂。百啭无人能解，因风飞过蔷薇。

【点绛唇】 （北宋）李清照

　　蹴罢秋千，起来慵整纤纤手。露浓花瘦，薄汗轻衣透。

　　见客人来，袜刬金钗溜。和羞走，倚门回首，却把青梅嗅。

【乌江】 （北宋）李清照

　　生当作人杰，死亦为鬼雄。至今思项羽，不肯过江东。

【如梦令二首】 （北宋）李清照

一

　　常记溪亭日暮，沉醉不知归路。兴尽晚回舟，误入藕花深处。争渡，争渡，惊起一滩鸥鹭。

二

　　昨夜雨疏风骤。浓睡不消残酒。试问卷帘人，却道海棠依旧。知否。知否？应是绿肥红瘦。

【声声慢】 （北宋）李清照

　　寻寻觅觅，冷冷清清，凄凄惨惨戚戚。乍暖还寒时候，最难将息。三杯两盏淡酒，怎敌他、晚来风急。雁过也，正伤心，却是旧时相识。

　　满地黄花堆积，憔悴损，如今有谁堪摘。守着窗儿，独自怎生得黑。梧桐更兼细雨，到黄昏、点点滴滴。这次第，怎一个、愁字了得。

【武陵春】 （北宋）李清照

　　风住尘香花已尽，日晚倦梳头。物是人非事事休。欲语泪先流。

　　闻说双溪春尚好，也拟泛轻舟。只恐双溪舴艋舟。载不动、许多愁。

【醉花阴】 （北宋）李清照

　　薄雾浓云愁永昼。瑞脑消金兽。佳节又重阳，玉枕纱厨，半夜凉初透。

　　东篱把酒黄昏后，有暗香盈袖。莫道不消魂，帘卷西风，人比黄花瘦。

【蝶恋花】 （北宋）柳永

　　伫倚危楼风细细，望极春愁，黯黯生天际。草色烟光残照里，无言谁会凭阑意？

　　拟把疏狂图一醉，对酒当歌，强乐还无味。衣带渐宽终不悔，为伊消得人憔悴。

【雪梅】 （北宋）卢梅坡

　　梅雪争春未肯降，骚人阁笔费评章。梅须逊雪三分白，雪却输梅一段香。

【蝶恋花】 （北宋）欧阳修

　　庭院深深深几许，杨柳堆烟，帘幕无重数。玉勒雕鞍游冶处，楼高不见章台路。

雨横风狂三月暮,门掩黄昏,无计留春住。泪眼问花花不语,乱红飞过秋千去。

【鹊桥仙】 (北宋)秦观

纤云弄巧,飞星传恨,银汉迢迢暗度。金风玉露一相逢,便胜却、人间无数。

柔情似水,佳期如梦,忍顾鹊桥归路。两情若是久长时,又岂在、朝朝暮暮。

【踏莎行】 (北宋)秦观

雾失楼台,月迷津渡。桃源望断无寻处。可堪孤馆闭春寒,杜鹃声里斜阳暮。

驿寄梅花,鱼传尺素。砌成此恨无重数。郴江幸自绕郴山,为谁流下潇湘去。

【玉楼春】 (北宋)宋祁

东城渐觉风光好。縠皱波纹迎客棹。绿杨烟外晓寒轻,红杏枝头春意闹。

浮生长恨欢娱少。肯爱千金轻一笑。为君持酒劝斜阳,且向花间留晚照。

【春宵】 (北宋)苏轼

春宵一刻值千金,花有清香月有阴。歌管楼台声细细,秋千院落夜沉沉。

【蝶恋花·春景】 (北宋)苏轼

花褪残红青杏小,燕子飞时,绿水人家绕。枝上柳绵吹又少,天涯何处无芳草。

墙里秋千墙外道,墙外行人,墙里佳人笑。笑渐不闻声渐悄,多情却被无情恼。

【惠崇春江晚景】 (北宋)苏轼

竹外桃花三两枝,春江水暖鸭先知。蒌蒿满地芦芽短,正是河豚欲上时。

【江城子·密州出猎】 (北宋)苏轼

老夫聊发少年狂,左牵黄,右擎苍,锦帽貂裘,千骑卷平冈。为报倾城随太守,亲射虎,看孙郎。　酒酣胸胆尚开张,鬓微霜,又何妨。持节云中,何日遣冯唐。会挽雕弓如满月,西北望,射天狼。

【江城子·乙卯正月二十日夜记梦】 (北宋)苏轼

十年生死两茫茫,不思量,自难忘。千里孤坟,无处话凄凉。纵使相逢应不识,尘满面,鬓如霜。　夜来幽梦忽还乡。小轩窗,正梳妆。相顾无言,惟有泪千行。料得年年断肠处,明月夜,短松冈。

【水调歌头】 (北宋)苏轼

明月几时有?把酒问青天。不知天上宫阙,今夕是何年?我欲乘风归去,又恐琼楼玉宇,高处不胜寒。起舞弄清影,何似在人间?　转朱阁,低绮户,照无眠。不应有恨,何事长向别时圆?人有悲欢离合,月有阴晴圆缺,此事古难全。但愿人长久,千里共婵娟!

【题西林壁】 (北宋)苏轼

横看成岭侧成峰,远近高低各不同。不识庐山真面目,只缘身在此山中。

【饮湖上初晴后雨】 (北宋)苏轼

水光潋滟晴方好,山色空蒙雨亦奇。欲把西湖比西子,淡妆浓抹总相宜。

【泊船瓜洲】 (北宋)王安石

京口瓜洲一水间,钟山只隔数重山。春风又绿江南岸,明月何时照我还。

【登飞来峰】 (北宋)王安石

飞来峰上千寻塔,闻说鸡鸣见日升。不畏浮云遮望眼,自缘身在最高层。

【梅花】 (北宋)王安石

墙角数枝梅,凌寒独自开。遥知不是雪,为有暗香来。

【元日】　(北宋)王安石

　　爆竹声中一岁除,春风送暖入屠苏。千门万户曈曈日,总把新桃换旧符。

【书湖阴先生壁】　(北宋)王安石

　　茅檐长扫静无苔,花木成畦手自栽。一水护田将绿绕,两山排闼送青来。

【蝶恋花】　(北宋)晏殊

　　槛菊愁烟兰泣露。罗幕轻寒,燕子双飞去。明月不谙离恨苦。斜光到晓穿朱户。

　　昨夜西风凋碧树。独上高楼,望尽天涯路。欲寄彩笺兼尺素。山长水阔知何处。

【浣溪沙】　(北宋)晏殊

　　　　　　　一曲新词酒一杯。去年天气旧亭台。夕阳西下几时回?

　　　　　　　无可奈何花落去,似曾相识燕归来。小园香径独徘徊。

【蚕妇】　(北宋)张俞

　　昨日入城市,归来泪满巾。遍身罗绮者,不是养蚕人。

【题临安邸】　(南宋)林升

　　山外青山楼外楼,西湖歌舞几时休。暖风熏得游人醉,便把杭州作汴州。

【卜算子】　(南宋)陆游

　　驿外断桥边,寂寞开无主。已是黄昏独自愁,更著风和雨。

　　无意苦争春,一任群芳妒。零落成泥碾作尘,只有香如故。

【关山月】　(南宋)陆游

　　和戎诏下十无年,将军不战空临边。朱门沉沉按歌舞,厩马肥死弓断弦。

　　戍楼刁斗催落月,三十从军今白发。笛里谁知壮士心?沙头空照征人骨。

　　中原干戈古亦闻,岂有逆胡传子孙?遗民忍死望恢复,几处今宵垂泪痕!

【临安春雨初霁】　(南宋)陆游

　　世味年来薄似纱,谁令骑马客京华。小楼一夜听春雨,深巷明朝卖杏花。

　　矮纸斜行闲作草,晴窗细乳戏分茶。素衣莫起风尘叹,犹及清明可到家。

【钗头凤】　(南宋)陆游

　　红酥手。黄滕酒。满城春色宫墙柳。东风恶。欢情薄。一怀愁绪,几年离索。错错错。　春如旧。人空瘦。泪痕红浥鲛绡透。桃花落。闲池阁。山盟虽在,锦书难托。莫莫莫。

【沈园二首】　(南宋)陆游

(一)

　　城上斜阳画角哀,沈园非复旧池台。伤心桥下春波绿,曾是惊鸿照影来。

(二)

　　梦断香销四十年,沈园柳老不吹绵。此身行作稽山土,犹吊遗踪一泫然!

【十一月四日风雨大作】　(南宋)陆游

　　僵卧孤村不自哀,尚思为国戍轮台。夜阑卧听风吹雨,铁马冰河入梦来。

【示儿】　(南宋)陆游

　　死去元知万事空,但悲不见九州同。王师北定中原日,家祭无忘告乃翁。

【书愤】　(南宋)陆游

　　早岁那知世事艰,中原北望气如山。楼船夜雪瓜洲渡,铁马秋风大散关。

塞上长城空自许,镜中衰鬓已先斑。《出师》一表真名世,千载谁堪伯仲间。

【诉衷情】 (南宋)陆游

当年万里觅封侯,匹马戍梁州。关河梦断何处,尘暗旧貂裘。

胡未灭,鬓先秋,泪空流。此身谁料,心在天山,身老沧洲!

【游山西村】 (南宋)陆游

莫笑农家腊酒浑,丰年留客足鸡豚。山重水复疑无路,柳暗花明又一村。

箫鼓追随春社近,衣冠简朴古风存。从今若许闲乘月,拄杖无时夜叩门。

【七绝】 (南宋)陆游

古人学问无遗力,少壮工夫老始成。纸上得来终觉浅,绝知此事要躬行。

【秋夜将晓出篱门迎凉有感】 (南宋)陆游

三万里河东入海,五千仞岳上摩天。遗民泪尽胡尘里,南望王师又一年。

【过零丁洋】 (南宋)文天祥

辛苦遭逢起一经,干戈寥落四周星。山河破碎风抛絮,身世飘摇雨打萍。

惶恐滩头说惶恐,零丁洋里叹零丁。人生自古谁无死?留取丹心照汗青。

【金陵驿】 (南宋)文天祥

草合离宫较夕晖,孤云飘泊复何依。山河风景元无异,城郭人民半已非。

满地芦花和我老,旧家燕子傍谁飞?从今别却江南路,化作啼鹃带血归。

【破阵子·为陈同甫赋壮词以寄之】 (南宋)辛弃疾

醉里挑灯看剑,梦回吹角连营。八百里分麾下炙,五十弦翻塞外声。沙场秋点兵。

马作的卢飞快,弓如霹雳弦惊。了却君王天下事,赢得生前身后名。可怜白发生!

【青玉案·元夕】 (南宋)辛弃疾

东风夜放花千树。更吹落、星如雨。宝马雕车香满路。凤箫声动,玉壶光转,一夜鱼龙舞。 蛾儿雪柳黄金缕。笑语盈盈暗香去。众里寻他千百度。蓦然回首,那人却在,灯火阑珊处。

【永遇乐】 (南宋)辛弃疾

千古江山,英雄无觅,孙仲谋处。舞榭歌台,风流总被、雨打风吹去。斜阳草树,寻常巷陌,人道寄奴曾住。想当年,金戈铁马,气吞万里如虎。 元嘉草草,封狼居胥,赢得仓皇北顾。四十三年,望中犹记、烽火扬州路。可堪回首,佛狸祠下,一片神鸦社鼓。凭谁问,廉颇老矣,尚能饭否。

【清平乐·村居】 (南宋)辛弃疾

茅檐低小。溪上青青草。醉里吴音相媚好。白发谁家翁媪?

大儿锄豆溪东。中儿正织鸡笼。最喜小儿无赖,溪头卧剥莲蓬。

【西江月】 (南宋)辛弃疾

明月别枝惊鹊,清风半夜鸣蝉。稻花香里说丰年,听取蛙声一片。

七八个星天外,两三点雨山前。旧时茅店社林边,路转溪头忽见。

【游园不值】 (南宋)叶绍翁

应怜屐齿印苍苔,小扣柴扉久不开。春色满园关不住,一枝红杏出墙来。

【小池】 (南宋)杨万里

泉眼无声惜细流,树阴照水爱晴柔。

小荷才露尖尖角,早有蜻蜓立上头。

【宿新市徐公店】 (南宋)杨万里

篱落疏疏一径深,树头花落未成阴。儿童急走追黄蝶,飞入菜花无处寻。

【晓出净慈送林子方】 (南宋)杨万里

毕竟西湖六月中,风光不与四时同。接天莲叶无穷碧,映日荷花别样红。

【满江红】 (南宋)岳飞

怒发冲冠,凭栏处、潇潇雨歇。抬望眼、仰天长啸,壮怀激烈。三十功名尘与土,八千里路云和月。莫等闲、白了少年头,空悲切。　靖康耻,犹未雪。臣子恨,何时灭。驾长车踏破、贺兰山缺。壮志饥餐胡虏肉,笑谈渴饮匈奴血。待从头、收拾旧山河,朝天阙。

【三衢道中】 (南宋)曾幾

梅子黄时日日晴,小溪泛尽却山行。绿阴不减来时路,添得黄鹂四五声。

【春日】 (南宋)朱熹

胜日寻芳泗水滨,无边光景一时新。等闲识得春风面,万紫千红总是春。

【观书有感】 (南宋)朱熹

半亩方塘一鉴开,天光云影共徘徊。问渠那得清如许,为有源头活水来。

【七绝】 (南宋)朱熹

少年易老学难成,一寸光阴不可轻。未学池塘春草梦,阶前梧叶已秋声。

【天净沙·秋思】 (元)马致远

枯藤老树昏鸦,小桥流水人家,古道西风瘦马。夕阳西下,断肠人在天涯。

【山坡羊·潼关怀古】 (元)张养浩

峰峦如聚,波涛如怒,山河表里潼关路。望西都,意踟蹰。伤心秦汉经行处,宫阙万间都做了土。兴,百姓苦;亡,百姓苦!

【别云间】 (明)夏完淳

三年羁旅客,今日又南冠。无限河山泪,谁言天地宽!
已知泉路近,欲别故乡难。毅魄归来日,灵旗空际看。

【石灰吟】 (明)于谦

千锤万击出深山,烈火焚烧若等闲。粉身碎骨都不怕,要留清白在人间。

【己亥杂诗】 (清)龚自珍

(一)

浩荡离愁白日斜,吟鞭东指即天涯。落红不是无情物,化作春泥更护花。

(二)

九州生气恃风雷,万马齐喑究可哀。我劝天公重抖擞,不拘一格降人才。

【论诗】 (清)赵翼

李杜诗篇万口传,至今已觉不新鲜。江山代有才人出,各领风骚数百年。

【湖上杂诗】 (清)袁枚

葛岭花开二月天,游人来往说神仙。老夫心与游人异,不羡神仙羡少年。

【所见】 (清)袁枚

牧童骑黄牛,歌声振林樾。意欲捕鸣蝉,忽然闭口立。

附录一　标点符号用法

本附录根据国家标准《标点符号用法》(GB/T 15834—2011)编写。

标点符号是辅助文字记录语言的符号,是书面语的有机组成部分,用来表示语句的停顿、语气以及标示某些成分(主要是词语)的特定性质和作用。

注:数学符号、货币符号、校勘符号、辞书符号、注音符号等特殊领域的专门符号不属于标点符号。

标点符号包括点号和标号两类。

一、点号

点号的作用是点断,主要表示停顿和语气。分为句末点号和句内点号。

(一)句末点号

用于句末的点号,表示句末停顿和句子的语气。包括句号、问号、叹号。

1. 句号"。"

主要表示句子的陈述语气,用于句子末尾,使用句号主要根据语段前后有较大停顿,带有陈述语气和语调,并不取决于句子的长短。例:

北京是中华人民共和国的首都。

(甲:咱们走着去吧?)乙:好。

句号有时也可表示较缓和的祈使语气和感叹语气。例:

请您稍等一下。

我不由地感到,这些普通劳动者也同样值得尊敬的。

2. 问号"?"

主要表示句子的疑问请语气。用于句子末尾,表示疑问语气(包括反问、设问等疑问类型)。使用问号主要根据语段前后有较大停顿、带有疑问语气和语调,并不取决于句子的长短。例:

你怎么还不回家去呢?

难道这些普通的战士不值得歌颂吗?

(一个外国人,不远万里来到中国,帮助中国的抗日战争。)这是什么精神?这是国际主义的精神。

选择问句中,通常只在最后一个选项的末尾用问号,各个选项之间一般用逗号隔开。当选项较短且选项之间几乎没有停顿时,选项之间可不用逗号。当选项较多或较长,或有意突出每个选项的独立性时,也可每个选项之后都用问号。例:

诗中记述的这场战争究竟是真实的历史描述,还是诗人的虚构?

这是巧合还是有意安排?

要一个什么样的结尾:现实主义的? 传统的? 大团圆的? 荒诞的? 民族形式的? 有象征意义的?

(他看着我的作品称赞了我。)但到底是称赞我什么:是有几处画得好?还是什么都敢画?抑或只是一种对于失败者的无可奈何的安慰?我不得而知。

这一切都是由客观的条件造成的?还是由行为的惯性造成的?

在多个问句连用或表达疑问语气加重时,可叠用问号.通常应先单用,再叠用,最多叠用三个问号。在没有异常强烈的情感表达需要时不宜叠用问号。例:

这就是你的做法吗?你这个总经理是怎么当的??你怎么竟敢这样欺骗消费者???

问号也有标号的用法,即用于句内,表示存疑或不详。例:

马致远(1250? ～1321),大都人,元代戏曲家、散曲家。

钟嵘(? ～518),颍川长社人,南朝梁代文学批评家。

出现这样的文字错误,说明作者(编者? 校者?)很不认真。

3. 叹号"!"

主要表示句子的感叹语气。主要表示感叹语气,有时也可表示强烈的祈使语气、反问语气等。使用叹号主要根据语段前后有较大停顿、带有感叹语气和语调或带有强烈的祈使、反问语气和语调,并不取决于句子的长短。例:

才一年不见,这孩子都长这么高啦!

你给我住嘴!

谁知道他今天是怎么搞的!

叹号用于拟声词后,表示声音短促或突然。例:

咔嚓! 一道闪电划破了夜空。

咚! 咚咚! 突然传来一阵急促的敲门声。

表示声音巨大或声音不断加大时,可叠用叹号;表达强烈语气时,也可叠用叹号,最多叠用三个叹号……在没有异常强烈的情感表达需要时不宜叠用叹号。例:

轰!! 在这天崩地塌的声音中,女娲猛然醒来。

我要揭露! 我要控诉!! 我要以死抗争!!!

当句子包含疑问、感叹两种语气且都比较强烈时(如带有强烈感情的反问句和带有惊愕语气的疑问句),可在同号后再加叹号(问号、叹号各一)。例:

这么点困难就能把我们吓倒吗?!

他连这些最起码的常识都不懂,还敢说自己是高科技人才?!

(二) 句内点号

句内的点号表示句内各种不同性质的停顿。包括逗号、顿号、分号、冒号。

1. 逗号","

表示句子或语段内部的一般性停顿,表示句思没有说完时用逗号。例:

我们看得见的星星,绝大多数是恒星。(句子内部主语与谓语之间的停顿)

应该看到,科学需要一个人贡献出毕生的精力。(句子内部动词与宾语之间的停顿)

对于这个城市,他并不陌生。(句子内部状语后边的停顿)

据说苏州园林有一百多处,我到过的不过十多处。(复句内各分句之间的停顿,除了有时要用分号外,都要用逗号)

复句内各分句之间的停顿,除了有时用分号,一般都用逗号。例:

不是人们的意识决定人们的存在,而是人们的社会存在决定人们的意识。

学历史使人更明智,学文学使人更聪慧,学数学使人更精细,学考古使人更深沉。

要是不相信我们的理论能反映现实,要是不相信我们的世界有内在和谐,那就不可能有科学。

较长的主语之后、句首的状语之后、较长的宾语之前、带句内语气词的主语(或其他成分)之后,或带句内语气词的并列成分之间。较长的主语中间、谓语中间或宾语中间、前置的谓语之后或后置的状语、定语之前、复指成分或插说成分前后、语气缓和的感叹语、称谓语或呼唤语之后、某些序次语("第"字头、"其"字头及"首先"类序次语)之后一般都使用逗号。

2. 顿号"、"

表示语段中并列词语之间或某些序次语之后的停顿。

用于并列的词或短语之间。例:

亚马孙河、尼罗河、密西西比河和长江是世界四大河流。

正方形是四边相等、四角均为直角的四边形。

用于需要停顿的重复词语之间。

他几次三番、几次三番地辩解着。

用于某些序次语(不带括号的汉字数字或"天干地支"类序次语)之后。例:

我准备讲两个问题:一、逻辑学是什么? 二、怎样学好逻辑学?

风格的具体内容主要有以下四点:甲、题材;乙、用字;丙、表达;丁、色彩。

相邻或相近两数字连用表示概数通常不用顿号。若相邻两数字连用为缩略形式,宜用顿号。例:

飞机在 6 000 米高空水平飞行时,只能看到两侧八九公里和前方一二十公里范围内的地面。

这种凶猛的动物常常三五成群地外出觅食和活动。

农业是国民经济的基础,也是二、三产业的基础。

标有引号的并列成分之间、标有书名号的并列成分之间通常不用顿号。例:

"日"、"月"构成"明"字。

店里挂着"顾客就是上帝"、"质量就是生命"等横幅。

《红楼梦》、《三国演义》、《西游记》、《水浒传》,是我国长篇小说的四大名著。

李白的"白发三千丈"(《秋浦歌》)、"朝如青丝暮成雪"(《将进酒》)都是脍炙人口的诗句。

办公室里订有《人民日报》(海外版)、《光明日报》和《时代周刊》等报刊。

3. 分号";"

表示复句内部并列关系分句之间的停顿,以及非并列关系的多重复句中第一层分句之间的停顿。

表示复句内部并列关系的分句(尤其当分句内部还有逗号时)之间的停顿。例:

语言文字的学习,就理解方面说,是得到一种知识;就运用方面说,是养成一种习惯。

内容有分量,尽管文章短小,也是有分量的;内容没有分量,即使写得再长也没有用。

表示非并列关系的多重复句中第一层分句(主要是选择、转折等关系)之间的停顿。例:

人还没看见,已经先听见歌声了;或者人已经转过山头望不见了,歌声还余音袅袅。

尽管人民革命的力量在开始时总是弱小的,所以总是受压的;但是由于革命的力量代表历史发展的方向,因此本质上又是不可战胜的。

不管一个人如何伟大,也总是生活在一定的环境和条件下;因此,个人的见解难免带有某种局限性。

昨天夜里下了一场雨,以为可以凉快些;谁知没有凉快下来,反而更热了。

用于分项列举的各项之间。例:

特聘教授的岗位职责为:一、讲授本学科的主干基础课程;二、主持本学科的重大科研项目;三、领导本学科的学术队伍建设;四、带领本学科赶超或保持世界先进水平。

4. 冒号":"

表示语段中提示下文或总结上文的停顿。

用于总说性或提示性词语(如"说"、"例如"、"证明"等)之后,表示提示下文。例:

北京紫禁城有四座城门:午门、神武门、东华门和西华门。

她高兴地说:"咱们去好好庆祝一下吧!"

小王笑着点了点头:"我就是这么想的。"

这一事实证明:人能创造环境,环境同样也能创造人。

表示总结上文。例:

张华上了大学,李萍进了技校,我当了工人:我们都有美好的前途。

用在需要说明的词语之后,表示注释和说明。

(本市将举办首届大型书市。)主办单位:市文化局;承办单位:市图书进出口公司;时间:8月15~20日;地点:市体育馆观众休息厅。

(做阅读理解题有两个办法。)办法之一:先读题干,再读原文,带着问题有针对性地读课文。办法之二:直接读原文,读完再做题,减少先入为主的干扰。

用于书信、讲话稿中称谓语或称呼语之后。例:

广平先生:……

同志们、朋友们:……

一个句子内部一般不应套用冒号。在列举式或条文式表述中,如不得不套用冒号时,宜另起段落来显示各个层次。例:

第十条 遗产按照下列顺序继承:

第一顺序:配偶、子女、父母。

第二顺序:兄弟姐妹、祖父母、外祖父母。

"某某说"等提示语在引文前用冒号,在引文中用逗号,在引文后用句号。例如:

他环视了一下会场说:"大桥就要通车了,请大家咬紧牙关,做最后冲刺。"

"大桥就要通车了,"他环视了一下会场说,"请大家咬紧牙关,做最后冲刺。"

"大桥就要通车了,请大家咬紧牙关,做最后冲刺。"他环视了一下会场说。

二、标号

标号的作用是标示语段中直接引用的内容或需要特别指出的成分。包括引号、括号、破折号、省略号、着重号、连接号、间隔号、书名号、专名号、分隔号等。

1. 引号

包括双引号""和单引号''两种。

标示语段中直接引用的内容。例：

李白诗中就有"白发三千丈"这样极尽夸张的语句。

标示需要着重论述或强调的内容。例：

这里所谓的"文"，并不是指文字，而是指文采。

标示语段中具有特殊含义而需要特别指出的成分，如别称、简称、反语等。例：

电视被称作"第九艺术"。

人类学上常把古人化石统称为尼安德特人，简称"尼人"。

有几个"慈祥"的老板把捡来的菜叶用盐浸浸就算作工友的菜肴。

当引号中还需要使用引号时，外面一层用双引号，里面一层用单引号。例：

他问："老师，'七月流火'是什么意思？"

独立成段的引文如果只有一段，段首和段尾都用引号；不止一段时，每段开头仅用前引号，只在最后一段末尾用后引号。例：

我曾在报纸上看到有人这样谈幸福：

"幸福是知道自己喜欢什么和不喜欢什么。……

"幸福是知道自己擅长什么和不擅长什么。……

"幸福是在正确的时间做了正确的选择。……"

在书写带月、日的事件、节日或其他特定意义的短语（含简称）时，通常只标引其中的月和日；需要突出和强调该事件或节日本身时，也可连同事件或节日一起标引。如

"5·12"汶川大地震

"五四"以来的话剧，是我国戏剧中的新形式。

纪念"五四运动"90 周年

2. 括号

标示语段中的注释内容、补充说明或其他特定意义的语句。括号的主要形式是圆括号"（）"，其他形式还有方括号"[]"、六角括号"〔〕"和方头括号"【】"等。

标示下列各种情况，均用圆括号：

（a）标示注释内容或补充说明。例：

我校拥有特级教师（含已退休的）17 人。

我们不但善于破坏一个旧世界，我们还将善于建设一个新世界！（热烈鼓掌）

（b）标示订正或补加的文字。例：

信纸上用稚嫩的字体写着："阿夷（姨），你好！"

该建筑公司负责的建设工程全部达到优良工程（的标准）。

（c）标示序次语。

语言有三个要素：(1)声音；(2)结构；(3)意义。

思想有三个条件：(一)事理；(二)心理；(三)伦理。

（d）标示引语的出处。例：

他说得好："未画之前，不立一格；既画之后，不留一格。"（《板桥集·题画》）

（e）标示汉语拼音注音。

"的(de)"这个字在现代汉语中最常用。

标示作者国籍或所属朝代时，可用方括号或六角括号。例：

［英〕赫胥黎《进化论与伦理学》

〔唐〕杜甫著

报刊标示电讯、报道的开头,可用方头括号。例:

【新华社南京消息】

标示公文发文字号中的发文年份时,可用六角括号。例:

国发〔2011〕3 号文件

标示被注释的词语时,可用六角括号或方头括号。例:

〔奇观〕奇伟的景象。

【爱因斯坦】物理学家。生于德国,1933 年因受纳粹政权迫害,移居美国。

除科技书刊中的数学、逻辑公式外,所有括号(特别是同一形式的括号)应尽量避免套用。必须套用括号时,宜采用不同的括号形式配合使用。例:

〔茸(róng)毛〕很细很细的毛。

3. 破折号"——"

标示语段中某些成分的注释、补充说明或语音、意义的变化。

标示注释内容或补充说明(也可用括号)。例:

一个矮小而结实的日本中年人——内山老板走了过来。

我一直坚持读书,想借此唤起弟妹对生活的希望——无论环境多么困难。

标示插入语(也可用逗号)。例:

这简直就是——说得不客气点——无耻的勾当!

标示总结上文或提示下文(也可用冒号)。例:

坚强,纯洁,严于律己,客观公正——这一切都难得地集中在一个人身上。

画家开始娓娓道来——

数年前的一个寒冬,……

标示话题的转换。例:

"好香的干菜,——听到风声了吗?"赵七爷低声说道。

标示声音的延长。例:

"嘎——"传过来一声水禽被惊动的鸣叫。

标示话语的中断或间隔。例:

"班长他牺——"小马话没说完就大哭起来。

"亲爱的妈妈,你不知道我多爱您。——还有你,我的孩子!"

标示引出对话。例:

——你长大后想成为科学家吗?

——当然想了!

标示事项列举分承。例:

根据研究对象的不同,环境物理学分为以下五个分支学科:

——环境声学;

——环境光学;

——环境热学;

——环境电磁学;

——环境空气动力学。

用于副标题之前。例：

飞向太平洋

——我国新型号运载火箭发射目击记

用于引文、注文后,标示作者、出处或注释者。例：

先天下之忧而忧,后天下之乐而乐。

——范仲淹

乐浪海中有倭人,分为百余国。

——《汉书》

很多人写好信后把信笺折成方胜形,我看大可不必。（方胜,指古代妇女戴的方形首饰,用彩绸等制作,由两个斜方部分叠合而成。——编者注）

4. 省略号"……"

标示语段中某些内容的省略及意义的断续等。

标示引文的省略。例：

我们齐声朗诵起来:"……俱往矣,数风流人物,还看今朝。"

标示列举或重复词语的省略。例：

对政治的敏感,对生活的敏感,对性格的敏感,……这都是作家必须要有的素质。

他气得连声说:"好,好……算我没说。"

标示语意未尽。例：

在人迹罕至的深山密林里,假如突然看见一缕炊烟,……

你这样干,未免太……!

标示说话时断断续续。例：

她磕磕巴巴地说:"可是……太太……我不知道……你一定是认错了。"

标示对话中的沉默不语。例：

"还没结婚吧?"

"……"他飞红了脸,更加忸怩起来。

标示特定的成分虚缺。例：

只要……就……

在标示诗行、段落的省略时,可连用两个省略号（即相当于十二连点）。例：

从隔壁房间传来缓缓而抑扬顿挫的吟咏声——

床前明月光,疑是地上霜。

…………

该刊根据工作质量、上稿数量、参与程度等方面的表现,评选出了高校十佳记者站。还根据发稿数量、提供新闻线索情况以及对刊物的关注度等,评选出了十佳通讯员。

…………

5. 着重号"．"

标示语段中某些重要的或需要指明的文字。着重号的形式是标注在相应文字的下方。

标示语段中重要的文字或标示语段中需要指明的文字。

6. 连接号

标示某些相关联成分之间的连接。连接号的形式有短横线"－"、一字线"—"和浪纹线

"～"三种。

标示下列各种情况,均用短横线:

a) 化合物的名称或表格、插图的编号。例:

3—戊酮为无色液体,对眼及皮肤有强烈的腐蚀性。

参见下页表 2—8、表 2—9。

b) 连接号码,包括门牌号码、电话号码,以及用阿拉伯数字表示年月日等。例:

安宁里东路 26 号院 3—2—11 室

联系电话:010—88842603

2011—02—15

c) 在复合名词中起连接作用。例:

吐鲁番—哈密盆地

d) 某些产品的名称和型号。例:

WZ—10 直升机具有复杂天气和夜间作战的能力。

e) 汉语拼音、外来语内部的分合。例:

shuōshuō—xiào xiào(说说笑笑)

盎格鲁—撒克逊人

让—雅克·卢梭("让—雅克"为双名)

皮埃尔·孟戴斯—弗朗斯("孟戴斯—弗朗斯"为复姓)

标示下列各种情况,一般用一字线,有时也可用浪纹线:

a) 标示相关项目(如时间、地域等)的起止。例:

沈括(1031 — 1095),宋朝人。

2011 年 2 月 3 日 — 10 日

北京—上海特别旅客快车

b) 标示数值范围(由阿拉伯数字或汉字数字构成)的起止。例:

25～30 g

第五～八课

7. 间隔号"·"

标示某些相关联成分之间的分界。

标示外国人名或少数民族人名内部的分界。例:

克里斯蒂娜·罗塞蒂

阿依古丽·买买提

标示书名与篇(章、卷)名之间的分界。例:

《淮南子·本经训》

标示词牌、曲牌、诗体名等和题名之间的分界。例:

《沁园春·雪》

《天净沙·秋思》

《七律·冬云》

用在构成标题或栏目名称的并列词语之间。例:

《天·地·人》

以月、日为标志的事件或节日,用汉字数字表示时,只在一、十一和十二月后用间隔号;当直接用阿拉伯数字表示时,月、日之间均用间隔号(半角字符)。例:

"一·二八"事变 "一二·九"运动

"3·15"消费者权益日 "9·11"恐怖袭击事件

8. 书名号

标示语段中出现的各种作品的名称。双书名号"《》"和单书名号"〈〉"两种。

标示书名、卷名、篇名、刊物名、报纸名、文件名等。例:

《红楼梦》(书名)

《史记·项羽本纪》(卷名)

《论雷峰塔的倒掉》(篇名)

《每周关注》(刊物名)

《人民日报》(报纸名)

《全国农村工作会议纪要》(文件名)

标示电影、电视、音乐、诗歌、雕塑等各类用文字、声音、图像等表现的作品的名称。例:

《渔光曲》(电影名)

《追梦录》(电视剧名)

《勿忘我》(歌曲名)

《沁园春·雪》(诗词名)

《东方欲晓》(雕塑名)

《光与影》(电视节目名)

《社会广角镜》(栏目名)

《庄子研究文献数据库》(光盘名)

《植物生理学系列挂图》(图片名)

标示全中文或中文在名称中占主导地位的软件名。例:

科研人员正在研制《电脑卫士》杀毒软件。

标示作品名的简称。例:

我读了《念青唐古拉山脉纪行》一文(以下简称《念》),收获很大。

当书名号中还需要书名号时,里面一层用单书名号,外面一层用双书名号。例:

《教育部关于提请审议〈高等教育自学考试试行办法〉的报告》

9. 专名号

标示古籍和某些文史类著作中出现的特定类专有名词。专名号的形式是一条直线,标注在相应文字的下方。

标示古籍、古籍引文或某些文史类著作中出现的专有名词,主要包括人名、地名、国名、民族名、朝代名、年号、宗教名、官署名、组织名等。

孙坚人马被刘表率军围得水泄不通。(人名)

于是聚集冀、青、幽、并四州兵马七十多万准备决一死战。(地名)

现代汉语文本中的上述专有名词,以及古籍和现代文本中的单位名、官职名、事件名、会议名、书名等不应使用专名号。必须使用标号标示时,宜使用其他相应标号(如引号、书名号等)。

10．分隔号"/"

标示诗行、节拍及某些相关文字的分隔。

诗歌接排时分隔诗行（也可使用逗号和分号）。例：

春眠不觉晓/处处闻啼鸟/夜来风雨声/花落知多少。

标示诗文中的音节节拍。例：

横眉/冷对/千夫指,俯首/甘为/孺子牛。

分隔供选择或可转换的两项,表示"或"。例：

动词短语中除了作为主体成分的述语动词之外,还包括述语动词所带的宾语和/或补语。

分隔组成一对的两项,表示"和"。例：

13/14 次特别快车

羽毛球女双决赛中国组合杜婧/于洋两局完胜韩国名将李孝贞/李敬元。

分隔层级或类别。例：

我国的行政区划分为：省（直辖市、自治区）/省辖市（地级市）/县（县级市、区、自治州）/乡（镇）/村（居委会）。

三、标点符号的位置和书写形式

（一）横排文稿标点符号的位置和书写形式

句号、逗号、顿号、分号、冒号均置于相应文字之后,占一个字位置,居左下,不出现在一行之首。

问号、叹号均置于相应文字之后,占一个字位置,居左,不出现在一行之首。两个问号（或叹号）叠用时,占一个字位置;三个问号（或叹号）叠用时,占两个字位置;问号和叹号连用时,占一个字位置。

引号、括号、书名号中的两部分标在相应项目的两端,各占一个字位置。其中前一半不出现在一行之末,后一半不出现在一行之首。

破折号标在相应项目之间,占两个字位置,上下居中,不能中间断开分处上行之末和下行之首。

省略号占两个字位置,两个省略号连用时占四个字位置并须单独占一行。省略号不能中间断开分处上行之末和下行之首。

连接号中的短横线比汉字"一"略短,占半个字位置;一字线比汉字"一"略长,占一个字位置;浪纹线占一个字位置。连接号上下居中,不出现在一行之首。

间隔号标在需要隔开的项目之间,占半个字位置,上下居中,不出现在一行之首。

着重号和专名号标在相应文字的下边。

分隔号占半个字位置,不出现在一行之首或一行之末。

标点符号排在一行末尾时,若为全角字符则应占半角字符的宽度（即半个字位置）,以使视觉效果更美观。

在实际编辑出版工作中,为排版美观、方便阅读等需要,或为避免某一小节最后一个汉字转行,或出现在另外一页开头等情况（浪费版面及视觉效果差）,可适当压缩标点符号所占用的空间。

（二）竖排文稿标点符号的位置和书写形式

句号、问号、叹号、逗号、顿号、分号和冒号均置于相应文字之下偏右。

破折号、省略号、连接号、间隔号和分隔号置于相应文字之下居中,上下方向排列。

引号改用双引号"﹃"、"﹄"和单引号"﹁"、"﹂",括号改用"︵"、"︶",标在相应项目的上下。

竖排文稿中使用浪线式书名号"﹏",标在相应文字的左侧。

着重号标在相应文字的右侧,专名号标在相应文字的左侧。

横排文稿中关于某些标点不能居行首或行末的要求,同样适用于竖排文稿。

附录二　文面常识

文面是文章的外在表现形式,也是作者书写风格和文化素养的体现。整洁美观的文面能够方便读者的阅读,也有助于准确地表达内容,还可以使作者养成严肃认真的文风和学风。相反,字迹潦草,错别字连篇,标点符号混乱,格式不规范,即使内容好,读者也可能不愿阅读,从而影响文章的表达效果。

从读者的阅读需要和准确地表现内容出发,对文面的基本要求是:整洁清楚,美观大方。

文面的内容主要包括文字的书写、标点符号的书写、行款格式的布置和修改符号的使用等。

一、文字书写

文字是文面的主要组成部分,文字书写要求如下:

（一）规范

规范,即字的结构部位正确,笔画周到,书写正确无误,不写错别字,不写不规范的或乱造的“简化字”。汉字有规范的结构体系,包括基本书写的笔画、系统的偏旁、固定的部位等,不能任意改动或增减。如果不注意书写的规范,只求自己书写顺手方便,不管别人是否认识、接受,就会影响表达效果,甚至会出现错误,闹出笑话。

（二）清楚

清楚,就是把字写得清晰、好认。点是点,横是横,不能似是而非,含糊不清,也不能字迹潦草,龙飞凤舞。

（三）美观

美观,就是把字的结构布置得匀称、协调。把笔画的线条写得圆润、流畅,字的大小错落有致。字间疏密得当,从而使字的形体、布局美观,给人赏心悦目之感。

二、标点符号的书写

标点符号是书面语言必不可少的辅助工具。它不但能表达不同的停顿,标示出词语的不同性质,而且能表示不同的思想内容和情感,以及节奏和韵律等,便于阅读。

在文面中,标点符号的书写和文字一样,占有一定的位置。其规定为:

（1）句号、逗号、顿号、冒号、分号、问号、感叹号等七种点号,在书写时占一格的位置,紧随字后在一格的左下方或左侧标出。如图:

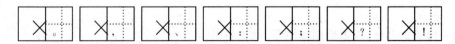

（2）引号、括号、书名号,标在文字的前后,各占一格。如图:

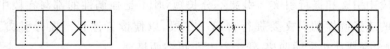

（3）省略号、破折号,各占两格。如图:

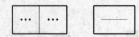

（4）着重号在字下。间隔号占一格,点在格中心。

（5）标点符号的转行。七种点号不能写在一行的开头,下引号、下括号、下书名号也不能标在一行的开头,应紧随文后,标在上行的末尾。如果是原稿纸,可以贴着格的框线,写到空余处。上引号、上括号、上书名号不能标在一行的末尾,而应紧随一字,标在下行的开头。省略号、破折号不能分写在两行。

（6）连用标点符号的书写。有些标点符号连用时,在写法上应作一些变通,如括号中用括号的,里面的用圆括号,外面的用方括号;书名号中又有书名号的,里面的用单书名号,外面的用双书名号;引号中又用引号的,里面用单引号,外面用双引号;连用三次引号的最里用的是双引号,中间的用单引号,外面的还用双引号。

几种标点符号连用,它们所占的位置一般不能按单独使用时的要求书写,而要适当地缩小位置。一般是原占一个字位置的缩为半字,原占两字位置的不变。如同时使用冒号、上引号和省略号,就要把冒号和上引号写在一个字的位置上。省略号仍占两个字的位置。

三、行款格式的布置

行款格式是人们在书面交际过程中逐步形成的习惯或规定。不同的文体在行款格式上有着不同的要求。这里只简介一般文章的主要行款格式。

（一）文面要留有天地

第一张稿纸要上留天,下留地,右边空少许,左边留有装订线。否则,顶天立地,满纸是字,会给读者一种压抑之感;若要修改,连加眉批、旁批的地方都没有。

（二）标题

文章的标题一般写在格纸第二行的中间,它的两侧尽量空格相等;字数很少时,字间可匀称地空出1～2格;字数太多,需要转行时,既要注意不把词或词组拆开写在两行。又要注意把上下行的字数排列、搭配韵称。有副标题的应写在正标题的下一行,前面加破折号(位置较正题首字后两格);字多需转行时,首字仍对准上行的首字,不能与破折号对齐或有所超越。有时,副标题也可以写在正中,两侧空格相等。

根据需要,标题内可以用标点符号或用空格、提行来表示停顿,但末尾一般不用标点,偶尔用,也只加问号、叹号、省略号。

（三）署名

作者的姓名一般在标题(或副标题)的正下方或右下侧,上下各空一行。两个字的名字,中间要空一格。

（四）正文

1. 分段

第一段落的开始,应退后两格书写,称为提行。

2. 引文

引文有段中引文和提行引文。引文不分长短,凡不是强调性的都写在段中,这是段中引文。重要的或强调性的引文要提行自成一小段,以便读者注目。提行引文为区别于正文,在书写时全部要比正文缩两格,第一行开头再缩两格。

3．小标题与序码

正文内容较多,可分部分并列出小标题。小标题的书写同大标题。

序码主要用于分条列项,其种类很多,有大写汉字、小写汉字、天干地支、阿拉伯数字、拉丁文、罗马数字等。目前尚未统一使用。一般说来,可按下列顺序使用:

一、二、三……

(一)、(二)、(三)……

1、2、3……

1)、2)、3)……

(1)、(2)、(3)……

内容层次少的也可以用"一"或"1"类;内容层次多的,还可用外文字母,长篇的还可分章分节等。

在科技著作或文体中,国际上通常使用如下的方法标明序码,以使内容清晰,条理性强。

1

1.1

1.2

2

2.1

2.2

2.2.1

……

4．附注

附注就是附于正文的注解,它有四种形式:一是段中注,即夹注,它紧接在被注的正文后加括号写出;二是页下注,即脚注,它把本页正文中需要注解的内容分条写在本页的下端;三是篇末注,它将每篇正文需要加注的内容分条集中写在该篇正文的后面;四是尾注,它是全文或全书的附注,类似篇末注。后三种注法都必须在被注正文后的右上角用注码①②③……进行标示,而且注码的序号与注文的序码必须一致,否则就对不上号。如果注释很少,也可用[注]或＊号标明。附注的如果是引号,其顺序应为:作者、书名或报刊名、章节、页码、出版单位、出版日期等。

（五）写作时间

写文章一般都应在文末说明写作的时间,习惯写在文末后空一行或二三行的右下方。

（六）页码

原稿超过一页的,要标出页码,其位置可标在右上角或右下角,用阿拉伯数字标出即可,不必加括号或圈等。

四、修改符号的使用

修改文章时,要使用统一的符号加以标示,这样既可节省一些说明性文字,又可以使文面不受大的影响。下面根据 ZBI—81《中华人民共和国专业标准校对符号及其用法》的规定,结合文章修改的实际,介绍几种常用的修改符号及其用法。

1．删除号

用此号将要删除的文字圈起来,用线沿行间引至空白处,画两圆圈,表示这些文字删除不要了。但不要在文面上将要删除的文字抹黑、涂死，以便必要时恢复原言语。例如：

弯弯的山路上曾经走过多少代人，留下过多少令人深思的脚印，写下了多少美丽动人的传说……

2. 保留号　　△△△△

此号画在删除的文字下面(每字一号)，并在原删除号上画两竖线，表示保留原来文字。例如：

不知什么时候，山外的气息从那条山路上飘到这里来了。
　　　　　　　　　　　　　△△△△

3. 增补号(追加号)

用此号在文内增补一些文字。一般用在词句的上方，符号的箭头号插入所要增补的位置。例如：

那悬崖，那峭壁，那沟壑，凭空为那山路增添了不尽的韵味……

如果增补的文字较多，字里行间写不下的时候，可把增补的内容写在稿纸的空白处，圈起来后用箭头插入应增补的位置。如果圈起来有困难，可用线画清增补的范围。例如：

那野花，那草丛，那荒地，拥有弯弯的山路，默默地承受着亿万年的孤独和寂寞，静静地观望着弯弯山路的悲欢离合。

唱着自己的歌，过着自己的生命的四季，

4. 改正号

用此号的一端将需要改正的文字圈起来，另一端在空白处将改正的文字圈起来，沿行间画一直线将两端连接起来，表示原文中的文字改正为空白处的文字。例如：

就这样，弯弯的山路载着遥远的过去走到现在，带着愚昧走到了光明。

5. 对调号

此号用在需要换位的文字间，表示前后文字调换位置。例如：

弯弯的山路从里山一直伸到山外。

山沟沟里的人日出而作，而落日归。

6. 转移号

用此号将需要转移的文字圈起来，然后用箭头从行间空隙插到移入位置(箭头一般不要穿行而过)。例如：

逐日的汉子光着脊背，老黄牛沉闷的喘息声伴着他们走遍山上山下，走过春夏秋冬。多少年来，祖先种下的传统世俗把他们与外边的世界——那个很大很大的空间，那个花花绿绿的公园，隔绝开来，使他们每日徘徊在那条弯弯的山路上——播种春天，收获寒冬。弯弯的山路上刻满了他们"生"的艰辛。

7. 缩位号

此号表示文字向后缩到号尾所示的位置。例如：

于是,那条弯弯的山路上从此少了……,

8. 提位号(提行号) |←——

此号表示文字向前提到箭头所示的位置。它可用于字的前移,也可用于另起段落。例如:

|←—— 于是,弯弯的山路不再蜿蜒于崇山峻岭之中,悄悄然从

|←—— 市中招摇而过……弯弯的山路上,泛起了一片春潮!

9. 连接号

用此号将不应该分行、分段的文字连接起来。例如:

弯弯的山路哟,你不再是从前老黄牛走的

那条路,你已将那古老的曲调遗忘。

从此,你将在山里人的祝福声中拓展,在改革开放的浪潮中延伸……

以上介绍的是文章修改的常用符号,至于印刷出版专业用到的另外一些校对符号,这里就不一一介绍了。需要说明的是,使用修改符号要写得工整规范,不能随意乱画,以保持文面的整洁美观。另外,修改时要用与原稿字迹颜色不同的笔(如红色),以醒目突出,方便阅读。

附录三　古文化常识

1. **古汉语中常用的人称代词**

第一人称代词:"吾、我、予(余)"。

A:它们都可作定、主、宾语。

B:"吾"一般只在否定句里作前置宾语,

C:"朕"先秦时意同"我",秦朝后,是皇帝自称。

第二人称代词:"女、汝、若、而、乃"。

A:它们可作主、定、宾语。B:"而、乃"一般只作定语。

第三人称代词:"彼、其、之"。

"彼"出现率不高,一般作主语,个别用作宾语,仍有指示性,有轻蔑意味。"之、其"出现率很高,"其"经常作定语,"之"经常作宾语。此外,"其"与"之"还可灵活运用。

第一、二人称代词后,加"侪、辈、属、曹"表复数。

2. **古代纪年法**

• 干支纪年法

天干:甲,乙,丙,丁,戊,己,庚,辛,壬,癸。

地支:子,丑,寅,卯,辰,巳,午,未,申,酉,戌,亥。

用"天干"和"地支"一一相配来纪年的方法,其特点是:

A:天干和地支各一位组成一个纪年,如:"甲子年"、"乙丑年"等。

B:天干和地支的相配永远是单数对单数、双数对双数,不可能出现奇偶相组合。

C:60 年一循环,周而复始。

• 年号纪年

从汉武帝起,帝王即位都有年号,后就用帝王年号来纪年。如:康熙元年等。

③年号纪年和干支纪年兼用。如:顺治二年乙酉四月

④王公年次纪年:用于春秋战国时代的一种纪年方法,如:赵惠文王十六年。

3. **姓名、人称**

(1) 人名。古人有名、字、号。古人幼时命名,成年(男 20 岁、女 15 岁)取字,字是为了便于他人称谓。号又叫别号、表号。名、字与号的根本区别是:前者由父亲或尊长取定,后者由自己取定。号,一般只用于自称,以显示某种志趣或抒发某种情感;对人称号也是一种敬称。古代王侯将相、高级官吏、著名文士等死后被追加的称号叫谥号。如欧阳修,字永叔,号六一居士,谥欧阳文忠公。名和字间一般有联系,如诸葛亮字孔明,孔明就是很亮的意思;也有反义的,如韩愈字退之,退之就和愈相反。

(2) 一般称谓。直称姓名,用于自称,称轻视的人或客观介绍。称字、号、斋名、谥号表示礼貌和尊敬。还有称官爵名,称籍贯的(如康有为称康南海)。几项合起来称,一般是先官名,次籍贯,后姓名,如"余在史馆,闻翰林(官名)天台(籍贯)陶先生言博鸡者之事","马

副使(官名)鸣录(名)。"

（3）谦称。王侯自称孤、寡人，大臣自称臣，一般人自称仆、不地、不佞、愚等，女子自称妾。晚辈自称小子。

（4）敬称。对君王称陛下、大王、皇上(已死的称庙号，如宋太祖，宋仁宗)，对上官或长辈称公、君、大人，对老师称夫子、师、先生。加"先"表示已逝世的尊长。

（5）百姓的称谓。常见的有布衣、黔首、黎民、生民、庶民、黎庶、苍生、黎元、氓等。

4. 古代官吏选拔制度

（1）举荐。

举荐是荐举贤才、授以官职的官吏选拔制度。举荐的标准主要是德行、才能，而非全靠家世，它冲破了先秦贵族血缘世袭制的藩篱。西汉的察举、征辟制的出现，是荐举制成熟的标志，而魏晋南北朝"九品中正制"的施行，表明其走向衰败。

察举是根据皇帝诏令所规定的科目，由中央或地方的高级官员，通过考察向中央推荐士人或下级官吏的选官制度。它也是荐举制精髓所在。察举分诏举与岁举。诏举是皇帝下诏选取特殊人才。岁举是地方长官定期定员向朝廷推荐人才。征辟是皇帝及公卿郡守选拔任用属员的一种制度。皇帝特征、聘召人才为"征"，公卿郡守聘任幕僚属官为"辟"。东汉后期举荐走向衰败。

（2）九品中正制。

中国魏晋南北朝时期的一种官吏选拔制度。又名九品官人法。由魏文帝的吏部尚书陈群于公元220年制定。此制至西晋渐趋完备，南北朝时又有所变化。以魏晋为例，主要内容为：

① 先在各郡、各州设置中正。多由现任中央官员兼任。任中正者本身一般是九品中的二品即上品。

② 中正的职权主要是评议人物，其标准有三：家世(被评者的族望和父祖官爵)、道德、才能。中正根据家世、才德的评论，对人物作出高下的品定，称为"品"。品共分为九等，即上上、上中、上下、中上、中中、中下、下上、下中、下下。一品无人能得，形同虚设，故二品实为最高品。三品西晋初尚可算高品(上品)，以后降为卑品(下品)。

③ 中正评议结果上交司徒府复核批准，然后送吏部作为选官的根据。中正评定的品第又称"乡品"，和被评者的仕途密切相关。任官者其官品必须与其乡品相适应，乡品高者做官的起点(又称"起家官")往往为"清官"，升迁也较快，受人尊重，乡品卑者做官的起点往往为"浊官"，升迁也慢，受人轻视。

④ 中正评议人物照例3年调整一次，但中正对所评议人物也可随时予以升品或降品。一个人的乡品升降后，官品及居官之清浊也往往随之变动。为了提高中正的权威，政府还禁止被评者诉讼枉曲。但中正如定品违法，政府要追查其责任。

九品中正制创立之初，评议人物的标准是家世、道德、才能三者并重。但由于魏晋时充当中正者一般是二品，二品又有参与中正推举之权，而获得二品者几乎全部是门阀世族，故门阀世族就完全把持了官吏选拔之权。于是在中正品第过程中，才德标准逐渐被忽视，家世则越来越重要，甚至成为唯一的标准，到西晋时终于形成了"上品无寒门，下品无势族"的局面。到南朝时期，在中正的评议中，所重视的只是远祖的名位，而辨别血统和姓族只须查谱牒，中正的品第反成无足轻重的例行公事。到了隋代，随着门阀制度的衰落，此制终被废除。

（3）科举。

科举制创于隋代，形成于唐代，盛于明清，清光绪三十一年废止。先后绵延 1 300 多年，其主要特点是：① 公开考试，一定程度上的平等竞争。② 考试制度日趋完备。考试等级有：院试（又叫“童试”，县级考试，童生参加。考上为“生员”，即“秀才”）、乡试（又叫“秋闱”，省级考试，“生员”参加，考上为“举人”）、会试（又叫“春闱”，国家级考试，举人参加，考上为“贡生”）和殿试（国家级考试，皇帝主考，贡士参加，考上为“进士”）。殿试三年一考，由皇帝亲自裁定名次，定一、二、三名，称状元、榜眼、探花。③ 科举考试内容为四书五经，规定文章规格为“八股文”。

附录四　中国历史年表

中国历史年表				
夏			约公元前 2070～前 1600 年	约 470 年
商			约公元前 1600～1046 年	约 554 年以上
周			约公元前 1046～256 年	共 772 年
	西周		公元前 1046～771 年	共 257 年
	东周		公元前 770～256 年	共 295 年
秦			公元前 221～206 年	共 15 年
汉			公元前 206～公元 220 年	共 426 年
	西汉		公元前 206～公元 25 年	共 231 年
	东汉		公元 25～220 年	共 196 年
三国			公元 220～280 年	共 60 年
	魏		公元 220～265 年	共 46 年
	蜀汉		公元 221～263 年	共 43 年
	吴		公元 222～280 年	共 59 年
晋			公元 265～420 年	共 156 年
	西晋		公元 265～317 年	共 53 年
	东晋		公元 317～420 年	共 104 年
南北朝			公元 420～589 年	共 170 年
	南朝		公元 420～589 年	共 170 年
	宋		公元 420～479 年	共 60 年
	齐		公元 479～502 年	共 24 年
	梁		公元 502～557 年	共 56 年
	陈		公元 557～589 年	共 33 年
	后梁		公元 555～587 年	共 33 年
	北朝		公元 386～581 年	共 196 年
	北魏		公元 386～534 年	共 149 年
	东魏		公元 534～550 年	共 17 年
	西魏		公元 535～556 年	共 22 年
	北齐		公元 550～577 年	共 28 年
	北周		公元 557~581 年	共 25 年
隋			公元 581～618 年	共 37 年
唐			公元 618～907 年	共 290 年
	武周		公元 684～705 年	共 21 年

中国历史年表				
五代			公元 907～960 年	共 54 年
	后梁		公元 907～923 年	共 17 年
	后唐		公元 923～936 年	共 14 年
	后晋		公元 936～947 年	共 11 年
	后汉		公元 947～950 年	共 4 年
	后周		公元 951～960 年	共 10 年
宋			公元 960～1279 年	共 320 年
	北宋		公元 960～1127 年	共 168 年
	南宋		公元 1127～1279 年	共 152 年
辽			公元 907～1215 年	共 308 年
西夏			公元 1038～1227 年	共 189 年
金			公元 1115～1234 年	共 120 年
蒙古·元			公元 1206～1368 年	共 163 年
	蒙古		公元 1206～1271 年	共 66 年
	元		公元 1271～1368 年	共 98 年
明			公元 1368～1644 年	共 276 年
	洪武		公元 1368～1399 年	共 31 年
	建文		公元 1399～1403 年	共 4 年
	永乐		公元 1403～1425 年	共 22 年
	洪熙		公元 1425～1426 年	共 1 年
	宣德		公元 1426～1436 年	共 10 年
	正统		公元 1436～1450 年	共 14 年
	景泰		公元 1450～1457 年	共 8 年
	天顺		公元 1457～1465 年	共 8 年
	成化		公元 1465～1488 年	共 23 年
	弘治		公元 1488～1506 年	共 18 年
	正德		公元 1506～1522 年	共 16 年
	嘉靖		公元 1522～1567 年	共 45 年
	隆庆		公元 1567～1573 年	共 6 年
	万历		公元 1573～1620 年	共 48 年
	泰昌		公元 1620～1621 年	共 1 年
	天启		公元 1621～1628 年	共 7 年
	崇祯		公元 1628～1644 年	共 17 年
清			公元 1616～1911 年	共 295 年
	顺治		公元 1644～1662 年	共 18 年
	康熙		公元 1662～1723 年	共 61 年
	雍正		公元 1723～1736 年	共 13 年
	乾隆		公元 1736～1796 年	共 60 年

中国历史年表				
	嘉庆		公元 1796～1821 年	共 25 年
	道光		公元 1821～1851 年	共 30 年
	咸丰		公元 1851～1862 年	共 11 年
	同治		公元 1862～1875 年	共 13 年
	光绪		公元 1875～1909 年	共 34 年
	宣统		公元 1909～1912 年	共 3 年
中华民国			公元 1912～1949 年	共 37 年
中华人民共和国			公元 1949 年至今	

参 考 文 献

[1] 梁伟.语文技能与素质训练(上、下册)[M].徐州:中国矿业大学出版社,2005.

[2] 倪文锦,于黔勋.语文(基础模块上册)[M].北京:高等教育出版社,2009.

[3] 施也频.实用语文(第 3 册)[M].上海:华东师范大学出版社,2001.

[4] 施也频.实用语文(第 4 册)[M].上海:华东师范大学出版社,2002.

[5] 袁行霈.语文(必修 1)[M].第 2 版.北京:人民教育出版社,2007.

[6] 袁行霈.语文(必修 2)[M].第 2 版.北京:人民教育出版社,2006.

[7] 袁行霈.语文(必修 3)[M].第 2 版.北京:人民教育出版社,2007.

[8] 袁行霈.语文(选修 影视名作欣赏)[M].北京:人民教育出版社,2006.